Une Préparation Spirituelle
à un Monde Émergent

∞

Les Pas vers la Connaissance

∞

Le livre du
Savoir Intérieur

Une Préparation Spirituelle
à un Monde Émergent

Les Pas vers la Connaissance

Le livre du
Savoir Intérieur

Marshall Vian Summers

LES PAS VERS LA CONNAISSANCE : *Le livre du Savoir Intérieur*

Copyright © 1999 par The Society for the New Message.
Tous droits réservés. Aucune partie de cette publication ne peut être reproduite, stockée dans un système d'archivage ou transmise sous quelque forme ou par quelque moyen que ce soit, électronique, mécanique, photocopie, enregistrement ou autre, sans l'autorisation écrite préalable de l'éditeur.

Révision par Darlene Mitchell
Book Design de Argent Associates, Boulder, CO.

VERSION ORIGINALE EN ANGLAIS
ISBN : 978-1-884238-77-2 *Steps to Knowledge: The Book of Inner Knowing*
Library of Congress Catalog Card Number: 00551019
This is the third edition of *Steps to Knowledge*

NKL French POD Version 4.55

Publisher's Cataloging-in-Publication
(Provided by Quality Books, Inc.)

Summers, Marshall Vian.
    Steps to knowledge : the book of inner knowing : spiritual preparation for an emerging world / Marshall Vian Summers — third edition.
    pages cm
    LCCN 00551019
    978-1-884238-18-5 (English print legacy)
    978-1-884238-77-2 (English print pod)
    978-1-942293-71-2 (French print)
    978-1-884238-67-3 (English ebook)
    978-1-942293-72-9 (French ebook)

    1. Society for The Greater Community Way of Knowledge.
2. Spiritual exercises. I. Title

BP605.S58S84 2014   299'.93
                                                                          QBI14-334

Les Pas vers la Connaissance fait office de livre de pratique dans l'apprentissage et l'application de la Voie de la Connaissance de la Grande Communauté. *Les Pas vers la Connaissance* est un livre du Nouveau Message de Dieu et est publié par la New Knowledge Library, la maison d'édition de la Society for the New Message. La Society est une organisation religieuse à but non lucratif dédiée à la présentation et à l'enseignement d'un Nouveau Message pour l'humanité. Les livres de la New Knowledge Library peuvent être commandés sur www.newknowledgelibrary.org, auprès de votre librairie locale et auprès de nombreuses librairies en ligne.

Le Nouveau Message est étudié dans plus de 30 langues et au sein de plus de 90 pays. *Les Pas vers la Connaissance* sont en cours de traduction dans les nombreuses langues du monde grâce à une équipe d'étudiants traducteurs bénévoles en provenance des quatre coins du globe. Ces traductions seront toutes disponibles en ligne sur www.newmessage.org.

The Society for the New Message
P.O. Box 1724 • Boulder, CO 80306-1724
(303) 938-8401 • (800) 938-3891 011
303 938 84 01 (International)
www.newknowledgelibrary.org   society@newmessage.org
www.newmessage.org   www.newmessage.org/fr

Introduction aux
Pas vers la Connaissance

Les Pas vers la Connaissance est le Livre du Savoir Intérieur. Son plan d'étude d'un an, divisé en 365 « pas » ou leçons, est conçu pour rendre les étudiants aptes à apprendre à expérimenter et à appliquer dans le monde la Connaissance de Soi, le Pouvoir Spirituel. L'enseignement des Pas vers la Connaissance vise l'accomplissement de cette tâche pas à pas, à mesure que les étudiants sont introduits aux idées et aux pratiques essentielles qui rendent une telle entreprise possible. Pratiquer quotidiennement permet d'acquérir une solide base d'expériences et de développer la pensée, la perception et la motivation nécessaires à la fois pour réussir dans le monde et pour avancer sur le plan spirituel.

Qu'est-ce-que la Connaissance ?

L'enseignement des Pas vers la Connaissance décrit la Connaissance de la façon suivante :

> « La Connaissance représente votre véritable Soi, votre véritable Esprit et vos véritables relations dans l'univers. Elle détient aussi votre grand appel dans le monde et une parfaite utilisation de votre nature, de l'ensemble de vos capacités et talents intrinsèques, et même de vos limitations – le tout destiné à être donné pour le bien dans le monde. »
>
> (2ème Pas)

La Connaissance est la profonde conscience spirituelle que le Créateur a donnée à chaque personne. Elle est la source de toute action, de toute contribution et de toute relation significatives. Elle est le système naturel qui nous guide de l'intérieur. Sa réalité est mystérieuse, mais sa Présence peut être directement ressentie. La Connaissance est remarquablement sage et efficace dans sa façon de guider chaque personne pour trouver les bonnes relations, le bon emploi et la bonne contribution. Elle est également efficace pour se préparer à reconnaître les nombreux pièges et les nombreuses impostures qui existent tout au long de la voie. Elle est la base pour voir, savoir et agir avec certitude et force. Elle est la fondation de la vie.

À QUI L'ENSEIGNEMENT DES PAS VERS LA CONNAISSANCE EST-IL DESTINÉ ?

Les Pas vers la Connaissance ont été offerts en tant que voie pour ces individus qui ressentent l'émergence d'un appel et d'un but spirituel dans leur vie, mais qui ont besoin d'une nouvelle approche pour pleinement comprendre ce que cela signifie. Souvent ces individus ont ressenti cette attraction depuis longtemps. L'enseignement des Pas vers la Connaissance fournit la fondation à partir de laquelle ils peuvent commencer à répondre à cet appel. Le seul critère requis pour entrer est la détermination à connaître son but, son sens et sa direction.

DANS QUEL BUT CET ENSEIGNEMENT A-T-IL ÉTÉ CONÇU ?

L'enseignement des Pas vers la Connaissance représente à la fois un chemin vers Dieu et un chemin pour œuvrer dans le monde. Il amène l'étudiant à résoudre les deux questions les plus fondamentales de la vie : « *Qui suis-je ?* » et « *Pourquoi suis-je ici ?* ». Les Pas vers la Connaissance traitent de ces questions dans le cadre de la raison d'être, des relations et de la communauté. Ils soulignent que chacun cherche celles-ci dans le monde, et que cette quête sous-tend tout désir et tout effort considérés comme ayant du sens. A chaque instant, faire l'expérience de son but, des relations et de la communauté procure à chacun sens et identité. Les Pas vers la Connaissance indiquent que ces besoins nous sont intrinsèques et que chacun a amené la réponse à ces besoins avec soi de son Ancienne Demeure. Ainsi, l'enseignement affirme que chacun porte en soi, sans le savoir, son propre épanouissement, au sein de sa Connaissance de Soi.

Grâce à la pratique et à la révélation, les Pas vers la Connaissance donnent aux étudiants la structure nécessaire pour trouver la

Connaissance, s'engager avec la Connaissance et suivre la Connaissance dans chaque situation. Ainsi, ils commencent à trouver leur véritable direction dans la vie. Étudier quotidiennement développe l'habileté et la confiance que seule l'application assidue de soi peut fournir.

La reconquête et l'application de la Connaissance de Soi constituent le but de ce livre consacré à la pratique spirituelle et à ses enseignements. Chaque Pas met l'accent sur le développement conjoint de la vie intérieure et de la vie extérieure de l'étudiant, car la Connaissance (la Réalisation de Soi) et la Sagesse (l'Application de Soi) doivent émerger ensemble. Ainsi, en étudiant et en appliquant la Voie de la Connaissance, l'étudiant développe naturellement la patience, l'objectivité, la perspicacité, la force, la tolérance et une sensation durable d'estime de soi.

Comment cet enseignement fut donné :

L'enseignement des Pas vers la Connaissance a été révélé à l'enseignant Marshall Vian Summers durant le printemps de 1989. Il a été reçu au cours d'une période de quatorze jours, dans un état de révélation. Les Pas vers la Connaissance furent offerts par un groupe d'enseignants spirituels invisibles qui se décrivent comme des Enseignants de la Grande Communauté. Leur message est universel et cependant leurs méthodes sont uniques pour notre temps et notre monde.

Pourquoi il fut écrit :

Notre monde se trouve au seuil de son émergence au sein d'une grande communauté de vie intelligente dans l'univers qui nous entoure. Par conséquent, une compréhension et une perspective plus universelles des relations, de la spiritualité et du progrès humain sont à présent nécessaires. L'enseignement des Pas vers la Connaissance a été offert pour ceux qui promettent d'être les principaux contributeurs de la prochaine grande époque de l'histoire humaine, au cours de laquelle l'humanité commencera à rencontrer d'autres races intelligentes de la Grande Communauté. C'est le plus grand seuil que nous ayons jamais rencontré. Or, dans la perspective de la Grande Communauté, il est évident que l'humanité n'est pas préparée. Cela a créé les conditions pour qu'une nouvelle compréhension et un nouvel enseignement spirituels soient donnés au monde, car le Créateur ne nous abandonnerait pas seuls et sans préparation lors de notre émergence dans la Grande Communauté. Ainsi, une préparation spirituelle tout à fait unique a été donnée pour permettre aux hommes et aux femmes d'acquérir le pouvoir, la compassion et la compétence nécessaires pour servir un monde en transition. *Les Pas vers la Connaissance* et les livres qui l'accompagnent ont été fournis en tant que guides et ressources pour préparer ces individus à trouver leur grand appel dans la vie.

Comment travailler avec les Pas :

Merci de prendre en considération les recommandations suivantes qui vous permettront de recevoir le maximum de bienfaits de votre étude des Pas vers la Connaissance :

∞ L'enseignement des Pas vers la Connaissance est un programme d'étude complet. Chaque pas vous élève et vous rapproche de votre découverte de soi. Comptez donc aller jusqu'au bout. Si vous n'arrêtez pas, vous avancerez.

∞ Bien que l'enseignement des Pas vers la Connaissance soit un programme d'auto-apprentissage, il est recommandé de chercher d'autres étudiants avec lesquels vous pouvez partager votre pratique et votre expérience. Cela augmente vos possibilités d'apprentissage et fournit une base significative pour l'établissement de nouvelles relations.

∞ Suivez les « Pas » dans *Les Pas vers la Connaissance* exactement comme ils sont donnés. Ne modifiez les exercices d'aucune façon. C'est très important. Vous pouvez demeurer sur une leçon plus d'un jour si vous le souhaitez, mais ne restez sur aucune leçon trop longtemps, sinon vous pourriez perdre le rythme du programme d'enseignement.

∞ Ne sautez pas en avant et ne changez pas la séquence pour pratiquer des leçons que vous trouvez attrayantes. Chaque leçon est conçue pour vous faire faire un seul pas à la fois. Cela fournit un passage sûr et assuré pour votre approche de la Connaissance. Suivez et utilisez le Pas du jour. Il est parfait pour ce jour.

↯ Lisez la leçon le matin quand vous vous levez, et plus tard au cours de la journée. À l'occasion, vous pouvez aussi lire la leçon à la première personne, si vous souhaitez en personnaliser le message.

↯ *Les Pas vers la Connaissance* vous enseigneront comment pratiquer et comment développer des habitudes d'étude efficaces. Par moment, vous trouverez peut-être que persévérer dans les pratiques est un réel défi. Cependant, souvenez-vous que les Pas développeront à la fois votre force et votre conscience de vous-même à travers les pratiques. Vous êtes capable de faire ces pratiques et votre vie en sera harmonisée et transformée.

↯ Réservez des horaires de pratique réguliers chaque jour. Ne laissez pas les circonstances vous dicter votre disponibilité pour vous exercer. La pratique est essentielle pour construire un environnement permettant l'émergence de la Connaissance. Des durées d'exercice ont été ajoutées au-dessous de chaque Pas pour vous aider à intégrer votre pratique dans votre journée.

↯ Tenir un journal est très précieux pour suivre votre progression et voir comment chaque Pas joue pour vous son rôle quotidien. Le journal est un puissant outil pour la découverte de soi et vous assistera dans l'application des Pas. Tenir un journal vous aidera aussi énormément lors des exercices de révision qui se trouvent tout au long du programme d'enseignement.

↯ Soyez patient et laissez les Pas produire leurs effets sur vous. Si vous suivez la séquence des Pas telle qu'elle est donnée, leur puissance est formidable. Cela prend du temps. Un grand voyage est constitué de nombreux petits pas. Chacun d'eux est nécessaire.

↯ Si vous ratez un jour, retournez simplement à la pratique. Ne vous condamnez pas (et ne condamnez pas non plus le programme). Vous n'avez qu'à continuer avec les Pas pour recevoir tous leurs bienfaits.

∞ *Les Pas vers la Connaissance* peuvent remettre en question des croyances et des suppositions qui vous sont chères. Si cela survient, acceptez ce défi et voyez ce qu'il renferme pour vous. Vous devez voir au-delà d'un point de vue limité afin de l'élargir. C'est là que vous trouverez satisfaction.

∞ L'enseignement des Pas vers la Connaissance est un don pour vous, venant de Dieu par le biais des enseignants invisibles qui servent l'humanité. C'est un don pour vous, à recevoir et à donner.

En conclusion

Le pouvoir et la portée des Pas vers la Connaissance sont aussi grands que son but. Sa Source est au-delà de ce monde. Il enseigne que le monde est dans le processus d'entrée dans une Grande Communauté de mondes. Il offre une nouvelle compréhension et une nouvelle préparation spirituelles qui sont nécessaires pour activer les pouvoirs spirituels et les aptitudes dans le monde de chaque personne. Cela rachètera son passé et la préparera pour l'avenir. L'enseignement des Pas vers la Connaissance prône une perspective plus large que celle d'un point de vue purement humain sur la compréhension des événements qui ont lieu dans le monde et au-delà de celui-ci. Il serait ainsi juste de dire que le programme d'enseignement des Pas vers la Connaissance représente la Sagesse Universelle dans son sens le plus authentique.

Comme les Pas vers la Connaissance l'indiquent si souvent, il s'agit de faire pleinement l'expérience de la Vérité pour la réaliser et l'appliquer correctement, peu importe la manière dont elle est conceptualisée. C'est un processus pas à pas. Les Pas vers la Connaissance ont été donnés pour servir ceux qui sont appelés à prendre conscience de leur héritage et de leur but spirituels dans le monde à cette époque.

Les Pas vers la Connaissance

Première partie

∞

PREMIER PAS :   À PRÉSENT, JE SUIS SANS LA CONNAISSANCE.

2 ᵉᵐᵉ PAS :   LA CONNAISSANCE EST AVEC MOI. OÙ SUIS-JE ?

3 ᵉᵐᵉ PAS :   QUE SAIS-JE VRAIMENT ?

4 ᵉᵐᵉ PAS :   JE DÉSIRE CE QUE JE PENSE SAVOIR.

5 ᵉᵐᵉ PAS :   JE CROIS CE QUE JE VEUX CROIRE.

6 ᵉᵐᵉ PAS :   JE POSSÈDE UNE VÉRITABLE FONDATION DANS LE MONDE.

7 ᵉᵐᵉ PAS :   RÉVISION

∞

8 ᵉᵐᵉ PAS :   AUJOURD'HUI, JE SERAI DANS LA QUIÉTUDE.

9 ᵉᵐᵉ PAS :   DANS LA QUIÉTUDE, TOUT PEUT ÊTRE SU.

10 ᵉᵐᵉ PAS :   QU'EST-CE QUE LA CONNAISSANCE ?

11 ᵉᵐᵉ PAS :   JE NE SUIS PAS SÉPARÉ DE LA VIE.

12 ᵉᵐᵉ PAS :   MON INDIVIDUALITÉ EXISTE POUR EXPRIMER LA VIE MÊME.

13 ᵉᵐᵉ PAS :   JE VEUX ÊTRE SÉPARÉ POUR ÊTRE UNIQUE.

14 ᵉᵐᵉ PAS :   RÉVISION

∞

15 ᵉᵐᵉ PAS :   J'ÉCOUTERAI MON EXPÉRIENCE AUJOURD'HUI.

16 ᵉᵐᵉ PAS :   AU-DELÀ DE MON MENTAL SE TROUVE LA CONNAISSANCE.

17 ᵉᵐᵉ PAS :   AUJOURD'HUI, JE VEUX ENTENDRE LA VÉRITÉ.

18 ᵉᵐᵉ PAS :   AUJOURD'HUI, JE RESSENS LA VÉRITÉ ÉMERGER EN MOI.

19 ᵉᵐᵉ PAS :   AUJOURD'HUI, JE SOUHAITE VOIR.

20 ᵉᵐᵉ PAS :   JE NE LAISSERAI PAS LE DOUTE ET LA CONFUSION RALENTIR MES PROGRÈS.

21 ème pas :   RÉVISION

∞

22 ème pas :   Je suis entouré par les Enseignants de Dieu.

23 ème pas :   Je suis aimé, entouré et soutenu par les Enseignants de Dieu.

24 ème pas :   Je suis digne de l'amour de Dieu.

25 ème pas :   Je ne fais qu'un avec la plus grande vérité de la vie.

26 ème pas :   Mes erreurs donnent naissance à ma Connaissance.

27 ème pas :   J'ai une sagesse que je désire découvrir.

28 ème pas :   RÉVISION

∞

29 ème pas :   Aujourd'hui, je m'observerai pour apprendre de la Connaissance.

30 ème pas :   Aujourd'hui, j'observerai mon monde.

31 ème pas :   Je souhaite voir un monde que je n'ai jamais vu auparavant.

32 ème pas :   La vérité est avec moi. Je peux la ressentir.

33 ème pas :   J'ai une mission à accomplir dans ma vie.

34 ème pas :   Je suis un étudiant débutant de la Connaissance.

35 ème pas :   RÉVISION

∞

36 ème pas :   Ma vie est un mystère à explorer.

37 ème pas :   Il existe une voie vers la Connaissance.

38 ème pas :   Dieu connaît la voie vers la Connaissance.

39 ème pas :   Le pouvoir de Dieu est avec moi.

40 ème pas :   Aujourd'hui, je ressentirai le pouvoir de Dieu.

41 ème pas :   Je n'ai pas peur du pouvoir de Dieu.

42 ème pas :   RÉVISION

∞

43 ème pas :   Ma volonté est de connaître Dieu.

44 ème PAS :	JE DÉSIRE CONNAÎTRE MA PROPRE FORCE.
45 ème PAS :	SEUL, JE NE PEUX RIEN FAIRE.
46 ème PAS :	JE DOIS ÊTRE PETIT POUR ÊTRE GRAND.
47 ème PAS :	POURQUOI AI-JE BESOIN D'ENSEIGNANTS ?
48 ème PAS :	UNE VÉRITABLE INSTRUCTION M'EST DISPONIBLE.
49 ème PAS :	RÉVISION

50 ème PAS :	AUJOURD'HUI JE SERAI AVEC LA CONNAISSANCE.
51 ème PAS :	PUISSÉ-JE IDENTIFIER MES PEURS AFIN QUE JE PUISSE VOIR LA VÉRITÉ QUI SE TROUVE AU-DELÀ.
52 ème PAS :	JE SUIS LIBRE DE TROUVER LA SOURCE DE MA CONNAISSANCE.
53 ème PAS :	MES DONS SONT POUR LES AUTRES.
54 ème PAS :	JE NE VIVRAI PAS DANS L'IDÉALISME.
55 ème PAS :	J'ACCEPTERAI LE MONDE TEL QU'IL EST.
56 ème PAS :	RÉVISION

57 ème PAS :	LA LIBERTÉ EST AVEC MOI.
58 ème PAS :	LA CONNAISSANCE EST AVEC MOI.
59 ème PAS :	AUJOURD'HUI, J'APPRENDRAI LA PATIENCE.
60 ème PAS :	JE NE JUGERAI PAS LE MONDE AUJOURD'HUI.
61 ème PAS :	L'AMOUR SE DONNE À TRAVERS MOI.
62 ème PAS :	AUJOURD'HUI, J'APPRENDRAI À ÉCOUTER LA VIE.
63 ème PAS :	RÉVISION

64 ème PAS :	AUJOURD'HUI, J'ÉCOUTERAI AUTRUI.
65 ème PAS :	JE SUIS VENU POUR TRAVAILLER DANS LE MONDE.
66 ème PAS :	JE CESSERAI DE ME PLAINDRE DU MONDE.
67 ème PAS :	JE NE SAIS PAS CE QUE JE VEUX POUR LE MONDE.
68 ème PAS :	AUJOURD'HUI, JE NE PERDRAI PAS CONFIANCE EN MOI.

69 ᵉᵐᵉ PAS :   AUJOURD'HUI, JE PRATIQUERAI LA QUIÉTUDE.
70 ᵉᵐᵉ PAS :   RÉVISION

71 ᵉᵐᵉ PAS :   JE SUIS ICI POUR SERVIR UN BUT SUPÉRIEUR.
72 ᵉᵐᵉ PAS :   J'AURAI CONFIANCE EN MES INCLINATIONS LES PLUS PROFONDES AUJOURD'HUI.
73 ᵉᵐᵉ PAS :   JE PERMETTRAI À MES ERREURS DE M'INSTRUIRE.
74 ᵉᵐᵉ PAS :   LA PAIX DEMEURE AVEC MOI AUJOURD'HUI.
75 ᵉᵐᵉ PAS :   AUJOURD'HUI, J'ÉCOUTERAI MON SOI.
76 ᵉᵐᵉ PAS :   AUJOURD'HUI, JE NE JUGERAI PAS AUTRUI.
77 ᵉᵐᵉ PAS :   RÉVISION

78 ᵉᵐᵉ PAS :   JE NE PEUX RIEN FAIRE SEUL.
79 ᵉᵐᵉ PAS :   JE PERMETTRAI À L'INCERTITUDE D'EXISTER AUJOURD'HUI.
80 ᵉᵐᵉ PAS :   JE NE PEUX QUE PRATIQUER.
81 ᵉᵐᵉ PAS :   JE NE ME DUPERAI PAS AUJOURD'HUI.
82 ᵉᵐᵉ PAS :   JE NE JUGERAI PAS AUTRUI AUJOURD'HUI.
83 ᵉᵐᵉ PAS :   J'ESTIME LA CONNAISSANCE PAR-DESSUS TOUT.
84 ᵉᵐᵉ PAS :   RÉVISION

85 ᵉᵐᵉ PAS :   AUJOURD'HUI, JE TROUVE LE BONHEUR DANS DE PETITES CHOSES.
86 ᵉᵐᵉ PAS :   J'HONORE CEUX QUI M'ONT DONNÉ.
87 ᵉᵐᵉ PAS :   JE N'AURAIS PAS PEUR DE CE QUE JE SAIS.
88 ᵉᵐᵉ PAS :   MON SOI SUPÉRIEUR N'EST PAS UN INDIVIDU.
89 ᵉᵐᵉ PAS :   MES ÉMOTIONS NE PEUVENT PAS DISSUADER MA CONNAISSANCE.
90 ᵉᵐᵉ PAS :   AUJOURD'HUI, JE NE FERAI AUCUNE SUPPOSITION.
91 ᵉᵐᵉ PAS :   RÉVISION

92 ème PAS :	Il y a pour moi un rôle à jouer dans le monde.
93 ème PAS :	Je suis envoyé ici dans un but.
94 ème PAS :	Ma liberté est de trouver mon but.
95 ème PAS :	Comment donc pourrais-je m'accomplir ?
96 ème PAS :	La volonté de Dieu est que je sois allégé de mon fardeau.
97 ème PAS :	Je ne sais pas ce qu'est l'accomplissement.
98 ème PAS :	RÉVISION

༄

99 ème PAS :	Je ne blâmerai pas le monde aujourd'hui.
100 ème PAS :	Aujourd'hui, je suis un étudiant débutant de la Connaissance.
101 ème PAS :	Le monde a besoin de moi, mais j'attendrai.
102 ème PAS :	Il y a de nombreuses choses que je dois désapprendre.
103 ème PAS :	Je suis honoré par Dieu.
104 ème PAS :	Dieu me connaît mieux que je ne me connais moi-même.
105 ème PAS :	RÉVISION

༄

106 ème PAS :	Il n'y a pas de Maître qui vive dans le monde.
107 ème PAS :	Aujourd'hui, j'apprendrai à être heureux.
108 ème PAS :	Le bonheur est quelque chose que je dois apprendre à nouveau.
109 ème PAS :	Je ne serai pas pressé aujourd'hui.
110 ème PAS :	Je serai honnête avec moi-même aujourd'hui.
111 ème PAS :	Aujourd'hui je serai à l'aise.
112 ème PAS :	RÉVISION

༄

113 ème PAS :	Je ne serai pas persuadé par les autres.
114 ème PAS :	Mes véritables amis sont avec moi. Je ne suis pas seul.
115 ème PAS :	Aujourd'hui, j'écouterai le pouvoir de la Connaissance.

116 ème pas :	Aujourd'hui, je serai patient avec la Connaissance.
117 ème pas :	Mieux vaut être simple qu'être pauvre.
118 ème pas :	Je n'éviterai pas le monde aujourd'hui.
119 ème pas :	RÉVISION

∞

120 ème pas :	Je me souviendrai de ma Connaissance aujourd'hui.
121 ème pas :	Aujourd'hui, je suis libre de donner.
122 ème pas :	Je donne sans perte aujourd'hui.
123 ème pas :	Je ne m'apitoierai pas sur moi-même aujourd'hui.
124 ème pas :	Je ne feindrai pas d'être heureux aujourd'hui.
125 ème pas :	Je n'ai pas besoin d'être quelqu'un aujourd'hui.
126 ème pas :	RÉVISION

∞

127 ème pas :	Aujourd'hui, je n'essaierai pas de prendre ma revanche sur Dieu.
128 ème pas :	Mes Enseignants sont avec moi. Je n'ai pas besoin d'avoir peur.
129 ème pas :	Mes Enseignants sont avec moi. Je serai avec eux.
130 ème pas :	Les relations viendront à moi lorsque je serai préparé.
131 ème pas :	Aujourd'hui, je chercherai l'expérience du véritable but de la vie.
132 ème pas :	Laissez-moi apprendre à être libre afin que je puisse me joindre aux autres.
133 ème pas :	RÉVISION

∞

134 ème pas :	Je ne définirai pas moi-même mon but.
135 ème pas :	Je ne définirai pas ma destinée aujourd'hui.
136 ème pas :	Mon but est de rétablir ma Connaissance et de lui permettre de s'exprimer dans le monde.
137 ème pas :	J'accepterai le mystère de ma vie.

138 ème PAS :   IL ME SUFFIT DE SUIVRE LES PAS TELS QU'ILS SONT DONNÉS.

139 ème PAS :   JE SUIS VENU DANS LE MONDE POUR SERVIR.

140 ème PAS :   RÉVISION

∞

141 ème PAS :   JE SERAI CONFIANT AUJOURD'HUI.

142 ème PAS :   JE SERAI CONSTANT AUJOURD'HUI.

143 ème PAS :   AUJOURD'HUI, JE SERAI DANS LA QUIÉTUDE.

144 ème PAS :   JE M'HONORERAI AUJOURD'HUI.

145 ème PAS :   J'HONORERAI LE MONDE AUJOURD'HUI.

146 ème PAS :   J'HONORERAI MES ENSEIGNANTS AUJOURD'HUI.

147 ème PAS :   RÉVISION

∞

148 ème PAS :   MA PRATIQUE EST MON DON À DIEU.

149 ème PAS :   MA PRATIQUE EST MON DON AU MONDE.

150 ème PAS :   AUJOURD'HUI, J'APPRENDRAI À APPRENDRE.

151 ème PAS :   JE N'UTILISERAI PAS LA PEUR POUR APPUYER MES JUGEMENTS.

152 ème PAS :   JE NE SUIVRAI PAS LA PEUR DANS LE MONDE.

153 ème PAS :   MA SOURCE SOUHAITE S'EXPRIMER À TRAVERS MOI.

154 ème PAS :   RÉVISION

∞

155 ème PAS :   LE MONDE ME BÉNIT À MESURE QUE JE REÇOIS.

156 ème PAS :   JE NE M'INQUIÉTERAI PAS POUR MOI AUJOURD'HUI.

157 ème PAS :   JE NE SUIS PAS SEUL DANS L'UNIVERS.

158 ème PAS :   JE SUIS RICHE DONC JE PEUX DONNER.

159 ème PAS :   LES PAUVRES NE PEUVENT PAS DONNER. JE NE SUIS PAS PAUVRE.

160 ème PAS :   LE MONDE EST PAUVRE MAIS JE NE LE SUIS PAS.

161 ème PAS :   RÉVISION

∞

162 ème pas :	Je n'aurai pas peur aujourd'hui.
163 ème pas :	Je ressentirai la Connaissance aujourd'hui.
164 ème pas :	Aujourd'hui, j'honorerai ce que je sais.
165 ème pas :	Mes devoirs sont petits. Ma mission est grande.
166 ème pas :	Ma mission est grande. Par conséquent, je suis libre de faire de petites choses.
167 ème pas :	Avec la Connaissance, je suis libre dans le monde.
168 ème pas :	RÉVISION

∞

169 ème pas :	Le monde est en moi. Je le sais.
170 ème pas :	Je poursuis l'Ancien Rite de préparation aujourd'hui.
171 ème pas :	Ce que je donne est une affirmation de ma richesse.
172 ème pas :	Je dois rétablir ma Connaissance.
173 ème pas :	Aujourd'hui, je ferai ce qui est nécessaire.
174 ème pas :	Ma vie est nécessaire.
175 ème pas :	RÉVISION

∞

176 ème pas :	Je suivrai la Connaissance aujourd'hui.
177 ème pas :	J'apprendrai à être honnête aujourd'hui.
178 ème pas :	Je me souviendrai de ceux qui m'ont donné aujourd'hui.
179 ème pas :	Aujourd'hui, je remercierai le monde de m'enseigner ce qui est vrai.
180 ème pas :	Je me plains car la Connaissance me fait défaut.
181 ème pas :	Aujourd'hui, je reçois l'amour de la Connaissance.
182 ème pas :	RÉVISION

Deuxième partie

∽

183 ème pas :	Je cherche l'expérience et non des réponses.
184 ème pas :	Mes questions sont plus grandes que je ne l'avais réalisé auparavant.
185 ème pas :	Je suis venu dans le monde dans un but.
186 ème pas :	Je suis né d'un Ancien Héritage.
187 ème pas :	Je suis un citoyen de la Grande Communauté des mondes.
188 ème pas :	Ma vie dans ce monde est plus importante que je ne l'avais réalisé auparavant.
189 ème pas :	Ma Famille Spirituelle existe en tous lieux.
190 ème pas :	Le monde émerge dans la Grande Communauté des mondes et c'est la raison pour laquelle je suis venu.
191 ème pas :	Ma Connaissance est plus grande que mon humanité.
192 ème pas :	Je ne négligerai pas les petites choses aujourd'hui.
193 ème pas :	J'écouterai les autres sans jugement aujourd'hui.
194 ème pas :	Aujourd'hui, j'irai là où on a besoin de moi.
195 ème pas :	La Connaissance est plus puissante que je ne le réalise.
196 ème pas :	RÉVISION

∽

197 ème pas :	Il faut faire l'expérience de la Connaissance pour en prendre conscience.
198 ème pas :	Aujourd'hui, je serai fort.
199 ème pas :	Le monde que je vois émerge dans la Grande Communauté des mondes.
200 ème pas :	Mes pensées sont trop petites pour contenir la Connaissance.
201 ème pas :	Mon mental fut créé pour servir la Connaissance.

202 ème PAS :   JE CONTEMPLE LA GRANDE COMMUNAUTÉ AUJOURD'HUI.

203 ème PAS :   LA GRANDE COMMUNAUTÉ INFLUENCE LE MONDE QUE JE VOIS.

204 ème PAS :   JE SERAI EN PAIX AUJOURD'HUI.

205 ème PAS :   JE NE JUGERAI PAS LE MONDE AUJOURD'HUI.

206 ème PAS :   L'AMOUR ÉMANE DE MOI À PRÉSENT.

207 ème PAS :   JE PARDONNE À CEUX QUI, J'ESTIME, M'ONT BLESSÉ.

208 ème PAS :   TOUT CE QUE J'APPRÉCIE VÉRITABLEMENT SERA EXPRIMÉ À PARTIR DE LA CONNAISSANCE.

209 ème PAS :   JE NE SERAI PAS CRUEL ENVERS MOI-MÊME AUJOURD'HUI.

210 ème PAS :   RÉVISION

211 ème PAS :   J'AI DE GRANDS AMIS AU-DELÀ DE CE MONDE.

212 ème PAS :   JE GAGNE DE LA FORCE GRÂCE À TOUS CEUX QUI PRATIQUENT AVEC MOI.

213 ème PAS :   JE NE COMPRENDS PAS LE MONDE.

214 ème PAS :   JE NE ME COMPRENDS PAS.

215 ème PAS :   MES ENSEIGNANTS SONT AVEC MOI. JE NE SUIS PAS SEUL.

216 ème PAS :   IL Y A UNE PRÉSENCE SPIRITUELLE DANS MA VIE.

217 ème PAS :   JE ME DONNE À LA CONNAISSANCE AUJOURD'HUI.

218 ème PAS :   JE GARDERAI LA CONNAISSANCE EN MOI AUJOURD'HUI.

219 ème PAS :   JE NE LAISSERAI PAS L'AMBITION ME TROMPER AUJOURD'HUI.

220 ème PAS :   JE FERAI PREUVE DE RETENUE AUJOURD'HUI AFIN QUE LA GRANDEUR PUISSE CROÎTRE EN MOI.

221 ème PAS :   JE SUIS LIBRE D'ÊTRE CONFUS AUJOURD'HUI.

222 ème PAS :   LE MONDE EST CONFUS. JE NE LE JUGERAI PAS.

223 ème PAS :   JE RECEVRAI LA CONNAISSANCE EN CE JOUR.

224 ème PAS :   RÉVISION

225 ème PAS :   AUJOURD'HUI, JE SERAI SÉRIEUX TOUT EN AYANT LE CŒUR LÉGER.

226 ème PAS :	La Connaissance est avec moi. Je n'aurai pas peur.
227 ème PAS :	Je ne penserai pas que je sais aujourd'hui.
228 ème PAS :	Je ne serai pas pauvre aujourd'hui.
229 ème PAS :	Je ne blâmerai pas autrui pour ma souffrance.
230 ème PAS :	Ma souffrance naît de la confusion.
231 ème PAS :	J'ai une vocation dans ce monde.
232 ème PAS :	Ma vocation dans la vie requiert le développement d'autres personnes.
233 ème PAS :	Je fais partie d'une grande Force pour le bien dans le monde.
234 ème PAS :	La Connaissance sert l'humanité par tous les chemins.
235 ème PAS :	Le pouvoir de la Connaissance me devient évident.
236 ème PAS :	Avec la Connaissance, je saurai quoi faire.
237 ème PAS :	Je commence seulement à comprendre le sens de ma vie.
238 ème PAS :	**RÉVISION**

⁂

239 ème PAS :	La liberté est mienne aujourd'hui.
240 ème PAS :	Les petites idées ne peuvent satisfaire mon besoin de la Connaissance.
241 ème PAS :	Ma colère est injustifiée.
242 ème PAS :	Mon plus grand don au monde est ma Connaissance.
243 ème PAS :	Je n'ai pas besoin d'être quelqu'un de spécial pour donner.
244 ème PAS :	Je suis honoré quand les autres sont forts.
245 ème PAS :	L'échec des autres me rappelle le besoin de la Connaissance.
246 ème PAS :	Rien ne justifie l'échec dans le rétablissement de la Connaissance.
247 ème PAS :	J'écouterai mes Enseignants Intérieurs aujourd'hui.
248 ème PAS :	Je compterai sur la Sagesse de l'univers pour m'instruire.
249 ème PAS :	Seul, je ne peux rien faire.

250 ème PAS : JE NE ME TIENDRAI PAS À L'ÉCART AUJOURD'HUI.

251 ème PAS : SI JE RESTE AVEC LA CONNAISSANCE, IL N'Y AURA AUCUNE CONFUSION DANS MES RELATIONS.

252 ème PAS : RÉVISION

253 ème PAS : TOUT CE DONT J'AI VRAIMENT BESOIN ME SERA FOURNI.

254 ème PAS : J'AI CONFIANCE EN MES ENSEIGNANTS QUI DEMEURENT À MES CÔTÉS.

255 ème PAS : LES ERREURS DE CE MONDE NE ME DISSUADERONT PAS.

256 ème PAS : LE MONDE ÉMERGE DANS LA GRANDE COMMUNAUTÉ DES MONDES.

257 ème PAS : LA VIE EST PLUS GRANDE QUE JE NE L'AVAIS RÉALISÉ AUPARAVANT.

258 ème PAS : QUI SONT MES AMIS AUJOURD'HUI ?

259 ème PAS : JE SUIS VENU POUR ENSEIGNER DANS LE MONDE.

260 ème PAS : JE SUIS UN AMI DU MONDE AUJOURD'HUI.

261 ème PAS : JE DOIS APPRENDRE À DONNER AVEC DISCERNEMENT.

262 ème PAS : COMMENT PUIS-JE ME JUGER ALORS QUE JE NE SAIS PAS QUI JE SUIS ?

263 ème PAS : AVEC LA CONNAISSANCE, TOUT DEVIENT CLAIR.

264 ème PAS : J'EN APPRENDRAI DAVANTAGE SUR LA LIBERTÉ AUJOURD'HUI.

265 ème PAS : UNE PLUS GRANDE LIBERTÉ M'ATTEND.

266 ème PAS : RÉVISION

267 ème PAS : IL EXISTE UNE SOLUTION SIMPLE À TOUS LES PROBLÈMES QUI SE PRÉSENTENT À MOI AUJOURD'HUI.

268 ème PAS : JE NE ME LAISSERAI PAS TROMPER PAR LA COMPLEXITÉ AUJOURD'HUI.

269 ème PAS : LE POUVOIR DE LA CONNAISSANCE SE DÉPLOIERA À PARTIR DE MOI.

270 ème PAS : AVEC LE POUVOIR VIENT LA RESPONSABILITÉ.

271 ème PAS : J'ACCEPTERAI LA RESPONSABILITÉ AUJOURD'HUI.

272 ème PAS : MES ENSEIGNANTS ME GUIDERONT À MESURE QUE J'AVANCE.

273 ᵉᵐᵉ pas :	Mes Enseignants gardent pour moi la mémoire de mon Ancienne Demeure.
274 ᵉᵐᵉ pas :	Je cherche à me libérer de l'ambivalence aujourd'hui.
275 ᵉᵐᵉ pas :	Aujourd'hui, je cherche à me libérer de l'incertitude.
276 ᵉᵐᵉ pas :	La Connaissance est mon salut.
277 ᵉᵐᵉ pas :	Mes idées sont petites mais la Connaissance est grande.
278 ᵉᵐᵉ pas :	Ce qui est immuable s'exprimera à travers moi.
279 ᵉᵐᵉ pas :	Je dois faire l'expérience de ma liberté pour en prendre conscience.
280 ᵉᵐᵉ pas :	**RÉVISION**

∽

281 ᵉᵐᵉ pas :	Je recherche la Connaissance par-dessus tout.
282 ᵉᵐᵉ pas :	J'apprendrai à accepter la responsabilité de porter la Connaissance dans le monde.
283 ᵉᵐᵉ pas :	Le monde est ambivalent mais je ne le suis pas.
284 ᵉᵐᵉ pas :	La quiétude est mon don au monde.
285 ᵉᵐᵉ pas :	Dans la quiétude tout peut être su.
286 ᵉᵐᵉ pas :	Je porte la quiétude avec moi dans le monde aujourd'hui.
287 ᵉᵐᵉ pas :	Avec la Connaissance, je ne peux pas être en guerre.
288 ᵉᵐᵉ pas :	Les ennemis sont simplement des amis qui n'ont pas appris à s'unir.
289 ᵉᵐᵉ pas :	Aujourd'hui, je suis un étudiant de la Connaissance.
290 ᵉᵐᵉ pas :	Je ne peux qu'être un étudiant. Par conséquent, je serai un étudiant de la Connaissance.
291 ᵉᵐᵉ pas :	Je suis reconnaissant envers mes frères et mes sœurs qui commettent des erreurs à mon encontre.
292 ᵉᵐᵉ pas :	Comment puis-je être en colère contre le monde alors que celui-ci ne fait que me servir ?
293 ᵉᵐᵉ pas :	Je ne désire pas souffrir aujourd'hui.
294 ᵉᵐᵉ pas :	**RÉVISION**

∽

295 ème PAS :	Je pénètre à présent le mystère de ma vie.
296 ème PAS :	Nasi Novare Coram
297 ème PAS :	Novre Novre Comey Na Vera Te Novre
298 ème PAS :	Mavran Mavran Conay Mavran
299 ème PAS :	Nome Nome Cono Na Vera Te Nome
300 ème PAS :	J'accueille tous ceux qui forment ma Famille Spirituelle aujourd'hui.
301 ème PAS :	Je ne me perdrai pas dans l'anxiété aujourd'hui.
302 ème PAS :	Je ne résisterai pas au monde aujourd'hui.
303 ème PAS :	Je prendrai du recul par rapport aux persuasions du monde aujourd'hui.
304 ème PAS :	Je ne serai pas un étudiant de la peur aujourd'hui.
305 ème PAS :	Je ressens le pouvoir de l'amour aujourd'hui.
306 ème PAS :	Je me reposerai en la Connaissance aujourd'hui.
307 ème PAS :	La Connaissance vit en moi à présent.
308 ème PAS :	RÉVISION

∞

309 ème PAS :	Le monde que je vois essaie de devenir une seule communauté.
310 ème PAS :	Je suis libre parce que je désire donner.
311 ème PAS :	Le monde m'appelle. Je dois me préparer pour le servir.
312 ème PAS :	Il y a de plus grands problèmes que je dois résoudre dans le monde.
313 ème PAS :	Laissez-moi prendre conscience que ce qui est complexe est simple.
314 ème PAS :	Je n'aurai pas peur de suivre aujourd'hui.
315 ème PAS :	Aujourd'hui, je ne serai pas seul.
316 ème PAS :	Je ferai confiance à mes inclinations les plus profondes aujourd'hui.
317 ème PAS :	Je n'ai qu'à renoncer à mon ambivalence pour connaître la vérité.

318 ᵉᵐᵉ PAS :   IL Y A UN POUVOIR SUPÉRIEUR À L'ŒUVRE DANS LE MONDE.

319 ᵉᵐᵉ PAS :   POURQUOI DEVRAIS-JE AVOIR PEUR ALORS QU'UN POUVOIR SUPÉRIEUR EST DANS LE MONDE ?

320 ᵉᵐᵉ PAS :   JE SUIS LIBRE DE TRAVAILLER DANS LE MONDE.

321 ᵉᵐᵉ PAS :   LE MONDE ATTEND MA CONTRIBUTION.

322 ᵉᵐᵉ PAS :   **RÉVISION**

---

323 ᵉᵐᵉ PAS :   MON RÔLE DANS LE MONDE EST TROP IMPORTANT POUR ÊTRE NÉGLIGÉ.

324 ᵉᵐᵉ PAS :   JE NE JUGERAI PAS AUTRUI AUJOURD'HUI.

325 ᵉᵐᵉ PAS :   LE MONDE ÉMERGE DANS LA GRANDE COMMUNAUTÉ DES MONDES. PAR CONSÉQUENT, JE DOIS ÊTRE ATTENTIF.

326 ᵉᵐᵉ PAS :   LA GRANDE COMMUNAUTÉ EST QUELQUE CHOSE QUE JE PEUX RESSENTIR MAIS QUE JE NE PEUX PAS COMPRENDRE.

327 ᵉᵐᵉ PAS :   JE SERAI EN PAIX AUJOURD'HUI.

328 ᵉᵐᵉ PAS :   AUJOURD'HUI, J'HONORERAI CEUX QUI M'ONT DONNÉ.

329 ᵉᵐᵉ PAS :   JE SUIS LIBRE D'AIMER LE MONDE AUJOURD'HUI.

330 ᵉᵐᵉ PAS :   JE NE NÉGLIGERAI PAS LES PETITES CHOSES DANS MA VIE.

331 ᵉᵐᵉ PAS :   CE QUI EST PETIT EXPRIME CE QUI EST GRAND.

332 ᵉᵐᵉ PAS :   JE COMMENCE SEULEMENT À COMPRENDRE LE SENS DE LA CONNAISSANCE DANS MA VIE.

333 ᵉᵐᵉ PAS :   IL Y A UNE PRÉSENCE AVEC MOI. JE PEUX LA RESSENTIR.

334 ᵉᵐᵉ PAS :   LA PRÉSENCE DE MES ENSEIGNANTS EST AVEC MOI TOUS LES JOURS.

335 ᵉᵐᵉ PAS :   LE FEU DE LA CONNAISSANCE EST AVEC MOI TOUS LES JOURS.

336 ᵉᵐᵉ PAS :   **RÉVISION**

---

337 ᵉᵐᵉ PAS :   SEUL, JE NE PEUX RIEN FAIRE.

338 ᵉᵐᵉ PAS :   AUJOURD'HUI, JE SERAI ATTENTIF.

339 ᵉᵐᵉ PAS :   LA PRÉSENCE DE L'AMOUR EST AVEC MOI À PRÉSENT.

340 ème PAS : MA PRATIQUE EST MA CONTRIBUTION AU MONDE.

341 ème PAS : JE SUIS HEUREUX CAR JE PEUX À PRÉSENT RECEVOIR.

342 ème PAS : JE SUIS UN ÉTUDIANT DE LA CONNAISSANCE AUJOURD'HUI.

343 ème PAS : AUJOURD'HUI, J'HONORERAI LA SOURCE DE MA PRÉPARATION.

344 ème PAS : MA CONNAISSANCE EST LE DON QUE J'OFFRE AU MONDE.

345 ème PAS : MA CONNAISSANCE EST MON DON À MA FAMILLE SPIRITUELLE.

346 ème PAS : JE SUIS DANS LE MONDE POUR TRAVAILLER.

347 ème PAS : JE PERMETS À MA VIE DE SE DÉPLOYER AUJOURD'HUI.

348 ème PAS : AUJOURD'HUI, JE SERAI LE TÉMOIN DU DÉPLOIEMENT DU MONDE.

349 ème PAS : JE SUIS HEUREUX DE POUVOIR ENFIN SERVIR LA VÉRITÉ.

350 ème PAS : RÉVISION

LEÇONS FINALES

351 ème PAS : JE SERS UN BUT SUPÉRIEUR DONT JE COMMENCE À PRÉSENT À FAIRE L'EXPÉRIENCE.

352 ème PAS : JE SUIS UN VÉRITABLE ÉTUDIANT DE LA CONNAISSANCE AUJOURD'HUI.

353 ème PAS : MA VÉRITABLE DEMEURE EST EN DIEU.

354 ème PAS : JE DOIS FAIRE L'EXPÉRIENCE DE MA VÉRITABLE DEMEURE PENDANT QUE JE SUIS DANS LE MONDE

355 ème PAS : JE PEUX ÊTRE EN PAIX DANS LE MONDE.

356 ème PAS : JE TROUVERAI MON SOI AUJOURD'HUI.

357 ème PAS : JE SUIS DANS LE MONDE POUR EXPRIMER MON SOI.

358 ème PAS : JE DÉSIRE ÊTRE CHEZ MOI DANS LE MONDE.

359 ème PAS : JE SUIS PRÉSENT POUR SERVIR LE MONDE.

360 ème PAS : JE DOIS APPRENDRE COMMENT RÉVÉLER LA GRANDEUR DANS LE MONDE.

361 ème PAS :   Je suis guidé vers la lumière de la Connaissance aujourd'hui.

362 ème PAS :   J'apprends à apprendre car aujourd'hui je porte en moi la Connaissance.

363 ème PAS :   La Connaissance est mon véritable désir car je suis un étudiant de la Connaissance.

364 ème PAS :   La Connaissance me porte car je suis un étudiant de la Connaissance.

365 ème PAS :   Je m'engage à apprendre à apprendre. Je m'engage à donner ce que je suis destiné à donner. Je m'engage car je fais partie de la vie. Je fais partie de la vie car je ne fais qu'un avec la Connaissance.

Index

À propos du processus de traduction du Nouveau Message

L'histoire du messager

La voix de la Révélation

À propos de la Society for the New Message

Livres du Nouveau Message

Tel que révélé à
MARSHALL VIAN SUMMERS
26 mai – 14 juin 1989
à Albany, New York

Dédicace

« Cette méthode est donnée à tous les étudiants de la Connaissance dans le monde avec gratitude et une grande attente de la part de votre Famille Spirituelle.

Suivez les instructions telles qu'elles sont données.

De cette façon, le pouvoir et l'efficacité de cette œuvre vous seront révélés et, ainsi, Nos dons qui vous sont destinés auront été reçus.

C'est avec une grande émotion que Nous vous octroyons cela et, à travers vous, que nous l'octroyons à votre monde. »

Les Pas vers la Connaissance

PREMIÈRE PARTIE

Premier Pas

À PRÉSENT, JE SUIS SANS LA CONNAISSANCE.

Il doit y avoir un commencement à toute étape de développement. Vous devez partir de là où vous êtes et non pas de là où vous voulez être. Vous débutez ici, dans la compréhension que vous êtes sans la Connaissance. Cela ne veut pas dire que la Connaissance n'est pas avec vous. Cela veut simplement dire que vous n'êtes pas avec la Connaissance. La Connaissance vous attend pour avancer. La Connaissance attend pour se donner à vous. Ainsi, vous commencez à présent à vous préparer à entrer en relation avec la Connaissance, l'aspect supérieur de l'esprit que vous avez apporté avec vous de votre Ancienne Demeure.

Aujourd'hui, passez trois fois dix minutes à réfléchir à ce qu'est la Connaissance, non pas en appliquant simplement vos propres idées, non pas en appliquant simplement votre compréhension passée, mais en réfléchissant à ce qu'est réellement la Connaissance.

Pratique 1 : *Trois séances de pratique de 10 minutes.*

2ème Pas

LA CONNAISSANCE EST AVEC MOI. OÙ SUIS-JE ?

LA CONNAISSANCE EST AVEC VOUS, COMPLÈTEMENT, mais elle réside dans une partie de votre esprit à laquelle vous n'avez pas encore accès. La Connaissance représente votre véritable Soi, votre véritable Esprit et vos véritables relations dans l'univers. Elle détient aussi votre grand appel dans le monde et une parfaite utilisation de votre nature, de l'ensemble de vos capacités et talents intrinsèques, et même de vos limitations – le tout destiné à être donné pour le bien dans le monde.

LA CONNAISSANCE EST AVEC VOUS, MAIS OÙ ÊTES-VOUS ? Aujourd'hui, réfléchissez à là où vous êtes. Si vous n'êtes pas avec la Connaissance, où êtes-vous ? Ainsi, aujourd'hui, durant trois sessions de 10 minutes, réfléchissez à là où vous êtes – pas seulement physiquement ou géographiquement, mais à là où vous êtes en termes de la conscience que vous avez de vous-même dans le monde. Réfléchissez très, très attentivement. Ne laissez pas votre mental vous distraire de cette orientation. Il est essentiel à présent, au début de votre préparation, que vous vous posiez ces questions très sérieusement.

PRATIQUE 2 : *Trois séances de pratique de 10 minutes.*

3ème Pas

QUE SAIS-JE VRAIMENT ?

AUJOURD'HUI, DEMANDEZ-VOUS CE QUE VOUS SAVEZ VRAIMENT, et distinguez ce que vous savez de ce que vous pensez savoir, de ce que vous espérez ou désirez pour vous ou pour votre monde, de ce dont vous avez peur, de ce à quoi vous croyez, de ce que vous chérissez et de ce à quoi vous accordez de la valeur. Distinguez cette question de toutes ces orientations au mieux de votre capacité et demandez-vous : « Que sais-je vraiment ? » Vous devez continuellement examiner les réponses que vous donnez à cette question pour voir si elles représentent vos croyances ou vos suppositions, les croyances ou les suppositions des autres, ou peut-être même celles de l'humanité dans son ensemble.

À TROIS REPRISES AUJOURD'HUI, PENDANT DIX MINUTES, posez-vous cette question et réfléchissez très sérieusement à votre réponse et au sens de cette question : « Que sais-je vraiment ? »

PRATIQUE 3 : *Trois séances de pratique de 10 minutes.*

4ème Pas

JE DÉSIRE CE QUE JE PENSE SAVOIR.

Vous désirez ce que vous pensez savoir, et c'est cela qui constitue le fondement de votre compréhension de vous-même et de votre monde. En fait, cela constitue le fondement de votre identité toute entière. Par un examen honnête, vous découvrirez cependant que votre compréhension est principalement basée sur des suppositions et que ces suppositions n'ont pas été, dans une large mesure, sinon pas du tout, fondées sur votre expérience.

Aujourd'hui, lors de vos trois brèves séances de pratique durant lesquelles vous consacrerez toute votre attention à examiner vos suppositions, réfléchissez à ce que vous pensez vraiment savoir, en incluant les choses que vous n'avez pas songé à remettre en question auparavant – ces choses que vous pensez savoir. Ainsi l'exercice d'aujourd'hui poursuit-il ce qui a été abordé dans les Pas précédents, lors desquels vous avez commencé à percevoir la différence entre ce que vous pensez savoir et la véritable Connaissance elle-même, ainsi que la relation qui existe entre ce que vous pensez être la Connaissance et vos propres suppositions, croyances ou espoirs.

Lors de chaque séance de pratique, il est ainsi essentiel que vous réfléchissiez aux choses que vous pensez savoir. Quand vous réaliserez qu'elles sont principalement basées sur vos suppositions, vous réaliserez à quel point votre fondation dans le monde est fragile. Le comprendre pourra s'avérer bouleversant et déconcertant, mais cela vous est absolument essentiel afin de vous donner l'impulsion et le désir de découvrir votre véritable fondation dans le monde.

PRATIQUE 4 : *Trois séances de pratique de 10 minutes.*

5ème Pas

JE CROIS CE QUE JE VEUX CROIRE.

Cette affirmation représente la grande folie de l'humanité et la plus dangereuse forme d'aveuglement de l'humanité. Les croyances sont fondées essentiellement sur ce qui est souhaité, pas sur ce qui se passe réellement ni sur ce qui est authentique. Elles peuvent effectivement représenter les grands idéaux de l'humanité et en cela elles sont le reflet de quelque chose de vrai. Cependant, au jour le jour et pour la plupart des questions pratiques, les gens basent leurs croyances sur des choses qu'ils espèrent, pas sur des choses qui existent vraiment. Vous devez avoir une très profonde compréhension du fait que l'approche de toute décision et de toute entreprise constructive doit commencer avec la réalité actuelle. Ce que vous êtes et ce que vous avez aujourd'hui doivent constituer votre point de départ.

Ainsi, lors de vos trois séances de pratique aujourd'hui, réfléchissez à cette affirmation. Examinez ce que vous croyez et examinez ensuite ce que vous voulez. Vous découvrirez que même vos croyances craintives ou négatives sont associées à vos ambitions. Seule une application attentive de la pratique d'aujourd'hui vous révélera cela.

Pratique 5 : *Trois séances de pratique de 10 minutes.*

6ᵉᵐᵉ Pas

JE POSSÈDE UNE VÉRITABLE FONDATION DANS LE MONDE.

Au-delà des croyances et des suppositions qui masquent vos propres peurs et incertitudes, il existe pour vous une véritable fondation dans le monde. Cette fondation est établie sur votre vie au-delà de ce monde car c'est de là que vous êtes venu et c'est là que vous retournerez. Vous êtes venu d'un endroit où vous retournerez et vous n'êtes pas venu les mains vides.

À deux reprises aujourd'hui, passez une séance plus longue de 15 à 20 minutes à considérer ce que peut être votre véritable fondation. Envisagez toutes vos idées à ce sujet. C'est une question très importante. Vous devez réaliser votre grand besoin en la matière afin de poser cette question avec sincérité et avec une profondeur éclairée.

Sans véritable fondation, vos accomplissements et votre avancement réels seraient sans espoir. C'est donc une grande bénédiction que vous en possédiez une, même si celle-ci vous est inconnue.

Pratique 6 : *Deux séances de pratique de 15 à 20 minutes.*

7ème Pas

RÉVISION

Lors des deux séances de pratique d'aujourd'hui, révisez tout ce que nous avons parcouru jusqu'ici en commençant par le premier Pas et en continuant progressivement jusqu'à inclure le Pas de la veille. Ensuite, considérez la séquence des Pas dans son ensemble. Il est très important à cette étape que vous ne cherchiez pas à tirer de conclusions mais que vous vous posiez des questions et que vous réalisiez à quel point vous avez besoin de la véritable Connaissance. Si vous entreprenez sincèrement cette pratique aujourd'hui, ce grand besoin vous sera parfaitement évident. Vous êtes vulnérable sans vos suppositions et cependant vous vous trouvez aussi en position de recevoir la vérité et la certitude dans la vie.

Passez deux séances de pratique aujourd'hui, chacune de 30 minutes, à considérer ces choses.

Pratique 7 : *Deux séances de pratique de 30 minutes.*

8ème Pas

AUJOURD'HUI, JE SERAI DANS LA QUIÉTUDE.

Lors de vos deux pratiques de méditation aujourd'hui, pratiquez la quiétude[1] pendant 15 minutes. Commencez par prendre trois respirations profondes et ensuite focalisez votre attention sur un point interne. Cela peut être un point imaginaire ou bien un point de votre corps physique. Les yeux fermés, accordez simplement toute votre attention à cela, sans jugement et sans évaluation. Ne soyez pas découragé si vos premières tentatives s'avèrent difficiles. Commencer quelque chose d'important dans la vie peut être difficile au départ, pourtant, si vous persistez, vous accomplirez ce grand but car dans la quiétude, tout peut être su.

Pratique 8 : *Deux séances de pratique de 15 minutes.*

NdT (1) : stillness

9ème Pas

Dans la quiétude, tout peut être su.

La quiétude du mental permet à un esprit supérieur d'émerger et de révéler sa sagesse. Ceux qui cultiveront la quiétude avec le désir de la Connaissance se prépareront à l'émergence d'une plus grande révélation et d'une véritable vision intérieure[1]. Cette vision peut émerger durant une pratique ou durant n'importe quelle activité normale. Le point important ici est que la préparation ait été accomplie.

À deux reprises aujourd'hui, pratiquez la quiétude comme vous l'avez fait hier, mais pratiquez sans attendre un résultat. Ne vous servez pas de cette pratique pour poser une quelconque question car vous pratiquez la quiétude au sein de laquelle toute spéculation, toute question et toute recherche prennent fin. Pendant 15 minutes, à deux reprises aujourd'hui, pratiquez de nouveau la quiétude.

Pratique 9 : *Deux séances de pratique de 15 minutes.*

NdT (1) : true insight

Après tout, pourquoi est-ce que je fais tout cela ?

Très bonne question ! Pourquoi faites-vous tout cela, après tout ? Pourquoi vous posez-vous de telles questions ? Pourquoi cherchez-vous de plus grandes choses ? Pourquoi faites-vous cet effort ? Ces questions sont inévitables. Nous les anticipons. Pourquoi faites-vous tout cela ? Vous faites tout cela parce que c'est essentiel. Si vous désirez vivre quelque chose de plus grand qu'une vie purement superficielle et instable, vous devez pénétrer plus en profondeur et ne pas vous contenter d'une confiance basée seulement sur des suppositions fragiles et sur des attentes pleines d'espoir. Un plus grand don vous attend, cependant vous devez vous y préparer mentalement, émotionnellement et physiquement. Sans la Connaissance, vous êtes inconscient de votre but. Vous êtes inconscient de votre origine et de votre destinée, et vous traverserez cette vie comme si elle n'était qu'un rêve tourmenté et rien de plus.

10ème Pas

Qu'est-ce que la Connaissance ?

Disons que la Connaissance n'est pas ce à quoi on l'associe en général. Elle n'est pas un ensemble d'idées. Elle n'est pas un corpus d'informations. Elle n'est pas un système de croyances. Elle n'est pas un procédé d'auto-évaluation. Elle est le grand mystère de votre vie. Ses manifestations extérieures sont une profonde intuition, une grande perspicacité[1], un savoir inexplicable, une sage perception du présent et de l'avenir, ainsi qu'une compréhension du passé empreinte de sagesse. Cependant, malgré ces grandes réalisations de l'esprit, la Connaissance est encore plus grande que cela. Elle est votre Soi véritable, un Soi qui n'est pas séparé de la vie.

Pratique 10 : *Lisez trois fois la leçon aujourd'hui.*

NdT (1) : insight

11ᵉᵐᵉ Pas

JE NE SUIS PAS SÉPARÉ DE LA VIE.

Peu importe les grandes réalisations qui ont été construites sur votre individualité et tout ce qui se trouve associé à votre personne – votre corps, vos idées, vos difficultés, vos manières spécifiques de vous exprimer, vos particularités, vos talents – vous n'êtes pas séparé de la vie. Cela est si évident si vous vous regardez avec simplicité et si vous réalisez que la composition même de votre corps, tout ce qui constitue le tissu même de votre vie physique, est entièrement constitué de ce qu'est la vie dans son état physique. Il est tout à fait évident que vous êtes fait des mêmes « matériaux » que toutes les autres choses autour de vous. Ce qui est mystérieux est votre mental. Il semble être un point de compréhension distinct, mais il fait tout autant partie de la vie que votre structure physique. Vous êtes un individu inconscient de votre Source et de votre inclusion complète dans la vie. Votre individualité est actuellement un fardeau, mais elle se révèlera un grand bonheur lorsqu'elle pourra exprimer la vie même.

Pratique 11 : *Lisez trois fois la leçon aujourd'hui.*

12ème Pas

MON INDIVIDUALITÉ EXISTE POUR EXPRIMER LA VIE MÊME.

Ici, le caractère unique de votre individualité est un grand avantage et une source de joie, et non pas une source d'aliénation douloureuse ni une source de jugements pénibles envers vous-même ou envers les autres. Cette distinction ne vous élève pas au-dessus de qui que ce soit, pas plus qu'elle ne vous place en dessous. Elle identifie simplement le but réel derrière votre individualité et sa grande promesse pour l'avenir. Vous êtes ici pour exprimer quelque chose. C'est le véritable sens donné à votre individualité, car vous ne voulez plus être séparé.

À DEUX REPRISES AUJOURD'HUI, demeurez dans le silence en vous exerçant à la pratique que Nous avons illustrée jusqu'ici.

PRATIQUE 12 : *Deux séances de pratique de 15 minutes.*

13ème Pas

JE VEUX ÊTRE SÉPARÉ POUR ÊTRE UNIQUE.

CETTE PENSÉE REPRÉSENTE LA VÉRITABLE MOTIVATION de la séparation, cependant elle est inutile. Nous ne la donnons pas ici en tant qu'affirmation mais en tant qu'expression de votre état actuel. Vous voulez être séparé parce que cela définit votre soi : votre soi est défini en termes de séparation et non pas en termes d'inclusion. La séparation est la source de toute votre souffrance et de toute votre confusion mentale. Votre vie physique témoigne d'une vie séparée, mais seulement d'un certain point de vue. Vue sous un autre angle, elle ne témoigne pas du tout de la séparation. Elle manifeste une expression unique d'une réalité supérieure.

À DEUX REPRISES AUJOURD'HUI, passez 15 minutes à vous concentrer sur l'idée du jour. Réfléchissez sérieusement à ce que signifie cette leçon et faites appel à votre propre expérience pour réfléchir à sa pertinence dans votre vie. Réfléchissez à ce que votre désir de séparation vous a coûté en termes de temps, d'énergie et de souffrance. Prenez conscience de votre motivation pour la séparation et vous saurez que vous voulez être libre.

PRATIQUE 13 : *Deux séances de pratique de 15 minutes.*

14ème Pas

RÉVISION

À NOUVEAU, RÉVISEZ TOUTES LES LEÇONS DONNÉES PRÉCÉDEMMENT. Dans cette révision, relisez les instructions qui ont été fournies lors de chacun des pas. Révisez aussi l'ensemble de vos séances de pratique afin de déterminer la profondeur de votre implication dans votre pratique et les résultats que vous avez ressentis. Tout au long de votre plan d'étude, vous allez explorer le contenu de votre propre expérience. Celle-ci croîtra d'elle-même et finira par vous révéler la réalisation de votre propre Connaissance.

AUJOURD'HUI, PASSEZ UNE SÉANCE DE PRATIQUE d'environ 45 minutes à réviser l'ensemble des instructions et à réviser les résultats et la qualité de votre pratique. Demain, Nous commencerons ensemble la prochaine étape de Notre préparation.

PRATIQUE 14 : *Une séance de pratique de 45 minutes.*

15ème Pas

J'ÉCOUTERAI MON EXPÉRIENCE AUJOURD'HUI.

« Aujourd'hui, j'écouterai mon expérience afin de découvrir le contenu de mon esprit. »

Prenez conscience que le véritable contenu de votre esprit est enfoui sous tout ce que vous avez accumulé depuis le jour où vous êtes né. Ce véritable contenu souhaite s'exprimer dans le cadre de votre vie et de votre situation actuelle. Pour le discerner, vous devez écouter attentivement et vous devez différencier, avec le temps, le véritable contenu de votre esprit et ses messages pour vous de l'ensemble des autres impulsions et désirs que vous ressentez. Distinguer les pensées de la Connaissance constitue un des grands accomplissements que vous aurez l'opportunité d'apprendre dans ce cours.

L'unique pratique de 45 minutes d'aujourd'hui sera consacrée à l'écoute intérieure. Cela nécessitera de votre part d'écouter sans vous juger, même si le contenu de vos pensées est perturbant. Même si le contenu de vos pensées est désagréable, vous devez écouter sans jugement pour permettre à votre mental de s'ouvrir. Vous êtes à l'écoute de quelque chose de plus profond que le mental, mais vous devez traverser le mental pour y parvenir.

Pratique 15 : *Une séance de pratique de 45 minutes.*

16ème Pas

AU-DELÀ DE MON MENTAL SE TROUVE LA CONNAISSANCE.

AU-DELÀ DE VOTRE MENTAL[1] SE TROUVE LA CONNAISSANCE, le véritable cœur de votre être, votre véritable Soi – non pas le soi que vous avez construit pour négocier avec le monde, mais votre véritable Soi. De ce véritable Soi viennent des pensées et des impressions, des inclinations et une direction. Vous ne pouvez pas encore entendre la plupart de ce que votre véritable Soi vous communique mais vous apprendrez à le faire avec le temps, à mesure que votre mental deviendra silencieux et que vous développerez le raffinement nécessaire dans l'écoute et dans le discernement.

AUJOURD'HUI, PRATIQUEZ PENDANT TROIS SÉANCES DE 15 MINUTES CHACUNE. Écoutez plus attentivement que le jour précédent. Écoutez les inclinations plus profondes. À nouveau, vous devez écouter sans jugement. Vous ne devez rien modifier. Vous devez écouter profondément afin que vous puissiez apprendre à entendre.

PRATIQUE 16 : *Trois séances de pratique de 15 minutes.*

NdT (1) : mind

17ème Pas

Aujourd'hui, je veux entendre la vérité.

Le désir d'entendre la vérité est quelque chose qui est à la fois un processus et le résultat d'une véritable préparation. Développer la capacité et le désir d'entendre vous amènera ce que vous recherchez. La vérité vous est totalement bénéfique mais elle peut au premier abord être très choquante et décevante au regard de vos autres plans et objectifs. C'est un risque qu'il vous faut courir si vous souhaitez acquérir la certitude et l'autonomie que la vérité vous apportera. La vérité apporte toujours la résolution des conflits, elle vous offre toujours une expérience de soi, elle vous donne toujours une perception de la réalité actuelle et elle vous fournit toujours une direction pour avancer.

Aujourd'hui, lors de vos trois pratiques de 15 minutes, pratiquez l'écoute de la vérité en essayant d'écouter au-delà de la pensée et des émotions. Encore une fois, ne vous inquiétez pas si tout ce que vous entendez est la course désordonnée de vos propres pensées. Souvenez-vous : vous êtes en train de développer l'écoute. C'est la chose la plus importante. De la même façon que vous exercez un muscle dans le corps, vous êtes en train d'exercer la faculté mentale que l'on nomme l'écoute. Aussi, en ce jour, pratiquez l'écoute en utilisant ces séances de pratique pour vous y consacrer de sorte que vous puissiez ressentir la vérité émerger en vous.

Pratique 17 : *Trois séances de pratique de 15 minutes.*

18ème Pas

AUJOURD'HUI, JE RESSENS LA VÉRITÉ ÉMERGER EN MOI.

LA VÉRITÉ DOIT ÊTRE PLEINEMENT EXPÉRIMENTÉE. Elle n'est pas simplement une idée ; elle n'est pas simplement une image, bien que des images et des idées puissent l'accompagner. Elle est une expérience et, par conséquent, c'est quelque chose qui est profondément ressenti. Elle peut se manifester sous des formes légèrement différentes à ceux qui commencent à la pénétrer néanmoins, elle émergera. Elle est quelque chose que vous devez ressentir. Pour vous tourner vers votre ressenti, votre mental doit être silencieux. La vérité est quelque chose que vous ressentirez avec tout votre corps, avec tout votre être.

LA CONNAISSANCE NE VOUS PARLE PAS À TOUT MOMENT, mais elle détient toujours un message pour vous. Se rapprocher de la Connaissance signifie que vous ressemblez de plus en plus à la Connaissance elle-même – plus entier, plus constant, plus honnête, plus dévoué, plus concentré, plus capable d'auto-discipline, plus compatissant et plus aimant envers vous-même. Toutes ces qualités sont développées à mesure que vous vous approchez de ce qui constitue la source de ces qualités.

C'EST DANS CETTE DIRECTION QUE VOUS VOUS EXERCEREZ à avancer aujourd'hui à mesure que vous ressentirez la vérité émerger en vous. Cela unifiera l'ensemble de vos différents aspects, vous procurant une expérience uniforme de vous-même. Durant vos trois pratiques de 15 minutes, mobilisez toute votre attention pour ressentir la vérité émerger en vous. Pratiquez dans la quiétude et ne soyez pas découragé si cela est difficile au début. Pratiquez simplement et vous avancerez.

DE MÊME, TOUT AU LONG DE LA JOURNÉE, sans doute ni hésitation, poursuivez votre vrai but dans la vie. De ce vrai but proviendront toutes les choses importantes que vous aurez à accomplir ainsi que le grand pouvoir de vision et de discernement qui vous permettra de découvrir ces individus que vous êtes venu trouver dans le monde.

Pratique 18 : *Trois séances de pratique de 15 minutes.*

19ème Pas

AUJOURD'HUI, JE SOUHAITE VOIR.

Le désir de voir est comme le désir de savoir. Lui aussi requiert un raffinement de vos facultés mentales. Voir avec une vision claire signifie que vous ne regardez pas avec préférence. Cela signifie que vous êtes capable de percevoir ce qui se passe effectivement plutôt que ce que vous souhaitez voir. Il se passe en effet quelque chose au-delà de vos souhaits. Cela est tout à fait vrai. Le désir de voir, ainsi, est le désir de regarder une plus grande vérité. Cela requiert une plus grande honnêteté et une plus grande ouverture d'esprit.

Aujourd'hui, lors de vos deux séances de pratique, entraînez-vous à porter votre regard sur un simple objet ordinaire. Ne décollez pas vos yeux de cet objet mais regardez simplement et exercez-vous à regarder très consciencieusement. Vous n'êtes pas en train d'essayer de voir quelque chose. Vous êtes simplement en train de regarder avec votre esprit ouvert. Lorsque l'esprit est ouvert, il fait l'expérience de sa propre profondeur et il fait l'expérience de la profondeur de ce qu'il perçoit.

Choisissez un objet simple qui a très peu de signification pour vous et fixez votre attention sur lui, deux fois aujourd'hui, pendant au moins 15 minutes. Laissez votre mental devenir très calme. Respirez profondément et régulièrement tandis que vous fixez votre attention sur cet objet. Laissez votre mental retrouver son calme.

Pratique 19 : *Deux séances de pratique de 15 minutes.*

20ème Pas

JE NE LAISSERAI PAS LE DOUTE ET LA CONFUSION RALENTIR MES PROGRÈS.

Qu'est ce qui peut ralentir vos progrès sinon votre propre indécision, et qu'est ce qui peut engendrer l'indécision sinon la confusion du mental ? Vous avez un but supérieur qui est illustré dans ce programme de préparation. Ne laissez pas le doute et la confusion être un obstacle pour vous. Être un véritable étudiant signifie que vous faites très peu de suppositions et que vous vous dirigez d'une manière que vous ne prescrivez pas à vous-même mais qui vous est donnée par une force supérieure. Cette force supérieure désire vous élever à son propre niveau de capacité. De cette manière, vous recevez le don de la préparation afin que vous puissiez le transmettre aux autres. De cette manière, il vous est donné ce que vous ne pouvez pas vous apporter à vous-même. Vous prenez conscience de votre pouvoir et de votre capacité individuels parce qu'ils doivent être développés afin que vous puissiez suivre un programme de cette nature. Vous prenez aussi conscience de votre inclusion dans la vie à mesure que la vie s'efforce de vous servir dans votre véritable développement.

Par conséquent, effectuez la même pratique que celle que vous avez essayé de faire hier durant vos deux séances de pratique et ne laissez pas le doute ou la confusion vous dissuader. Soyez un véritable étudiant aujourd'hui. Permettez-vous de vous concentrer sur votre pratique. Donnez-vous à la pratique. Soyez un véritable étudiant aujourd'hui.

Pratique 20 : *Deux séances de pratique de 15 minutes.*

21ème Pas

RÉVISION

Lors de votre troisième révision, revoyez l'ensemble des leçons de la semaine passée et les résultats de ces leçons. Exercez-vous aujourd'hui à ne pas tirer de conclusions mais reconnaissez simplement la ligne de développement et prenez note des progrès que vous avez faits jusqu'ici. Il est trop tôt pour tirer de véritables conclusions, bien qu'il puisse être très tentant de le faire. Les étudiants débutants ne sont pas en mesure de juger leur programme d'étude. Ce droit doit être gagné et viendra plus tard si vous désirez que vos jugements possèdent un véritable effet et qu'ils soient sages.

Ainsi, lors de votre unique séance de pratique, révisez la section passée de pratique et tout ce dont vous avez fait l'expérience jusqu'ici.

Pratique 21 : *Une séance de pratique de 45 minutes.*

22ème Pas

JE SUIS ENTOURÉ PAR LES ENSEIGNANTS DE DIEU.

VOUS ÊTES EFFECTIVEMENT ENTOURÉ PAR LES ENSEIGNANTS DE DIEU, qui ont suivi un apprentissage semblable sous bien des aspects à celui que vous entreprenez à présent. Bien que donné sous de multiples et différentes formes, à diverses époques, en différents mondes, un apprentissage très similaire à celui-ci leur fut offert - lequel était adapté avec sagesse à leur état d'esprit et aux circonstances de leur vie d'alors.

AUJOURD'HUI, LORS DE VOS DEUX SÉANCES DE PRATIQUE DE 15 MINUTES, ressentez la présence des Enseignants de Dieu. Vous ne pouvez pas encore les voir avec vos yeux, ni les entendre avec vos oreilles, parce que ces facultés sensorielles n'ont pas encore été suffisamment raffinées, mais vous pouvez ressentir leur présence car leur présence vous entoure et vous protège. Lors de votre pratique, ne laissez interférer aucune autre pensée. Ne cédez pas au doute ou à la confusion car vous devez vous préparer pour obtenir la récompense que vous recherchez et vous devez savoir que vous n'êtes pas seul dans le monde afin d'avoir la force, la confiance et la ressource de sagesse nécessaires pour accomplir ce pour quoi vous avez été envoyé ici.

VOUS ÊTES ENTOURÉ DES ENSEIGNANTS DE DIEU. Ils sont ici pour vous aimer, vous soutenir et vous guider.

PRATIQUE 22 : *Deux séances de pratique de 15 minutes.*

23ème Pas

Je suis aimé, entouré et soutenu par les Enseignants de Dieu.

Cette vérité deviendra d'elle-même une évidence à mesure que vous vous préparerez, mais pour le moment elle peut demander une grande foi. Cette idée peut défier des pensées ou des croyances existantes mais elle est néanmoins vraie. Le plan de Dieu est invisible et il est reconnu par très peu de personnes car très peu de personnes ont l'ouverture d'esprit et la qualité d'attention leur permettant de voir ce qui se passe effectivement autour d'eux et qui, à ce stade, ne leur est pas du tout évident. Vos Enseignants vous aiment, vous entourent et vous soutiennent car vous émergez dans la Connaissance. Cela les appelle à vos côtés. Vous êtes parmi les rares personnes qui possèdent la promesse et l'opportunité d'émerger du sommeil de votre propre imagination dans la grâce de la Réalité.

Ainsi, lors de vos deux séances de pratique aujourd'hui, ressentez cet amour, ce soutien et cette direction. C'est une sensation. Ce ne sont pas des idées. C'est une sensation. C'est quelque chose que vous devez ressentir. L'amour est quelque chose que vous devez ressentir pour le connaître. Vous êtes effectivement aimé, entouré et soutenu par vos Enseignants, et vous êtes tout à fait digne du grand don qu'ils vous font.

Pratique 23 : *Deux séances de pratique de 15 minutes.*

24ᵉᵐᵉ Pas

JE SUIS DIGNE DE L'AMOUR DE DIEU.

Vous êtes effectivement digne de l'amour de Dieu. En réalité, vous êtes véritablement l'amour de Dieu. Sans aucune prétention, au cœur de vous-même, c'est votre véritable Soi. Ce n'est pas le Soi dont vous faites l'expérience pour l'instant et, jusqu'à ce que vous en fassiez effectivement l'expérience, ne prétendez pas que cela soit votre expérience. Mais soyez tout à fait conscient qu'il s'agit de votre Soi. Vous êtes une personne mais vous êtes plus grand qu'une personne. Comment pouvez-vous être indigne de l'amour de Dieu, si c'est ce que vous êtes ? Vos Enseignants vous entourent et vous procurent ce que vous êtes afin que vous puissiez faire l'expérience de vous-même et de votre véritable relation avec la vie.

Lors de vos deux séances de pratique d'aujourd'hui, exercez-vous une fois encore à recevoir l'amour, le soutien et la direction de vos Enseignants ; si une quelconque pensée obstrue cela, si une quelconque émotion empêche cela, rappelez-vous votre grande valeur. Vous êtes digne non pas en raison de ce que vous avez accompli dans le monde ; vous êtes digne en raison de qui vous êtes, en raison de là d'où vous venez et en raison de là où vous allez. Votre vie est peut-être remplie d'erreurs et de fautes, de mauvaises décisions et de mauvais choix, mais il n'en reste pas moins que vous êtes venu de votre Ancienne Demeure, à laquelle vous retournerez. Votre mérite aux yeux de Dieu demeure inchangé. Il n'y a qu'un grand effort à faire pour réparer vos erreurs afin que vous puissiez faire l'expérience de votre véritable Soi et qu'ainsi il puisse être apporté au monde.

Par conséquent, lors de vos séances de pratique, pratiquez la réceptivité et faites l'expérience de la véritable dignité. Ne laissez aucune pensée entrer en conflit avec la plus grande vérité de la vie.

Pratique 24 : *Deux séances de pratique de 15 minutes.*

25ème Pas

JE NE FAIS QU'UN AVEC LA PLUS GRANDE VÉRITÉ DE LA VIE.

Quelle est la plus grande des vérités de la vie ? C'est quelque chose dont il faut faire l'expérience car aucune grande vérité ne peut être contenue dans une idée seule, bien que des idées puissent la refléter au sein de votre expérience actuelle. Une grande vérité est le produit d'une grande relation. Vous avez une grande relation avec la vie. Vous avez une grande relation avec vos véritables Enseignants qui sont en vous. En fin de compte, vous pourrez faire l'expérience d'une grande relation avec ceux qui sont dans votre vie extérieure, mais vous devez en premier lieu faire l'expérience de la source de votre grande relation dans sa véritable fondation. Ensuite, il s'agira seulement de pouvoir transférer cela dans le monde extérieur, ce que vous ferez naturellement avec le temps.

Lors de vos deux séances de pratique, exercez-vous à ressentir cette relation. Il vous est à nouveau demandé de recevoir parce que vous devez d'abord recevoir cette relation pour pouvoir la donner. Une fois reçue, elle se donnera d'elle-même naturellement. En procédant ainsi, votre valeur est rétablie car elle est tout à fait évidente. Vous n'avez pas à donner une fausse image de vous-même ou de votre expérience. Partager un grand amour avec honnêteté signifie que vous devez être en train d'en faire l'expérience. C'est cette expérience que Nous souhaitons vous donner en ce jour.

Pratique 25 : *Deux séances de pratique de 15 minutes.*

26ème Pas

MES ERREURS DONNENT NAISSANCE À MA CONNAISSANCE.

Il est inutile de justifier l'erreur mais l'erreur peut vous amener à valoriser la vérité et en cela elle peut mener à la véritable Connaissance. C'est sa seule et unique valeur possible. Nous ne cautionnons pas l'erreur, mais si une erreur survient, Nous souhaitons la mettre au service de votre besoin le plus authentique afin que vous puissiez apprendre d'elle et ne plus la répéter. Il ne s'agit pas pour vous de simplement oublier vos erreurs car vous ne pouvez pas faire cela. Il ne s'agit pas pour vous de simplement justifier vos erreurs car cela vous rendra malhonnête. Il ne s'agit pas pour vous de simplement considérer vos erreurs comme si elles vous avaient purement et simplement rendu service car elles ont véritablement été douloureuses. Ce que cela signifie vraiment, c'est que vous reconnaissez qu'une erreur est une erreur et que vous essayez ensuite d'en tirer parti. Il faut accepter la souffrance de l'erreur et la tribulation de l'erreur car cela vous enseignera ce qui est réel et ce qui ne l'est pas, ce à quoi accorder de la valeur et ce à quoi ne pas accorder de valeur. Utiliser l'erreur pour se développer signifie que vous avez accepté l'erreur et qu'à présent vous cherchez à l'utiliser et à en tirer de la valeur, parce que jusqu'à ce qu'une valeur soit tirée de l'erreur, elle ne sera qu'une erreur et elle sera pour vous une source de souffrance et de malaise.

Aujourd'hui, lors de vos deux séances de pratique de 30 minutes, examinez des erreurs précises que vous avez commises qui ont été très douloureuses. Ne tentez pas de minimiser la souffrance occasionnée par celles-ci mais voyez de quelle manière, dans vos circonstances de vie actuelles, vous pouvez les utiliser dans votre propre intérêt. Vous servir des erreurs de cette façon peut vous indiquer ce que vous avez à faire et quelles corrections ou ajustements doivent être faits pour améliorer la qualité de votre vie. Souvenez-vous que toute résolution apportée à une erreur engendre toujours une véritable prise de conscience et un véritable discernement dans les relations.

Lors de vos séances de pratique, reconsidérez les erreurs qui vous viennent à l'esprit alors que vous êtes seul et tranquillement assis, et voyez ensuite comment chacune d'elles peut être utilisée dans votre intérêt actuel. Que devez-vous apprendre d'elles ? Qu'est-ce qui doit être fait et qui n'a pas été fait auparavant ? Qu'est-ce qui ne doit pas être fait et qui a été fait auparavant ? Comment ces erreurs peuvent-elles être reconnues à l'avance ? Quels furent les signes qui les ont précédées et comment de tels signes peuvent-ils être reconnus avant que l'erreur ne se reproduise à l'avenir ?

Dédiez ces séances de pratique à ce processus d'introspection et lorsque vous l'aurez fait, ne parlez à personne des résultats mais laissez cette investigation se poursuivre naturellement, comme elle le fera naturellement.

Pratique 26 : *Deux séances de pratique de 30 minutes.*

27ème Pas

J'AI UNE SAGESSE QUE JE DÉSIRE DÉCOUVRIR.

Cette affirmation représente votre véritable volonté. Si vous ne ressentez pas cela, cela signifie que vous êtes en train d'entretenir quelque chose de faux et sans véritable fondement en votre être. Si vous avez jamais ressenti auparavant que la vérité vous a trahi, alors vous n'avez pas reconnu sa valeur. Peut-être a-t-elle déçu vos plans et vos objectifs. Peut-être avez-vous perdu quelque chose que vous vouliez vraiment. Peut-être vous a-t-elle empêché de rechercher quelque chose qui était désirable. Mais dans tous les cas, elle vous a sauvé de la souffrance et de la misère. Jusqu'à ce que votre véritable fonction ait été reconnue, vous ne pourrez pas apprécier la manière dont la vérité vous a servi car jusqu'à ce que votre fonction ait été découverte, vous essayerez de faire appel à d'autres fonctions et de les justifier. Si ces autres fonctions sont dissuadées ou niées par la vérité, une grande confusion et un grand conflit peuvent exister. Pourtant, souvenez-vous que la vérité vous a toujours sauvé d'une plus grande erreur que vous auriez sinon commise.

Les gens ne peuvent pas faire l'expérience de la Connaissance parce qu'ils sont préoccupés par des pensées et des jugements. Ces pensées et ces jugements créent chez l'individu un monde replié sur lui-même, un monde enclavé, à partir duquel celui-ci ne peut pas percevoir l'extérieur. Il peut seulement voir le contenu de ses pensées et cela colore entièrement son expérience de la vie à un point tel qu'il ne peut pas voir la vie du tout.

Ainsi, lors de vos deux séances de pratique de 30 minutes, observez et voyez comment la vérité vous a servi. Regardez les expériences qui ont été heureuses. Regardez les expériences qui ont été pénibles. En particulier à travers ces expériences pénibles, regardez comment la vérité vous a servi. Regardez avec l'esprit ouvert. Ne défendez pas une ancienne position, même si vous êtes tenté de le faire. Si la souffrance d'une perte à une époque passée persiste, acceptez cette douleur et son découragement mais essayez d'observer et de voir de quelle façon vous avez été vraiment servi par cette perte.

Vous devez cultiver l'idée que votre expérience vous sert. Cela ne justifie pas l'expérience elle-même. Comprenez-le. Cela vous donne simplement une opportunité d'utiliser votre expérience pour votre avancement et pour vous fortifier. La vérité opère dans le monde des illusions pour aider ceux qui répondent à la vérité dans leur vie. Vous répondez à la vérité, sinon vous n'auriez pas entrepris ce programme de développement. Ainsi, vous êtes arrivé au point où il semble que la vérité entre en compétition avec d'autres choses et qu'elle est, par conséquent, très difficile à reconnaître. Dans ce programme de développement, la vérité sera distinguée de toute autre chose d'une manière telle que vous pourrez en faire directement l'expérience et que vous ne serez pas confus quant à son apparence ou à son existence bénéfique dans votre vie. Car la vérité est ici pour vous servir de même que vous êtes ici pour servir la vérité.

Pratique 27 : *Deux séances de pratique de 30 minutes.*

28ème Pas

RÉVISION

Nous commencerons notre quatrième séance de révision par une prière spéciale.

« J'accepte ma Connaissance comme un don de Dieu. J'accepte mes Enseignants comme mes frères et mes sœurs aînés. J'accepte mon monde comme un endroit où la Connaissance peut être rétablie et mise à contribution. J'accepte mon passé comme une démonstration d'une vie sans la Connaissance. J'accepte les miracles de ma vie comme une démonstration de la présence de la Connaissance et je me consacre désormais à cultiver ce qu'il y a de meilleur en moi pour que cela puisse être donné au monde. »

Une fois encore nous allons réviser la semaine passée de pratique en relisant l'ensemble des enseignements et en revoyant, pour chaque pas, ce qui a émergé lors de vos temps de pratique. Demandez-vous à quel point vous vous êtes appliqué à la pratique – à quel point vous avez voulu chercher et explorer, avec quel soin vous avez examiné votre propre expérience et dans quelle mesure vous étiez motivé à pénétrer toute barrière ayant pu exister.

Notre unique séance de 45 minutes de révision commencera à vous donner une perspective de votre développement dans cette préparation. Cela sera bénéfique non seulement pour vous-même mais également pour ceux que vous servirez à l'avenir, car de même que vous recevez à présent, vous souhaiterez donner dans le contexte et la forme qui vous seront appropriés. Vous devez comprendre de quelle façon les gens apprennent et de quelle façon ils se développent. Cela doit venir de votre propre expérience et doit représenter l'amour et la compassion qui sont les émanations naturelles de votre Connaissance. À nouveau, ne laissez aucun doute ni aucune confusion vous dissuader de votre véritable application.

Pratique 28 : *Une séance de pratique de 45 minutes.*

29ème Pas

AUJOURD'HUI, JE M'OBSERVERAI POUR APPRENDRE DE LA CONNAISSANCE.

DURANT CE JOUR SPÉCIAL DE PRATIQUE, observez-vous au cours de la journée en ayant conscience de vos pensées et de votre comportement autant que faire se peut. Afin de développer cette qualité d'observation de soi, vous devez être aussi libre de jugement que possible car le jugement vous rend incapable d'observer. Vous devez vous étudier vous-même comme si vous étiez quelqu'un d'autre vis-à-vis de qui vous pouvez être bien plus objectif.

NOUS PRATIQUERONS À CHAQUE HEURE AUJOURD'HUI. Ainsi, à chaque heure, vous aurez à prendre un moment pour percevoir vos pensées et observer votre comportement. Cette constante conscience de soi vous permettra de vous engager bien davantage dans votre expérience actuelle et elle permettra à votre Connaissance d'exercer son influence bénéfique sur vous à un degré bien plus élevé. La Connaissance sait ce dont vous avez besoin et elle sait comment vous servir, cependant il vous faut apprendre comment recevoir. Avec le temps, il vous faudra apprendre également comment donner de sorte que vous puissiez recevoir davantage. Votre réceptivité est importante car elle vous rend capable de donner, et donner est l'essence de l'accomplissement dans ce monde. Cependant, vous ne pouvez pas donner à partir d'un état appauvri. Aussi votre don doit-il être authentique, né de la réceptivité débordante que vous avez cultivée en vous, dans vos relations avec les autres et avec la vie.

CHAQUE PRATIQUE NE NÉCESSITE QUE QUELQUES MINUTES, mais toute votre attention devrait y être consacrée. Vous n'avez pas besoin de fermer les yeux pour le faire. Cependant, si cela s'avère approprié, ce peut être utile. Vous pouvez pratiquer au milieu d'une conversation avec autrui. En fait, il y a très peu de circonstances qui empêcheront ce moment d'introspection. En pratique, demandez-vous simplement : « Comment est-ce que je me sens ? » et « Que suis-je en train de faire en ce moment ? » C'est tout. Ressentez alors s'il y a quelque chose qu'il vous faut faire et que vous n'êtes pas en train de faire. S'il n'y a aucune correction à apporter, continuez votre activité. S'il y a des corrections à apporter, apportez-les aussitôt que possible. Laissez votre boussole intérieure[1] vous influencer - ce qu'elle fera si vous n'êtes pas gouverné par des impulsions, par la peur ou par l'ambition. Observez-vous aujourd'hui.

PRATIQUE 29 : *Pratique horaire.*

NdT (1) : inner guidance

30ème Pas

Aujourd'hui, j'observerai mon monde.

En ce jour, observez votre monde en suivant le même plan de pratique que celui appliqué le jour précédent. Observez votre monde sans jugement et observez ce que vous êtes occupé à faire dans le monde, sans jugement. Ressentez alors si quelque chose doit être fait. À nouveau, vos pratiques à chaque heure ne vous prendront que quelques minutes de votre temps et, avec l'entraînement, elles deviendront plus rapides, plus pointues et plus efficientes.

Nous désirons que vous regardiez le monde sans jugement car cela vous rendra capable de voir le monde tel qu'il est en réalité. Ne croyez pas avoir déjà vu le monde tel qu'il est réellement car ce que vous avez vu était le jugement que vous portiez sur lui. Le monde que vous verrez sans jugement est un monde différent – un monde que vous n'avez jamais vu auparavant.

Pratique 30 : *Pratique horaire.*

31ème Pas

JE SOUHAITE VOIR UN MONDE QUE JE N'AI JAMAIS VU AUPARAVANT.

Cela représente votre désir pour la Connaissance. Cela représente votre désir pour la paix. C'est exactement le même désir. Ce désir émane de votre Connaissance. Il peut entrer en concurrence avec d'autres désirs. Il peut représenter une menace pour d'autres choses, bien qu'il n'ait pas nécessairement à le faire. Par conséquent, l'affirmation d'aujourd'hui reflète votre véritable volonté dans la vie. À mesure qu'elle s'affirmera, elle vous deviendra plus évidente et, avec le temps, vous serez de plus en plus capable d'en faire l'expérience.

Aujourd'hui, à chaque heure, ressentez votre désir de voir un monde différent. Regardez le monde sans jugement et dites-vous : « Je désire voir un monde différent. » Faites cela à chaque heure. Essayez de ne manquer aucune séance de pratique. Pratiquez peu importe comment vous vous sentez, peu importe ce qu'il se passe. Vous êtes plus grand que vos états émotionnels, vous n'avez donc pas à les renier bien qu'avec le temps, ils auront à être contrôlés. Vous êtes plus grand que les images que vous voyez autour de vous car elles représentent, pour la plupart, le jugement que vous portez sur le monde. Employez cette journée à regarder sans jugement et à ressentir alors que vous regardez.

Pratique 31 : *Pratique horaire.*

32ème Pas

LA VÉRITÉ EST AVEC MOI. JE PEUX LA RESSENTIR.

LA VÉRITÉ EST AVEC VOUS. Vous pouvez la ressentir et elle peut briller dans votre conscience et dans vos émotions si vous le lui permettez. Aujourd'hui, poursuivez votre préparation en développant le désir pour la vérité et l'aptitude à faire l'expérience de la vérité.

LORS DE VOS DEUX PLUS LONGUES SÉANCES DE PRATIQUE, chacune d'une durée de 30 minutes, asseyez-vous tranquillement, les yeux fermés, en respirant profondément et régulièrement, et essayez de ressentir la vérité au-delà de l'agitation constante de vos pensées. Servez-vous de votre respiration pour vous amener plus en profondeur car votre respiration vous amènera toujours au-delà de vos pensées si vous la suivez consciencieusement. Ne laissez rien vous distraire ou vous dissuader. Si quelque chose pénètre votre mental et que vous éprouvez de la difficulté à vous en dégager, dites-vous que vous considérerez cela un peu plus tard mais que pour l'instant, vous prenez un peu de répit par rapport à vos pensées. Exercez-vous à ressentir la vérité. Ne pensez pas la vérité. Exercez-vous à ressentir la vérité.

PRATIQUE 32 : *Deux séances de pratique de 30 minutes.*

33ème Pas

J'AI UNE MISSION À ACCOMPLIR DANS MA VIE.

Vous avez une mission à accomplir dans la vie, une mission qui vous a été confiée avant que vous ne veniez ici, une mission que vous passerez en revue une fois parti. Elle concerne le rétablissement de la Connaissance et l'engagement juste avec d'autres personnes afin de produire des résultats spécifiques dans le monde. Il n'est pas tellement important que vous évaluiez maintenant votre vie actuelle pour voir si elle reflète ce but supérieur car vous êtes engagé pour le moment dans le rétablissement de la Connaissance. À mesure que votre Connaissance deviendra plus forte, son bienfait rayonnera sur vous et à travers vous. Vos activités seront alors ajustées selon la nécessité. Par conséquent, vous n'avez pas besoin de blâmer ni de cautionner le passé ou vos activités en cours car vous adhérez maintenant à un plus grand pouvoir en vous.

Lors de vos deux longues séances de pratique d'aujourd'hui, approfondissez l'idée qu'il existe une grande mission dans la vie vous concernant. Réfléchissez-y. Ne vous laissez pas immédiatement convaincre par vos premières réponses. Pensez-y attentivement. Pensez à ce que cela pourrait signifier. Pensez aux moments dans votre vie durant lesquels vous avez déjà réfléchi à cela ou considéré cette possibilité. Lors de vos deux séances de pratique, vous aurez alors l'opportunité de prendre cela en considération, mais attention – ne tirez pas de conclusions pour l'instant.

Pratique 33 : *Deux séances de pratique de 30 minutes.*

34ème Pas

JE SUIS UN ÉTUDIANT DÉBUTANT DE LA CONNAISSANCE.

VOUS ÊTES UN ÉTUDIANT DÉBUTANT DE LA CONNAISSANCE. Aussi intuitif que vous pensiez être, aussi capable que vous pensiez être mentalement, aussi honnête que vous pensiez être émotionnellement, quelle que soit la reconnaissance de votre avancement, vous êtes un étudiant débutant de la Connaissance. Soyez heureux qu'il en soit ainsi car les étudiants débutants sont en situation de tout apprendre et n'ont pas à défendre leurs accomplissements. Nous ne minimisons pas vos accomplissements mais souhaitons, en fait, projeter la lumière de la vérité sur la grandeur qui attend d'être découverte en vous - une grandeur qui vous offrira une véritable égalité dans la vie et qui, avec le temps, révélera ce que vous êtes spécifiquement venu faire ici.

LORS DE VOS DEUX SÉANCES DE PRATIQUE, commencez par reconnaître que vous êtes un étudiant débutant de la Connaissance et rappelez-vous de ne tirer aucune conclusion prématurée, que ce soit au sujet de ce programme ou au sujet de vos capacités en tant qu'étudiant. De tels jugements sont hâtifs et reflètent rarement la vérité de quelque manière que ce soit. Ils sont généralement une forme d'auto-découragement et ne servent alors aucun but valable du tout.

APRÈS VOUS AVOIR AFFIRMÉ À VOUS-MÊME L'IDÉE D'AUJOURD'HUI et vous être rappelé de ne pas juger, pratiquez 15 minutes de quiétude intérieure durant vos deux séances de pratique. Tentez de ressentir la vérité en vous. Concentrez votre mental sur un point, que ce soit un point physique ou un point imaginaire si nécessaire. Laissez toutes choses se poser en vous. Laissez-vous devenir aussi tranquille que possible et ne soyez pas découragé en cas de difficulté. Vous êtes un étudiant débutant de la Connaissance et par conséquent vous pouvez tout apprendre.

Pratique 34 : *Deux séances de pratique de 15 minutes.*

35ème Pas

RÉVISION

CETTE RÉVISION VOUS OFFRE L'OCCASION d'apprendre quelque chose sur la Voie de la Connaissance de la Grande Communauté. Lors de deux séances de pratique de 30 minutes, passez en revue vos leçons et vos expériences durant les pratiques de la semaine précédente. Faites cela avec aussi peu de jugement que possible. Observez et voyez simplement ce qui a été enseigné, ce que vous avez fait et quel en a été le résultat. Cette révision objective vous apportera le plus grand accès à la perspicacité et à la compréhension avec un minimum d'effort et d'exigence envers vous-même. Vous apprenez à présent à devenir objectif vis-à-vis de votre vie sans réprimer le contenu de vos émotions. Au lieu d'essayer de détruire un aspect de vous-même, vous essayez simplement d'en cultiver un autre.

AINSI, DANS VOTRE RÉVISION, servez-vous de cette phrase-ci comme guide : « Je regarderai, mais je ne jugerai pas. » De cette façon, vous serez capable de reconnaître les choses. Rappelez-vous combien il vous est aisé d'être perspicace à propos de la vie des autres et combien peu vous pouvez l'être pour la vôtre. Une plus grande objectivité est possible vis-à-vis des autres parce que vous n'essayez pas de vous servir de leur existence dans un but précis - et plus vous essaierez de le faire, moins vous serez capable de les comprendre, de comprendre leur nature, leur développement et leur destinée. Ainsi, moins vous essayez de vous servir de votre vie, plus vous serez capable de la comprendre, de l'apprécier et de travailler avec son mécanisme intrinsèque pour votre plus grand avancement.

PRATIQUE 35 : *Deux séances de pratique de 30 minutes.*

36ème Pas

MA VIE EST UN MYSTÈRE À EXPLORER.

EN VÉRITÉ, VOTRE VIE EST UN MYSTÈRE et, oui, elle requiert vraiment que vous l'exploriez si vous désirez comprendre son but, son sens et sa véritable direction. Cela est essentiel à votre bonheur et à votre accomplissement dans le monde car si vous regardez votre vie attentivement, vous réaliserez que vous n'avez pas été satisfait par de petites choses. Pour vous qui recherchez la Connaissance, quelque chose de plus grand doit être donné. Il vous faut pénétrer au-delà de la simple surface des choses, qui semble suffire pour stimuler la plupart des gens. Il vous faut accepter votre aspiration la plus profonde sans quoi vous vous causerez une peine et un conflit inutiles. Ce à quoi les autres accordent de la valeur n'est pas important. Ce à quoi vous accordez de la valeur est important. Si vous recherchez un sens plus profond, qui est le sens véritable, vous devez pénétrer au-delà de la surface de votre mental.

DURANT VOS DEUX SÉANCES DE PRATIQUE AUJOURD'HUI, dans la méditation, concentrez-vous à nouveau pour ressentir la présence de vos Enseignants Spirituels. Ce n'est pas quelque chose que vous devez essayer de faire. Il vous faut simplement vous détendre, respirer et permettre à votre mental de s'ouvrir. La qualité de votre relation avec vos Enseignants est essentielle pour vous donner force et encouragement car vous pouvez avec raison douter de vos propres compétences. Cependant vous avez une bonne raison de vous fier pleinement aux talents de vos Enseignants qui ont parcouru ce chemin avant vous sur leur route vers la Connaissance. Ils connaissent la voie qu'ils cherchent à présent à partager avec vous.

PRATIQUE 36 : *Deux séances de pratique de 15 minutes.*

37ème Pas

IL EXISTE UNE VOIE VERS LA CONNAISSANCE.

COMMENT PEUT-IL NE PAS Y AVOIR DE VOIE VERS LA CONNAISSANCE quand la Connaissance est votre vrai Soi ? Comment peut-il ne pas y avoir une voie pour que la Connaissance s'exprime quand elle est la forme d'expression la plus naturelle ? Comment peut-il ne pas y avoir une voie pour que la Connaissance vous guide dans vos relations quand la Connaissance est la source parfaite de toutes vos relations ? Il existe une voie vers la Connaissance. Elle requiert capacité et désir. Tous deux demanderont du temps pour être développés. Vous devez apprendre à apprécier le vrai et à ne pas apprécier le faux. Et savoir les séparer et les reconnaître demandera du temps. Il vous faudra du temps pour comprendre que le faux ne vous satisfait pas mais que le vrai, lui, vous satisfait. Cela doit être appris par l'expérience et par le contraste. À mesure que vous vous approcherez de la Connaissance, votre vie deviendra plus pleine, plus certaine et plus directe. Lorsque vous vous en éloignerez, vous retournerez à la confusion, la frustration et la colère.

LORS DE VOS DEUX SÉANCES DE PRATIQUE D'AUJOURD'HUI, qui ne sont pas des pratiques de méditation, passez au moins 15 minutes à réfléchir à toutes les façons d'accéder à la Connaissance. Notez sur une feuille de papier tous les moyens d'accéder à la Connaissance. Passez l'ensemble des deux séances de pratique à noter cela et à épuiser toutes les possibilités que vous pouvez imaginer. Essayez d'être très spécifique. Servez-vous de votre imagination, cependant établissez des propositions qui vous semblent vraiment réalistes et signifiantes. Ainsi, vous saurez ce que vous pensez sur la manière de trouver une voie vers la Connaissance et à partir de cela vous réaliserez que Dieu connaît la voie vers la Connaissance.

Pratique 37 : *Deux séances de pratique de 15 minutes.*

38ème Pas

DIEU CONNAÎT LA VOIE VERS LA CONNAISSANCE.

COMMENT POUVEZ-VOUS TROUVER VOTRE VOIE ALORS QUE VOUS ÊTES PERDU ? Comment pouvez-vous connaître la certitude alors que vous accordez tant de valeur à ce qui est temporaire ? Comment pouvez-vous connaître le pouvoir de votre vie alors que vous êtes tellement intimidé par la menace de la perte et de la destruction ? La vie vous est favorable car elle n'offre pas seulement la récompense mais aussi la voie vers la récompense. Si cela dépendait de vous, ce serait en effet cruel car il vous faudrait essayer chacune des possibilités que vous pourriez concevoir et ensuite essayer les possibilités que les autres auraient imaginées, et même les opportunités d'atteindre la Connaissance que d'autres auraient utilisées avec succès mais qui en fin de compte pourraient ne pas vraiment fonctionner pour vous. Durant votre bref laps de temps dans le monde, comment pourriez-vous accomplir tout cela et continuer à maintenir votre vitalité ? Comment pourriez-vous maintenir votre motivation pour la Connaissance quand tant de chemins décevraient vos espoirs ?

AYEZ FOI AUJOURD'HUI EN SACHANT QUE DIEU connaît la voie vers la Connaissance et que vous avez seulement à suivre la voie qui vous est offerte. De cette manière, la Connaissance émerge simplement en vous parce qu'elle est reconnue car seul Dieu connaît la Connaissance en vous et seule la Connaissance en vous connaît Dieu. À mesure que les deux résonnent ensemble, ils deviennent tous deux plus apparents. En cela, vous trouverez la paix.

AU COURS DE VOS DEUX SÉANCES DE PRATIQUE D'AUJOURD'HUI, chacune d'une durée de trente minutes, exercez-vous à ressentir la présence de Dieu, silencieusement, dans la quiétude, sans réfléchir à Dieu, sans spéculer, sans vous interroger, sans douter, mais seulement en ressentant. Ce n'est pas sur l'imaginaire que vous devez vous concentrer maintenant, bien que vous ayez l'habitude de vous concentrer sur de l'imaginaire. Dans le silence et la quiétude, tout devient apparent. Dieu est très calme car Dieu ne va nulle part. En devenant calme, vous ressentirez le pouvoir de Dieu.

Pratique 38 : *Deux séances de pratique de 30 minutes.*

39ème Pas

LE POUVOIR DE DIEU EST AVEC MOI.

Le pouvoir de Dieu est avec vous. Il est au sein de votre Connaissance. Apprenez alors à rétablir votre Connaissance et vous apprendrez à rétablir le pouvoir que Dieu vous a donné ; vous rétablirez également votre pouvoir car votre pouvoir vous sera nécessaire pour approcher le pouvoir de Dieu. Ainsi, tout ce qui est authentiquement puissant et tout ce qui est authentiquement bon sera reconnu en vous et en Dieu. Faites ainsi de ce jour un jour dédié à faire l'expérience de cette présence et de ce pouvoir dans votre vie. Vous n'avez pas besoin de vous représenter Dieu dans votre imagination. Vous n'avez pas besoin d'avoir des représentations ou des images pour renforcer votre compréhension ou votre croyance. Vous avez seulement besoin de vous servir des pratiques qui sont données ici.

Lors de vos deux pratiques approfondies de méditation de 30 minutes chacune, entrez à nouveau dans la quiétude et permettez-vous de ressentir le pouvoir de Dieu. Servez-vous de votre propre pouvoir pour diriger votre mental et ne laissez pas les doutes et les peurs vous dissuader. Le pouvoir de Dieu représente le mystère de votre vie car il représente le pouvoir que vous avez amené avec vous, un pouvoir qui provient de Dieu afin qu'il soit utilisé correctement dans le monde en accord avec le Grand Plan. Permettez-vous alors d'entrer dans la pratique avec dévouement, simplicité et humilité afin que vous puissiez ressentir le pouvoir de Dieu.

PRATIQUE 39 : *Deux séances de pratique de 30 minutes.*

40ᵉᵐᵉ Pas

AUJOURD'HUI, JE RESSENTIRAI LE POUVOIR DE DIEU.

LE POUVOIR DE DIEU EST SI TOTAL ET INCLUSIF qu'il imprègne chaque chose. Seules ces consciences séparées et perdues dans l'appréciation de leurs propres pensées peuvent être séparées de la grande bienveillance de Dieu. Ceux qui ont répondu à Dieu deviennent avec le temps des Messagers de Dieu afin de pouvoir accorder les dons de la Grâce[1] à ceux qui demeurent en arrière dans la confusion.

TOUTES LES FORCES APPARENTES DE VOTRE MONDE – les forces de la nature, le caractère inévitable de votre mort, la menace toujours présente de la maladie, la perte et la destruction ainsi que toutes les formes de conflit – constituent toutes des mouvements temporaires dans la grande quiétude de Dieu. C'est cette grande quiétude qui vous appelle à revenir à la paix et à la jouissance totale de Dieu. Cependant, il faut vous préparer.

AUJOURD'HUI VOUS VOUS PRÉPAREZ DURANT VOS DEUX SÉANCES DE PRATIQUE DE 30 MINUTES. Dans une méditation silencieuse, essayez de ressentir le pouvoir de Dieu. Vous n'avez pas besoin d'évoquer des images magiques car ce pouvoir est quelque chose que vous pouvez ressentir, étant donné qu'il est partout. Quelles que soient vos circonstances ou votre condition, qu'elles soient favorables ou non à votre développement, aujourd'hui vous pouvez ressentir le pouvoir de Dieu.

PRATIQUE 40 : *Deux séances de pratique de 30 minutes.*

NdT (1) : the gifts of Grace

41ème Pas

Je n'ai pas peur du pouvoir de Dieu.

Cette affirmation est si importante pour votre bonheur car il vous faut réapprendre à faire confiance au pouvoir de l'amour et au pouvoir de Dieu. Pour cela, vous devez abandonner vos anciennes idées, vos anciennes suppositions et vos anciens jugements issus d'expériences passées pénibles. Il est douloureux de se trouver séparé de ce que vous aimez par-dessus tout et la seule manière de maintenir cette séparation est de calomnier ce que vous aimez, de lui donner une intention malfaisante et ensuite d'engendrer en vous de la culpabilité. Pour ressentir et accepter le pouvoir de Dieu, le mal et la culpabilité doivent vous quitter. Vous devez vous aventurer plus avant pour explorer ce qui est le plus naturel. C'est comme découvrir des terres inconnues et en même temps rentrer chez soi.

Dans la quiétude, à deux reprises aujourd'hui, exercez-vous à ressentir le pouvoir de Dieu. Ne demandez pas de réponses à Dieu. Vous n'avez pas du tout besoin de parler mais seulement d'être présent car en apprenant à être en relation avec ce qui est la source de toutes vos relations, l'information qu'il vous faut peut facilement venir à vous pour vous guider, vous réconforter et vous corriger chaque fois que cela est nécessaire. Cependant, vous devez d'abord ressentir le pouvoir de Dieu et en cela vous trouverez votre propre force.

Pratique 41 : *Deux séances de pratique de 30 minutes.*

42ème Pas

RÉVISION

DANS VOTRE RÉVISION D'AUJOURD'HUI, revoyez toutes les instructions transmises la semaine passée ainsi que vos expériences issues de la pratique. Aujourd'hui, prenez un soin particulier à voir avec quelle profondeur et avec quelle attention vous pratiquez. Assurez-vous que vous ne changez ni n'ajustez les leçons pour satisfaire vos goûts ou vos attentes. Souvenez-vous qu'il vous faut seulement suivre le programme pour recevoir ses véritables récompenses. Votre part est petite. Notre part est grande. Nous fournissons les moyens. Vous avez simplement à les suivre en confiance et avec des attentes sincères. En faisant cela, vous développerez la patience, le discernement, la confiance, la constance et l'estime de soi. Pourquoi l'estime de soi ? Parce que vous devez vous accorder une grande valeur pour vous permettre d'approcher les grands dons de la Connaissance. Rien d'autre ne désamorcera la haine de soi et le doute de soi plus convenablement et plus complètement que le fait de recevoir les dons qui vous sont destinés.

PAR CONSÉQUENT LORS DE VOTRE UNIQUE LONGUE SÉANCE D'AUJOURD'HUI, révisez la semaine passée de pratique. Sans jugement, regardez et voyez ce qui a été transmis, ce que vous avez fait et ce qu'il serait possible de faire pour approfondir votre pratique afin que vous puissiez en tirer plus directement des bénéfices. Si vous avez des difficultés, identifiez les problèmes et tentez de les corriger. Impliquez-vous davantage durant la semaine à venir. En faisant cela, vous corrigerez le doute de soi et la confusion simplement en dirigeant votre volonté.

PRATIQUE 42 : *Une longue séance de pratique.*

43ᵉᵐᵉ Pas

MA VOLONTÉ EST DE CONNAÎTRE DIEU.

Votre volonté est de connaître Dieu. C'est votre volonté véritable. Tout autre désir ou toute autre motivation est de vous soustraire à ce qui représente votre volonté. C'est votre volonté qui est devenue effrayante pour vous. Vous avez peur de ce que vous savez et de ce que vous ressentez le plus profondément. Cela vous amène à prendre refuge dans des choses qui ne vous représentent pas ; en cela, vous perdez votre identité et tentez de la reconstruire par le biais de ces choses dans lesquelles vous vous êtes efforcé de vous échapper. Vous êtes malheureux lorsque vous êtes isolé, mais lorsque vous êtes en relation vous retrouvez le bonheur.

Votre volonté est de connaître Dieu. N'ayez pas peur de votre volonté. Vous êtes créé par Dieu. La volonté de Dieu est de vous connaître. Votre volonté est de connaître Dieu. Nulle autre volonté n'existe. Toute autre motivation ne vient que de la confusion et de la peur. Connaître Dieu donne du pouvoir à Dieu et vous donne du pouvoir également.

Aujourd'hui, lors de vos deux séances de pratique, en méditation silencieuse, exercez-vous à ressentir la force de votre propre volonté. Ne laissez ni la peur ni le doute obscurcir votre mental. Il vous est inutile d'essayer de ressentir la volonté de Dieu. Elle est simplement là. Elle ne demande que votre attention pour que vous en preniez conscience. Par conséquent, pratiquez profondément en étant simplement présent à cette expérience.

Pratique 43 : *Deux séances de pratique de 30 minutes.*

44ème Pas

JE DÉSIRE CONNAÎTRE MA PROPRE FORCE.

Vous pourrez trouver cette affirmation bien opportune en raison de sa nécessité immédiate dans vos circonstances actuelles, mais cette affirmation est bien plus profonde que vous ne le réalisez peut-être au premier abord. Vous possédez bien plus de force que vous ne le revendiquez. Cependant, vous ne pouvez en prendre pleinement conscience que lorsque son application est dirigée d'une manière qui vous régénère vraiment et qui met en avant vos véritables capacités.

Comment pouvez-vous approcher votre force si vous vous sentez fragile et impuissant, si vous vous sentez indigne, si vous êtes accablé par la culpabilité ou la confusion ou si, dans la colère, vous accusez les autres de vos échecs apparents ? Affirmer votre force signifie vous libérer de tout ce qui vous retient en arrière. Vous ne pouvez pas vous libérer de vos entraves en prétendant qu'elles n'existent pas. Vous vous libérez d'elles parce que vous accordez de la valeur à quelque chose de plus grand. Leur obstruction est simplement le signe que vous devez les traverser. Votre propre force est alors cultivée. Vous recherchez votre force et vous l'utilisez pour trouver votre force elle-même. Nous désirons que vous connaissiez votre force et que vous l'utilisiez pour votre propre bénéfice.

Lors de vos deux séances de pratique de méditation aujourd'hui, en silence et dans la quiétude, essayez de ressentir votre propre force. Ne laissez pas vos seules pensées vous dissuader car les peurs et les doutes ne sont que des pensées – des choses vaporeuses qui traversent votre mental comme des nuages.

Au-delà des nuages de votre mental se tient le grand univers de la Connaissance. Ainsi, ne laissez pas les nuages faire obstacle à votre vision des étoiles qui se trouvent au-delà.

Pratique 44 : *Deux séances de pratique de 30 minutes.*

45ᵉᵐᵉ Pas

SEUL, JE NE PEUX RIEN FAIRE.

Seul, vous ne pouvez rien faire. Rien n'a jamais été accompli seul, même dans votre monde. Rien n'a jamais été créé seul, même dans votre mental. Il n'y a aucun mérite à tirer en faisant quelque chose seul. Tout est un effort commun. Tout est le produit de relations.

Est-ce que cela vous rabaisse en tant qu'individu ? Absolument pas. Cela vous offre l'environnement et la compréhension pour réaliser vos véritables accomplissements. Vous êtes plus grand que votre individualité et vous pouvez donc être libre de ses limitations. Vous opérez par le biais de l'individu que vous êtes personnellement, mais vous êtes plus grand que cela. Acceptez les limitations d'un soi limité et ne demandez pas à un soi limité d'être Dieu, sans quoi vous l'accableriez de grands fardeaux et de grandes attentes puis le puniriez pour ses échecs. Cela mène à la haine de soi. Cela vous conduit à éprouver du ressentiment envers votre vie physique et à vous maltraiter personnellement, émotionnellement et physiquement. Acceptez vos limitations pour pouvoir accepter la grandeur au sein de votre vie.

Ainsi, lors de vos deux séances de pratique d'aujourd'hui, les yeux ouverts, concentrez-vous à présent sur vos limitations. Reconnaissez-les. Ne les jugez pas en bien ou en mal. Reconnaissez-les simplement. Cela vous amène à l'humilité et dans l'humilité vous êtes en position de recevoir la grandeur. Si vous défendez vos limitations, comment pouvez-vous recevoir ce qui les transcende ?

PRATIQUE 45 : *Deux séances de pratique de 15 minutes.*

46ème Pas

JE DOIS ÊTRE PETIT POUR ÊTRE GRAND.

*E*ST-CE UNE CONTRADICTION DE DEVOIR ÊTRE PETIT pour être grand ? Ce n'est pas une contradiction si vous en comprenez le sens. Reconnaître vos limitations vous permet d'opérer au sein d'un contexte limité avec beaucoup de succès. Cela démontre une réalité plus grande que vous ne pouviez le réaliser auparavant. Votre grandeur ne doit pas simplement être fondée sur l'espoir ou sur une attente élevée. Elle ne doit pas être fondée sur l'idéalisme mais sur une véritable expérience. Permettez-vous d'être petit et vous réaliserez que la grandeur est avec vous et que la grandeur fait partie de vous.

Lors de vos deux séances de pratique d'aujourd'hui, permettez-vous d'être limité mais sans jugement. Il n'y a aucune condamnation. Portez activement l'attention de votre mental sur vos limitations. Concentrez-vous sans condamnation. Regardez objectivement. Vous êtes destiné à être un véhicule pour qu'une plus grande Réalité s'exprime dans ce monde. Votre véhicule d'expression est assez limité mais il s'accorde parfaitement à la réalisation de la tâche qu'il vous revient d'accomplir. En acceptant ses limitations, vous pouvez comprendre son mécanisme et apprendre à fonctionner avec lui de façon constructive. Il représente alors non plus une limitation mais une joyeuse forme d'expression pour vous.

Pratique 46 : *Deux séances de pratique de 15 minutes.*

47ème Pas

POURQUOI AI-JE BESOIN D'ENSEIGNANTS ?

Vous vous poserez cette question tôt ou tard et peut-être en de nombreuses occasions. C'est votre exigence envers vous-même qui vous fait vous poser cette question. Pourtant, lorsque vous regardez attentivement votre vie, vous voyez que vous avez eu besoin d'une instruction pour tout ce que vous avez appris. Peut-être que les choses que vous ressentez en vous vous semblent être créées par vous-même mais elles aussi résultent d'une instruction. Vous avez été préparé grâce à des relations pour tout ce que vous avez appris, que ce soit une compétence pratique ou une perspicacité plus profonde. Prendre conscience de cela engendre une grande estime pour les relations et une totale affirmation du pouvoir de la contribution dans le monde.

Si vous avez l'intention d'aborder honnêtement l'apprentissage de quelque compétence que ce soit, vous devez tout d'abord prendre conscience de l'étendue de ce que vous ne connaissez pas ; ensuite vous devez prendre conscience de l'étendue de ce que vous avez besoin d'apprendre ; et enfin vous devez rechercher la meilleure forme d'instruction possible. Cela doit s'appliquer au rétablissement de la Connaissance. Il vous faut réaliser combien peu vous savez, combien vous avez besoin de savoir et ensuite recevoir l'instruction qui est fournie. Est-ce une faiblesse d'avoir besoin d'un enseignant ? Non. C'est une reconnaissance honnête basée sur une évaluation honnête. Si vous réalisez combien peu vous savez, combien vous avez besoin de savoir et le pouvoir de la Connaissance elle-même, vous comprendrez à quel point cela est une évidence. Comment pouvez-vous donner à ceux qui pensent qu'ils ont déjà quand en réalité ils sont pauvres ? Vous ne le pouvez pas. Et ils cultiveront et entretiendront eux-mêmes leur propre pauvreté.

Pourquoi avez-vous besoin d'un Enseignant ? Parce que vous avez besoin d'apprendre. Et vous avez besoin de désapprendre ce que vous avez appris et qui vous retient en arrière. Lors de vos deux pratiques d'aujourd'hui, en méditation, les yeux fermés, examinez pourquoi vous avez besoin d'un Enseignant. Observez toute pensée qui semblerait indiquer que vous pourriez faire cela vous-même si vous étiez assez intelligent ou assez fort, ou si vous pouviez faire preuve d'autres compétences. Si ces espérances surgissent, reconnaissez-les pour ce qu'elles sont. Elles sont une obstination à demeurer ignorant en vous autoproclamant un enseignant adéquat. Vous ne pouvez pas vous enseigner ce que vous ne savez pas et la tentative de le faire ne fait que refaire circuler une ancienne information et vous rend plus prisonnier encore de là où vous en êtes en ce moment.

Aussi, aujourd'hui exercez-vous à reconnaître d'une part votre besoin de recevoir une véritable instruction et d'autre part, si elle existe, votre résistance à la présence de cette véritable instruction, laquelle vous est maintenant disponible.

Pratique 47 : *Deux séances de pratique de 30 minutes.*

48ème Pas

UNE VÉRITABLE INSTRUCTION M'EST DISPONIBLE.

UNE VÉRITABLE INSTRUCTION EST DISPONIBLE. Elle vous a attendu jusqu'à ce que vous parveniez au point de maturité où vous prenez conscience de sa nécessité dans votre vie. Cela engendre une vraie motivation pour apprendre. Elle provient de la reconnaissance de vos limites à la lumière de ce qui constitue votre véritable besoin. Il vous faut vous aimer pour devenir un étudiant de la Connaissance et il vous faut vous aimer continuellement pour avancer. Pour apprendre, il n'existe nul autre obstacle que celui-ci. Sans amour, il y a la peur car rien d'autre ne peut remplacer l'amour. Mais l'amour n'a pas été remplacé et une véritable assistance vous est disponible.

LORS DE VOS DEUX SÉANCES DE PRATIQUE DE MÉDITATION D'AUJOURD'HUI, essayez de ressentir la présence de cette véritable assistance. Dans la quiétude et le silence, ressentez-la dans votre vie et autour de vous. Ces pratiques de méditation commenceront à faire éclore en vous une plus grande sensibilité, une perception totalement nouvelle. Vous commencerez à discerner des choses qui sont présentes, bien que vous soyez incapable de les voir. Vous serez capable de répondre à des idées ou à des informations, même si vous ne pouvez pas encore entendre la source du message. Cela est le processus même de la pensée créatrice car les gens reçoivent des idées ; ils ne les créent pas. Vous faites partie d'une plus grande vie. Votre vie personnelle est le véhicule pour son expression. Votre individualité devient alors plus hautement cultivée et plus joyeuse - et non plus une prison pour vous mais la forme de votre joyeuse expression.

Une véritable assistance vous est disponible. Exercez-vous en ce jour à ressentir sa continuelle présence dans votre vie.

Pratique 48 : *Deux séances de pratique de 30 minutes.*

49ème Pas

RÉVISION

Ceci marque l'achèvement de votre septième semaine de pratique. Dans cette révision, il vous est demandé de revoir l'ensemble des sept semaines de pratique en reprenant toutes les leçons et en vous rappelant votre expérience lors de la mise en pratique de chacune d'elle. Cela peut nécessiter plusieurs longues séances de pratique, pourtant il est tout à fait essentiel pour vous d'acquérir une compréhension de ce que signifie être un étudiant et de la manière dont se réalise effectivement l'apprentissage.

Faites très attention à ne pas vous juger en tant qu'étudiant. Vous n'êtes pas en position de vous juger vous-même en tant qu'étudiant. Vous n'en possédez pas les critères car vous n'êtes pas un enseignant de la Connaissance de Soi. À mesure que vous avancerez, vous découvrirez que certains de vos échecs vous mèneront vers de plus grandes réussites et que certaines choses que vous considériez comme des réussites pourraient vous mener à des échecs. Cela va souligner l'ensemble de votre système d'évaluation et vous conduira à une plus grande prise de conscience. Cela vous rendra capable de compassion envers vous-même et envers les autres que vous jugez actuellement pour leurs réussites et leurs échecs.

Révisez ainsi les quarante-huit premières leçons de pratique. Essayez de vous rappeler de quelle façon vous avez répondu à chaque pas et avec quelle profondeur vous vous êtes impliqué. Essayez de regarder vos réussites, vos accomplissements et vos obstacles. Vous êtes parvenu jusqu'ici. Félicitations ! Vous avez passé la première épreuve. Soyez encouragé à continuer à présent car la Connaissance est avec vous.

Pratique 49 : *Plusieurs longues séances de pratique.*

50ème Pas

Aujourd'hui je serai avec la Connaissance.

Aujourd'hui, soyez avec la Connaissance afin que sa certitude et son pouvoir vous soient disponibles. Laissez la Connaissance vous apporter la quiétude. Laissez la Connaissance vous donner force et compétence. Laissez la Connaissance vous enseigner. Laissez la Connaissance vous révéler l'univers tel qu'il existe vraiment et non tel que vous le jugez.

Lors de vos deux séances de pratique, entrez dans la quiétude et ressentez le pouvoir de la Connaissance. Ne posez aucune question. Ce n'est pas nécessaire pour le moment. Ne débattez pas intérieurement de la réalité de votre quête car cela est vain et dénué de sens. Vous ne pouvez pas savoir jusqu'à ce que vous receviez et pour recevoir, vous devez avoir confiance en votre inclination à savoir.

Aujourd'hui, soyez avec la Connaissance. Durant vos séances de pratique, ne laissez rien vous dissuader. Il suffit de vous détendre et d'être présent. Par ces pratiques, une plus grande présence sera reconnue et cela commencera à dissiper vos peurs.

Pratique 50 : *Deux séances de pratique de 30 minutes.*

51ème Pas

Puissé-je identifier mes peurs afin que je puisse voir la vérité qui se trouve au-delà.

Vos obstacles doivent être identifiés afin que vous puissiez voir au-delà. Vous ne réaliserez pas la nature de vos entraves si elles sont ignorées ou niées, si elles sont protégées ou nommées autrement. Vous ne comprendrez pas ce qui vous oppresse. Votre vie n'est pas issue de la peur. Votre Source n'est pas issue de la peur. Être en mesure d'identifier vos peurs signifie que vous devez réaliser votre appartenance à quelque chose de plus grand. En réalisant cela, vous pouvez apprendre à être objectif vis-à-vis de votre vie et à comprendre vos circonstances actuelles sans vous condamner car c'est au sein de ces circonstances que vous devez vous développer. Vous devez commencer de là où vous êtes. Pour cela, vous devez faire l'inventaire de vos forces et de vos faiblesses.

Aujourd'hui, lors de vos deux séances de pratique, évaluez l'existence de vos peurs et rappelez-vous que votre réalité se trouve au-delà mais que vous devez identifier ces dernières afin de comprendre les dommages que leur présence cause dans votre vie. Fermez les yeux et répétez l'idée d'aujourd'hui, puis considérez chaque peur qui apparaît dans votre mental. Rappelez-vous alors que la vérité est au-delà de cette peur particulière. Laissez toutes les peurs apparaître et être évaluées de cette manière.

Pour être sans peur, vous devez comprendre la peur – son mécanisme, son influence sur les gens et son résultat dans le monde. Vous devez reconnaître tout cela, sans tromperie et sans préférence. Vous êtes un grand être travaillant dans un contexte limité, dans un environnement limité. Comprenez les limites de votre environnement et celles de votre véhicule, et vous cesserez alors de vous haïr à cause de votre état limité.

Pratique 51 : *Deux séances de pratique de 30 minutes.*

52ème Pas

JE SUIS LIBRE DE TROUVER LA SOURCE DE MA CONNAISSANCE.

LA SOURCE DE VOTRE CONNAISSANCE EXISTE EN VOUS et également au-delà de vous. Il n'existe aucun endroit où la source de la Connaissance ne serait pas, car elle est partout. Votre vie a été sauvée parce que Dieu a placé la Connaissance en vous. Cependant vous ne réaliserez pas votre salut jusqu'à ce que vous permettiez à la Connaissance d'émerger et de vous accorder ses dons. Existe-t-il d'autres libertés que celle qui vous rend apte à recevoir le don de votre vraie vie ? Toute autre liberté est la liberté d'être chaotique, la liberté de vous nuire. La grande liberté est de trouver votre Connaissance et de la laisser s'exprimer à travers vous. Aujourd'hui vous êtes libre de trouver la source de votre Connaissance.

LORS DE VOS DEUX SÉANCES DE PRATIQUE, dans la quiétude, recevez la source de votre Connaissance. Rappelez-vous que vous êtes libre de faire cela. Quelle que soit votre peur ou votre anxiété, quelle que soit votre culpabilité ou votre honte, acceptez de recevoir la source de votre Connaissance. Aujourd'hui, vous êtes libre de recevoir la source de votre Connaissance.

PRATIQUE 52 : *Deux séances de pratique de 30 minutes.*

53ème Pas

MES DONS SONT POUR LES AUTRES.

Vos dons sont destinés à être offerts aux autres mais vous devez d'abord les reconnaître et les séparer des idées qui les retiennent, les déforment ou les nient. Comment pouvez-vous vous comprendre sinon dans le contexte de votre contribution aux autres ? Seul, vous ne pouvez rien faire. Seul, vous n'avez pas de sens. C'est parce que vous n'êtes pas seul. Vous percevrez cette situation comme un fardeau et une menace jusqu'à ce que vous en réalisiez le sens profond et le don qu'elle représente réellement. C'est le salut de votre vie. Quand la vie vous récupère, vous récupérez la vie et recevez toutes ses récompenses qui dépassent de loin tout ce que vous pourriez vous offrir vous-même. La valeur de votre vie est accomplie et est pleinement démontrée au travers de votre contribution aux autres parce que jusqu'à ce que cette contribution existe, vous ne pouvez vous accomplir que partiellement pour ce qui concerne votre valeur, votre but, votre sens et votre direction.

Aujourd'hui, lors de vos deux séances de pratique, ressentez votre désir de contribuer aux autres. Il ne vous est pas nécessaire de déterminer maintenant de quelle manière vous souhaitez contribuer. Cela n'a pas autant d'importance que votre désir de contribuer car la forme de votre contribution se révélera à vous avec le temps et évoluera également. C'est votre désir de contribuer, issu d'une motivation authentique, qui vous procurera de la joie en ce jour.

PRATIQUE 53 : *Deux séances de pratique de 30 minutes.*

54ème Pas

JE NE VIVRAI PAS DANS L'IDÉALISME.

Qu'est-ce que l'idéalisme si ce n'est un ensemble d'idées sur des choses que l'on espère et qui sont fondées sur des déceptions ? Votre idéalisme vous englobe vous-même, vos relations et le monde dans lequel vous vivez. Il inclut Dieu et la vie, et tous les domaines d'expérience que vous pouvez imaginer. Sans l'expérience, il y a l'idéalisme. L'idéalisme peut être utile au départ car il peut vous lancer dans une direction juste, mais vous ne devez pas fonder vos conclusions ou votre identité sur cela. En effet, seule l'expérience peut vous procurer ce qui est vrai pour vous et ce que vous pouvez pleinement accepter. Ne laissez pas l'idéalisme vous guider car la Connaissance est là pour le faire.

Aujourd'hui, lors de vos deux séances de pratique, prenez conscience de l'étendue de votre propre idéalisme. Observez attentivement ce que vous voulez être, ce que vous attendez de votre monde et ce que vous attendez de vos relations. Répétez l'idée d'aujourd'hui et, les yeux fermés, examinez chacun de vos idéaux. Bien que vos idéaux puissent paraître bénéfiques et semblent représenter votre désir pour l'amour et l'harmonie, en réalité ils vous retiennent en arrière car ils remplacent ce qui peut véritablement vous apporter les dons que vous recherchez.

Pratique 54 : *Deux séances de pratique de 30 minutes.*

55ème Pas

J'ACCEPTERAI LE MONDE TEL QU'IL EST.

L'IDÉALISME EST LA TENTATIVE DE NE PAS ACCEPTER LE MONDE TEL QU'IL EST. Il justifie le reproche et la condamnation. Il génère des attentes concernant une vie qui n'existe pas encore, vous rendant ainsi vulnérable à une profonde déception. Votre idéalisme renforce votre condamnation.

AUJOURD'HUI, ACCEPTEZ LE MONDE TEL QU'IL EST et non tel que vous voudriez qu'il soit. Avec l'acceptation vient l'amour car vous ne pouvez pas aimer un monde dont vous désirez l'existence. Vous ne pouvez qu'aimer un monde qui existe tel qu'il est. À présent, acceptez-vous vous-même tel que vous existez et un vrai désir de changement et d'avancement émergera naturellement en vous. L'idéalisme justifie la condamnation. Prenez conscience de cette grande vérité et vous commencerez à faire l'expérience de la vie de manière plus immédiate et plus profonde, vous commencerez à faire l'expérience de ce qui est authentique et qui n'est pas basé sur l'espoir ou l'attente mais sur un engagement véritable.

AINSI, LORS DE VOS DEUX SÉANCES DE PRATIQUE DE 30 MINUTES AUJOURD'HUI, concentrez-vous sur l'acceptation des choses exactement telles qu'elles sont. En faisant cela, vous ne cautionnez pas la violence, le conflit ou l'ignorance. Vous acceptez simplement les conditions existantes afin d'œuvrer de façon constructive au sein de ces dernières. Sans cette acceptation, vous n'avez aucun point de départ pour une véritable interaction. Laissez le monde être exactement tel qu'il est car c'est ce monde que vous êtes venu servir.

PRATIQUE 55 : *Deux séances de pratique de 30 minutes.*

56ᵉᵐᵉ Pas

RÉVISION

Durant la révision d'aujourd'hui, revisitez les leçons de la semaine passée et votre implication avec celles-ci. Essayez de comprendre que, bien qu'à première vue le progrès puisse paraître lent, ce qui est lent et régulier progressera grandement. L'engagement appliqué avec constance vous mènera droit à votre accomplissement.

Dans votre révision, Nous vous rappelons à nouveau de vous abstenir de vous juger vous-même si vous n'avez pas été à la hauteur de vos attentes. Prenez simplement conscience de ce qui est nécessaire pour suivre les instructions telles qu'elles sont données et engagez-vous à les appliquer aussi complètement que possible. Rappelez-vous que vous êtes en train d'apprendre à apprendre et rappelez-vous que vous êtes en train d'apprendre à rétablir votre valeur personnelle et vos véritables capacités.

Pratique 56 : *Une longue séance de pratique.*

57ème Pas

LA LIBERTÉ EST AVEC MOI.

La liberté demeure en vous, attendant de naître en vous, attendant d'être rétablie et acceptée, attendant d'être vécue et appliquée et attendant d'être honorée et suivie. Vous qui avez vécu sous le poids de votre propre imagination, vous qui avez été prisonnier de vos propres pensées et de celles des autres, vous qui avez été intimidé et menacé par les apparences de ce monde, à présent vous avez de l'espoir car la véritable liberté demeure en vous. Elle vous attend. Vous l'avez amenée avec vous depuis votre Ancienne Demeure. Vous la portez en vous chaque jour, à chaque instant.

Dans ce programme de développement, vous apprenez maintenant à vous tourner vers la liberté et à vous écarter de la peur et de l'obscurité de votre propre imagination. Dans la liberté, vous trouverez stabilité et constance. Cela vous fournira la fondation sur laquelle bâtir votre amour et votre dignité. Et cette fondation ne sera pas ébranlée par le monde car elle est plus grande que le monde. Elle n'est pas issue des craintes de la séparation. Elle est issue de la vérité de votre totale inclusion dans la vie.

À chaque heure, répétez l'idée d'aujourd'hui et prenez un moment pour ressentir que la liberté est avec vous. À mesure que vous vous rapprocherez de la liberté au cours de la journée, vous serez capable de percevoir de plus en plus clairement ce qui vous retient en arrière. Ainsi vous réaliserez que ce qui vous retient en arrière n'est autre que votre attachement à vos propres pensées. Ce qui vous retient en arrière est l'intérêt que vous accordez à votre propre imagination. Cela allégera votre fardeau et vous prendrez conscience qu'un véritable choix est disponible. Cette prise de conscience vous donnera la force d'aller vers la liberté aujourd'hui.

Lors de vos deux séances de méditation profonde, répétez l'idée d'aujourd'hui et essayez de laisser votre conscience reposer dans la quiétude, ce qui est le début de sa liberté. Cette pratique de la quiétude permettra à votre conscience de se dégager des chaînes qui l'attachent – ses rancœurs envers le passé, son anxiété vis-à-vis de l'avenir et sa fuite du présent. Dans la quiétude, votre conscience s'élève au-dessus de tout ce qui la maintient petite, cachée et isolée dans sa propre obscurité. Combien est proche de vous la liberté aujourd'hui, vous qui avez juste à reposer dans la quiétude pour la recevoir. Combien grande est votre récompense, vous qui êtes venu en ce monde, car la liberté est avec vous.

Pratique 57 : *Deux séances de pratique de 30 minutes.*
Pratique horaire.

58ème Pas

La Connaissance est avec moi.

Aujourd'hui, Nous affirmons la présence de la Connaissance dans votre vie. À chaque heure, répétez cette affirmation puis prenez un moment pour essayer de ressentir cette présence. Il vous faut la ressentir. Il ne suffit pas de seulement la concevoir car vous devez faire l'expérience de la Connaissance. Aujourd'hui, quelles que soient les circonstances dans lesquelles vous vous trouvez au cours de la journée, répétez cette affirmation à chaque heure et essayez de ressentir sa signification. Vous découvrirez qu'il vous est possible de pratiquer dans des situations que vous pensiez inappropriées à la pratique. Ainsi, vous comprendrez que vous avez le pouvoir de contrôler votre expérience pour répondre à vos inclinations véritables et vous trouverez que toute circonstance est un environnement adéquat pour une véritable préparation et une véritable application de soi.

Essayez de pratiquer à chaque heure. Demeurez conscient de votre horaire. Si vous manquez une heure, ne vous tracassez pas mais dévouez-vous à pratiquer de nouveau dans les heures qui suivent. La Connaissance est avec vous aujourd'hui. Aujourd'hui, soyez avec la Connaissance.

Pratique 58 : *Pratique horaire.*

59ème Pas

AUJOURD'HUI, J'APPRENDRAI LA PATIENCE.

IL EST TRÈS DIFFICILE POUR UN MENTAL TOURMENTÉ d'être patient. Il est très difficile pour un mental agité d'être patient. Il est très difficile pour un mental qui a recherché toute sa valeur dans des choses temporaires d'être patient. C'est seulement dans la poursuite de quelque chose de plus grand que la patience se révèle nécessaire parce que cela requiert une plus grande application. Pensez à votre vie en termes de développement dans la durée et non en termes de sensations et de résultats immédiats. La Connaissance n'est pas que stimulation. Elle est la profondeur d'un pouvoir qui est universel et éternel, et sa grandeur vous est donnée pour que vous receviez et pour que vous donniez.

AUJOURD'HUI, PRATIQUEZ À CHAQUE HEURE en affirmant que vous apprendrez à être patient et que vous deviendrez un observateur de votre vie plutôt qu'un critique de celle-ci. Affirmez que vous serez objectif envers vos capacités et vos circonstances afin de les considérer avec une plus grande certitude.

APPRENEZ LA PATIENCE AUJOURD'HUI ET AVEC PATIENCE, APPRENEZ. De cette façon, vous progresserez plus rapidement, avec plus de certitude et avec plus d'amour.

PRATIQUE 59 : *Pratique horaire.*

60ème Pas

JE NE JUGERAI PAS LE MONDE AUJOURD'HUI.

Sans vos jugements, la Connaissance peut vous indiquer ce que vous devez faire et ce que vous devez comprendre. La Connaissance représente un plus grand jugement, mais il s'agit d'un jugement qui est très différent du vôtre car il n'est pas issu de la peur. Il est dépourvu de colère. Il est toujours destiné à servir et à nourrir. Il est juste, en cela qu'il permet une prise de conscience exacte de la situation actuelle de chacun sans déprécier leur valeur ou leur destinée.

Ne jugez pas le monde aujourd'hui afin de pouvoir le voir tel qu'il est. Ne jugez pas le monde aujourd'hui afin que vous puissiez l'accepter tel qu'il est. Permettez au monde d'être exactement tel qu'il est afin que vous puissiez le reconnaître. Lorsque le monde sera reconnu, vous réaliserez combien il a besoin de vous et combien vous désirez y contribuer. Le monde n'a pas besoin de reproche. Il a besoin de service. Il a besoin de vérité. Et par-dessus tout, il a besoin de la Connaissance.

À chaque heure aujourd'hui, prenez un moment et observez le monde sans jugement. Répétez l'affirmation d'aujourd'hui et passez un moment à contempler le monde sans le juger. Quelle que soit l'apparence que vous y verrez, qu'elle vous plaise ou vous déplaise, qu'elle vous paraisse belle ou laide, que vous pensiez qu'elle ait de la valeur ou point du tout, regardez-le monde sans aucun jugement.

Pratique 60 : *Pratique horaire.*

61ᵉᵐᵉ Pas

L'AMOUR SE DONNE À TRAVERS MOI.

L'AMOUR SE DONNERA À TRAVERS VOUS quand vous serez prêt à être son véhicule d'expression. Vous n'avez pas besoin d'essayer d'être aimant pour apaiser votre sentiment d'insuffisance ou de culpabilité. Vous n'avez pas besoin d'essayer d'être aimant pour gagner l'approbation des autres. Ne renforcez pas votre sensation d'impuissance ou votre manque de dignité en essayant de les dissimuler sous un air joyeux ou bienveillant. L'amour qui est en vous s'exprimera car il est issu de la Connaissance en vous dont il est fait partie intégrante.

À CHAQUE HEURE AUJOURD'HUI, EN REGARDANT LE MONDE, prenez conscience que l'amour en vous parlera de lui-même. Si vous êtes sans jugement, si vous êtes capable d'être avec le monde tel qu'il est vraiment et si vous êtes capable d'être présent aux autres tels qu'ils sont vraiment, l'amour en vous parlera de lui-même. N'essayez pas de faire parler l'amour pour votre propre compte. N'essayez pas de vous en servir pour exprimer vos souhaits et vos besoins car l'amour parlera à travers vous de lui-même. Si vous êtes présent à l'amour, alors vous serez présent au monde et l'amour s'exprimera à travers vous.

PRATIQUE 61 : *Pratique horaire.*

62ème Pas

AUJOURD'HUI, J'APPRENDRAI À ÉCOUTER LA VIE.

SI VOUS ÊTES PRÉSENT AU MONDE, vous serez capable d'entendre le monde. Si vous êtes présent à la vie, vous serez capable d'entendre la vie. Si vous êtes présent à Dieu, vous serez capable d'entendre Dieu. Si vous êtes présent à vous-même, vous serez capable de vous entendre vous-même.

AUJOURD'HUI, EXERCEZ-VOUS AINSI À ÉCOUTER. À chaque heure, exercez-vous à écouter le monde autour de vous et le monde en vous. Répétez l'affirmation et mettez ensuite cette écoute en pratique. Cela ne prend qu'un instant. Vous découvrirez qu'indépendamment de vos circonstances, vous trouverez un moyen pour pratiquer cela aujourd'hui. Ne laissez pas vos circonstances vous dominer. Vous pouvez pratiquer au sein de celles-ci. Vous pouvez trouver une façon de pratiquer qui ne cause pas d'embarras ni de gêne aux autres. Que vous soyez seul ou occupé avec d'autres personnes, vous pouvez pratiquer aujourd'hui. Pratiquez à chaque heure. Exercez-vous à écouter. Exercez-vous à être présent. Écouter vraiment signifie que vous ne jugez pas. Cela signifie que vous observez. Souvenez-vous : vous êtes en train de développer une faculté mentale qui vous sera nécessaire pour être en mesure de donner et de recevoir la grandeur de la Connaissance.

PRATIQUE 62 : *Pratique horaire.*

63ᵉᵐᵉ Pas

RÉVISION

Comme précédemment, dans votre révision, revoyez la semaine passée de pratique. Évaluez la mesure de votre engagement et voyez comment celui-ci peut être accru et renforcé. Durant cette semaine, votre pratique a été étendue. Elle a été amenée dans le monde avec vous afin d'y être appliquée dans toutes sortes de situations – quels que soient vos états émotionnels, quels que soient les états émotionnels de ceux qui vous influencent et qu'importe où vous vous trouvez et ce que vous êtes en train de faire. Ainsi, tout fait partie de votre pratique. Au lieu d'être un endroit effrayant qui vous oppresse, le monde devient alors un lieu utile pour cultiver la Connaissance.

Réalisez la force qui vous est donnée lorsque vous êtes capable de pratiquer quels que soient vos états émotionnels car vous êtes plus grand que vos émotions et vous n'avez pas besoin de les réprimer afin de réaliser cela. Pour devenir objectif vis-à-vis de vos états intérieurs, vous devez œuvrer d'une position à partir de laquelle vous pouvez les observer sans être dominé par eux. Cela vous permettra d'être présent à vous-même et de ressentir une véritable compassion et une véritable compréhension. Vous ne serez alors plus un tyran envers vous-même et la tyrannie dans votre vie prendra fin.

Lors de votre longue séance de pratique, évaluez la semaine passée aussi attentivement que possible, sans condamnation. Rappelez-vous que vous êtes en train d'apprendre comment pratiquer. Rappelez-vous que vous êtes en train d'apprendre à développer vos talents. Rappelez-vous que vous êtes un étudiant. Soyez un étudiant débutant car un étudiant débutant fait peu de suppositions et désire tout apprendre.

Pratique 63 : *Une longue séance de pratique.*

64ème Pas

Aujourd'hui, j'écouterai autrui.

Aujourd'hui, en trois occasions distinctes, pratiquez l'écoute d'une autre personne. Écoutez sans évaluation et sans jugement. Écoutez sans que votre mental ne soit distrait par quoi que ce soit. Écoutez simplement. Pratiquez avec trois personnes différentes aujourd'hui. Exercez-vous à l'écoute. Soyez dans la quiétude lorsque vous écoutez. Essayez d'entendre au-delà de leurs mots. Essayez de regarder au-delà de leur apparence. Ne projetez pas d'images sur elles. Écoutez simplement.

Exercez-vous à écouter autrui aujourd'hui. Ne vous impliquez pas dans ce que les gens disent. Pour pratiquer avec eux, vous n'avez pas besoin de leur répondre de façon inappropriée lorsqu'ils vous parlent directement. Vous engagerez la totalité de votre esprit dans votre conversation. Prenez ainsi le temps de pratiquer l'écoute, sans parler. Permettez aux autres de s'exprimer auprès de vous. Vous réaliserez qu'ils vous communiquent davantage que ce que vous pourriez avoir anticipé à première vue. Vous n'avez pas besoin de comprendre ce qu'il en est. Exercez-vous simplement à écouter aujourd'hui afin que vous puissiez entendre la présence de la Connaissance.

Pratique 64 : *Trois séances de pratique.*

65ème Pas

JE SUIS VENU POUR TRAVAILLER DANS LE MONDE.

Vous êtes venu dans le monde pour travailler. Vous êtes venu dans le monde pour apprendre et pour contribuer. Vous êtes venu d'un lieu de repos vers un lieu de travail. Quand le travail est fait, vous rentrez à votre Demeure dans un lieu de repos. Cela ne peut qu'être su, et votre Connaissance vous le révélera lorsque vous serez prêt.

Pour le moment, pratiquez à chaque heure. Dites-vous que vous êtes venu dans le monde pour travailler et ensuite prenez un moment pour ressentir la réalité de cela. Votre travail est plus grand que votre emploi actuel. Votre travail est plus grand que ce que vous essayer actuellement de faire avec les gens et pour les gens. Votre travail est plus grand que ce que vous essayez de faire pour vous-même. Comprenez que vous ne savez pas ce qu'est votre travail. Cela vous sera révélé et évoluera pour vous mais aujourd'hui, comprenez que vous êtes venu dans le monde pour travailler. Cela affirmera votre force, votre but et votre destinée. Cela affirmera la réalité de votre Véritable Demeure de laquelle vous avez apporté vos dons.

Pratique 65 : *Pratique horaire.*

66ème Pas

JE CESSERAI DE ME PLAINDRE DU MONDE.

Si vous vous plaignez du monde, cela signifie que celui-ci ne satisfait pas votre idéalisme. Si vous vous plaignez du monde, cela signifie que vous n'avez pas conscience du fait que vous êtes venu ici pour travailler. Si vous vous plaignez du monde, cela ne vous aide pas à comprendre ses difficultés. Si vous vous plaignez du monde, cela veut dire que vous ne comprenez pas le monde tel qu'il est. Vos plaintes indiquent que certaines de vos attentes ont été déçues. Ces déceptions sont nécessaires afin que vous commenciez à comprendre le monde tel qu'il est et que vous commenciez à vous comprendre vous-même tel que vous êtes vraiment.

À chaque heure aujourd'hui, rappelez-vous cette affirmation et mettez-la ensuite en pratique. À chaque heure, passez une minute à ne pas vous plaindre du monde. Ne laissez pas les heures passer sans que vous y portiez votre attention. Soyez présent pour pratiquer. Réalisez dans quelle mesure les autres se plaignent du monde, combien peu cela leur apporte et combien peu cela apporte au monde. Le monde a déjà été condamné par ceux qui y habitent. S'il doit être aimé et cultivé, ses difficultés doivent être reconnues et ses opportunités doivent être acceptées. Qui peut se plaindre alors qu'est offert un environnement où la Connaissance peut être rétablie et apportée ? Le monde a seulement besoin de la Connaissance et des démonstrations de la Connaissance. Comment peut-il mériter la condamnation ?

Pratique 66 : *Pratique horaire.*

67ᵉᵐᵉ Pas

JE NE SAIS PAS CE QUE JE VEUX POUR LE MONDE.

Vous ne savez pas ce que vous voulez pour le monde car vous ne comprenez pas le monde et vous n'avez pas encore réussi à discerner ses difficultés. Quand vous réaliserez que vous ne savez pas ce que vous voulez pour le monde, cela vous apportera la volonté et l'opportunité d'observer le monde, de le regarder à nouveau. Cela est essentiel à votre compréhension. Cela est essentiel à votre bien-être. Le monde ne fera que vous décevoir s'il est mal compris. Vous ne ferez que vous décevoir si vous êtes mal compris. Vous êtes venu dans le monde pour travailler. Reconnaissez l'opportunité que cela vous apporte.

Pratiquez à chaque heure aujourd'hui, en toutes circonstances. Répétez vous cette affirmation et essayez ensuite de prendre conscience de sa vérité. Vous ne savez pas ce que vous voulez pour le monde mais votre Connaissance sait ce qu'elle doit contribuer. Sans vos tentatives de remplacer la Connaissance par vos propres desseins pour le monde, la Connaissance s'exprimera librement, sans obstruction. Le monde et vous-même serez alors les grands bénéficiaires de ses dons.

Pratique 67 : *Pratique horaire.*

68ème Pas

AUJOURD'HUI, JE NE PERDRAI PAS CONFIANCE EN MOI.

NE PERDEZ PAS CONFIANCE EN VOUS AUJOURD'HUI. Maintenez votre pratique. Maintenez votre intention d'apprendre. Demeurez sans conclusions. Ayez cette ouverture et cette vulnérabilité. La Vérité existe sans votre tentative de vous fortifier. Permettez-vous de la recevoir.

À CHAQUE HEURE AUJOURD'HUI, VOTRE PRATIQUE CONSISTERA À VOUS RAPPELER de ne pas perdre confiance en vous aujourd'hui. Ne perdez pas confiance en la Connaissance, en la présence de vos Enseignants, en la bienveillance de la vie ou en votre mission dans le monde. Permettez à toutes ces choses d'être affirmées afin qu'elles puissent se révéler pleinement à vous avec le temps. Si vous y êtes présent, elles vous apparaîtront si évidentes que vous les verrez et les ressentirez en toutes choses. Votre vision du monde sera transformée. Votre expérience du monde sera transformée. Et tout votre pouvoir et toute votre énergie s'uniront pour s'exprimer.

NE PERDEZ PAS CONFIANCE EN VOUS AUJOURD'HUI.

PRATIQUE 68 : *Pratique horaire.*

69ème Pas

AUJOURD'HUI, JE PRATIQUERAI LA QUIÉTUDE.

Lors de vos deux séances de pratique de 30 minutes aujourd'hui, pratiquez la quiétude. Permettez à votre méditation d'être profonde. Donnez-vous à elle. N'entrez pas en méditation avec des demandes et des requêtes. Entrez en méditation pour vous donner à elle. Elle est le temple du Véritable Esprit en vous auquel vous vous donnez. Lors de vos séances de pratique, soyez donc présent et dans la quiétude. Permettez-vous de vous immerger dans le luxe de la vacuité. Car la présence de Dieu est d'abord ressentie en tant que vacuité parce qu'elle est absence de mouvement. Et ainsi, au sein de cette vacuité, vous commencez à ressentir la présence qui imprègne toutes choses et donne à la vie tout son sens.

Pratiquez la quiétude aujourd'hui afin que vous puissiez savoir.

Pratique 69 : *Deux séances de pratique de 30 minutes.*

70ème Pas

RÉVISION

*V*ous cumulez aujourd'hui dix semaines de pratique. Félicitations ! Vous êtes arrivé jusqu'ici. Être un véritable étudiant signifie que vous suivez les pas tels qu'ils sont donnés. Pour cela, vous devez apprendre à vous honorer, à honorer la source de votre enseignement, à reconnaître vos limites et à accorder de la valeur à votre grandeur. Ainsi, en ce jour, vous êtes honoré et reconnu.

Révisez les trois dernières semaines de pratique. Relisez les instructions et remémorez-vous chaque séance de pratique. Rappelez-vous ce que vous avez donné et ce que vous n'avez pas donné. Honorez votre participation et tentez de la renforcer aujourd'hui. Approfondissez votre détermination à avoir la Connaissance et approfondissez votre expérience en tant que personne qui suit vraiment de façon à ce que, à l'avenir, vous puissiez apprendre à être quelqu'un qui guide vraiment. Approfondissez votre expérience en tant que personne qui reçoit vraiment de façon à ce que vous puissiez être quelqu'un qui contribue vraiment.

Laissez ainsi ce jour de révision être un jour en votre honneur et un jour qui fortifie votre engagement. Évaluez honnêtement votre participation. Évaluez ce qui semble être des réussites et ce qui semble être des échecs. Vos réussites vous encourageront et vos échecs vous enseigneront ce que vous avez besoin de faire pour approfondir votre expérience. C'est un jour en votre honneur, vous qui êtes honoré.

Pratique 70 : *Plusieurs longues séances de pratique.*

71ème Pas

JE SUIS ICI POUR SERVIR UN BUT SUPÉRIEUR.

Vous êtes ici pour servir un but supérieur, au-delà de la simple survie et de la gratification liée à l'obtention des choses que vous pensez peut-être vouloir. Cela est vrai parce que vous avez une nature spirituelle. Vous avez une origine spirituelle et une destinée spirituelle. Votre échec dans cette vie est de faillir à l'appel de votre nature spirituelle qui a été déformée et calomniée par les religions de votre monde, qui a été négligée et niée par la science de votre monde. Vous avez une nature spirituelle. Vous avez un but supérieur à servir. Lorsque vous vous fierez à votre inclination pour ce but, vous pourrez vous en approcher. Lorsque vous serez confiant dans le fait qu'il représente une source authentique d'amour, vous commencerez alors à vous ouvrir à lui et ce sera pour vous un grand retour chez soi.

Aujourd'hui, lors de vos deux séances de pratique, permettez-vous de vous ouvrir à la présence de l'amour dans votre vie. Assis en silence et respirant profondément, laissez-vous vraiment ressentir la présence de l'amour, qui indique la présence d'un but supérieur dans votre vie.

Pratique 71 : *Deux séances de pratique de 30 minutes.*

72ème Pas

J'AURAI CONFIANCE EN MES INCLINATIONS LES PLUS PROFONDES AUJOURD'HUI.

Ayez confiance en vos inclinations les plus profondes car elles sont dignes de confiance ; vous devez cependant apprendre à les discerner et à les distinguer des nombreux autres désirs, compulsions et souhaits que vous ressentez et qui vous affectent. Vous ne pouvez apprendre cela que par l'expérience. Vous pouvez apprendre cela parce que vos inclinations les plus profondes vous conduisent toujours à des relations significatives, loin de l'isolement ou des engagements discordants. Vous devez pratiquer cela pour le comprendre et cela prendra du temps, mais chaque pas que vous ferez dans cette direction vous rapprochera de la source d'amour dans votre vie et vous démontrera le Grand Pouvoir qui demeure avec vous et que vous devez servir et apprendre à recevoir.

Aujourd'hui, lors vos deux séances de pratique, dans la quiétude et le silence, recevez ce Grand Pouvoir et ce faisant ayez confiance en vos inclinations les plus profondes. Permettez-vous d'accorder votre entière attention à ces deux séances de pratique en laissant toutes les autres choses de côté pour les considérer ultérieurement. Permettez-vous de reconnaître vos inclinations les plus profondes, en lesquelles vous devez apprendre à avoir confiance.

Pratique 72 : *Deux séances de pratique de 30 minutes.*

73ème Pas

JE PERMETTRAI À MES ERREURS DE M'INSTRUIRE.

PERMETTRE À VOS ERREURS DE VOUS INSTRUIRE LEUR donnera de la valeur. À défaut de cela, elles n'auraient aucune valeur et constitueraient un élément à votre encontre dans votre propre estime. Utiliser les erreurs pour vous instruire, c'est tirer avantage de vos limites pour qu'elles montrent le chemin vers la grandeur. Dieu souhaite que vous appreniez de vos erreurs afin que vous puissiez connaître la grandeur de Dieu. Cela est fait non pas dans le but de vous déprécier mais dans celui de vous élever. Vous avez commis de nombreuses erreurs et il y a des erreurs que vous continuerez à commettre. C'est pour vous protéger de la répétition d'erreurs néfastes et pour que vous appreniez de l'erreur que Nous souhaitons vous instruire à présent.

À CHAQUE HEURE DE CETTE JOURNÉE, répétez-vous que vous souhaitez apprendre de vos erreurs et pendant un moment ressentez ce que cela signifie. Ainsi, grâce à plusieurs moments de pratique aujourd'hui, vous commencerez à comprendre l'affirmation que vous faites et peut-être percevrez-vous alors la manière dont elle peut être mise en pratique. Si vous êtes disposé à apprendre de vos erreurs, vous ne serez pas tant effrayé de les reconnaître. Vous souhaiterez alors les comprendre, non pas les nier, non pas les falsifier, non pas les appeler par d'autres noms, mais les admettre pour votre bien. Grâce à cette reconnaissance, vous serez capable d'assister les autres dans le rétablissement de la Connaissance car eux aussi doivent apprendre comment apprendre de leurs erreurs.

PRATIQUE 73 : *Pratique horaire.*

74ème Pas

LA PAIX DEMEURE AVEC MOI AUJOURD'HUI.

Aujourd'hui la paix demeure avec vous. Demeurez avec la paix et recevez ses bénédictions. Venez à la paix avec tout ce qui vous trouble. Venez avec votre lourd fardeau. Ne venez pas pour chercher des réponses. Ne venez pas pour chercher à comprendre. Venez chercher ses bénédictions. La paix ne peut pas intervenir dans une vie de conflit mais vous pouvez entrer dans une vie de paix. Vous venez à la paix, celle-ci vous attend, et en cela vous serez libéré de vos fardeaux.

Lors de vos deux longues séances de pratique aujourd'hui, dans la quiétude, exercez-vous à recevoir la paix. Permettez-vous ce don et, si quelque pensée vient vous en dissuader, rappelez-vous votre grande valeur : la valeur de votre Connaissance et la valeur de votre Soi. Sachez, maintenant que vous voulez apprendre de vos erreurs, que vous n'avez pas à vous identifier à elles mais à les utiliser seulement comme une ressource précieuse pour votre développement car c'est ce qu'elles peuvent devenir pour vous.

Ainsi, exercez-vous à recevoir. Ouvrez-vous un petit peu plus aujourd'hui. Mettez de côté tout ce qui vous préoccupe pour le considérer plus tard si nécessaire. La paix demeure avec vous aujourd'hui. Aujourd'hui, demeurez avec la paix.

Pratique 74 : *Deux séances de pratique de 30 minutes.*

75ème Pas

Aujourd'hui, j'écouterai mon Soi.

Aujourd'hui, écoutez votre Soi, pas le petit soi en vous qui se plaint et s'inquiète, s'interroge et désire, mais le Soi supérieur en vous. Écoutez le Soi supérieur en vous qui est la Connaissance, qui est uni avec vos Enseignants spirituels, qui est uni avec votre Famille Spirituelle, et qui contient votre but et votre appel dans la vie. N'écoutez pas pour poser des questions, mais pour apprendre à écouter. Et lorsqu'avec le temps votre écoute s'approfondira, votre Soi Véritable vous parlera chaque fois que cela s'avérera nécessaire et vous serez alors capable d'entendre et de répondre sans confusion.

Lors de vos deux séances de pratique aujourd'hui, exercez-vous à écouter votre Soi. Il n'y a pas de questions à poser. Cela n'est pas nécessaire. Il faut développer l'écoute. Écoutez votre Soi Véritable aujourd'hui de sorte que vous puissiez apprendre de ce que Dieu connaît et aime.

Pratique 75 : *Deux séances de pratique de 30 minutes.*

76ème Pas

Aujourd'hui, je ne jugerai pas autrui.

Sans jugement, vous pouvez voir. Sans jugement, vous pouvez apprendre. Sans jugement, votre esprit s'ouvre. Sans jugement, vous vous comprenez. Sans jugement, vous pouvez comprendre autrui.

À chaque heure aujourd'hui, répétez cette affirmation alors que vous vous observez et que vous observez le monde autour de vous. Répétez cette phrase et ressentez son impact. Suspendez vos jugements pendant un moment, puis ressentez le contraste et l'expérience que cela vous procure. Ne jugez pas autrui aujourd'hui. Permettez aux autres de se révéler à vous. Sans jugement, vous ne souffrirez pas sous votre propre couronne d'épines. Sans jugement, vous ressentirez la présence de vos Enseignants qui vous assistent.

Permettez à vos pratiques horaires d'être constantes. Si vous manquez une heure, pardonnez-vous et consacrez-vous à nouveau à votre pratique. Les erreurs sont là pour vous enseigner, vous fortifier et vous montrer ce que vous avez besoin d'apprendre.

Qu'importe ce que l'autre fait, qu'importe comment il ou elle a pu offenser votre sensibilité, vos idées ou vos valeurs, ne jugez pas autrui aujourd'hui.

Pratique 76 : *Pratique horaire.*

77ème Pas

RÉVISION

Lors de votre révision d'aujourd'hui, révisez de nouveau la semaine passée de pratique et d'enseignement. Une fois encore, examinez les qualités en vous qui vous aident dans votre préparation et les qualités en vous qui rendent votre préparation plus difficile. Observez ces choses objectivement. Apprenez à renforcer ces aspects de vous-même qui encouragent et renforcent votre participation au rétablissement de la Connaissance, et apprenez à ajuster ou corriger ces qualités qui interfèrent. Vous devez reconnaître les deux pour trouver la Sagesse. Vous devez apprendre de la vérité et vous devez apprendre de l'erreur. Vous devez faire cela pour progresser et vous devez faire cela pour servir les autres. À moins d'avoir appris de l'erreur et d'être capable de la regarder objectivement, de comprendre comment elle a surgi et de quelle façon elle peut être soulagée – jusqu'à ce que vous ayez appris ces choses – vous ne saurez pas comment servir les autres, et leurs erreurs vous mettront en colère et vous frustreront. Avec la Connaissance, vos attentes seront en harmonie avec la nature d'autrui. Avec la Connaissance, vous apprendrez comment servir et vous oublierez comment condamner.

Pratique 77 : *Une longue séance de pratique.*

78ème Pas

JE NE PEUX RIEN FAIRE SEUL.

Vous ne pouvez rien faire seul car vous n'êtes pas seul. De plus grande vérité, vous ne trouverez point. Pourtant, vous ne trouverez aucune vérité exigeant une plus grande considération et une plus grande investigation. Ne la prenez pas à la légère, car cette vérité est très profonde. Il est nécessaire que vous l'étudiiez.

Aujourd'hui, à chaque heure, répétez cette affirmation et considérez son impact. Faites cela en toutes circonstances car vous découvrirez avec le temps comment apprendre en toutes circonstances, comment pratiquer en toutes circonstances, comment chaque circonstance peut être bénéfique à votre pratique et comment votre pratique peut être bénéfique à chaque circonstance.

Vous ne pouvez rien faire seul, et dans votre pratique aujourd'hui vous recevrez l'assistance de vos Enseignants spirituels qui vous prêteront leur force. Vous ressentirez cela en même temps que vous prêterez votre propre force. Vous réaliserez qu'une plus grande force que la vôtre vous permettra d'avancer, de pénétrer le grand voile de l'ignorance, et de prendre conscience de la source de votre Connaissance et de la source de vos relations dans la vie. Acceptez vos limites car seul, vous ne pouvez rien faire, mais avec la vie, tout vous est donné pour servir. Avec la vie, votre véritable nature est valorisée et glorifiée dans son service aux autres.

Pratique 78 : *Pratique horaire.*

79ème Pas

Je permettrai à l'incertitude d'exister aujourd'hui.

Permettre à l'incertitude d'exister signifie qu'il existe une grande foi. Cela signifie qu'une autre forme de certitude est en train d'émerger. Lorsque vous permettez à l'incertitude d'exister, cela signifie que vous devenez honnête car en vérité vous êtes incertain. En permettant à l'incertitude d'exister, vous devenez patient car la patience est nécessaire pour retrouver votre certitude. En permettant à l'incertitude d'exister, vous devenez tolérant. Vous vous éloignez du jugement et vous devenez un observateur de votre vie intérieure et de la vie autour de vous. Acceptez l'incertitude aujourd'hui afin que vous puissiez apprendre. Sans présomption, vous rechercherez la Connaissance. Sans jugement, vous réaliserez votre véritable besoin.

Aujourd'hui à chaque heure, répétez l'affirmation de ce jour et examinez ce qu'elle signifie. Examinez cela à partir de vos propres ressentis et examinez cela à la lumière de ce que vous voyez dans le monde autour de vous. L'incertitude existe jusqu'à ce que vous soyez certain. Si vous acceptez son existence, vous pouvez permettre à Dieu de vous servir.

Pratique 79 : *Pratique horaire.*

80ème Pas

JE NE PEUX QUE PRATIQUER.

Vous ne pouvez que pratiquer. La vie est pratique. Nous redirigeons seulement votre pratique afin qu'elle vous serve et qu'elle puisse servir les autres. Vous pratiquez tout le temps, de façon répétitive, encore et encore. Vous pratiquez la confusion, vous pratiquez le jugement, vous pratiquez le fait de blâmer autrui, vous pratiquez la culpabilité, vous pratiquez la dissociation et vous pratiquez l'inconstance. Vous renforcez vos jugements en continuant à les exercer. Vous renforcez vos incertitudes en continuant à les souligner. Vous pratiquez votre haine de vous-même en continuant à l'influencer.

Si vous regardez objectivement votre vie ne serait-ce qu'un instant, vous verrez que votre vie tout entière est pratique. Par conséquent, vous pratiquerez que vous ayez ou non un programme d'étude qui vous soit profitable. Nous donnons de ce fait le programme d'étude que vous pouvez dès à présent mettre en pratique. Il remplacera les pratiques qui vous ont embrouillé et déprécié, qui vous ont tourmenté, qui vous ont conduit à l'erreur et au danger. Nous vous donnons une pratique plus grande afin que vous ne pratiquiez pas ces choses qui sapent votre valeur et votre certitude.

Lors de vos deux séances de méditation d'aujourd'hui, répétez l'affirmation selon laquelle vous ne pouvez que pratiquer, et pratiquez ensuite la quiétude et la réceptivité. Renforcez votre pratique et vous confirmerez ce que Nous disons. Vous ne pouvez que pratiquer. Par conséquent, pratiquez pour le bien.

Pratique 80 : *Deux séances de pratique de 30 minutes.*

81ème Pas

JE NE ME DUPERAI PAS AUJOURD'HUI.

À CHAQUE HEURE, RÉPÉTEZ CETTE AFFIRMATION et ressentez son impact. Renforcez votre engagement envers la Connaissance. Ne tombez pas dans l'apparente facilité qui consiste à vous duper vous-même. Ne vous contentez pas de simples suppositions ou de croyances provenant des autres. N'acceptez pas les généralités en tant que vérité. N'acceptez pas les apparences comme étant représentatives de la réalité des autres. N'acceptez pas votre simple apparence. L'acceptation de ces choses démontre que vous n'accordez de valeur ni à vous-même, ni à votre vie, et que vous êtes trop indolent pour faire des efforts pour votre propre compte.

VOUS DEVEZ ENTRER DANS L'INCERTITUDE POUR TROUVER LA CONNAISSANCE. Qu'est-ce que cela veut dire ? Cela veut simplement dire que vous renoncez aux fausses suppositions, aux idées qui vous rassurent et au luxe de la condamnation de soi. Pourquoi la condamnation de soi est-elle un luxe ? Parce qu'elle est facile et n'exige pas que vous examiniez la vérité. Vous l'acceptez parce qu'elle est acceptable dans ce monde et qu'elle vous donne beaucoup de choses à raconter à vos amis. Elle suscite la compassion. Aussi est-elle facile et faible.

NE VOUS DUPEZ PAS AUJOURD'HUI. Permettez-vous d'examiner le mystère et la vérité de votre vie. À chaque heure, répétez l'idée du jour et ressentez ce qu'elle signifie. De même, aujourd'hui, lors de vos deux séances de pratique plus longues, répétez cette affirmation et consacrez-vous ensuite à la pratique de la quiétude et de la réceptivité. Vous commencez maintenant à apprendre comment vous préparer à être dans la quiétude – en utilisant votre respiration, en concentrant votre mental, en renonçant à vos pensées et en vous rappelant que vous êtes digne d'un tel effort.

Souvenez-vous du but que vous cherchez à atteindre. Ne vous dupez pas aujourd'hui. Ne cédez pas à ce qui est facile et douloureux.

PRATIQUE 81 : *Deux séances de pratique de 30 minutes.*
Pratique horaire.

82ème Pas

JE NE JUGERAI PAS AUTRUI AUJOURD'HUI.

Nous pratiquons une nouvelle fois cette leçon que Nous répéterons à certains intervalles à mesure que vous avancerez. Juger, c'est décider de ne pas savoir. C'est décider de ne pas regarder. C'est décider de ne pas écouter. C'est décider de ne pas être dans la quiétude. C'est décider de suivre une forme de pensée commode qui maintient votre conscience endormie et qui vous maintient égaré dans le monde. Le monde est plein d'erreurs. Comment pourrait-il en être autrement ? Par conséquent, il n'a pas besoin de votre condamnation mais de votre assistance constructive.

Aujourd'hui, ne jugez pas les autres. Rappelez-vous cela à chaque heure et considérez cette affirmation brièvement. Rappelez-vous cela lors de vos deux pratiques de méditation durant lesquelles vous répéterez cette affirmation et entrerez ensuite dans la quiétude et la réceptivité. Ne jugez pas autrui aujourd'hui afin que vous puissiez être heureux.

Pratique 82 : *Deux séances de pratique de 30 minutes.*
Pratique horaire.

83ème Pas

J'ESTIME LA CONNAISSANCE PAR-DESSUS TOUT.

SI VOUS POUVIEZ FAIRE L'EXPÉRIENCE DE LA PROFONDEUR ET DU POUVOIR de cette affirmation, elle vous libérerait de toute forme d'asservissement. Elle éliminerait tout conflit de votre pensée. Elle mettrait définitivement fin à tout ce qui vous trouble et vous laisse perplexe. Vous ne considéreriez pas les relations comme une forme de domination ou de punition. Cela vous donnerait une toute nouvelle base pour comprendre votre participation avec les autres. Cela vous donnerait un cadre de référence à l'intérieur duquel vous seriez capable de vous développer mentalement et physiquement tout en conservant une perspective plus vaste. Qu'est-ce qui vous a déçu si ce n'est l'utilisation inadéquate de vos capacités ? Qu'est-ce qui vous chagrine et vous irrite si ce n'est l'utilisation inadéquate des capacités des autres ?

ESTIMEZ LA CONNAISSANCE. Elle est au-delà de votre compréhension. Suivez la Connaissance. Elle vous guide d'une manière dont vous n'avez jamais fait l'expérience. Ayez confiance en la Connaissance. Elle vous rend à vous-même. La confiance vient avant la compréhension, toujours. La participation vient avant la confiance, toujours. Par conséquent, impliquez-vous avec la Connaissance.

RAPPELEZ-VOUS VOTRE AFFIRMATION À CHAQUE HEURE. Essayez d'être tout à fait constant. Aujourd'hui, n'oubliez pas d'insister sur le fait que vous estimez la Connaissance par-dessus tout. Lors de vos deux pratiques de méditation, répétez cela comme une affirmation puis, dans la quiétude, permettez-vous de recevoir. N'utilisez pas ces pratiques pour obtenir des réponses ou des informations mais permettez-vous de devenir calme, car un esprit calme peut tout apprendre et tout savoir. Les mots ne sont qu'une des formes de communication. Vous apprenez à présent à communiquer car votre esprit s'ouvre désormais à une plus grande association.

Pratique 83 : *Deux séances de pratique de 30 minutes.*
Pratique horaire.

84ème Pas

RÉVISION

RÉVISEZ LES PRATIQUES ET LES INSTRUCTIONS de la semaine précédente. Révisez votre progression de façon objective. Réalisez à quel point votre apprentissage doit être conséquent. Vos pas actuels sont petits mais substantiels. Vous serez conduit jusqu'au bout du chemin par des petits pas. Il ne sera pas exigé de vous que vous fassiez de grands bonds – et pourtant chaque petit pas ressemblera à un grand bond car il vous donnera bien plus que tout ce que vous n'avez jamais eu auparavant. Laissez votre vie extérieure être réorganisée à mesure que votre vie intérieure commence à émerger et à rayonner sa lumière sur vous. Maintenez votre objectif et acceptez le changement dans votre vie extérieure car il est en votre faveur. Ce n'est que lorsque la Connaissance est trahie que l'indication de l'erreur vous sera évidente. Cela vous conduira à une véritable action. Si la Connaissance n'est pas offensée par le changement autour de vous, alors vous n'avez pas à l'être. Avec le temps, vous atteindrez la paix de la Connaissance. Vous partagerez sa paix, sa certitude et ses véritables dons.

MENEZ AINSI VOTRE RÉVISION durant une longue séance de pratique aujourd'hui. Révisez avec une grande intensité et avec discernement. Ne vous permettez pas de manquer cette prise de conscience de votre processus d'apprentissage.

PRATIQUE 84 : *Une longue séance de pratique.*

85ème Pas

Aujourd'hui, je trouve le bonheur dans de petites choses.

Vous trouverez le bonheur dans de petites choses car le bonheur est avec vous. Vous trouverez le bonheur dans de petites choses car vous apprenez à être dans la quiétude et observateur. Vous trouverez le bonheur dans de petites choses car votre esprit devient réceptif. Vous ferez l'expérience du bonheur dans de petites choses car vous êtes présent à vos circonstances actuelles. Les petites choses peuvent véhiculer de grands messages si vous leur accordez votre attention. Les petites choses ne vous contrarieront alors plus.

Un esprit dans la quiétude est un esprit conscient. Un esprit dans la quiétude est un esprit qui apprend à être en paix. La paix n'est pas un état passif. C'est un état de très grande activité car il engage votre vie avec une grande intensité vers un but supérieur en activant tous vos pouvoirs et en leur donnant une direction uniforme. Cela vient de la paix. Dieu est immobile[1], mais tout ce qui provient de Dieu est transformé en action constructive et uniforme. C'est ce qui donne forme et direction à toute relation significative. C'est pourquoi vos Enseignants sont avec vous – parce qu'il existe un Plan.

Exercez-vous à la quiétude à deux reprises aujourd'hui lors de vos méditations profondes. Reprenez l'affirmation de

---

NdT (1) : God is still

votre leçon à chaque heure et considérez-la brièvement. Permettez à votre journée d'être dédiée à la pratique afin que la pratique puisse s'insuffler dans l'ensemble de vos autres activités.

Pratique 85 : *Deux séances de pratique de 30 minutes.*
Pratique horaire.

86ème Pas

J'HONORE CEUX QUI M'ONT DONNÉ.

Honorer ceux qui vous ont donné suscitera de la gratitude, ce qui est le début du véritable amour et de la véritable appréciation. Aujourd'hui lors de vos deux séances de pratique profonde, il vous est demandé de penser à ces personnes qui vous ont donné, de ne penser qu'à elles et à rien d'autre lors de ces temps de pratique. Il vous est demandé de considérer avec une très grande profondeur ce qu'elles ont fait pour vous. Concernant celles contre lesquelles vous ressentez de la colère et de l'irritation, essayez de voir comment elles aussi vous ont rendu service dans le rétablissement de la Connaissance. Ne vous dupez pas concernant vos émotions et, malgré ce que vous ressentez pour ces individus, en particulier s'il devait y avoir du ressentiment, essayez de reconnaître le service qu'ils vous ont rendu. En effet, vous pouvez être fâché et contrarié par une personne qui vous a rendu service et dont vous reconnaissez la contribution. C'est souvent le cas. Il se peut même que vous ressentiez de la colère contre ce programme qui ne cherche qu'à vous servir. Pourquoi seriez-vous irrité envers ce programme ? Parce que la Connaissance déloge tout ce qui lui fait obstacle. C'est pourquoi, par moments, vous êtes irrité sans même savoir pourquoi.

Permettez à vos deux séances de pratique d'être très attentives. Concentrez-vous. Utilisez le pouvoir de votre mental. Pensez à ces individus qui vous ont servi. Si des individus surgissent dans votre esprit et que vous ne les considérez pas comme vous ayant rendu service, alors réfléchissez à la manière dont ils vous ont également servi. Que ce jour soit un jour de reconnaissance. Que ce jour soit un jour de restitution.

Pratique 86 : *Deux séances de pratique de 30 minutes.*

87ème Pas

JE N'AURAIS PAS PEUR DE CE QUE JE SAIS.

À CHAQUE HEURE DE LA JOURNÉE, répétez cette affirmation et considérez son sens. À chaque heure, vous apprendrez à libérer votre vie de la peur car la Connaissance dissipera toute peur, et vous dissiperez la peur pour permettre à la Connaissance de s'exprimer. Ayez confiance en ce que vous savez. Cela existe pour le plus grand bien. Vous pouvez éprouver une grande colère et de la défiance envers vous-même mais cela ne s'adresse pas à la Connaissance. Cela s'adresse à votre mental personnel qui n'a certainement pas la capacité de comprendre votre but supérieur. Il lui est impossible de répondre à vos questions les plus fondamentales ou de fournir une certitude, un but, un sens et une direction à votre vie. Pardonnez à ce qui est faillible. Honorez ce qui est infaillible. Et apprenez à les distinguer l'un de l'autre.

LORS DE VOS DEUX LONGUES SÉANCES DE PRATIQUE D'AUJOURD'HUI, exercez-vous à lâcher prise vis-à-vis de vos peurs afin que vous puissiez savoir. En permettant à votre mental d'être silencieux et réceptif, sans formuler aucune demande, vous démontrerez votre confiance en la Connaissance. Cela vous procurera un répit face aux souffrances et aux animosités de ce monde. En cela, vous commencerez à voir un monde différent.

PRATIQUE 87 : *Deux séances de pratique de 30 minutes.*
Pratique horaire.

88ème Pas

MON SOI SUPÉRIEUR N'EST PAS UN INDIVIDU.

Il y a souvent confusion entre votre Soi supérieur et vos Enseignants Spirituels. Cette confusion est très difficile à résoudre du point de vue de la séparation. Mais lorsque vous envisagez la vie comme un réseau incluant un ensemble de relations évolutives, vous commencez alors à éprouver et à reconnaître votre Soi supérieur comme faisant effectivement partie d'une plus grande matrice de relations. Il est la partie de vous qui n'est pas séparée mais se trouve au contraire reliée aux autres de façon significative. Par conséquent, votre Soi Supérieur est relié au Soi supérieur de vos Enseignants. Ces derniers sont libérés de la dualité à présent car ils n'ont pas d'autre soi. Il y a deux parties en vous : le Soi qui a été créé et le soi que vous avez créé. Amener le soi que vous avez créé à servir votre véritable Soi les unit dans un mariage riche de but et de service, mettant définitivement fin aux conflits internes.

Aujourd'hui, répétez votre affirmation à chaque heure et ressentez son impact. Lors de vos deux longues séances de pratique, utilisez votre affirmation comme introduction à votre pratique dans le silence et la réceptivité.

Pratique 88 : *Deux séances de pratique de 30 minutes.*
Pratique horaire.

89ème Pas

MES ÉMOTIONS NE PEUVENT PAS DISSUADER MA CONNAISSANCE.

LES ÉMOTIONS VOUS EMPORTENT COMME LES VENTS FORTS. Elles vous traînent d'un endroit à un autre. Peut-être serez-vous capable avec le temps de comprendre leur mécanisme plus en détail. Notre pratique aujourd'hui consiste à souligner qu'elles ne contrôlent pas la Connaissance. La Connaissance n'a pas besoin de détruire vos émotions. Elle souhaite seulement leur apporter sa contribution. Avec le temps, vous parviendrez à comprendre bien davantage vos émotions et réaliserez que vos émotions peuvent servir un but supérieur, tout comme votre mental et votre corps. Toutes les choses qui ont été source de souffrance, de malaise et de dissociation deviendront, une fois mises au service d'un pouvoir – qui est le Pouvoir Unique – des véhicules d'expression au service d'un but supérieur. Même la colère sert ici un but supérieur car elle vous montre que vous avez violé la Connaissance. Même si votre colère n'est pas dirigée contre autrui, elle indique simplement que quelque chose s'est mal passé et qu'une correction doit être apportée. Avec le temps, vous comprendrez la source de votre peine et vous comprendrez la source de toutes les émotions.

PRATIQUEZ À CHAQUE HEURE et au début de vos deux longues séances de méditation, répétez l'idée d'aujourd'hui puis entrez dans la quiétude. Aujourd'hui, apprenez à apprécier ce qui est certain et à comprendre ce qui est incertain, à différencier ce qui est la cause de ce qui fait obstruction à la cause mais qui, avec le temps, peut servir la cause elle-même.

PRATIQUE 89 : *Deux séances de pratique de 30 minutes.*
Pratique horaire.

90ème Pas

AUJOURD'HUI, JE NE FERAI AUCUNE SUPPOSITION.

NE FAITES AUCUNE SUPPOSITION AUJOURD'HUI alors que vous consacrez un jour de plus au rétablissement de la Connaissance. Ne faites aucune supposition sur votre progression dans l'apprentissage. Ne faites aucune supposition sur votre monde. En ce jour, exercez-vous à avoir un mental ouvert qui soit témoin des événements et qui cherche à apprendre. Appréciez la liberté qui vient d'un mental sans préjugés car le mystère sera pour vous une source de grâce plutôt qu'une source de peur et d'angoisse à mesure que vous apprendrez à le recevoir.

LORS DE VOTRE PRATIQUE HORAIRE et lors de vos deux longues pratiques de méditation d'aujourd'hui durant lesquelles vous pratiquerez la quiétude et la réceptivité, vous pouvez ressentir la valeur et le pouvoir de ces mots. Ne faites aucune supposition en ce jour. Rappelez-vous cela tout au long de la journée car faire des suppositions n'est qu'une habitude et lorsque l'habitude est abandonnée, le mental alors libéré de ses anciennes entraves peut exercer sa fonction naturelle.

PRATIQUE 90 : *Deux séances de pratique de 30 minutes.*
Pratique horaire.

91ème Pas

RÉVISION

Notre révision se concentrera à nouveau sur les instructions et sur vos pratiques de la semaine précédente. Consacrez ce temps à refaire l'expérience de ce qui s'est passé durant chacune de ces journées et considérez également cela depuis la perspective de votre expérience actuelle. Apprenez comment apprendre. Apprenez à connaître le processus d'apprentissage. Ne vous servez pas de l'apprentissage comme d'une forme de mise en scène. Ne vous servez pas de l'apprentissage pour essayer de vous prouver votre valeur. Vous ne pouvez pas prouver votre valeur. La prouver est au-delà de vos efforts. Votre valeur se démontrera d'elle-même quand vous le lui permettrez – ce que vous apprenez à faire à présent. Pratiquez pour pratiquer. Certains jours seront plus faciles. D'autres seront plus difficiles. Certains jours, vous voudrez pratiquer. D'autres jours, vous ne voudrez peut-être pas pratiquer. Chaque jour, vous pratiquez parce que vous représentez une volonté supérieure. C'est là une démonstration de constance, laquelle est une démonstration de pouvoir. C'est là la démonstration d'un dévouement supérieur. Cela vous donne certitude et stabilité, et vous permet de traiter avec compassion les choses de moindre importance.

Votre longue révision aujourd'hui sera un examen de votre processus d'apprentissage. Rappelez-vous de ne pas vous juger afin que vous puissiez apprendre.

Pratique 91 : *Une longue séance de pratique.*

92ème Pas

Il y a pour moi un rôle à jouer dans le monde.

Vous êtes venu dans le monde à un moment crucial. Vous êtes venu pour servir le monde dans ses besoins actuels. Vous êtes venu en préparation pour les générations futures. Est-ce qu'à l'heure actuelle tout cela a un sens pour vous personnellement ? Peut-être pas car vous travaillez pour le présent et pour l'avenir. Vous travaillez pour la vie que vous allez vivre mais aussi pour les vies qui suivront la vôtre. C'est ce qui vous épanouit à présent car c'est le don que vous êtes venu apporter. Sans simulacre ni incertitude, cela se révélera naturellement à travers vous et se donnera au monde. En tissant votre vie d'une façon très spécifique avec d'autres vies, cela est destiné à vous élever – vous, ainsi que tous ceux avec lesquels vous entrerez en relation. Le Plan est plus grand que votre ambition personnelle et seule votre ambition personnelle peut brouiller la vision de ce que vous devez faire. Soyez donc reconnaissant aujourd'hui qu'il existe pour vous un rôle à jouer dans le monde. Vous êtes venu dans le monde afin de jouer ce rôle – pour votre propre accomplissement, pour l'avancement de votre monde et pour servir votre Famille Spirituelle.

Lors de vos deux séances de pratique aujourd'hui, concentrez-vous et affirmez qu'il existe pour vous un rôle à jouer. Ne tentez pas de remplir ce rôle selon vos idées ou vos souhaits mais permettez à ce rôle de s'accomplir de lui-même, car la Connaissance en vous l'accomplira une fois que vous serez préparé. Dans la quiétude et l'acceptation, affirmez qu'il existe pour vous un rôle à jouer dans le monde et faites l'expérience du pouvoir et de la vérité de cette grande idée.

Pratique 92 : *Deux séances de pratique de 30 minutes.*

93ème Pas

JE SUIS ENVOYÉ ICI DANS UN BUT.

Vous êtes envoyé au monde dans un but, pour contribuer vos dons qui émaneront de la Connaissance. Vous êtes venu ici dans un but, pour vous souvenir de votre véritable Demeure alors que vous êtes dans le monde. Le grand but que vous portez se trouve en vous en cet instant et il émergera graduellement, à mesure que vous entreprenez la préparation que Nous vous fournissons. Ce but est plus grand que tous ceux que vous avez pu imaginer pour vous-même. Il est plus grand que tous les objectifs que vous avez essayé d'atteindre par vous-même. Il n'a nul besoin de votre imagination ou de vos créations car il s'accomplira à travers vous et, ce faisant, il vous intégrera parfaitement. Il existe pour vous un but à accomplir dans le monde. À présent, vous vous préparez pas à pas à en faire l'expérience et apprenez à accepter cela afin d'en récolter les grands dons.

Lors de vos deux séances de pratique, affirmez la réalité de cette déclaration. Dans la quiétude et la réceptivité, permettez à votre esprit de s'établir dans sa véritable fonction. Permettez-vous d'être un étudiant : permettez-vous d'être réceptif et responsable quant à l'utilisation de ce qui vous est donné. Laissez ce jour être une affirmation de votre véritable vie dans le monde et non de celle que vous vous êtes fabriquée.

Pratique 93 : *Deux séances de pratique de 30 minutes.*

94ème Pas

MA LIBERTÉ EST DE TROUVER MON BUT.

Quelle valeur peut posséder la liberté si ce n'est de vous permettre de découvrir votre but et de le réaliser. Sans but, la liberté n'est que le droit d'être chaotique, de vivre sans contraintes extérieures. Mais sans contraintes extérieures, vous n'agirez que sous la dureté de votre propre contrainte. Est-ce un progrès ? Globalement, il ne s'agit pas d'un progrès bien que cela puisse créer des opportunités de découverte de soi.

N'appelez pas le chaos liberté car il ne s'agit pas de la liberté. Ne pensez pas que vous êtes dans un état d'exaltation parce que les autres ne vous limitent pas. Réalisez que votre liberté doit vous permettre de découvrir votre but et de le réaliser. Comprendre la liberté de cette manière vous permettra d'utiliser tous les aspects de votre vie – votre situation actuelle, vos relations, vos engagements, vos réussites, vos erreurs, vos attributs et vos limites – afin de mener à la découverte de votre but. Car lorsqu'un but supérieur commencera à s'exprimer à travers vous d'une manière que vous pouvez reconnaître et accepter, vous sentirez enfin que votre vie est en train d'être complètement intégrée. Vous ne serez plus intérieurement morcelé en entités séparées mais serez alors une seule personne, entière et unifiée, avec tous les aspects de vous-même engagés à servir ce seul but.

La liberté de commettre des erreurs ne vous sauvera pas. Des erreurs peuvent être commises dans n'importe quelle situation et la liberté peut être trouvée dans n'importe quelle situation. Par conséquent, cherchez à apprendre de la liberté. La Connaissance s'exprimera lorsqu'elle sera sans entraves et lorsque vous vous serez suffisamment développé en tant que personne pour porter sa grande mission dans le monde. Vos Enseignants

Spirituels, qui demeurent à vos côtés au-delà de votre perception visuelle, sont ici pour vous initier à la Connaissance. Ils ont leur propre méthode pour le faire car ils comprennent le véritable sens de la liberté et son véritable but dans le monde.

Ainsi lors de vos séances de pratique, nous affirmons une fois encore le pouvoir de cette déclaration et nous vous donnons deux opportunités d'en faire profondément l'expérience en vous. Vous n'avez pas à essayer de spéculer sur ce sujet mentalement mais simplement à vous détendre pour pouvoir en faire l'expérience. Concentrez totalement votre mental pour lui permettre de faire l'expérience de la grandeur de la présence de Dieu qui est avec vous et qui est en vous, car c'est là regarder dans la direction de la liberté, là où la liberté existe vraiment.

Pratique 94 : *Deux séances de pratique de 30 minutes.*

95ᵉᵐᵉ Pas

Comment donc pourrais-je m'accomplir ?

Comment donc pourriez-vous vous accomplir, alors que vous ne savez pas qui vous êtes, d'où vous venez ni où vous allez ; alors que vous ne savez pas qui vous a envoyé ni qui vous attendra à votre retour ? Comment pourriez-vous vous accomplir seul alors que vous faites partie de la vie même ? Pouvez-vous vous accomplir en étant séparé de la vie ? C'est seulement dans le fantasme et l'imagination que vous pouvez entretenir l'idée de vous accomplir vous-même. Il n'existe aucun accomplissement en cela, seulement une confusion accrue. Les années s'écoulant, vous sentirez une obscurité grandir en vous, comme si une opportunité cruciale avait été perdue. Ne perdez pas cette opportunité de réaliser la vie telle qu'elle est véritablement et de recevoir l'accomplissement tel qu'il vous est véritablement offert.

Ce n'est que dans votre imagination que vous pouvez vous accomplir autrement, et l'imagination n'est pas la réalité. Accepter cela peut paraître à première vue comme une limitation et une déception car vous avez déjà des plans et des intentions pour atteindre votre satisfaction personnelle, que cela ait été mis en pratique ou non. L'ensemble de vos plans visant à votre propre réalisation doit être à présent remis en question, non pas pour vous priver de quoi que ce soit de valeur mais pour vous dégager d'une servitude qui ne peut que vous duper et vous décevoir avec le temps. Par conséquent, accepter le caractère désespéré de la tentative de vous réaliser vous permet finalement de recevoir le grand don qui vous est disponible et qui vous attend. Ce grand don est destiné à être offert au monde par votre intermédiaire d'une façon qui répond spécifiquement à votre bonheur et au bonheur de ceux qui seront naturellement attirés vers vous.

Comment pourriez-vous vous accomplir ? Aujourd'hui, à chaque heure, répétez cette question et accordez-lui un moment de sérieuse considération, quelles que soient vos circonstances. Lors de vos pratiques horaires, tournez votre regard à l'extérieur, vers le monde, et voyez comment les gens essaient de s'accomplir par eux-mêmes – à la fois dans leur situation actuelle et dans celles qu'ils espèrent. Comprenez à quel point cela les sépare de la vie telle qu'elle existe vraiment. Comprenez à quel point cela les sépare du mystère de leur propre existence et des merveilles de la vie qu'ils sont libres de rencontrer chaque jour, à chaque instant. Ne vous permettez pas d'être dans un tel dénuement. Les illusions peindront toujours un grand tableau pour vous mais ne possèdent aucune fondation dans la réalité. Seuls ceux qui essaient de se conforter réciproquement dans leurs illusions essayeront d'établir des relations dans ce but et leur déception sera mutuelle, une déception qui les rendra enclin à se blâmer mutuellement. Ne recherchez ainsi pas ce qui ne peut que vous apporter de la tristesse et ne peut que détruire pour vous la grande opportunité d'entrer dans une véritable relation.

À chaque heure, répétez cette affirmation. Lors de vos deux séances de pratique, entrez dans le silence et la réceptivité afin que vous puissiez apprendre à recevoir l'accomplissement tel qu'il existe vraiment.

Pratique 95 : *Deux séances de pratique de 30 minutes.*
Pratique horaire.

96ème Pas

LA VOLONTÉ DE DIEU EST QUE JE SOIS ALLÉGÉ DE MON FARDEAU.

Le premier pas que Dieu fait vers votre rédemption ainsi que pour vous apporter pouvoir et autonomie, consiste à vous alléger de ce qui n'est pas nécessaire à votre bonheur ; à vous alléger du fardeau de ce qui ne peut en aucune façon vous satisfaire ; à vous alléger de ce qui ne peut que vous causer de la douleur ; et à ôter de votre tête la couronne d'épines que vous portez, laquelle représente votre tentative d'accomplissement dans le monde. Une Volonté Supérieure existe en vous et désire s'exprimer. Quand vous en ferez l'expérience, vous ressentirez finalement que vous vous connaissez. Vous ferez enfin l'expérience du vrai bonheur car votre vie sera finalement intégrée. Vous devez être allégé de votre fardeau pour faire cette découverte. Rien de valeur ne vous sera pris. Il n'est pas dans l'intention de Dieu de vous rendre isolé et triste, mais au contraire de vous offrir l'opportunité de réaliser votre vraie promesse afin que vous puissiez avancer avec force et avec une vraie motivation.

Acceptez ainsi cette première et grande offre qui consiste à vous libérer des conflits sans espoir que vous tentez de résoudre ; à vous libérer des poursuites dénuées de sens qui ne vous mènent nulle part, des promesses fallacieuses de ce monde, et de votre propre idéalisme qui peint une image que le monde n'est pas en mesure de corroborer. Dans la simplicité et l'humilité, la grandeur de la vie se révélera à vous et vous saurez que vous n'avez renoncé à rien de valeur pour recevoir ce qui possède une valeur inestimable.

À chaque heure, répétez cette affirmation et réfléchissez-y. Observez ce que cela peut signifier dans vos circonstances actuelles. Observez ses démonstrations dans la vie des gens tout autour de vous. Observez sa réalité au regard de votre propre existence dont vous apprenez à présent à être un témoin objectif.

Lors de vos deux séances de pratique approfondie aujourd'hui, essayez de vous concentrer sur cette idée et appliquez-la spécifiquement à votre vie. Utilisez activement votre mental et essayez de réfléchir au sens de cette affirmation au regard de vos ambitions, de vos plans en cours et ainsi de suite. Il se peut que beaucoup de choses soient remises en question en faisant cela, mais réalisez que la Connaissance n'est aucunement affectée par vos projets et vos plans ou par vos espoirs et vos déceptions. Elle attend seulement le moment où elle pourra émerger naturellement en vous et vous serez le premier bénéficiaire de ses dons inestimables.

Pratique 96 : *Deux séances de pratique de 30 minutes.*
Pratique horaire.

97ᵉᵐᵉ Pas

JE NE SAIS PAS CE QU'EST L'ACCOMPLISSEMENT.

Est-ce que cette affirmation constitue un aveu de faiblesse ? Est-ce une résignation au désespoir ? Certes non. C'est le début d'une véritable honnêteté. Lorsque vous réaliserez que vous comprenez peu de choses et que vous réaliserez en même temps le grand don de la Connaissance qui vous est disponible, à ce moment-là seulement vous emparerez-vous de cette opportunité avec un grand encouragement et un grand dévouement. Vous ne pouvez qu'imaginer l'accomplissement, mais la connaissance de l'accomplissement vit et brûle en vous. Tel est le feu que vous ne pouvez pas éteindre. Tel est le feu qui existe en vous actuellement. Il représente votre plus ardent désir d'accomplissement, d'union et de contribution. Bien enfoui sous tous vos souhaits et vos peurs, bien enfoui sous vos plans et vos ambitions, ce feu brûle actuellement. Abandonnez donc vos idées concernant l'accomplissement, mais ne soyez pas désespéré car vous vous placez ainsi en position de recevoir les dons qui vous sont destinés. Vous avez amené ces dons avec vous dans le monde. Ils sont cachés en vous, là où vous ne pouvez pas les trouver.

Vous ne savez pas ce qu'est l'accomplissement. Une stimulation joyeuse ne peut être l'accomplissement car l'accomplissement est un état de quiétude. C'est un état d'acceptation intérieure. C'est un état de complète intégration. C'est un état hors du temps qui s'exprime dans le temps. Comment même la plus joyeuse des stimulations pourrait-elle vous donner ce qui peut demeurer en toutes circonstances et ne cesse pas quand la stimulation s'arrête ? Nous ne souhaitons pas vous priver de joyeuses stimulations car elles peuvent être tout à fait bénéfiques, mais elles sont momentanées et ne peuvent vous apporter qu'un aperçu d'une plus grande possibilité. Ici, nous souhaitons vous mener directement à la grande possibilité en cultivant les immenses ressources de votre esprit et en vous enseignant un certain regard sur le monde, cela afin que vous puissiez apprendre de son véritable but.

Ainsi, à chaque heure aujourd'hui, répétez l'idée de ce jour et appliquez-la sérieusement à vous-même et au monde qui vous entoure. Lors de vos deux longues séances de pratique, passez de nouveau du temps à considérer cette idée sérieusement. Souvenez-vous de réfléchir à votre vie personnelle dans ces séances de pratique et appliquez l'idée d'aujourd'hui aux plans dont vous êtes conscient concernant votre propre accomplissement. Ces méditations contemplatives requièrent un travail mental. Ici, vous ne serez pas dans la quiétude. Vous investiguerez. Vous explorerez. Vous utiliserez activement votre mental afin de pénétrer les choses dont vous reconnaissez l'existence. C'est un temps d'introspection intense. Lorsque vous réaliserez que ce que vous croyiez savoir n'est qu'une forme d'imagination, vous réaliserez votre énorme besoin de la Connaissance.

Vous devez comprendre ce que vous avez afin d'apprendre à recevoir davantage. Si vous pensez que vous avez plus que ce que vous avez réellement, alors vous êtes appauvri sans même en avoir conscience et vous ne comprendrez pas le grand Plan qui a été créé en votre faveur. Vous devez démarrer de là où vous êtes car ainsi vous pourrez avancer, chaque pas assuré, chaque pas en avant s'appuyant sur le pas précédent. Il n'y aura pas ici de chute en arrière car vous serez fermement établi sur votre chemin vers la Connaissance.

Pratique 97 : *Deux séances de pratique de 30 minutes.*
Pratique horaire.

98ème Pas

RÉVISION

Dans votre révision, passez de nouveau en revue toutes les instructions des leçons ainsi que tout ce dont vous avez fait l'expérience durant cette dernière semaine de pratique. Évaluez avec honnêteté votre engagement vis-à-vis de ces leçons et reconnaissez ce qu'elles vous ont apporté en termes de compréhension. Essayez d'être très juste dans votre évaluation. Rappelez-vous que vous êtes un étudiant. Ne prétendez pas que vous avez accompli plus que ce dont vous avez réellement fait l'expérience.

La simplicité de cette approche peut sembler évidente mais pour nombre de gens elle est très difficile à accomplir car ils ont tellement l'habitude de penser qu'ils possèdent plus que ce qu'ils ont, ou bien moins que ce qu'ils ont. Il est très difficile pour eux d'évaluer leur situation réelle, même lorsque celle-ci est tout à fait évidente.

Lors de votre longue séance de pratique, révisez ainsi vos leçons et considérez chacune d'elle en profondeur ; rappelez-vous votre travail avec celles-ci le jour où elles ont été données et voyez ce que vous comprenez d'elles actuellement. Révisez très soigneusement chacun des six pas précédents et prenez garde de ne pas tirer de conclusions qui ne représentent pas votre véritable expérience. Il vaut mieux être incertain que d'établir de fausses conclusions.

Pratique 98 : *Une longue séance de pratique.*

99ᵉᵐᵉ Pas

JE NE BLÂMERAI PAS LE MONDE AUJOURD'HUI.

Aujourd'hui, exercez-vous à ne pas blâmer le monde, à ne pas juger ses erreurs flagrantes, et à ne pas revendiquer ni attribuer aux autres la responsabilité de ces erreurs. Regardez le monde en silence. Permettez à votre mental d'être calme.

Pratiquez cela à chaque heure et regardez le monde avec les yeux ouverts. Lors de vos deux plus longues séances de pratique, exercez-vous de même à regarder le monde les yeux ouverts. Peu importe ce que vous regardez car tout est la même chose. Votre concentration aujourd'hui consistera à regarder sans juger car cela développera les véritables facultés de votre esprit.

Ainsi, lors de vos séances de pratique, exercez-vous à regarder avec les yeux ouverts, à regarder sans juger. Observez votre environnement immédiat. Ne regardez que les choses qui sont vraiment là. Ne vous engagez pas dans l'imagination. Ne laissez pas vos pensées vagabonder vers le passé ou l'avenir. Soyez témoin uniquement de ce qui est là. Lorsque des pensées s'apparentant à des jugements apparaissent, écartez-les simplement sans les considérer car aujourd'hui vous vous exercez à voir – voir sans jugement afin que vous puissiez voir ce qui est véritablement là.

Pratique 99 : *Deux séances de pratique de 30 minutes.*
Pratique horaire.

100ème Pas

Aujourd'hui, je suis un étudiant débutant de la Connaissance.

Vous êtes un étudiant débutant de la Connaissance. Acceptez ce point de départ. Ne revendiquez pas davantage vous concernant car vous ne comprenez pas le chemin qui mène à la Connaissance. Sur le chemin des grandes présomptions, vous avez peut-être collecté de grandes récompenses, mais cela mène dans une direction différente de celle du chemin menant à la Connaissance sur lequel tout ce qui est irréel est abandonné et tout ce qui est authentique est embrassé. Le chemin qui mène à la Connaissance n'est pas un chemin que les gens ont imaginé par eux-mêmes car il n'est pas né de l'imagination.

Ainsi, soyez un étudiant débutant de la Connaissance.. À chaque heure, répétez cette affirmation et considérez-la sérieusement. Qu'importe votre opinion de vous-même, qu'elle soit exaltée ou diminuée ; qu'importe ce que vous avez fait auparavant ; qu'importe ce que vous considérez être vos accomplissements, vous êtes un étudiant débutant de la Connaissance. En tant qu'étudiant débutant, vous voudrez apprendre tout ce qui peut être appris et n'aurez pas le fardeau de défendre ce que vous pensez avoir déjà établi. Cela allégera considérablement votre fardeau dans la vie et vous fournira la possibilité d'une véritable motivation et d'un véritable enthousiasme, lesquels vous font défaut actuellement.

Soyez un étudiant débutant de la Connaissance. Commencez vos deux plus longues séances de pratique par cette affirmation et permettez-vous de vous asseoir dans la quiétude et de recevoir. Sans requête ni question, sans attente ni exigence, laissez votre mental dans la quiétude car vous êtes un étudiant débutant de la Connaissance et vous ne savez pas encore quoi demander ni à quoi vous attendre.

Pratique 100 : *Deux séances de pratique de 30 minutes.*
Pratique horaire.

101ème Pas

LE MONDE A BESOIN DE MOI, MAIS J'ATTENDRAI.

Pourquoi attendre alors que le monde a besoin de vous ? Cela ne semble t-il pas incohérent vis-à-vis de l'enseignement que Nous présentons ? En fait, ça n'est pas du tout incohérent si vous en comprenez le sens. Puisque le monde a besoin de vous, attendre semblerait être une injustice et une irresponsabilité. Cela n'est-il pas incohérent vis-à-vis de ce que Nous enseignons ? Non, ça n'est pas incohérent si vous en comprenez le sens. Si vous avez considéré sérieusement ce que Nous vous avons donné jusqu'à ce jour dans votre préparation, vous comprendrez que la Connaissance à l'intérieur de vous répondra d'elle-même au monde et vous vous sentirez poussé à donner en certains lieux et non en d'autres. Cette réponse authentique en vous ne proviendra ni d'une faiblesse personnelle, ni d'une insécurité personnelle, ni du besoin d'être accepté ou reconnu. Elle ne sera pas une forme d'évitement ou de culpabilité. En fait, elle n'aura rien à voir du tout avec vous. Voilà pourquoi elle est si grande, car elle n'est pas destinée à remédier à votre petitesse mais à démontrer le pouvoir de la Connaissance qui existe dans le monde afin que vous puissiez en témoigner et être un véhicule pour son expression.

Pourquoi attendre quand le monde a besoin de vous ? Parce que vous n'êtes pas encore prêt pour donner. Pourquoi attendre quand le monde a besoin de vous ? Parce que vous ne comprenez pas encore son besoin. Pourquoi attendre quand le monde a besoin de vous ? Parce que vous donnerez pour de fausses raisons et ne ferez que renforcer votre dilemme. Le temps de donner viendra, et votre vie se donnera d'elle-même. Vous serez préparé à accepter cela, à y répondre et à suivre la

Connaissance en vous qui vous guide. Si vous voulez véritablement servir le monde, vous devez être préparé – et c'est ce que nous entreprenons actuellement.

Ne laissez pas les tribulations du monde vous rendre trop anxieux. Ne laissez pas les menaces de destruction éveiller votre peur. Ne laissez pas les injustices de ce monde stimuler votre colère car si elles réussissent à le faire c'est que vous regardez sans la Connaissance. Vous voyez l'échec de votre propre idéalisme. Ce n'est pas ainsi que vous pouvez voir et par conséquent ce n'est pas non plus ainsi que vous pouvez donner. Vous avez été envoyé pour donner et votre don vous est intrinsèque. Vous n'avez pas à le contrôler car il se donnera de lui-même lorsque vous serez préparé. Par conséquent, pour le moment, votre service au monde est votre préparation afin de devenir un contributeur ; bien que cela ne satisfasse pas votre besoin immédiat de donner, cela préparera la voie pour qu'un plus grand service soit rendu.

Aujourd'hui, lors de vos deux séances de pratique, réfléchissez activement à l'idée d'aujourd'hui et considérez-la à la lumière de votre comportement, de vos inclinations, de vos idées et de vos croyances.

Pratique 101 : *Deux séances de pratique de 30 minutes.*

102ème Pas

Il y a de nombreuses choses que je dois désapprendre.

Votre vie est remplie de vos nécessités et de vos idées, remplie de vos exigences et de vos ambitions, remplie de vos peurs et de vos complications. Aussi, votre véhicule pour donner se trouve accablé et encombré, et votre énergie est en grande partie mal employée. C'est pourquoi le premier pas de Dieu est de vous soulager de ce fardeau. Jusqu'à ce que cela se fasse, vous ne ferez que tenter de résoudre votre situation sans savoir quoi faire, sans comprendre votre dilemme, et sans accepter l'assistance dont vous aurez à coup sûr besoin avec le temps. Par conséquent, acceptez de désapprendre car cela vous soulagera et vous donnera à nouveau l'assurance qu'une vie plus grande est possible et inévitable pour vous qui êtes venu ici pour donner.

À chaque heure, répétez cette affirmation et considérez-la. Examinez sa réalité au regard de votre perception du monde. Lors de vos deux longues séances de pratique, dans le silence, pratiquez à nouveau la quiétude mentale, où rien n'est tenté et où rien n'est évité. Vous êtes simplement en train de placer votre esprit dans un état de quiétude afin qu'il puisse apprendre à répondre de lui-même à ce qui l'appelle. À chaque pas que vous ferez dans votre désapprentissage, la Connaissance viendra prendre la place de ce qui l'avait remplacée. C'est instantané car vous vous mettez simplement en position de recevoir afin que votre don puisse être généreux, authentique et qu'il vous accomplisse.

Pratique 102 : *Deux séances de pratique de 30 minutes. Pratique horaire.*

103ème Pas

JE SUIS HONORÉ PAR DIEU.

Vous êtes honoré par Dieu – et pourtant cette déclaration peut susciter votre incertitude, éveiller votre culpabilité, troubler votre sentiment d'amour-propre et stimuler toutes sortes de conflits qui existent de fait en vous, en cet instant. Par le passé, vous avez essayé d'être quelque chose d'irréel et vous avez échoué. À présent, vous appréhendez d'être quoi que ce soit de peur que l'échec, une fois encore, vous poursuive. Ainsi, la grandeur apparaît comme de la petitesse et la petitesse apparaît comme de la grandeur, et tout est vu à l'envers ou à l'opposé de son véritable sens.

Vous êtes honoré par Dieu, que vous puissiez l'accepter ou non. Cela est vrai indépendamment de toute évaluation humaine car seul ce qui se trouve au-delà de toute évaluation est vrai. Nous vous amenons à ce qui se trouve au-delà de toute évaluation, et cela sera la plus grande des découvertes possibles dans cette vie ou dans n'importe quelle vie.

À chaque heure, répétez cette affirmation et considérez-la sérieusement. Lors de vos deux séances de pratique, laissez de nouveau votre esprit être silencieux et réceptif afin que vous puissiez apprendre à recevoir l'honneur avec lequel Dieu vous considère. Certes, cet honneur doit être dirigé vers une partie de vous dont vous avez à peine conscience. Ce n'est pas votre comportement qui est honoré. Ce n'est pas votre idéalisme qui est honoré. Ce ne sont pas vos croyances, vos suppositions, vos demandes ou vos peurs. Celles-ci peuvent être pour le meilleur ou pour le pire. Celles-ci peuvent vous servir ou vous trahir. Mais l'honneur est réservé à quelque chose de plus grand que vous apprenez à présent à reconnaître.

PRATIQUE 103 : *Deux séances de pratique de 30 minutes.*
Pratique horaire.

104ème Pas

Dieu me connaît mieux que je ne me connais moi-même.

Dieu vous connaît en effet mieux que vous ne vous connaissez vous-même. Cela doit vous sembler évident si vous vous êtes considéré avec honnêteté. Et cependant, examinez-en les implications. Si Dieu vous connaît davantage que vous ne vous connaissez vous-même, alors l'évaluation de Dieu ne serait-elle pas quelque chose que vous voudriez explorer ? Bien sûr que si. Et vos évaluations de vous-même ne seraient-elles pas nécessairement entachées d'erreur ? C'est en cela seulement que vous avez péché, car le péché n'est que l'erreur. L'erreur appelle la correction, non la condamnation. Vous pouvez vous condamner et ensuite penser que Dieu suivra votre exemple et vous condamnera plus sévèrement. C'est pourquoi les gens ont fait Dieu à leur image et c'est pourquoi vous devez désapprendre ce que vous avez fabriqué – afin que vous puissiez découvrir ce que vous savez et que vos créations dans ce monde puissent être pour le bien et posséder une valeur durable.

Dieu vous connaît mieux que ce que vous pouvez vous connaître vous-même. Ne prétendez pas que vous pouvez vous créer vous-même, car vous avez déjà été créé et ce qui a été authentiquement créé est de loin plus grand et plus joyeux que la vie que vous avez réalisée jusque-là. C'est votre insatisfaction qui vous mène à la vérité en vous conduisant vers une véritable résolution. Cela, bien sûr, est tout à fait vrai.

À chaque heure, répétez cette affirmation et considérez-la sérieusement. Ce faisant, observez le monde autour de vous pour essayer de pénétrer le sens de l'idée d'aujourd'hui dans le monde. Lors de vos plus longues séances de pratique dans la quiétude, laissez votre esprit devenir silencieux afin qu'il puisse apprendre à se réjouir de sa grandeur. Donnez-lui cette opportunité d'être libre et il vous donnera la liberté en retour.

Pratique 104 : *Deux séances de pratique de 30 minutes.*
            Pratique horaire.

105ème Pas

RÉVISION

Dans votre révision, suivez les exemples précédents et révisez la semaine d'instructions et de pratiques. Aujourd'hui, accordez une considération particulière aux idées que nous avons présentées. Comprenez que ces idées doivent être contemplées et expérimentées à de nombreux niveaux de développement. Leur sens est trop profond et trop grand pour vous être complètement évident actuellement. Cependant, elles seront comme un rappel que la Connaissance est avec vous et que vous êtes venu apporter la Connaissance dans le monde.

Notre enseignement simplifiera ainsi toutes choses, ce qui résoudra les conflits que vous portez actuellement et rendra inutile tout conflit dans l'avenir. Car plus vous serez avec la Connaissance, moins il y aura de conflits. Une vie sans conflit est la plus grande contribution qui puisse être donnée au monde car c'est une vie qui éveillera la Connaissance chez tous, une étincelle qui peut se propager dans l'avenir bien au-delà de votre vie individuelle. C'est cette grande étincelle que vous êtes destiné à donner au monde car alors votre don n'aura pas de fin et servira votre génération actuelle ainsi que les générations à venir.

Les bénédictions dont vous faites l'expérience aujourd'hui dans votre monde résultent de ces réverbérations qui sont transmises de génération en génération tandis que la Connaissance est gardée vivante dans le monde. Votre opportunité d'accéder à la Connaissance est née du don de ceux qui ont vécu avant vous, de même que votre don fournira l'opportunité de la liberté à ceux qui suivront après vous. C'est votre but supérieur dans la vie : garder la Connaissance vivante dans le monde. Mais en premier lieu, vous devez apprendre de la Connaissance – apprendre comment la reconnaître, apprendre comment l'accepter, apprendre comment la discerner des autres impulsions au sein de votre mental et apprendre des multiples niveaux de développement qui seront nécessaires pour suivre la Connaissance vers sa grande réalisation. C'est pourquoi vous êtes un étudiant débutant de la Connaissance.

Lors de votre longue séance de pratique, entreprenez votre révision avec autant de détails que possible. Permettez à la confusion et à l'incertitude d'exister car cela est nécessaire à ce niveau d'investigation. Soyez donc heureux de toutes les choses qui peuvent être véritablement reconnues et sachez que la Connaissance est avec vous afin que vous soyez libre d'être incertain.

Pratique 105 : *Une longue séance de pratique.*

106ème Pas

Il n'y a pas de Maître qui vive dans le monde.

Il n'y a pas de Maître qui vive dans le monde car la Maîtrise est atteinte au-delà du monde. Il y a des étudiants avancés. Il y a des étudiants ayant accompli de grandes choses. Mais il n'y a pas de Maître qui vive dans le monde. La perfection ne se trouve pas ici, seulement la contribution. Quiconque demeure dans le monde demeure pour apprendre les leçons du monde. Les leçons du monde ne doivent pas être apprises uniquement dans votre vie individuelle mais également dans une vie de contribution. Votre véritable éducation dépasse de loin tout ce que vous avez réalisé jusque-là. Il ne s'agit pas seulement de corriger vos erreurs. Il s'agit de contribuer vos dons.

Il n'existe pas de Maître qui vive dans le monde. Par conséquent, vous pouvez vous soulager du lourd fardeau qui consiste à essayer d'atteindre la maîtrise ou à l'exiger pour vous-même. Vous-même ne pouvez pas être un Maître car la vie est le Maître. Cela constitue la grande différence qui fera pour vous toute la différence lorsque vous en saisirez le sens et le bénéfice véritables.

Aujourd'hui lors de vos deux séances de pratique, pensez à tous les individus que vous avez considérés comme étant des Maîtres – des individus que vous avez rencontrés, imaginés ou dont vous avez entendu parlé ; des individus du passé et d'autres qui vivent actuellement. Réfléchissez à toutes ces qualités qui ont fait d'eux des Maîtres et comment vous les avez utilisées pour vous juger, pour évaluer votre vie et votre comportement. Ce n'est pas le but des étudiants avancés de devenir, pour ceux de moindre capacité, un critère de condamnation de soi. Ce n'est pas leur don, bien qu'ils doivent comprendre avec le temps que leurs dons seront ainsi mal interprétés.

Acceptez d'être soulagé de ce fardeau puisque Nous vous rappelons qu'il n'y a pas de Maître qui vive dans le monde. Lors de vos deux plus longues séances de pratique, essayez de réaliser cela. Essayez de prendre conscience du soulagement qui vous est offert. Mais ne faites pas l'erreur de croire que cela vous mène à la passivité car plus forte que jamais sera votre implication dans le rétablissement de la Connaissance. Plus fort que jamais sera votre engagement pour l'émergence de la Connaissance. À présent, votre implication et votre engagement peuvent progresser plus rapidement car ils sont déchargés de votre idéalisme qui ne peut que vous égarer.

Pratique 106 : *Deux séances de pratique de 30 minutes.*

107ème Pas

Aujourd'hui, j'apprendrai à être heureux.

Apprendre à être heureux est simplement apprendre à être naturel. Apprendre à être heureux est apprendre à accepter la Connaissance aujourd'hui. La Connaissance est heureuse aujourd'hui. Si vous n'êtes pas heureux, vous n'êtes pas avec la Connaissance. Le bonheur ne signifie pas toujours arborer un sourire sur votre visage. Ce n'est pas un comportement. Le bonheur authentique est un sentiment de soi, un sentiment de plénitude et de satisfaction. Si vous avez subi la perte d'un être aimé, vous pouvez toujours être heureux bien que vous puissiez verser des larmes. Ce n'est pas un problème de verser des larmes car cela ne désavoue pas nécessairement un plus grand bonheur en vous, et celles-ci peuvent également être des larmes de joie. Le bonheur n'est pas une forme particulière de comportement. Laissez-Nous vous le rappeler. C'est une sensation de satisfaction intérieure. La Connaissance vous l'apportera car elle simplifiera votre vie et permettra à votre esprit de se concentrer sur ce qu'il lui est réellement donné à faire. Cela vous conférera force et autonomie, vous simplifiera et vous apportera une plus grande harmonie que tout ce que vous avez pu connaître auparavant.

Ainsi, lors de vos deux séances de pratique d'aujourd'hui, laissez votre esprit entrer une fois encore dans le silence. C'est un moment de quiétude. Ce n'est pas une pratique d'investigation mentale mais une pratique de silence du mental.

Pratique 107 : *Deux séances de pratique de 30 minutes.*

108ème Pas

LE BONHEUR EST QUELQUE CHOSE QUE JE DOIS APPRENDRE À NOUVEAU.

TOUT DOIT À PRÉSENT ÊTRE RÉÉVALUÉ. Tout doit à présent être reconsidéré car il y a regarder avec la Connaissance et il y a regarder sans la Connaissance. Cela produit des résultats différents. Cela encourage différentes évaluations et différentes réponses. Nous avons dit que le bonheur n'est pas une forme particulière de comportement car il est beaucoup plus profond que cela. Par conséquent, n'essayez pas d'utiliser cette idée pour gagner la faveur des autres ou pour vous démontrer que vous êtes plus heureux que vous ne l'êtes en réalité. Nous ne voulons pas mettre un vernis de comportement sur votre expérience actuelle. Nous voulons vous guider jusqu'à cette expérience qui est intrinsèque à votre nature, qui exprime votre nature et qui permet à votre nature de contribuer à la vie.

AUSSI, ABORDEZ LE BONHEUR AVEC UN ESPRIT NEUF. Lors de vos deux séances de pratique, utilisez votre mental pour investiguer. Considérez vos idées au sujet du bonheur ainsi que les formes de comportements que vous pensez devoir adopter pour le représenter. Réfléchissez à tous les moyens que vous avez essayés pour être plus heureux que vous ne l'êtes. Réfléchissez à toutes les attentes et exigences que vous avez placées sur vous-même pour être heureux et pour vous prouver votre valeur, à vous-même et aux autres. Lorsque vous reconnaîtrez cela, réalisez que, sans ces tentatives le bonheur émergera de lui-même car vous êtes naturellement heureux. Sans entraves, votre bonheur émergera de lui-même sans que vous ne l'imposiez à votre esprit ni à votre corps. Sans que vous ne l'imposiez, le bonheur émergera de lui-même. Réfléchissez à cela aujourd'hui, mais ne vous contentez pas de conclusions simples car vous êtes un étudiant débutant de la Connaissance et les grandes conclusions viendront plus tard.

Pratique 108 : *Deux séances de pratique de 30 minutes.*

109ème Pas

JE NE SERAI PAS PRESSÉ AUJOURD'HUI.

AUJOURD'HUI, PRENEZ CHAQUE PAS AVEC GRÂCE. Ne soyez pas pressé. Vous n'avez pas à vous précipiter car vous êtes avec la Connaissance. Vous pouvez tenir vos engagements en temps et en heure dans le monde mais en vous, ne soyez pas pressé. Vous pouvez chercher la Connaissance, l'accomplissement et la contribution, mais ne soyez pas pressé. Lorsque vous êtes pressé, vous négligez votre pas actuel au profit d'autres pas qui vous semblent préférables, et comment ceux-ci peuvent-ils être préférables si ce n'est lorsque vous ignorez le pas qui se trouve juste devant vous ? Vous avez seulement à faire le pas qui se trouve devant vous et le pas suivant émergera naturellement. Ne soyez pas pressé. Vous ne pouvez pas aller plus vite que ce dont vous êtes capable. Ne manquez pas tout ce que Nous vous donnons à pratiquer – et cela exigera que vous ne soyez pas pressé.

TOUT AU LONG DE LA JOURNÉE D'AUJOURD'HUI, rappelez-vous à chaque heure de ne pas être pressé. Dites-vous : « je ne serai pas pressé aujourd'hui » et pensez-y quelques instants. Vous pouvez faire face à vos responsabilités quotidiennes sans être pressé. Vous pouvez faire face à vos objectifs plus importants sans être pressé. Prenez refuge dans le fait que vous êtes un étudiant débutant, car les étudiants débutants ne savent pas où ils vont parce qu'ils sont en position de recevoir et non de gouverner. Cela constitue une grande bénédiction pour vous actuellement et vous procurera, avec le temps, le pouvoir de gouverner votre mental et vos affaires grâce à la Connaissance. Vous ferez preuve d'une autorité bienveillante qui ne condamnera pas l'erreur et ne punira pas les pécheurs, contrairement à ce que vous imaginez pour l'instant que Dieu fait.

LA CONNAISSANCE N'EST PAS PRESSÉE. Pourquoi devriez-vous l'être ? La Connaissance peut vous mouvoir rapidement ou lentement. Vous pouvez alors vous mouvoir rapidement ou lentement, cependant en vous, vous n'êtes pas pressé. Cela fait partie du mystère de la vie que vous pouvez maintenant apprendre à découvrir.

Pratique 109 : *Pratique horaire.*

110ème Pas

JE SERAI HONNÊTE AVEC MOI-MÊME AUJOURD'HUI.

« Aujourd'hui je serai parfaitement honnête en reconnaissant ce que je sais réellement et ce que je ne fais que croire ou espérer. Je ne prétendrai pas savoir des choses que je ne sais pas. Je ne prétendrai pas que je suis plus riche que je ne le suis ou plus pauvre que je ne le suis. J'essaierai d'être exactement là où je suis aujourd'hui. »

Essayez d'être exactement là où vous êtes aujourd'hui. Soyez simple. Soyez à l'aise. Observez le monde autour de vous. Exécutez vos tâches habituelles. Ne vous exaltez pas. Ne vous rabaissez pas. En ce jour, permettez à toute chose de fonctionner telle qu'elle est ; ne tentez pas de vous gouverner ou de vous manipuler. La seule exception à cela est d'utiliser votre autodiscipline afin que vous puissiez mener à bien vos pratiques de ce jour.

Lors de vos deux plus longues pratiques, répétez l'affirmation d'aujourd'hui et entrez dans la quiétude. Ici, vous devez exercer le pouvoir de votre mental. Ici, vous ne tentez pas quoi que ce soit de trompeur ou quoi que ce soit d'irréel. Vous permettez à votre mental d'entrer dans son état naturel, dans un état de paix.

Pratique 110 : *Deux séances de pratique de 30 minutes. Pratique horaire.*

111ème *Pas*

AUJOURD'HUI JE SERAI À L'AISE.

Soyez à l'aise aujourd'hui en sachant que la Connaissance est avec vous, en sachant que vos Enseignants sont avec vous et en sachant que votre Famille Spirituelle est avec vous. Ne laissez pas l'anxiété ou le fardeau des préoccupations vous éloigner de votre pratique aujourd'hui.

À mesure que vous avancez dans la journée, pratiquant à chaque heure, rappelez-vous d'être à l'aise car la Connaissance est à présent votre guide. Si elle n'est pas troublée, vous n'avez pas besoin d'être troublé. Libérez-vous des préoccupations habituelles, de l'esclavage habituel. Renforcez votre détermination et cela deviendra plus facile avec le temps. Cela se produira ensuite tout seul, très naturellement. Votre mental a des habitudes de pensée et c'est tout ce qu'elles sont. Lorsqu'elles seront remplacées par de nouvelles habitudes, la Connaissance commencera à briller à travers la structure que vous lui avez imposée. Ainsi, la Connaissance commencera à briller au-dehors, à guider vos actions, à vous mener vers des révélations et des découvertes importantes, à vous donner une force et une certitude plus grandes que tout ce que vous avez connu auparavant.

Lors de vos pratiques horaires, utilisez donc votre autodiscipline en votre nom. Lors de vos deux pratiques de méditation, restez très alerte tout en gardant votre mental dans la quiétude.

PRATIQUE 111 : *Deux séances de pratique de 30 minutes. Pratique horaire.*

112ème Pas

RÉVISION

Aujourd'hui, pour votre révision, nous allons faire quelque chose d'un peu différent. À chaque heure, pensez à vous remémorer la Connaissance. Répétez-vous : « je me souviendrai de la Connaissance. Je me souviendrai de la Connaissance », en gardant à l'esprit, au cours de la journée, que vous ne savez pas encore ce qu'est la Connaissance, bien que vous soyez assuré qu'elle est avec vous. Elle est née de Dieu. Elle est la volonté de Dieu en vous. Elle est votre véritable Soi. Ainsi, vous apprenez à suivre ce qui est grand. Depuis votre état limité, vous accédez à ce qui ne possède pas de limites. Vous devenez alors un pont vers la Connaissance aujourd'hui.

Ainsi, répétez à chaque heure que vous vous remémorerez la Connaissance. N'oubliez pas votre pratique aujourd'hui afin que vous puissiez être fort et autonome.

Pratique 112 : *Pratique horaire.*

113ème Pas

JE NE SERAI PAS PERSUADÉ PAR LES AUTRES.

Tout mental qui est plus déterminé que le vôtre peut vous persuader et vous influencer. Cela n'a rien de très mystérieux. C'est simplement ce qui se produit lorsqu'un mental est plus concentré ou plus focalisé qu'un autre. Les mentaux ont, les uns sur les autres, des degrés relatifs d'influence en fonction de leur concentration et en fonction de la nature de l'influence qu'ils exercent. Laissez la Connaissance vous persuader car telle est la grandeur que vous portez. Ne laissez pas les opinions ou la volonté des autres vous persuader. Ne laissez que leur Connaissance vous influencer car elle seule peut influencer votre Connaissance. Cela vous donnera une sensation tout à fait différente de celle d'être dominé, manipulé ou persuadé par les autres.

Ainsi, préservez-vous. Suivez la Connaissance. Si quelqu'un d'autre stimule votre Connaissance, alors accordez votre attention à cet individu afin que vous puissiez apprendre quelque chose concernant les véritables pouvoirs de la persuasion. Cependant, ne laissez pas les persuasions de ce monde – ses griefs, ses idéaux chéris, sa moralité, ses exigences ou ses compromis – vous influencer, car vous suivez la Connaissance et vous n'avez pas besoin de suivre les persuasions du monde.

Rappelez-vous l'idée d'aujourd'hui à chaque heure et pratiquez la quiétude avec profondeur lors de vos deux pratiques de méditation aujourd'hui. Ne laissez que la Connaissance vous persuader car elle est tout ce que vous avez besoin de suivre en ce monde.

Pratique 113 : *Deux séances de pratique de 30 minutes.*
Pratique horaire.

114ème Pas

MES VÉRITABLES AMIS SONT AVEC MOI.
JE NE SUIS PAS SEUL.

COMMENT POUVEZ-VOUS ÊTRE SEUL ALORS QUE VOS ENSEIGNANTS SONT AVEC VOUS ? Quel ami plus véritable avez-vous que celui ou celle qui demeure avec votre Connaissance ? Ces amitiés ne sont pas nées de ce monde. Elles ont été créées au-delà du monde et elles existent pour vous servir à présent. Vous ressentirez la présence de ceux qui sont avec vous une fois que votre mental se sera apaisé. Une fois que vous aurez cessé d'être préoccupé par vos désirs ardents et vos peurs, vous commencerez à ressentir cette présence qui est si gracieuse, si douce et si rassurante.

À CHAQUE HEURE AUJOURD'HUI, rappelez-vous que vos amis sont avec vous. Lors de vos deux séances de pratique plus profondes, laissez votre esprit recevoir leur présence afin que vous puissiez comprendre la véritable nature des relations dans le monde. Avec de la pratique, cette compréhension deviendra si forte que vous serez capable de recevoir les idées, l'encouragement et la correction de ceux qui sont plus puissants que vous et qui existent pour vous servir dans votre véritable fonction dans le monde. Ils sont vos initiateurs en la Connaissance et ils sont en relation avec votre Connaissance, car votre Connaissance contient vos véritables relations avec toute vie.

PRATIQUE 114 : *Deux séances de pratique de 30 minutes.*
Pratique horaire.

115ème Pas

Aujourd'hui, j'écouterai le pouvoir de la Connaissance.

Aujourd'hui, écoutez le pouvoir de la Connaissance. Cela nécessite votre attention. Cela nécessite votre désir. Cela nécessite l'abandon de ce qui vous préoccupe et vous inquiète, de ce que vous ne pouvez pas résoudre par vous-même. Écoutez la Connaissance aujourd'hui afin qu'elle puisse vous rassurer et demeurer avec vous. Dans son silence, vous trouverez un solide réconfort ainsi que de la confiance. Car si la Connaissance est silencieuse, vous n'avez pas à vous inquiéter à propos de votre vie ; et si la Connaissance parle, vous n'avez qu'à la suivre afin d'apprendre ce que le pouvoir de la Connaissance a pour vous.

Vous devenez calme parce que la Connaissance est calme. Vous devenez capable d'agir parce que la Connaissance est capable d'agir. Vous apprenez à parler avec simplicité parce que la Connaissance parle avec simplicité. Vous apprenez à être à l'aise parce que la Connaissance est à l'aise. Vous apprenez à donner parce que la Connaissance donne. C'est pour vous réengager dans une relation avec votre Connaissance que vous vous êtes engagé à présent dans ce programme de développement.

À chaque heure aujourd'hui, rappelez-vous d'écouter la Connaissance et prenez un moment pour faire cela, quelles que soient les circonstances dans lesquelles vous vous trouverez. La première chose à faire pour écouter est d'entrer dans la quiétude. Exercez-vous à cela avec une grande profondeur lors de vos deux séances de méditation aujourd'hui – séances durant lesquelles vous vous exercez à la quiétude et à la réceptivité car vous désirez écouter la Connaissance aujourd'hui.

PRATIQUE 115 : *Deux séances de pratique de 30 minutes.*
Pratique horaire.

116ème Pas

Aujourd'hui, je serai patient avec la Connaissance.

Soyez patient avec la Connaissance afin de pouvoir suivre la Connaissance. La Connaissance est bien davantage dans la quiétude que vous ne l'êtes. Elle est bien plus puissante que vous. Elle est bien plus certaine que vous et toutes ses actions sont profondes et significatives. S'il existe un contraste entre vous et la Connaissance, ce n'est que parce que vous vivez dans le soi que vous avez fabriqué pour vous-même et que vous avez perdu temporairement votre contact avec la Connaissance. Cependant, la Connaissance demeure avec vous car vous ne pouvez jamais la quitter. Elle sera toujours présente pour vous racheter, pour vous sauver et pour vous rappeler à elle, car elle est votre véritable Soi. Ne laissez pas les croyances et les suppositions se faire passer pour la Connaissance. Permettez à votre mental de devenir de plus en plus calme et silencieux alors que vous vous consacrez aux activités de la journée.

Répétez cette idée à chaque heure et, lors de vos deux pratiques plus profondes de méditation, permettez-vous d'entrer dans la quiétude et la certitude que possède la Connaissance pour vous. Ainsi, votre esprit résonnera avec l'Esprit de l'univers et vous commencerez à retrouver vos anciennes capacités et vos anciennes mémoires. L'idée de Famille Spirituelle commencera alors à avoir du sens pour vous et vous réaliserez que vous êtes venu dans le monde pour servir.

Pratique 116 : *Deux séances de pratique de 30 minutes.*
Pratique horaire.

117ème Pas

MIEUX VAUT ÊTRE SIMPLE QU'ÊTRE PAUVRE.

LA SIMPLICITÉ VOUS PERMET D'ACCÉDER À LA VIE et de jouir de son bienfait à chaque instant. La complexité est un état de dissociation de soi qui vous rend incapable d'apprécier la vie et de percevoir votre rôle en son sein. Telle est la source de toute grande pauvreté car aucune réalisation ni possession en ce monde ne peut bannir le sentiment d'isolement et de destitution qui accompagne une telle dissociation.

AINSI, PRATIQUEZ AUJOURD'HUI LA QUIÉTUDE AVEC PLUS DE PROFONDEUR qu'auparavant afin que vous puissiez faire l'expérience du pouvoir de la Connaissance qui est avec vous. Permettez-vous d'être simple car dans la simplicité tout peut vous être donné. Si vous considérez que vous êtes complexe ou que vos problèmes sont complexes, c'est que vous vous regardez et regardez vos problèmes sans la Connaissance et que vous vous retrouvez, de ce fait, perdu dans vos évaluations. Ici, vous confondez ce qui est de plus grande valeur avec ce qui est de moindre valeur, ce qui est de plus grande priorité avec ce qui est de moindre priorité. La Vérité doit toujours apporter de la simplicité car la simplicité apporte la résolution et une juste compréhension ; elle établit la paix et la confiance en soi en ceux qui peuvent la recevoir.

PRATIQUEZ AVEC PROFONDEUR AUJOURD'HUI. Répétez l'idée d'aujourd'hui à chaque heure et lors de vos deux pratiques plus profondes de méditation, rappelez-vous que la Connaissance est avec vous puis entrez dans la quiétude. Permettez-vous d'être simple et ayez confiance en le fait que la Connaissance vous guidera en tout point.

Pratique 117 : *Deux séances de pratique de 30 minutes.*
Pratique horaire.

118ème Pas

JE N'ÉVITERAI PAS LE MONDE AUJOURD'HUI.

Il n'est pas nécessaire d'éviter le monde car le monde ne peut vous dominer lorsque vous êtes avec la Connaissance. Lorsque vous êtes avec la Connaissance, vous êtes ici pour servir le monde. Ainsi, le monde n'est plus une prison. Il n'est pas une source continuelle d'inconfort et de déception. Il vous fournit l'opportunité de donner et l'opportunité de rétablir votre véritable compréhension. Ne cherchez pas refuge dans les choses spirituelles car votre but est de donner au monde. Permettez au monde d'être tel qu'il est et votre condamnation du monde ne reviendra pas vous hanter. Car sans condamnation, il n'y a que l'opportunité de donner. Cela fera appel à votre Connaissance qui donnera d'elle-même – et vous serez le véhicule de son don.

Réfléchissez à cela maintenant. Lors de vos deux séances de pratique, permettez-vous de faire l'expérience de la présence de la Connaissance dans votre vie. N'exigez rien d'elle. Ne cherchez pas à l'interroger. Permettez-vous seulement d'en faire l'expérience car en cela tout ce que vous recherchez reviendra vers vous naturellement, sans effort de votre part. Utilisez votre autodiscipline uniquement pour orienter votre mental dans la bonne direction. Dès qu'il y sera engagé, il retournera à la Connaissance de son plein gré car telle est sa destination, tel est son amour, telle est sa véritable compagne et tel est son véritable mariage dans la vie.

Pratique 118 : *Deux séances de pratique de 30 minutes.*

119ème Pas

RÉVISION

Dans cette révision particulière, révisez les deux semaines passées de pratique en revoyant chaque instruction et en vous remémorant chaque journée de pratique. Essayez de vous rappeler avec quel sérieux vous avez considéré la pratique de chaque jour et dans quelle mesure vous avez bénéficié de cette pratique. Ne pensez pas que vous pouvez vous plaindre de cette préparation à juste titre sans l'avoir pleinement exploitée. Votre rôle ici consiste seulement à suivre les Pas tels qu'ils sont donnés et non à les modifier selon vos préférences. De cette façon, vous vous placez en position de recevoir, une position qui est celle que vous devez maintenant acquérir.

Lors de vos deux longues séances de pratique d'aujourd'hui, chacune appliquée à une semaine de pratique, révisez les deux semaines passées. Essayez d'être bienveillant envers vous-même mais reconnaissez lorsque vous avez manqué aux exigences – ne vous dupez pas à ce propos. Consacrez-vous de nouveau à approfondir votre pratique et votre détermination en vous rappelant la simplicité de votre vie et la véritable valeur qui vous est donnée. De cette façon, vous apprendrez une nouvelle façon de vivre. Vous apprendrez comment recevoir et comment donner. Votre vie sera ainsi libérée de l'obscurité de la complexité car la simplicité doit toujours faire partie de la lumière, elle doit toujours faire partie du bien.

Donnez-vous ainsi à cette révision afin que vous puissiez comprendre de quelle manière vous apprenez. Ces révisions vous montreront vos propres facultés d'apprentissage et vos propres prédispositions pour l'apprentissage. Elles vous enseigneront toutes les choses nécessaires que vous devrez connaître à l'avenir, lorsque vous serez en mesure d'aider les autres à apprendre eux aussi.

Pratique 119 : *Deux longues séances de pratique.*

120ème Pas

JE ME SOUVIENDRAI DE MA CONNAISSANCE AUJOURD'HUI.

SOUVENEZ-VOUS DE VOTRE CONNAISSANCE AUJOURD'HUI. Souvenez-vous qu'elle demeure avec vous où que vous alliez, quoi que vous fassiez. Souvenez-vous qu'elle vous est donnée pour vous servir, pour vous nourrir et aussi pour vous élever. Souvenez-vous que vous n'avez pas à être exaspéré par le monde parce que vous pouvez accepter le monde tel qu'il est. Souvenez-vous que vous acceptez le monde tel qu'il est afin de pouvoir y contribuer car le monde est en développement, tout comme vous l'êtes vous-même. Souvenez-vous que la Connaissance est avec vous et que vous avez seulement à être avec la Connaissance pour réaliser toute sa puissance.

SOUVENEZ-VOUS AUJOURD'HUI, À CHAQUE HEURE, que la Connaissance est avec vous et accordez à cela un moment de réflexion. Ne laissez pas des émotions déchaînées ou une profonde dépression assombrir votre pratique car votre pratique est plus grande que vos états émotionnels, lesquels fluctuent, pareils aux vents et aux nuages, mais sans pouvoir masquer l'univers au-dessus d'eux.

RÉALISEZ DONC LA PETITESSE DE VOS ÉTATS ÉMOTIONNELS et la grandeur de la Connaissance. De cette manière, la Connaissance équilibrera vos états émotionnels et vous révélera la source de vos propres émotions, laquelle est la source de votre expression dans le monde. Tel est le mystère de la vie que vous apprenez à explorer à présent.

PRATIQUE 120 : *Pratique horaire.*

121ème Pas

Aujourd'hui, je suis libre de donner.

Vous êtes libre de donner aujourd'hui car votre vie devient simple et vos besoins sont satisfaits. Cela vous libère pour donner car une fois que vous aurez reçu, vous ne voudrez que donner.

Vous aurez une pratique particulière à effectuer à deux moments aujourd'hui, durant lesquels vous penserez à quelqu'un dans le besoin ; suite à cela, donnez-lui une qualité que vous souhaiteriez vous-même recevoir. Envoyez à cette personne cette qualité. Envoyez-lui de l'amour ou de la force ou de la foi ou de l'encouragement ou de la détermination ou du lâcher-prise ou de l'acceptation ou de l'autodiscipline – toute chose dont elle ait besoin pour avancer dans sa vie. Vous êtes libre d'offrir cela aujourd'hui car vos propres besoins sont en train d'être satisfaits.

Ainsi, lors de chacune de vos deux pratiques, les yeux fermés, pensez à ces personnes et donnez-leur ce dont vous savez qu'elles ont besoin. Ne cherchez pas à résoudre leurs problèmes à leur place. Ne cherchez pas à renforcer l'issue que vous préféreriez car vous ne pouvez généralement pas savoir quelle sera la bonne issue pour quelqu'un d'autre. Cependant, vous pouvez toujours leur donner de la force de caractère et renforcer les facultés de leur esprit. Cela éclairera votre propre but et réaffirmera ces qualités en vous-même car vous devez les posséder pour les donner, et en les donnant, vous réaliserez qu'elles sont déjà en votre possession.

Tandis que vous pratiquez aujourd'hui, soyez certain que les efforts que vous déployez pour d'autres seront reçus par ces personnes, pour leur propre bien.

Pratique 121 : *Deux séances de pratique de 30 minutes.*

122ème Pas

JE DONNE SANS PERTE AUJOURD'HUI.

Ce qu'il vous est demandé de donner ne peut que s'accroître à mesure que vous le donnez. Ce que vous donnez n'est pas quelque chose de physique, bien que des choses physiques puissent être données pour le bien. Ce n'est pas quelque chose que vous pouvez quantifier car vous n'avez aucune idée de l'étendue de votre don. Vous donnez de la force et de l'encouragement.

Aujourd'hui, lors de vos deux séances de pratique, continuez à donner aux autres. C'est là une forme active de prière. Ne pensez pas que son pouvoir ne soit pas reçu par ceux sur qui vous vous êtes concentré. Rappelez-vous aujourd'hui de ne pas essayer de déterminer l'issue de leur dilemme ou de leur besoin mais seulement de les encourager et de leur redonner le pouvoir d'avancer avec leurs propres capacités. Vous souhaitez stimuler la Connaissance en eux de même que la Connaissance est à présent stimulée en vous. Ce don sera ainsi sans attente de retour car vous donnez ce qui permet aux autres d'être forts dans leur vie. Vous n'êtes pas en position d'en juger l'issue car l'issue de votre don ne sera révélée que plus tard, quand il aura été accepté par la personne destinataire et qu'il aura trouvé sa place en elle. Par conséquent, donnez librement et sans attente, et donnez afin de faire l'expérience du pouvoir de votre don aujourd'hui.

Pratique 122 : *Deux séances de pratique de 30 minutes.*

123ème Pas

JE NE M'APITOIERAI PAS SUR MOI-MÊME AUJOURD'HUI.

Comment pouvez-vous vous apitoyer sur vous-même alors que la Connaissance est avec vous ? S'apitoyer sur soi-même ne peut que réaffirmer une vieille idée de vous-même dépourvue de vérité, dépourvue d'espoir et dépourvue de tout fondement significatif. Aujourd'hui, ne vous apitoyez pas sur vous-même, car vous n'êtes pas pitoyable. Si vous éprouvez de la tristesse ou faites l'expérience de la confusion en ce jour, c'est seulement parce que vous avez perdu contact avec la Connaissance, un contact que vous pouvez vous exercer à retrouver aujourd'hui.

Alors que vous pratiquez aujourd'hui, soyez conscient de toutes ces subtiles formes d'apitoiement que vous entretenez. Soyez conscient de toutes ces subtiles formes de manipulation des autres lorsque vous essayez de faire en sorte qu'ils vous aiment ou vous acceptent selon une vision de vous-même que vous tentez de revendiquer. Lorsque vous êtes avec la Connaissance, vous n'avez pas besoin de vous proclamer, vous n'avez pas besoin de faire étalage de vous-même, vous n'avez pas besoin de contrôler les autres afin qu'ils vous aiment ou vous acceptent car la Connaissance est avec vous.

Ne vous apitoyez donc pas sur vous-même car vous n'êtes pas pitoyable. Aujourd'hui, soyez un étudiant débutant de la Connaissance car cela est tout sauf pitoyable. Vous ne pouvez pas imaginer de plus grande perspective.

Ainsi, à chaque heure, répétez cette idée. Laissez-la pénétrer votre mental et considérez-la pendant un moment. Lors de vos deux séances de pratique, répétez cette affirmation et ensuite entrez dans la quiétude. Aucun être pitoyable ne peut entrer dans le silence car le silence est l'expérience d'une profonde relation et la quiétude est l'acceptation d'un profond amour. Qui peut être pitoyable dans de telles conditions ?

PRATIQUE 123 : *Deux séances de pratique de 30 minutes. Pratique horaire.*

124ème Pas

JE NE FEINDRAI PAS D'ÊTRE HEUREUX AUJOURD'HUI.

VOUS N'AVEZ PAS À FEINDRE D'ÊTRE HEUREUX car cela ne fera que masquer un sentiment d'apitoiement sur vous-même, aggraver votre confusion et approfondir votre dilemme. Aujourd'hui soyez vous-même mais observez-vous – gardez à l'esprit que la Connaissance est avec vous alors que vous hésitez, tantôt vous éloignant tantôt vous rapprochant de la Connaissance elle-même. Puisque la Connaissance n'hésite pas, elle est pour vous une source de certitude, de constance et de stabilité. Puisqu'elle n'a pas peur du monde, elle est pour vous une source de bravoure. Vous n'êtes pas pitoyable, vous n'avez donc pas besoin de feindre quoi que ce soit.

NE FEIGNEZ PAS D'ÊTRE HEUREUX AUJOURD'HUI car quiconque est vraiment satisfait pourra projeter n'importe quelle forme d'expression sur le monde, mais en cette expression résidera le pouvoir de la Connaissance. C'est ce qui est le plus important. La Connaissance n'est pas un type de comportement. Elle est une expérience intense de la vie. Par conséquent, ne cherchez pas à vous persuader ou à persuader les autres en affichant un certain comportement – cela n'est pas nécessaire.

RÉPÉTEZ CETTE AFFIRMATION À CHAQUE HEURE et ressentez sa force ainsi que la liberté qu'elle vous procure. Permettez-vous d'être exactement tel que vous êtes aujourd'hui. Lors de vos deux séances de méditation profonde, permettez-vous d'entrer dans le silence, car lorsque vous n'essayez pas d'être quelqu'un, vous avez accès au luxe du silence, lequel est le luxe de l'amour.

PRATIQUE 124 : *Deux séances de pratique de 30 minutes.*
Pratique horaire.

125ème Pas

Je n'ai pas besoin d'être quelqu'un aujourd'hui.

Vous êtes déjà quelqu'un, alors pourquoi donc chercher à être quelqu'un ? Mieux vaut être la personne que vous êtes déjà. La personne que vous êtes déjà est constituée du pouvoir de la Connaissance porté dans le véhicule d'un individu. Cela est déjà établi et est en cours de développement en ce moment-même. Pourquoi essayer de chercher à être quelque chose aujourd'hui alors que vous êtes déjà quelque chose ? Pourquoi ne pas être ce que vous êtes ? Découvrez ce que vous êtes. Cela demande un grand courage, car vous devez risquer de décevoir votre vision idéaliste de vous-même et du monde. Cela demande de l'encouragement, car vous devez risquer de renoncer à votre haine de vous-même, laquelle vous amène à vous séparer de la vie.

Ainsi, en ce jour, soyez exactement ce que vous êtes. Rappelez-vous en à chaque heure. Et lors de vos deux séances de méditation d'aujourd'hui, permettez-vous d'être dans la quiétude et de recevoir car vous ne cherchez pas à être quelqu'un aujourd'hui.

Pratique 125 : *Deux séances de pratique de 30 minutes.*
Pratique horaire.

126ème Pas

RÉVISION

La révision d'aujourd'hui se concentrera sur la semaine passée de pratique. Elle soulignera encore une fois le fait que vous êtes en train d'apprendre à apprendre. Vous apprenez à comprendre la manière dont vous apprenez. Vous apprenez à comprendre vos forces et faiblesses. Vous apprenez à comprendre vos prédispositions – ces qualités en vous que vous devez cultiver et ces défauts que vous devez enrayer et placer sous contrôle conscient. Vous apprenez à être observateur de vous-même. Ainsi, vous apprenez finalement à être objectif avec vous-même. Cette objectivité est particulièrement importante car sans votre condamnation, elle vous permet d'utiliser ce qui est là pour vous servir. De cette façon, vous vous rendez un service immédiat et efficace.

Si vous pouvez apprendre à être objectif avec vous-même, vous pouvez apprendre à être objectif avec le monde. Cela permettra à la Connaissance de briller à travers vous car vous n'essaierez pas de faire du monde ce que vous souhaitez qu'il soit, et vous n'essaierez pas de faire de vous ce que vous souhaitez être. C'est le début d'une véritable résolution et d'un véritable bonheur – mais au-delà de cela, c'est le début d'une contribution authentique.

Lors de votre longue séance de pratique d'aujourd'hui, révisez la semaine passée en gardant cela à l'esprit. Renforcez votre expérience de la Connaissance aujourd'hui en soutenant ses manifestations extérieures et ne doutez pas du pouvoir de cette préparation pour vous mener à la Connaissance elle-même.

Pratique 126 : *Une longue séance de pratique.*

127ème Pas

Aujourd'hui, je n'essaierai pas de prendre ma revanche sur Dieu.

N'essayez pas de prendre votre revanche sur Dieu en étant quelqu'un de pitoyable car Dieu ne vous connaît qu'en tant que partie intégrante de la Création. N'essayez pas de prendre votre revanche sur Dieu en épuisant les ressources du monde car Dieu a créé un monde de beauté et d'opportunité. N'essayez pas de prendre votre revanche sur Dieu en refusant de vous aimer ou de vous accepter car Dieu vous connaît toujours tel que vous êtes. N'essayez pas de prendre votre revanche sur Dieu aujourd'hui en détruisant vos relations à des fins égoïstes car Dieu comprend la véritable nature de vos relations ainsi que leur plus grande promesse. Vous ne pouvez pas prendre votre revanche sur Dieu. Vous ne pouvez que vous nuire.

Acceptez ainsi d'avoir perdu la bataille contre Dieu. Dans votre défaite réside votre plus grande victoire car Dieu ne vous a jamais perdu, bien que vous ayez provisoirement perdu Dieu dans votre imagination. Votre amour pour Dieu est si profond que vous en avez eu peur jusqu'à présent car il représente le plus grand des pouvoirs qu'il vous est possible de posséder en vous. Vous devez apprendre cela par l'expérience directe. N'essayez donc pas de prendre votre revanche sur Dieu aujourd'hui en renforçant une idée de vous-même basée uniquement sur l'erreur ou la supposition car la Connaissance est avec vous. Vous êtes l'heureux vainqueur dans votre propre défaite.

Lors de vos deux séances de pratique d'aujourd'hui, répétez cette idée et ensuite essayez d'y réfléchir. Nous nous exercerons aujourd'hui à engager le mental dans l'exploration et l'analyse. C'est là une application utile de votre mental. Réfléchissez à ce message et à toutes vos idées le concernant, et vous commencerez à comprendre votre système de croyances actuel. Vous serez capable de le comprendre objectivement. Vous serez alors en mesure de travailler avec lui car le mental est figé dans une certaine structure jusqu'à ce qu'il soit mobilisé dans d'autres buts. N'acceptez pas cette structure comme étant votre réalité car la manifestation extérieure de votre mental est une structure que vous lui avez imposée. Cependant, sa véritable harmonie intérieure et sa véritable nature ne cherchent qu'à être exprimées. Pour que cela soit possible, vous devez posséder une structure adéquate dans votre mental lui permettant de s'exprimer dans le monde physique sans retenue ni distorsion. C'est donc dans cette direction que nous allons travailler aujourd'hui.

PRATIQUE 127 : *Deux séances de pratique de 30 minutes.*

128ème Pas

Mes Enseignants sont avec moi. Je n'ai pas besoin d'avoir peur.

Vos Enseignants intérieurs sont avec vous, et vous n'avez pas besoin d'avoir peur. Si vous avez une confiance suffisante en la Connaissance, fondée sur l'expérience réelle, et une confiance suffisante en la présence de vos Enseignants, fondée sur l'expérience réelle, cela vous donnera une certitude et une foi dans la vie qui contrecarreront toute peur inutile. Votre esprit sera ainsi à l'aise.

Seule l'inquiétude que votre Connaissance soit bafouée émanera de la Connaissance — et ce uniquement pour indiquer que vous devez réévaluer vos actions et vos idées. La Connaissance possède un principe d'autocorrection. C'est pourquoi elle est votre Boussole Intérieure. Si vous allez à l'encontre de votre Connaissance, vous vous sentirez mal à l'aise avec vous-même et il en résultera de l'anxiété. Une grande partie des peurs que vous éprouvez régulièrement sont le simple fruit de votre propre création et de votre imagination négative. Cependant, il y a aussi la peur qui naît lorsque la Connaissance est bafouée. Il s'agit davantage d'un sentiment d'inconfort que d'une peur car celui-ci amène rarement avec lui une quelconque image, bien que des idées puissent vous venir à l'esprit sous forme d'avertissement si vous deviez adopter un comportement ou une ligne de pensée qui s'avéreraient dangereux ou destructeurs.

La peur qui vient de l'imagination négative constitue la vaste majorité des peurs que vous entretenez. Vous devez apprendre à la contrecarrer car il s'agit d'un usage inapproprié de votre mental. Ici, vous créez une expérience pour vous-même, vous en faites l'expérience et vous l'appelez ensuite réalité. Pendant ce temps, vous n'avez pas du tout été présent à la vie. Vous n'avez été que dans l'imaginaire en vous-même.

L'imagination négative vous épuise émotionnellement, physiquement et mentalement. Elle peut s'accroître jusqu'à atteindre une telle intensité qu'elle peut dominer totalement votre pensée. Car comment pouvez-vous être séparé dans l'univers sinon en étant dans vos propres pensées ? Vous ne pouvez pas réellement être séparé de Dieu. Vous ne pouvez pas réellement être séparé de la Connaissance. Vous ne pouvez que vous dissimuler dans vos propres pensées, les tisser ensemble pour créer une identité séparée et en faire l'expérience pour vous-même – ce qui, quoique très démonstratif, ne constitue en réalité qu'une illusion complète.

Aujourd'hui, lors de vos deux pratiques de méditation, entrez à nouveau dans le silence. Il n'y aura pas de spéculation ni d'activité mentales aujourd'hui car l'esprit se mettra une fois encore au repos afin de pouvoir faire l'expérience de sa réalité. Ne laissez pas la peur ou l'inquiétude vous dissuader. Rappelez-vous qu'elles ne sont que de l'imagination négative. Seule la Connaissance peut signaler si ce que vous faites est inapproprié, et ce sera uniquement face aux événements immédiats. Vous découvrirez que ce sera tout à fait différent de l'imagination négative et que cela exigera de vous une réponse différente.

Pratique 128 : *Deux séances de pratique de 30 minutes.*

129ème Pas

Mes Enseignants sont avec moi. Je serai avec eux.

*V*os Enseignants sont avec vous. Ils ne vous parlent pas, sauf en de très rares occasions et seulement si vous êtes capable d'entendre. De temps en temps, ils enverront leurs pensées dans votre mental et elles seront, dans votre expérience, comme votre propre étincelle d'inspiration. Vous n'êtes pas encore conscient de la façon dont votre mental est associé à tous les autres mentaux mais avec le temps vous commencerez à en faire l'expérience dans le contexte de votre propre monde. Cette démonstration deviendra si évidente que vous vous demanderez comment vous avez même pu en douter.

Vos Enseignants sont avec vous et aujourd'hui lors de vos deux longues séances de pratique, exercez-vous à être avec eux. Vous n'avez pas besoin de créer une image d'eux afin de faire cette expérience. Vous n'avez pas besoin d'entendre une voix ou de voir un visage car leur présence est suffisante pour que vous puissiez pleinement faire l'expérience de votre union avec eux. Si vous pouvez demeurer dans le silence, respirer profondément et ne pas partir dans vos rêveries – ni dans vos rêveries joyeuses, ni dans vos rêveries effrayantes – vous commencerez à faire l'expérience de ce qui est effectivement là. Vos Enseignants sont effectivement là. Et aujourd'hui, vous pouvez vous exercer à être avec eux.

Pratique 129 : *Deux séances de pratique de 30 minutes.*

130ᵉᵐᵉ Pas

LES RELATIONS VIENDRONT À MOI LORSQUE JE SERAI PRÉPARÉ.

POURQUOI CHERCHER À TOUT PRIX À ÉTABLIR DES RELATIONS DANS LE MONDE alors que des relations authentiques viendront à vous lorsque vous serez préparé ? Pour comprendre cela, vous devez avoir une grande foi en le pouvoir de la Connaissance en vous et en les autres. À mesure que cette conscience s'accroîtra, le fondement de vos poursuites laborieuses et désespérées se délitera, ce qui rendra la véritable paix et l'accomplissement possibles pour vous.

DES INDIVIDUS VIENDRONT À VOUS par des voies mystérieuses parce que vous cultivez la Connaissance. De même que vous êtes mutuellement en relation avec ces individus au niveau personnel, vous êtes également en relation au niveau de la Connaissance. C'est de ce dernier niveau dont vous commencerez à faire l'expérience, initialement par petites progressions. Avec le temps, si vous poursuivez votre préparation de façon appropriée, cette expérience s'accroîtra et deviendra très profonde pour vous.

VOUS N'AVEZ PAS BESOIN DE CHERCHER DES RELATIONS. Vous devez seulement vous consacrer à votre préparation et être confiant que des gens viendront à vous quand vous aurez besoin d'eux. Cela demandera que vous évaluiez la part de vos besoins et celle de vos désirs. Si vos désirs ne représentent pas vos besoins véritables, vous rendrez alors votre vie très confuse. Vous placerez un fardeau sur vous-même et sur ceux avec qui vous interagissez qui ne peut que les oppresser – eux ainsi que vous-même. Sans cette oppression, les gens seront libres de venir à vous lorsque vous aurez vraiment besoin d'eux.

RAPPELEZ-VOUS DE CELA À CHAQUE HEURE AUJOURD'HUI et lors de vos deux longues séances de pratique, laissez votre mental entrer dans la réceptivité. Permettez-vous de ressentir la présence de vos Enseignants. N'exacerbez pas vos désirs de relation et vos exigences envers des individus ou envers ce qu'ils posséderaient. En ce jour, ayez foi dans le fait que la Connaissance amènera à vous tous ceux dont vous aurez véritablement besoin.

Pratique 130 : *Deux séances de pratique de 30 minutes.*
Pratique horaire.

131ᵉᵐᵉ Pas

AUJOURD'HUI, JE CHERCHERAI L'EXPÉRIENCE DU VÉRITABLE BUT DE LA VIE.

CHERCHEZ L'EXPÉRIENCE DU VÉRITABLE BUT. Cela constitue la fondation de toute relation significative. Ne cherchez pas de relations en dehors de ce contexte car il leur manquera une fondation et, bien qu'elles puissent être très séduisantes, elles se révéleront très difficiles pour vous. Que vous cherchiez le mariage, une grande amitié ou quelqu'un pour vous aider dans votre travail, rappelez-vous que la Connaissance amènera vers vous tous les individus qui répondront véritablement à vos besoins.

AUJOURD'HUI, CONCENTREZ-VOUS AINSI SUR LE BUT et non sur les relations. Plus grande sera votre expérience du but, plus grande sera votre compréhension de la relation. Bien que vous voyiez des gens se rassembler pour le plaisir et la stimulation, une bien plus grande composante existe dans leur rencontre. Peu de gens la reconnaissent mais vous avez à présent l'opportunité de la discerner à travers la pratique et l'expérience. Vous pouvez être certain que si vous n'essayez pas d'adapter les gens à votre propre conception du but, vous vous ouvrirez à l'expérience authentique du but même. À mesure que vous commencerez à vous observer objectivement, vous commencerez à percevoir le contraste entre les manifestations de votre propre volonté et la Connaissance elle-même, et cela sera tout à fait essentiel à votre apprentissage.

AUJOURD'HUI, RAPPELEZ-VOUS À CHAQUE HEURE votre intention de réaliser votre but. Laissez cette journée être un pas dans cette direction – un pas qui vous épargnera des années et des années de temps perdu, un pas qui vous avancera pour toujours vers votre objectif de la Connaissance, car la Connaissance vous attire. Lors de vos deux séances de pratique plus profonde aujourd'hui, permettez à la Connaissance de vous attirer. Ressentez en vous sa plus grande attraction, ce que vous ressentirez naturellement si vous n'êtes pas préoccupé par de petites choses.

Pratique 131 : *Deux séances de pratique de 30 minutes. Pratique horaire.*

132ème Pas

Laissez-moi apprendre à être libre afin que je puisse me joindre aux autres.

Votre indépendance par rapport au passé – par rapport à vos jugements passés, vos relations passées, vos souffrances passées, vos blessures passées et vos difficultés passées – vous donne de l'indépendance dans le présent. Le but de cela n'est pas de renforcer votre séparation ou de la rendre plus complète mais bien de vous donner la capacité de vous joindre aux autres dans des relations qui aient du sens. Que ceci soit une compréhension tacite : vous ne pouvez rien faire dans le monde sans relation. Vous ne pouvez rien accomplir ; vous ne pouvez avancer dans aucune direction ; vous ne pouvez prendre conscience d'aucune vérité ; vous ne pouvez rien contribuer de valeur sans relation. Aussi, à mesure que votre indépendance par rapport au passé grandira, la promesse de votre inclusion dans le présent et dans l'avenir grandira également. En effet, le but de la liberté est de vous donner le pouvoir de vous joindre aux autres.

Rappelez-vous cette idée à chaque heure et prenez-la en considération à la lumière de toutes vos expériences de ce jour. Lors de vos deux pratiques de méditation, permettez à l'attraction de la Connaissance de vous amener plus profondément en vous-même. Permettez-vous cette expérience de la liberté.

Pratique 132 : *Deux séances de pratique de 30 minutes.*
Pratique horaire.

133ème Pas

RÉVISION

Aujourd'hui, nous allons réviser la semaine passée de préparation. Révisez objectivement, sans condamnation. Prenez conscience une fois encore de vos avancements et de vos limites et renforcez votre détermination. En effet, nous souhaitons cultiver tout autant votre désir que votre capacité pour la Connaissance. C'est la pensée juste, l'action juste et la motivation véritable qui vous feront avancer naturellement dans la direction que vous êtes destiné à prendre. Chaque pas en avant vous procurera un sentiment accru de but, de sens et de direction dans la vie ; chaque pas vous libérera de votre tentative de résoudre des problèmes ne nécessitant pas de résolution et de votre tentative de comprendre les choses par crainte et anxiété. Plus vous êtes en paix avec votre nature et plus votre nature peut exprimer la grandeur que vous avez apportée avec vous. Ainsi, vous deviendrez une lumière pour tous ceux autour de vous et vous vous émerveillerez des événements de votre propre vie – une vie qui sera en soi un miracle.

Aujourd'hui, durant votre longue séance de pratique, entreprenez votre révision avec profondeur et sincérité. Ne laissez rien vous dissuader de votre pratique aujourd'hui. C'est votre pratique qui est votre don à Dieu car vous vous donnez dans votre pratique, de même que vous recevez votre don.

Pratique 133 : *Une longue séance de pratique.*

134ème Pas

JE NE DÉFINIRAI PAS MOI-MÊME MON BUT.

VOUS N'AVEZ PAS BESOIN DE DÉFINIR VOTRE BUT car votre but émergera simplement avec le temps et vous le reconnaîtrez. Ne vivez pas à travers vos définitions. Vivez par l'expérience et par la compréhension. Vous n'avez pas besoin de définir votre but, et si vous le faites, rappelez-vous toujours que ce n'est qu'un expédient. Ne lui accordez pas une grande crédibilité. Ainsi, le monde ne peut pas vous mettre en colère car que peut vous faire le monde sinon ébranler votre propre définition de vous-même ? Si vous ne vivez pas selon vos définitions, le monde ne peut vous nuire car il ne peut pas atteindre la Connaissance qui est en vous. Seule la Connaissance peut toucher la Connaissance. Seule la Connaissance en l'autre peut toucher la Connaissance en vous. Seule la Connaissance en vous peut toucher la Connaissance en l'autre.

AINSI, NE DÉFINISSEZ PAS AUJOURD'HUI VOTRE BUT. Soyez sans définitions afin que l'expérience du but puisse s'accroître. À mesure qu'elle s'accroîtra, elle vous fournira le contenu de votre but, sans distorsion ni tromperie. Vous n'aurez pas à défendre cela dans le monde mais seulement à le porter tel un joyau dans votre cœur.

RAPPELEZ-VOUS À CHAQUE HEURE de ne pas définir votre but et commencez à réfléchir à ce que cela vous a coûté par le passé. Lors de vos deux pratiques de méditation, permettez-vous d'être calme. À chaque expiration, prononcez le mot RAHN. RAHN. RAHN. Vous avez seulement à dire le mot RAHN* à chaque expiration durant votre méditation. Que cela retienne toute votre

---

*NdT : prononcer « raaane », avec un "r" doux.

attention. Ce mot servira à stimuler l'Ancienne Connaissance en vous et vous donnera la force dont vous avez le plus besoin en ce moment.

Pratique 134 : *Deux séances de pratique de 30 minutes.*
Pratique horaire.

135ème Pas

JE NE DÉFINIRAI PAS MA DESTINÉE AUJOURD'HUI.

Tout comme votre but, votre destinée demeure au-delà de votre définition. Vous avez seulement à faire un pas dans sa direction pour ressentir la présence croissante de la Connaissance dans votre vie. Plus vous serez proche de la Connaissance, plus vous en ferez l'expérience. Plus vous en ferez l'expérience, plus vous voudrez vous en rapprocher car c'est une attraction naturelle. C'est le véritable amour, l'attraction du semblable vers son semblable. C'est ce qui donne tout son sens à l'univers. C'est ce qui relie complètement la vie. Soyez libre de définition en ce jour et permettez à votre esprit de prendre sa disposition naturelle. Laissez votre cœur suivre son cours naturel. Laissez la Connaissance s'exprimer à travers votre mental, dont la structure externe s'ouvre et se libère maintenant.

Rappelez-vous votre pratique horaire. Lors de vos deux méditations profondes aujourd'hui, continuez avec votre pratique de RAHN en prononçant le mot RAHN lors de chaque expiration. Permettez-vous de ressentir la présence de votre propre vie, la présence de vos Enseignants et la profondeur de votre Connaissance. Permettez-vous d'exercer votre autodiscipline de façon significative aujourd'hui afin d'engager votre mental dans cette voie. Car à mesure que le mental sera amené à proximité de sa véritable destination, il répondra en conséquence et tout suivra son cours naturel. Vous ressentirez alors que la Grâce est avec vous.

Pratique 135 : *Deux séances de pratique de 30 minutes.*
Pratique horaire.

136ème Pas

Mon but est de rétablir ma Connaissance et de lui permettre de s'exprimer dans le monde.

Ce sera ici la réponse à vos questions concernant votre but. À mesure que vous suivez ce but, votre appel dans la vie – qui est un rôle spécifique qu'il vous sera demandé d'assumer – émergera naturellement, pas à pas. Il ne requerra pas que vous le définissiez. Il émergera simplement et vous le comprendrez plus profondément et de manière plus complète à chaque pas, car chaque pas l'accomplira davantage encore.

Votre Connaissance est votre but. Rappelez-vous cela à chaque heure, et soyez heureux qu'une réponse ait été donnée. Mais la réponse ne se réduit pas à une simple idée. Elle est l'opportunité d'une préparation car toute véritable réponse à toute interrogation authentique est une certaine forme de préparation. C'est de la préparation dont vous avez besoin et pas seulement de réponses. Votre mental est déjà plein de réponses, et qu'ont-elles fait si ce n'est s'ajouter au fardeau de votre mental ? Ainsi, suivez la préparation donnée aujourd'hui ainsi que chaque jour au sein de notre programme afin que vous puissiez recevoir la réponse à votre question. Votre but est de rétablir votre Connaissance, et c'est ce que nous entreprendrons aujourd'hui.

À nouveau, souvenez-vous de votre affirmation à chaque heure. Accordez-lui une pensée tout au long de la journée afin qu'elle puisse être l'unique objet de votre compréhension aujourd'hui. Lors de vos deux pratiques de méditation plus longues, continuez à répéter le mot RAHN qui stimulera l'Ancienne Connaissance en vous. Vous n'avez pas besoin de comprendre le pouvoir de cette pratique pour pouvoir pleinement en bénéficier. Pour en bénéficier pleinement, il vous suffit de la pratiquer telle qu'elle est donnée.

PRATIQUE 136 : *Deux séances de pratique de 30 minutes.*
  Pratique horaire.

137ème Pas

J'ACCEPTERAI LE MYSTÈRE DE MA VIE.

Votre vie est un mystère. Votre origine, votre but ici et votre destination lorsque vous partirez sont très mystérieux. Pour les appréhender, vous devez en faire l'expérience. Comment pourriez-vous, à cet instant, comprendre le mystère de votre vie ? Il vous faudrait être à la fin de votre vie pour comprendre ce qui s'est passé jusqu'à présent, et vous n'êtes pas à la fin de votre vie dans le monde. Il vous faudrait voir le monde depuis votre Ancienne Demeure pour en comprendre le véritable sens. Vous êtes actuellement dans le monde, vous devez donc être présent au monde. Cependant, vous pouvez et devez faire l'expérience de ce mystère. Vous ne pouvez pas le comprendre maintenant, mais vous pouvez en faire pleinement l'expérience en ce moment-même. Au sein de cette expérience, il vous livrera tout ce dont vous avez besoin actuellement pour faire le pas essentiel qui vous attend.

N'accablez donc pas votre mental avec le besoin de comprendre car vous chercherez l'impossible et ne ferez que vous rendre confus et ajouter cela au fardeau de votre pensée. Consacrez-vous plutôt à faire l'expérience du mystère de votre vie avec émerveillement ; soyez reconnaissant que le monde est en fait bien plus grand que ce que vos sens vous ont rapporté jusqu'ici et que votre vie est également bien plus grande que ce que vos jugements ont déterminé.

Répétez cette idée à chaque heure et pratiquez votre méditation RAHN à deux reprises aujourd'hui avec une grande profondeur et une grande sincérité. Permettez à votre pratique d'aujourd'hui de réaffirmer votre engagement envers la Connaissance car il vous suffit de suivre les pas tels qu'ils sont donnés.

Pratique 137 : *Deux séances de pratique de 30 minutes.*
Pratique horaire.

138ème Pas

Il me suffit de suivre les pas tels qu'ils sont donnés.

La vérité de cela est tellement évidente si vous réfléchissez aux nombreuses choses que vous avez apprises en suivant simplement les pas lors de la préparation. Ne pas participer et tenter de comprendre est totalement vain, absolument frustrant et dénué de tout résultat heureux ou satisfaisant. Nous vous préparons à participer à la vie, non à la juger, car la vie détient une promesse plus grande que tout ce que vos jugements pourraient jamais révéler. Votre compréhension naît de la participation et elle est le résultat de la participation. Apprenez ainsi à participer et ensuite à comprendre ; telle est la véritable séquence des choses.

En ce jour rappelez-vous vos pratiques horaires et permettez à vos deux méditations dans la quiétude de devenir plus profondes. Ne laissez aucune pensée de peur, d'anxiété ou de doute de soi vous dissuader de votre activité supérieure. Votre capacité à pratiquer quels que soient vos états émotionnels démontre la présence de la Connaissance en vous car la Connaissance se trouve au-delà de tous les états émotionnels et ne peut être entravée par ceux-ci. Si vous désirez voir les étoiles, vous devez regarder au-delà des nuages. Que sont vos peurs sinon des nuages qui traversent votre esprit ? Ils modifient seulement la nature de la surface de votre esprit, mais la profondeur de celui-ci demeure éternellement inchangée.

Pratique 138 : *Deux séances de pratique de 30 minutes.*
Pratique horaire.

139ème Pas

JE SUIS VENU DANS LE MONDE POUR SERVIR.

VOUS ÊTES VENU DANS LE MONDE POUR SERVIR mais d'abord vous devez recevoir. D'abord, vous devez désapprendre ce que vous vous êtes enseigné afin que vous puissiez rétablir ce que vous avez amené avec vous. Cette préparation est essentielle à votre réussite et également à votre bonheur. Ne pensez pas que par la seule compréhension, vous allez être capable de reconnaître et d'offrir vos dons véritables. Votre participation est votre préparation car vous êtes en train d'être préparé à prendre part à la vie. Ainsi, nous vous attirons de plus en plus vers le mystère de la vie et vers la manifestation de la vie. De cette façon, vous serez capable de traiter le mystère en tant que chose mystérieuse, avec émerveillement ; et vous serez capable de traiter la manifestation de la vie de façon pratique et avec objectivité. Ainsi, vous serez capable d'être un pont entre votre Ancienne Demeure et le monde manifesté. Grâce à ce pont, la Sagesse de la Connaissance pourra s'exprimer et vous pourrez trouver votre plus grand accomplissement.

PRATIQUEZ DEUX FOIS AUJOURD'HUI VOTRE MÉDITATION RAHN avec une grande profondeur et une grande concentration, et rappelez-vous votre idée à chaque heure afin que vous puissiez utiliser toutes les opportunités de la journée en votre faveur.

PRATIQUE 139 : *Deux séances de pratique de 30 minutes.*
Pratique horaire.

140ème *Pas*

RÉVISION

Aujourd'hui vous complétez vingt semaines de pratique. Vous êtes arrivé jusqu'ici et désormais vous avancerez avec une plus grande force et une plus grande certitude car la Connaissance commencera à vous guider et à vous motiver de plus en plus à mesure que vous y serez attentif. Vous souhaitez être à la fois le serviteur et le Maître parce que le serviteur est en vous et parce que le Maître est en vous. Vous, personnellement, n'êtes pas le Maître, mais le Maître est en vous. Vous, personnellement, êtes un serviteur, mais vous êtes en relation avec le Maître – ainsi votre union est-elle complète. Ainsi tous les aspects de vous-même trouvent-ils leur juste place. Tout est amené à un alignement et à une harmonie avec un objectif unique et un but unique. Votre vie est simple parce qu'elle est en harmonie et en équilibre. La Connaissance indiquera tout ce qui doit être fait pour que vous développiez cet équilibre – aux niveaux physique, émotionnel et mental – et que vous le mainteniez dans vos circonstances actuelles. Ne pensez point que quelque aspect essentiel puisse être négligé ou laissé inachevé.

Félicitations pour votre accomplissement jusqu'ici ! Révisez les six jours de pratique passés et évaluez correctement la compréhension de votre progrès. Permettez-vous d'être un étudiant débutant de la Connaissance afin que vous puissiez recevoir le maximum. À partir d'ici, vous avancerez avec une plus grande certitude et une plus grande rapidité, ainsi qu'avec une implication accrue, à mesure que vous apprendrez à tout utiliser en votre faveur.

Pratique 140 : *Une longue séance de pratique.*

141ème Pas

JE SERAI CONFIANT AUJOURD'HUI.

AUJOURD'HUI, SOYEZ CONFIANT DANS LE FAIT QUE VOUS ÊTES EN PRÉPARATION sur le chemin de la Connaissance. Soyez confiant aujourd'hui dans le fait que la Connaissance est avec vous et demeure avec vous et que, pas à pas, vous êtes à présent en train d'apprendre à recevoir sa grâce, sa certitude et sa direction. Soyez confiant en ce jour dans le fait que vous êtes né de l'amour de Dieu et que votre vie en ce monde, cette brève visite ici, n'est autre qu'une opportunité de rétablir votre véritable identité en un lieu où elle a été oubliée. Soyez confiant aujourd'hui dans le fait que les efforts que vous êtes maintenant en train de faire en votre faveur vous conduiront au grand but que vous êtes venu chercher ici, parce que cette préparation vient de votre Ancienne Demeure pour vous servir pendant que vous êtes dans le monde, car vous êtes venu dans le monde pour servir.

RÉPÉTEZ CETTE AFFIRMATION À CHAQUE HEURE et considérez-la à la lumière de tout ce qui se présente aujourd'hui. Lors de vos deux séances de pratique plus longues, répétez l'affirmation et permettez-vous ensuite d'entrer dans la paix et dans la quiétude. Laissez votre confiance dissiper la peur, le doute et l'anxiété. Soutenez vos efforts aujourd'hui car ils requièrent votre soutien en faveur d'une plus grande certitude que vous apprenez maintenant à recevoir.

PRATIQUE 141 : *Deux séances de pratique de 30 minutes. Pratique horaire.*

142ème Pas

JE SERAI CONSTANT AUJOURD'HUI.

Pratiquez avec constance aujourd'hui, quoiqu'il se passe en vous ou en dehors de vous. Cette constance représente un Pouvoir Supérieur en vous. Cette constance vous apportera certitude et stabilité face à tous les troubles, face à tous les événements extérieurs et face à tous les états émotionnels en vous. Cette constance vous stabilisera et vous équilibrera et, avec le temps, elle mettra tout en ordre en vous. Vous pratiquez la constance afin que vous puissiez l'apprendre et en faire l'expérience. À mesure que vous le faites, cela vous conférera les ressources dont vous aurez besoin pour être un contributeur dans ce monde.

Ainsi, pratiquez avec constance aujourd'hui. Pratiquez à chaque heure en vous souvenant d'être constant. Lors de vos deux méditations, exercez-vous à garder votre mental stable et concentré en lui permettant de s'installer en lui-même afin qu'il puisse faire l'expérience de sa propre nature. Ne refoulez pas ce qui se passe en vous. Ne contrôlez pas ce qui se passe à l'extérieur. Maintenez simplement la constance et tout s'y ajustera et y trouvera sa place. Ainsi, vous apportez la Connaissance dans le monde car la Connaissance est entièrement constante. Cela fera de vous une personne d'une grande présence et d'une grande puissance. Avec le temps, d'autres en viendront à faire l'expérience de votre constance lorsque vous la recevrez plus pleinement et qu'elle sera plus pleinement développée. Ils trouveront refuge dans votre constance et cela leur rappellera également leur but qui attend d'être découvert.

Pratique 142 : *Deux séances de pratique de 30 minutes.*
Pratique horaire.

143ème Pas

Aujourd'hui, je serai dans la quiétude.

Soyez dans la quiétude aujourd'hui lors de vos deux pratiques de méditation, afin que vous puissiez recevoir la présence de la Connaissance en vous. Prenez un moment de silence lors de vos pratiques horaires, afin que vous puissiez reconnaître où vous en êtes et ce que vous faites. Ainsi, vous accéderez à l'aspect supérieur de votre mental afin qu'il puisse vous servir à chaque heure et afin que vous puissiez l'amener dans le monde. Soyez dans la quiétude aujourd'hui, afin que vous puissiez observer le monde. Soyez dans la quiétude aujourd'hui, afin que vous puissiez voir le monde. Soyez dans la quiétude aujourd'hui, afin que vous puissiez entendre le monde. Accomplissez vos tâches quotidiennes mais en vous, soyez dans la quiétude. De cette manière, la Connaissance se manifestera et commencera alors à vous guider tel qu'elle est destinée à le faire.

Pratique 143 : *Deux séances de pratique de 30 minutes.*
Pratique horaire.

144ème Pas

JE M'HONORERAI AUJOURD'HUI.

Honorez-vous en raison de votre héritage, en raison de votre destinée et en raison de votre but. Honorez-vous car la vie vous honore. Honorez-vous car Dieu est honoré dans la Création de Dieu en vous. Cela éclipse toutes les évaluations que vous avez faites à votre sujet. Cela dépasse toutes les critiques que vous vous êtes infligées. Cela dépasse tout orgueil dont vous avez usé pour masquer votre douleur.

Dans la simplicité et l'humilité, rappelez-vous à chaque heure de vous honorer. Aujourd'hui, lors de vos deux pratiques plus profondes, permettez vous de faire l'expérience de la présence de la Connaissance car cela vous honore et cela honore également la Connaissance. Honorez-vous en ce jour afin que la Connaissance puisse être honorée, car en réalité vous êtes la Connaissance. Il s'agit de votre véritable Soi, mais il s'agit d'un Soi que vous commencez seulement à rétablir à présent.

Pratique 144 : *Deux séances de pratique de 30 minutes.*
Pratique horaire.

145ème Pas

J'HONORERAI LE MONDE AUJOURD'HUI.

Honorez le monde aujourd'hui car il s'agit de l'endroit où vous êtes venu rétablir la Connaissance et transmettre ses dons. Le monde vous fournit ainsi, dans sa beauté et dans ses tribulations, l'environnement adéquat pour accomplir votre but. Honorez le monde car Dieu est dans le monde et honore le monde. Honorez le monde car la Connaissance est dans le monde et honore le monde. Honorez le monde car sans votre jugement, vous réaliserez qu'il s'agit d'un lieu de grâce, d'un lieu de beauté et d'un lieu qui vous bénit à mesure que vous apprenez à le bénir.

Répétez votre leçon à chaque heure. Lors de vos deux séances de pratique plus longues, faites l'expérience de votre amour pour le monde. Permettez à la Connaissance de donner sa grâce. Vous n'avez pas à essayer d'être aimant ici, mais simplement à être ouvert et à permettre à la Connaissance d'exprimer sa grande affection.

Honorez le monde aujourd'hui afin que vous puissiez être honoré de votre présence dans le monde, car le monde vous honore lorsque vous vous honorez. Le monde se trouve reconnu lorsque vous vous reconnaissez. Le monde a besoin de votre amour et de vos bénédictions. Il a besoin de vos bonnes œuvres également. Ainsi, vous êtes honoré car vous êtes venu ici pour donner.

Pratique 145 : *Deux séances de pratique de 30 minutes.*
Pratique horaire.

146ème Pas

J'honorerai mes Enseignants aujourd'hui.

Vos Enseignants, qui sont mystérieux et qui vivent au-delà du visible, demeurent avec vous pendant que vous êtes dans le monde. Maintenant que vous avez commencé les pas vers le rétablissement de la Connaissance, leur activité dans votre vie deviendra plus forte et plus manifeste. Vous commencerez à porter votre attention sur cela, et ils auront davantage besoin que vous vous développiez, tout comme vous aurez davantage besoin d'eux..

À chaque heure et lors de vos deux pratiques plus longues, souvenez-vous de vos Enseignants et pensez à eux activement. Honorez alors vos Enseignants car cela proclame que vos anciennes relations sont bel et bien vivantes et sont actuellement présentes pour vous apporter espoir, certitude et ressource. Honorez vos Enseignants afin que vous puissiez faire l'expérience de la profondeur de votre propre relation avec eux. Dans votre relation avec vos Enseignants se trouve l'étincelle de mémoire qui vous rappelle votre Ancienne Demeure et votre véritable destinée. Honorez vos Enseignants afin que vous puissiez être honoré car c'est votre honneur que vous devez rétablir. Quelles que soient les erreurs que vous avez commises, c'est votre honneur que vous devez rétablir. Si cela est fait avec authenticité, ce sera fait dans l'humilité et la simplicité car lorsque vous vous honorez, vous honorez la grandeur de la vie dont vous êtes une petite partie, mais une partie intrinsèque.

Pratique 146 : *Deux séances de pratique de 30 minutes.*
Pratique horaire.

147ème Pas

RÉVISION

Dans votre Révision de cette semaine, permettez-vous de prendre conscience des leçons qui sont en train de vous être présentées. Faites particulièrement attention à reconnaître le pouvoir et l'autonomie qui vous sont offerts lorsque vous exercez votre volonté pour le bien. Notez également qu'il vous faut vous accepter au-delà de votre compréhension actuelle, vous honorer au-delà de votre évaluation actuelle de vous-même et faire l'expérience de la vie au-delà de vos propres pensées et préjugés. Reconnaissez l'opportunité qui vous est offerte et réalisez que chaque moment passé à vous appliquer sincèrement vous fait énormément progresser et établit pour vous un avancement permanent. Si vous réfléchissez à ce que vous voudriez donner au monde, donnez votre avancement. À partir de cela, toutes les bonnes choses que vous êtes venu offrir, en accord avec votre nature et votre but, seront données intégralement. Ainsi, votre don au monde à présent est votre préparation afin que vous puissiez apprendre à donner.

Lors de votre longue séance de pratique, révisez la semaine passée – vos leçons, vos pratiques, vos expériences, vos accomplissements et vos difficultés. Revoyez cela objectivement et déterminez de quelle manière vous pourriez vous donner plus complètement à vos pratiques à l'avenir.

Pratique 147 : *Une longue séance de pratique.*

148ème Pas

MA PRATIQUE EST MON DON À DIEU.

Votre pratique est votre don à Dieu car la volonté de Dieu est que vous receviez la Connaissance afin que vous puissiez la donner au monde. Ainsi, vous êtes honoré en tant que bénéficiaire et en tant que véhicule de la Connaissance ; Dieu est honoré en tant que source de la Connaissance ; et tous ceux qui reçoivent la Connaissance seront également honorés. Tel est votre don à présent : entreprendre la véritable préparation dans laquelle vous êtes actuellement engagé.

Ainsi, traitez chaque séance de pratique aujourd'hui comme une forme de don. À chaque heure, donnez-vous à chacune des circonstances dans lesquelles vous vous trouvez. Lors de vos deux pratiques de méditation profonde, donnez-vous complètement. Ne venez pas mendier des idées ou des informations mais venez pour recevoir et venez pour donner. Lorsque vous vous donnez, vous recevez, et en cela vous apprendrez l'ancienne loi qui dit que donner est recevoir. Cela doit émerger entièrement au sein de votre expérience afin que vous puissiez en saisir pleinement la signification et l'application dans le monde.

Votre pratique est votre don à Dieu. Votre pratique est votre don à vous-même. Venez à votre pratique aujourd'hui pour donner car en donnant, vous réaliserez la profondeur de vos propres ressources.

Pratique 148 : *Deux séances de pratique de 30 minutes.*
Pratique horaire.

149ème Pas

MA PRATIQUE EST MON DON AU MONDE.

Vous donnez au monde par le biais de votre propre développement actuel, car vous vous préparez à offrir un don plus grand que tout ce que vous avez donné auparavant. Ainsi, chaque jour durant lequel vous faites la pratique en suivant chaque pas qui est donné, vous faites un don au monde. Pourquoi cela ? Parce que vous reconnaissez votre valeur et votre mérite. Vous reconnaissez votre Ancienne Demeure et votre Ancienne Destinée. Vous reconnaissez ceux qui vous ont envoyé et ceux qui vous recevront lorsque vous quitterez ce monde. Tout cela est donné au monde à chaque fois que vous pratiquez sincèrement, chaque jour, à chaque heure. Cela constitue un don au monde plus grand que ce que vous êtes capable de comprendre pour le moment, cependant vous verrez avec le temps que ce don répond au besoin le plus absolu.

Votre pratique est ainsi un don au monde, car elle offre ce que vous affirmez en vous. Ce que vous affirmez en vous, vous l'affirmez pour tous les individus, en toutes circonstances, dans tous les mondes et dans toutes les dimensions. Ainsi, vous affirmez la réalité de la Connaissance. Ainsi, vous affirmez votre Ancienne Demeure tandis que vous êtes ici.

À chaque heure, donnez au monde par votre pratique du don. Rappelez-vous cela. Lors de vos deux séances plus longues de pratique, donnez-vous complètement dans la quiétude et le silence. Donnez de votre cœur et donnez de votre esprit. Donnez tout ce que vous réalisez pouvoir donner car cela constitue un don au monde. Bien que vous ne puissiez pas encore en percevoir le résultat, soyez confiant que ce don s'étendra au-delà de votre propre esprit et qu'il touchera tous les esprits dans l'univers car, en réalité, toutes les consciences sont bel et bien reliées.

Pratique 149 : *Deux séances de pratique de 30 minutes.
Pratique horaire.*

150ème Pas

AUJOURD'HUI, J'APPRENDRAI À APPRENDRE.

Aujourd'hui, vous apprenez à apprendre. Vous apprenez à apprendre parce que vous avez besoin d'apprendre. Vous avez besoin d'apprendre comment apprendre afin que votre apprentissage puisse être efficace et profitable, qu'il possède profondeur et constance et qu'il engendre un progrès certain sur lequel vous pourrez vous appuyer en toutes circonstances dans l'avenir. Ne pensez pas que vous comprenez déjà le processus d'apprentissage car vous êtes en train de l'apprendre en ce moment même, à mesure que vous saisissez le sens de l'avancement et le sens de l'échec, le sens de l'encouragement et le sens du découragement, le sens de l'enthousiasme et le sens du manque d'enthousiasme. C'est pourquoi à la fin de chaque semaine, vous révisez vos pratiques afin que vous puissiez comprendre vos progrès et comprendre les mécanismes d'apprentissage. Il est essentiel que vous en preniez conscience car, jusqu'à ce que vous le fassiez, vous interpréterez mal vos pas, vous interpréterez mal vos actions, vous ne comprendrez pas comment suivre un programme d'étude et vous n'apprendrez jamais comment enseigner un programme d'étude vous-même.

Ainsi, aujourd'hui vous apprenez à apprendre. Cela vous place dans la position d'étudiant débutant de la Connaissance, ce qui vous donne tous les droits et tout l'encouragement pour apprendre tout ce qui est nécessaire – sans présomption, sans prétention, sans déni et sans fausseté d'aucune sorte. À mesure que vous apprendrez à apprendre, vous prendrez conscience du mécanisme de l'apprentissage. Cela vous apportera sagesse et compassion dans vos relations avec les autres. Vous ne pouvez pas enseigner aux autres à partir de l'idéalisme car vous placez alors sur eux le fardeau de vos propres attentes. Vous exigez d'eux ce que la vie même ne peut pas donner. En revanche, la certitude de votre expérience et de votre Connaissance que vous donnerez aux autres sera fiable et ils seront en mesure de la recevoir et de l'utiliser à leur manière. Vous ne placerez alors aucune exigence personnelle sur leur apprentissage mais laisserez la Connaissance en vous donner à la Connaissance en eux. Vous serez alors à la fois témoin du processus d'enseignement et du processus d'apprentissage.

Ainsi, soyez aujourd'hui le témoin de votre propre apprentissage et apprenez à apprendre. À chaque heure, rappelez-vous que vous êtes en train d'apprendre à apprendre. Lors de vos deux séances de méditation, permettez-vous d'entrer dans la quiétude et la paix. Observez-vous lorsque que vous avancez et lorsque vous vous retenez. Exercez votre volonté en votre faveur avec compassion et fermeté, et ne jugez pas votre avancement. Vous n'êtes pas en position de juger car vous êtes en train d'apprendre à apprendre.

Pratique 150 : *Deux séances de pratique de 30 minutes. Pratique horaire.*

151ème Pas

JE N'UTILISERAI PAS LA PEUR POUR APPUYER MES JUGEMENTS.

N'UTILISEZ PAS LA PEUR POUR APPUYER VOS JUGEMENTS vis-à-vis de vous-même et du monde car ces jugements naissent de votre incertitude et de votre anxiété. Il leur manque ainsi le fondement de la Connaissance. Il leur manque ainsi le sens et la valeur que seule la Connaissance peut conférer. Ne vous fiez pas à vos jugements vis-à-vis de vous-même et du monde. À mesure que vous y renoncerez, vous réaliserez qu'ils sont issus de la peur car vous n'avez fait qu'essayer de vous rassurer par vos jugements, pour vous procurer une sécurité, une stabilité et une identité illusoires dont vous pensez manquer. Par conséquent, soyez libre de tout substitut de la Sagesse et de la Connaissance, et laissez la Sagesse et la Connaissance émerger naturellement.

À CHAQUE HEURE, RÉPÉTEZ VOTRE AFFIRMATION et considérez-la à la lumière de tout ce qui arrive aujourd'hui. Lors de vos deux pratiques plus profondes, considérez le sens de l'idée d'aujourd'hui en y réfléchissant attentivement. Mettez votre mental au travail en essayant de pénétrer le sens de la leçon d'aujourd'hui. Ne vous rassurez pas avec des conclusions prématurées. Investiguez en profondeur avec votre mental lors de vos séances de pratique. Utilisez activement votre mental. Prenez en considération de nombreuses choses en vous, tout en vous concentrant sur l'idée d'aujourd'hui. Si vous faites cela, vous comprendrez beaucoup de choses concernant la sagesse et l'ignorance, et votre compréhension naîtra de la compassion et de la véritable appréciation de soi. En effet, c'est uniquement depuis une position d'amour de soi que vous pouvez vous corriger vous-même et corriger les autres.

PRATIQUE 151 : *Deux séances de pratique de 30 minutes. Pratique horaire.*

152ème Pas

JE NE SUIVRAI PAS LA PEUR DANS LE MONDE.

L'HUMANITÉ EST GOUVERNÉE PAR DES VAGUES DE PEUR qui conduisent les gens ici et là ; des vagues de peur qui dominent leurs actions, leurs pensées, leurs conclusions, leurs croyances et leurs préjugés. Ne suivez pas les vagues de peur qui se déplacent à travers le monde. Au lieu de cela, demeurez inébranlable et calme en la Connaissance. Permettez-vous d'observer le monde depuis ce point de quiétude et de certitude. Ne laissez pas les vagues de peur vous déstabiliser. De cette manière, vous serez en mesure de contribuer au monde et n'en serez pas seulement la victime. Vous êtes ici pour donner, non pour juger, et dans la quiétude vous demeurez sans jugement sur le monde. Prenez ainsi conscience des vagues de peur mais ne les laissez pas vous ébranler car, en la Connaissance, elles ne peuvent pas vous ébranler, parce que la Connaissance est au-delà de toute peur.

À CHAQUE HEURE, RÉPÉTEZ VOTRE IDÉE POUR LA JOURNÉE et examinez-la à la lumière de tout ce dont vous faites l'expérience aujourd'hui. Lors de vos deux séances de pratique plus longues, appliquez votre mental activement en cherchant à comprendre la leçon de ce jour. Il s'agit à nouveau d'une forme d'application mentale. Aujourd'hui, nous ne pratiquerons pas la quiétude et le silence du mental mais l'application du mental de sorte que vous puissiez apprendre à penser de manière constructive. Car lorsque votre mental n'est pas dans la quiétude, il devrait penser de manière constructive. Il devrait être en train d'investiguer. Ne vous fiez pas aux conclusions hâtives. Ne vous reposez pas sur des idées réconfortantes. Permettez-vous d'être vulnérable aujourd'hui car vous n'êtes vulnérable qu'à la Connaissance. Et la Connaissance vous protégera de tout ce qui est préjudiciable dans ce monde et vous fournira un réconfort et une stabilité que jamais le monde ne pourra ébranler. Apprenez de cela aujourd'hui afin que vous puissiez être une source de la Connaissance dans le monde et afin que votre Source puisse s'exprimer à travers vous.

Pratique 152 : *Deux séances de pratique de 30 minutes.*
　　　　　　　Pratique horaire.

153ème Pas

MA SOURCE SOUHAITE S'EXPRIMER À TRAVERS MOI.

Vous avez été créé pour être une expression de votre Source. Vous avez été créé pour être une extension de votre Source. Vous avez été créé pour faire partie de votre Source. Votre vie est communication car la communication est la vie. La communication est l'extension de la Connaissance. Elle n'est pas simplement le partage de petites idées entre une conscience séparée et une autre. La communication est bien plus vaste car la communication crée la vie et étend la vie et en cela résident toute joie et tout accomplissement. En cela réside la profondeur de tout sens. Ici, l'obscurité et la lumière s'entremêlent et cessent leur séparation. Ici tous les opposés se mélangent et se fondent les uns dans les autres. Telle est l'unité de toute vie.

Permettez-vous alors de faire l'expérience de vous-même en tant que véhicule de communication, et sachez également que ce que vous désirez vraiment exprimer sera pleinement exprimé car votre véritable soi est une extension du Soi qui est la vie même. En cela, vous serez entièrement affirmé et la vie autour de vous sera affirmée. Vos dons seront reçus et intégrés par la vie car un don de cette nature ne peut que produire un résultat plus grand qui est au-delà de la compréhension de l'humanité.

Rappelez-vous à chaque heure que vous êtes ici pour exprimer la volonté de votre Source. Lors de vos deux séances de pratique d'aujourd'hui, permettez-vous d'entrer à nouveau dans la quiétude et la paix. Permettez-vous d'être un véhicule ouvert par lequel la vie peut s'écouler librement et grâce auquel la vie pourra s'exprimer aujourd'hui.

PRATIQUE 153 : *Deux séances de pratique de 30 minutes.*
Pratique horaire.

154ème Pas

RÉVISION

RÉVISEZ LA SEMAINE PASSÉE DE PRATIQUE. Révisez l'ensemble des instructions qui ont été données ainsi que vos pratiques. Examinez avec quelle profondeur vous avez fait l'expérience de la paix. Examinez avec quelle profondeur vous avez investigué avec votre mental. Rappelez-vous que votre pratique est une forme de don. Donnez-vous ainsi à la révision de vos pratiques. Voyez comment votre don peut devenir plus complet et plus profond de sorte que vous puissiez recevoir des récompenses de plus en plus grandes, pour vous et pour le monde.

DANS VOTRE UNIQUE LONGUE SÉANCE D'AUJOURD'HUI, révisez la semaine de pratique qui vient de se terminer. Rappelez-vous de ne pas vous juger. Rappelez-vous d'être un témoin de votre apprentissage. Rappelez-vous que votre pratique est une forme de don.

PRATIQUE 154 : *Une longue séance de pratique.*

155ème Pas

LE MONDE ME BÉNIT À MESURE QUE JE REÇOIS.

Vous apprenez à présent à recevoir. Le monde vous bénit à mesure que vous apprenez à recevoir car la Connaissance affluera en vous à mesure que vous deviendrez un réceptacle ouvert pour la Connaissance. Et vous attirerez en vous la vie même car la vie est toujours attirée par ceux qui donnent.

Comprenez cela dans toute sa profondeur en ce jour en vous rappelant à chaque heure que la vie vous donne lorsque vous êtes dans la quiétude. Lors de vos deux pratiques de méditation, entrez à nouveau dans la quiétude et ressentez la vie qui est attirée en vous. C'est une attraction naturelle. À mesure que votre don croit et que votre esprit devient silencieux, vous sentirez que la vie est attirée en vous car avec le temps vous nourrirez la vie.

Pratique 155 : *Deux séances de pratique de 30 minutes.*
Pratique horaire.

156ème Pas

JE NE M'INQUIÉTERAI PAS POUR MOI AUJOURD'HUI.

S'INQUIÉTER POUR SOI EST UNE CERTAINE HABITUDE DE PENSÉE issue de l'imagination négative et des erreurs qui n'ont pas été corrigées. Cela renforce votre sentiment d'échec, accentuant de cette façon votre manque de confiance et d'estime envers vous-même. Notre leçon d'aujourd'hui consiste donc à renforcer ce qui est authentique en vous. Si vous êtes avec la Connaissance, la Connaissance prendra soin de tout ce qui requiert votre attention. Ne pensez pas que quoi que ce soit vous concernant puisse être négligé. Tous vos besoins, qu'ils soient d'une plus grande nature spirituelle ou des besoins plus prosaïques, seront compris et satisfaits car il n'existe aucune négligence en la Connaissance. Vous qui avez l'habitude de négliger, vous qui n'avez pas utilisé votre mental de manière appropriée par le passé, vous qui n'avez pas été capable de voir ou d'entendre le monde, vous pouvez être à présent rassuré car vous n'avez pas à être inquiet pour vous-même aujourd'hui.

POUR CELA, VOUS DEVEZ ÉLARGIR VOTRE FOI ET VOTRE CONFIANCE en le fait que la Connaissance vous procurera le nécessaire. Cela vous permettra avec le temps de recevoir le don de la Connaissance qui dissipera tout doute et toute confusion. Vous devez vous préparer pour cette expérience. Vous devez développer votre foi et votre confiance en cela. Soyez confiant aujourd'hui. Reconnaissez les choses qui requièrent votre attention, même si elles sont de nature prosaïque, et occupez-vous bien d'elles. En effet, la Connaissance ne cherche pas à vous éloigner du monde mais à vous emmener dans le monde car vous êtes venu ici pour donner.

RENFORCEZ VOTRE COMPRÉHENSION DE L'IDÉE D'AUJOURD'HUI en la répétant à chaque heure et en lui accordant un moment de réelle considération. Fortifiez votre pratique aujourd'hui en l'appliquant au cours de vos séances plus profondes où vous entrerez dans la quiétude et le silence. Vous ne pouvez entrer dans la quiétude et le silence que si vous n'êtes pas préoccupé par vous-même. Ainsi, votre engagement à vous donner à votre pratique est une affirmation de la sécurité et de la certitude qui vous habitent.

PRATIQUE 156 : *Deux séances de pratique de 30 minutes. Pratique horaire.*

157ème Pas

JE NE SUIS PAS SEUL DANS L'UNIVERS.

Vous n'êtes pas seul dans l'univers car vous faites partie de l'univers. Vous n'êtes pas seul dans l'univers car votre esprit est relié à tous les esprits. Vous n'êtes pas seul dans l'univers car l'univers est avec vous. Vous apprenez actuellement à être avec l'univers afin que votre relation avec la vie puisse être pleinement rétablie et qu'elle puisse s'exprimer dans votre monde. Le monde donne un pauvre exemple de cela car l'humanité a perdu sa relation avec la vie et cherche à présent désespérément dans l'imaginaire et l'illusoire ce qui a été perdu. Soyez donc heureux aujourd'hui que les moyens pour rétablir la vie vous aient été fournis, vous permettant de vous donner à votre pratique et à votre destinée. En cela, vous êtes affirmé. Vous n'êtes pas seul dans l'univers. La profondeur de cette idée est bien plus grande qu'elle ne le paraît à première vue. C'est là une déclaration d'une vérité absolue mais il est nécessaire d'en faire l'expérience pour pouvoir la comprendre.

Rappelez-vous ainsi cette affirmation à chaque heure. Cherchez à la ressentir quelles que soient les circonstances dans lesquelles vous vous trouvez. Lors de vos deux plus longues pratiques de méditation, essayez de faire l'expérience de votre totale inclusion dans la vie. Vous n'avez pas besoin de penser à des idées ou de voir des images mais seulement de ressentir la présence de la vie dont vous faites partie. Vous êtes dans la vie. Vous êtes immergé dans la vie. La vie vous étreint. Au-delà de toutes les images que le monde peut présenter et de toutes les actions qu'il peut démontrer, vous demeurez dans l'étreinte aimante de la vie.

Pratique 157 : *Deux séances de pratique de 30 minutes. Pratique horaire.*

158ᵉᵐᵉ Pas

Je suis riche donc je peux donner.

Seuls les riches peuvent donner car ils ne sont pas démunis. Seuls les riches peuvent donner car ils ne se sentent pas à l'aise avec une possession à moins qu'elle ne soit donnée. Seuls les riches peuvent donner car ils ne peuvent pas comprendre leur possession jusqu'à ce qu'elle soit donnée. Seuls les riches peuvent donner car ils souhaitent faire l'expérience de la gratitude comme seule récompense.

Vous êtes riche et vous pouvez donner. Vous possédez déjà la richesse de la Connaissance et cela est le plus grand don possible. Toute autre action, tout autre service ou tout autre objet ne représente un don que dans la mesure où il est imprégné de la Connaissance. Cela constitue l'essence invisible de tout véritable don et de tout véritable acte de générosité. Vous possédez une grande réserve de cette essence que vous devez maintenant apprendre à recevoir. Vous êtes plus riche que vous n'en avez conscience. Même si financièrement vous êtes pauvre, même si vous pensez que vous êtes seul, vous êtes riche. Votre don démontrera cela aujourd'hui. Votre don démontrera la source, la profondeur et le sens de votre richesse, et il imprégnera l'ensemble de votre don de l'essence même du don. Vous découvrirez avec le temps que vous donnerez sans peine et que votre vie même sera un don. Votre vie démontrera alors la richesse que toute personne possède mais qu'elle n'a pas encore appris à recevoir.

À chaque heure, répétez cette idée et lors de vos deux plus longues pratiques de méditation, faites l'expérience de votre propre richesse. Faites l'expérience de la présence et de la profondeur de la Connaissance. Soyez son réceptacle et donnez-vous à la Connaissance car en vous donnant à votre pratique vous affirmez déjà votre propre richesse – une richesse qui a seulement besoin d'être reconnue pour être pleinement réalisée.

PRATIQUE 158 : *Deux séances de pratique de 30 minutes.*
  Pratique horaire.

159ème Pas

LES PAUVRES NE PEUVENT PAS DONNER. JE NE SUIS PAS PAUVRE.

Les pauvres ne peuvent pas donner car ils sont démunis. Il leur faut recevoir. Vous n'êtes pas démuni car le don de la Connaissance est avec vous. Vous êtes donc en position de donner et en donnant, vous réaliserez votre valeur et tout sentiment de pauvreté vous quittera. Soyez confiant dans le fait que la Connaissance fournira toutes les choses matérielles dont vous avez vraiment besoin. Bien qu'elle ne vous apportera peut-être pas ce que vous souhaitez, elle vous apportera ce dont vous avez besoin et en juste proportion. Ainsi, vous aurez ce dont vous avez besoin pour contribuer au monde selon votre nature et selon votre vocation. Cependant, vous ne serez pas embarrassé par ce qui ne peut que vous embarrasser. Vous aurez exactement ce dont vous avez besoin et le monde ne vous embarrassera pas par ses privations ou ses excès. Ainsi, tout sera en parfait équilibre. La Connaissance vous donnera ce dont vous avez besoin, et ce dont vous avez besoin est ce que vous désirez vraiment. Vous ne pouvez pas encore évaluer vos besoins car vous êtes perdu dans ce que vous désirez. Mais vos besoins se révéleront d'eux-mêmes au travers de la Connaissance et, avec le temps, vous comprendrez la nature du besoin et comment il peut être satisfait.

Vous n'êtes pas pauvre car le don de la Connaissance est avec vous. Répétez l'affirmation d'aujourd'hui à chaque heure et considérez-la à la lumière de vos observations des autres. Lors de vos séances de pratique approfondie, permettez-vous de faire l'expérience de la richesse de la Connaissance que vous possédez à présent.

Pratique 159 : *Deux séances de pratique de 30 minutes.*
Pratique horaire.

160ème Pas

LE MONDE EST PAUVRE MAIS JE NE LE SUIS PAS.

Le monde est pauvre mais vous n'êtes pas pauvre. Quelles que soient vos circonstances, cela est vrai parce que vous êtes en train de rétablir la richesse de la Connaissance. Comprenez alors ce que signifie l'appauvrissement. Comprenez alors ce que signifie la richesse. Ne croyez pas que ceux qui possèdent plus d'objets que vous soient de quelque façon plus riches que vous car, sans la Connaissance, ils sont appauvris et acquerront des choses dans le seul but de compenser leur misère et leur incertitude. Leur appauvrissement se trouve dès lors aggravé par leurs acquisitions.

Le monde est pauvre mais vous ne l'êtes pas car vous avez amené avec vous la Connaissance dans le monde, là où la Connaissance a été oubliée et reniée. Ainsi, alors que vous rétablissez votre propre richesse, le monde rétablira également sa richesse car vous stimulerez la Connaissance en chacun ; leur richesse commencera alors à se révéler en votre présence et en la présence de la Connaissance qui vous guide.

Ne demandez donc rien au monde sinon le peu de choses qui vous sont matériellement nécessaires pour remplir votre fonction. Cela n'est qu'une petite requête à la lumière de ce que vous êtes venu donner. Et si vos demandes n'excèdent pas vos besoins, le monde y répondra volontiers en échange du plus grand don que vous possédez.

Considérez l'idée de ce jour à chaque heure. Ne laissez aucune heure passer sans reconnaître cela. Renforcez votre détermination à utiliser chaque pratique dans toutes les circonstances de votre journée afin que votre vie puisse avoir du sens quels que soient les événements qui s'y déroulent. Lors de vos deux plus longues pratiques d'aujourd'hui, entrez dans la quiétude et dans la paix afin d'en apprendre davantage sur la richesse que vous possédez.

Pratique 160 : *Deux séances de pratique de 30 minutes. Pratique horaire.*

161ème Pas

RÉVISION

Dans votre révision aujourd'hui, considérez chaque leçon et chaque pratique de chaque jour de la semaine passée. Apprenez-en davantage sur le processus d'apprentissage. Réalisez que pour apprendre cela, vous ne pouvez pas regarder votre vie en la condamnant car vous êtes en train d'apprendre à apprendre. Réalisez que la richesse est révélée dans votre vie grâce aux pratiques que vous entreprenez – ce que vous ne pourriez pas faire si vous étiez sans la Connaissance. C'est grâce à la Connaissance que vous entreprenez cette préparation et c'est grâce à la Connaissance que vous vous impliquez chaque jour dans votre pratique. Chaque jour, vous accomplissez votre pratique grâce à la Connaissance. Ainsi, en l'absence de votre déni ou de votre interférence, la Connaissance elle-même vous guidera dans votre préparation et émergera à mesure que vous entreprendrez chaque pas. Comme la réussite est facile de cette manière ! Comme il est simple de recevoir sans déni ou sans insistance de votre part ! Car sans l'imagination, la vie est évidente. Sa beauté est évidente. Sa grâce est évidente. Son but est évident. Le travail qu'elle requiert est évident. Ses récompenses sont évidentes. Même les difficultés de ce monde sont évidentes. Tout devient évident à mesure que votre mental devient calme et clair.

Ainsi, lors d'une longue séance de pratique, révisez les pratiques de la semaine. Accordez à cela toute votre attention. Donnez-vous à votre pratique et sachez que la Connaissance en vous vous motive.

Pratique 161 : *Une longue séance de pratique.*

162ème Pas

JE N'AURAI PAS PEUR AUJOURD'HUI.

Aujourd'hui, ne laissez pas la peur s'emparer de votre esprit. Ne laissez pas l'habitude de l'imagination négative capturer votre attention et vos émotions. Interagissez avec la vie telle qu'elle est vraiment, telle qu'il vous est possible de la percevoir sans condamnation. La peur est comme une maladie qui arrive et qui s'empare de vous. Cependant, vous n'avez pas besoin de céder à la peur car votre source et vos racines sont profondément implantées en la Connaissance, et vous êtes maintenant en train de devenir plus fort en la Connaissance.

Souvenez-vous à chaque heure de ne pas laisser la peur s'emparer de vous. Quand vous commencez à en ressentir les effets, quelle que soit la manière dont elle exerce son influence sur vous, désengagez-vous d'elle et affirmez votre allégeance à la Connaissance. Accordez votre confiance à la Connaissance. Lors de vos deux séances de pratique approfondie aujourd'hui, donnez-vous à la Connaissance. Donnez votre esprit et votre cœur de sorte que vous puissiez être fortifié dans cette certitude où la peur ne pourra jamais entrer. Votre courage dans l'avenir ne doit pas naître de la prétention mais de votre certitude en la Connaissance. De cette façon, vous serez un refuge de paix et une source de richesse pour les autres. C'est cela que vous êtes censé être. Telle est la raison de votre venue en ce monde.

Pratique 162 : *Deux séances de pratique de 30 minutes.*
Pratique horaire.

163ème Pas

JE RESSENTIRAI LA CONNAISSANCE AUJOURD'HUI.

Ressentez le caractère permanent de la Connaissance, laquelle est toujours disponible pour vous, au-delà de vos pensées et de vos préoccupations personnelles. À chaque heure aujourd'hui, ressentez la Connaissance. Répétez l'idée du jour et prenez un moment pour ressentir sa présence. La présence de la Connaissance est quelque chose que vous pouvez emporter avec vous partout où vous allez, dans chaque rencontre, en chaque circonstance. Elle est appropriée en tous lieux. En cela, vous serez en mesure de percevoir chaque situation et chaque événement. Vous serez en mesure d'entendre. Vous serez en mesure de donner. Vous serez en mesure de comprendre. Cette stabilité est quelque chose dont le monde a grandement besoin, et vous qui êtes riche de la Connaissance avez cela à donner.

Ressentez la Connaissance aujourd'hui lors de vos séances de pratique plus profonde. Donnez-vous à cela car tel est votre don à Dieu et au monde. Que cette journée soit une journée de renforcement et de confirmation. Ne laissez aucun petit échec vous détourner aujourd'hui de votre grande tâche. Réalisez que tout échec ne peut que vous ralentir dans votre progression et que vous avez seulement à faire un pas en avant pour continuer. Ainsi, la réponse à tout échec, petit ou grand, est simplement la décision de continuer. Vous n'avez qu'à suivre les pas qui sont donnés ici pour récolter les fruits de cette préparation. Si simple est le chemin vers la Connaissance. Si claire est sa voie lorsque que vous suivez ce qu'elle apporte pas à pas.

PRATIQUE 163 : *Deux séances de pratique de 30 minutes. Pratique horaire.*

164ème Pas

Aujourd'hui, j'honorerai ce que je sais.

Honorez ce que vous savez aujourd'hui. Restez fidèle à ce que vous savez. Permettez à votre Connaissance de vous guider de manière spécifique. Ne cherchez pas à vous servir de la Connaissance pour vous accomplir car vous ne feriez qu'utiliser ce que vous croyez être la Connaissance et vous tisseriez alors, une fois encore, les mailles d'une illusion qui vous prendra au piège et vous videra de la vie, de l'enthousiasme et de la certitude. Laissez la Connaissance vous mouvoir aujourd'hui. Poursuivez vos activités quotidiennes. Remplissez toutes les formalités de la vie qui relèvent de votre responsabilité mais laissez la Connaissance demeurer avec vous de sorte qu'elle puisse conférer son mystérieux don partout où vous allez et vous donner une direction concrète quand cela est réellement nécessaire.

Répétez cette affirmation à chaque heure et considérez-la à la lumière de vos circonstances immédiates. Lors de vos sessions de pratiques approfondies aujourd'hui, donnez-vous une fois encore à la quiétude et à la paix. Aujourd'hui, honorez la Connaissance en vous donnant à la Connaissance et en demeurant avec la Connaissance.

Pratique 164 : *Deux séances de pratique de 30 minutes.*
Pratique horaire.

165ème Pas

MES DEVOIRS SONT PETITS.
MA MISSION EST GRANDE.

*V*OS DEVOIRS DANS LE MONDE SONT PETITS. Ils sont destinés à pourvoir à vos besoins dans le monde physique et à maintenir ces alliances qui sont bénéfiques à votre bien-être et au bien-être de ceux qui sont alliés avec vous. Ces devoirs sont importants mais votre mission est plus grande. Ne sapez pas votre capacité à recevoir votre mission en échouant dans vos devoirs. Cela n'est qu'une forme d'évitement de soi. Aujourd'hui, remplissez spécifiquement vos devoirs ayant trait à votre travail et à vos relations avec les autres. Ne les confondez pas avec votre mission qui est quelque chose d'une nature bien supérieure que vous commencez seulement à recevoir et dont vous commencez seulement à faire l'expérience à présent. Ainsi, vos devoirs constitueront pour vous une fondation alors que vous entreprenez la préparation pour le rétablissement et la contribution de la Connaissance.

SOUVENEZ-VOUS QUE TOUTE CONFUSION est une confusion entre différents niveaux. Ne confondez pas mission avec devoir. Il est très important que vous fassiez cette distinction. Vos tâches dans le monde sont spécifiques mais votre mission est bien supérieure. À mesure que votre mission commencera à s'exprimer en vous qui êtes en train d'apprendre à la recevoir, elle exercera également une influence plus spécifique sur vos devoirs. Cela sera graduel et tout à fait naturel pour vous. Cela requerra simplement que vous ayez l'auto-discipline, la constance et la foi suffisantes pour en suivre les étapes.

REMPLISSEZ DONC VOS DEVOIRS AUJOURD'HUI de sorte que vous puissiez être un étudiant débutant de la Connaissance. Rappelez-vous votre pratique horaire et lors de vos deux plus longues séances de pratique, utilisez activement votre mental afin de considérer l'idée d'aujourd'hui. Son sens véritable n'est pas superficiel et vous devez l'examiner pour en comprendre toute la valeur. Ne vous complaisez pas dans des conclusions prématurées. Ne vous tenez pas en dehors de la Connaissance en essayant de la juger par vous-même. Entrez en elle afin de pouvoir être un étudiant aujourd'hui, car vous êtes désormais un étudiant de la Connaissance. Vous vous donnez à présent au monde dans votre préparation.

Pratique 165 : *Deux séances de pratique de 30 minutes.*
Pratique horaire.

166ème Pas

MA MISSION EST GRANDE. PAR CONSÉQUENT, JE SUIS LIBRE DE FAIRE DE PETITES CHOSES.

C'EST SEULEMENT DANS VOS IDÉES GRANDIOSES, derrière lesquelles se cachent la peur, l'anxiété et le désespoir, que vous éviteriez les petites choses qu'il vous est demandé de faire dans le monde. À nouveau, ne confondez pas la grandeur de votre mission avec la petitesse de vos devoirs. La grandeur s'exprime dans la chose la plus petite, dans l'action la plus infime, dans la pensée la plus éphémère, dans le geste le plus simple et dans les circonstances les plus ordinaires. Ainsi, maintenez vos petites actions dans le monde de sorte qu'avec le temps, la Connaissance puisse s'exprimer à travers elles. Les actions dans le monde sont petites en contraste avec la grandeur de la Connaissance. Avant votre préparation, le monde était considéré comme grand et la Connaissance petite, mais vous apprenez maintenant que c'est le contraire qui est vrai – que la Connaissance est grande et que le monde est petit. Cela signifie aussi que vos activités dans le monde sont petites, mais elles constituent un véhicule grâce auquel la Connaissance peut s'exprimer.

PAR CONSÉQUENT, SOYEZ SATISFAIT DE FAIRE DE PETITES CHOSES DANS LE MONDE. Soyez simple et humble dans le monde de sorte que la grandeur puisse s'écouler à travers vous sans obstacle.

IL SERA NÉCESSAIRE DE RÉPÉTER CETTE PRATIQUE à chaque heure et d'y réfléchir profondément lors de vos deux plus longues séances de pratique au cours desquelles vous utiliserez activement votre mental pour comprendre le sens de l'idée d'aujourd'hui. Utilisez votre mental pour investiguer. Permettez-vous de considérer cette question. Ne vous appuyez pas sur des conclusions mais continuez votre exploration. Telle est l'utilisation correcte de votre mental qui vous conduira à une plus grande compréhension. Ici, le mental ne fait pas que tisser des visions et des illusions pour se soustraire à sa propre anxiété. Ici, le mental examine son propre contenu. Ici, le mental travaille au nom de la Connaissance, tel qu'il a été conçu pour le faire.

Pratique 166 : *Deux séances de pratique de 30 minutes.*
Pratique horaire.

167ème Pas

AVEC LA CONNAISSANCE, JE SUIS LIBRE DANS LE MONDE.

AVEC LA CONNAISSANCE, VOUS ÊTES LIBRE DANS LE MONDE. Vous êtes libre de vous associer. Vous êtes libre de partir. Vous êtes libre de passer des accords. Vous êtes libre de mettre fin à des accords ou de les modifier. Vous êtes libre d'abandonner. Vous êtes libre de vous dégager. Avec la Connaissance, vous êtes libre.

AFIN QUE VOUS COMPRENIEZ LE VÉRITABLE SENS DE CELA et réalisiez sa valeur immédiate pour vous dans vos circonstances actuelles, vous devez comprendre que vous ne pouvez pas vous servir de la Connaissance pour vous accomplir. Cela doit être une compréhension tacite. Ne perdez jamais cela de vue, car si vous pensez utiliser la Connaissance pour vous accomplir, vous interpréterez mal la Connaissance et n'en ferez pas l'expérience. Vous essayerez seulement de renforcer vos illusions et vos tentatives de fuite. Cela ne fera qu'obscurcir les nuages qui planent actuellement au-dessus de vous. En tant que forme de stimulation temporaire, cela ne peut que vous décevoir et aggraver votre sentiment d'isolement et de misère.

EN LA CONNAISSANCE, VOUS ÊTES LIBRE. Il n'existe à présent aucune limitation car la Connaissance ne vous donnera que là où vous êtes destiné à recevoir et elle s'exprimera à travers vous là où elle est destinée à être exprimée. Cela vous libérera de tous les rôles et de tous les engagements inappropriés, et vous guidera vers ces individus qui vous attendent. Cela vous guidera vers ces circonstances qui sont pour votre plus grand bénéfice et pour le bénéfice de ceux qui y sont impliqués. Ici, la Connaissance est le guide. Ici, vous êtes la personne qui reçoit. Ici, vous êtes la personne qui contribue. Il n'existe pas de plus grande liberté que cela car en cela, vous êtes libre.

Rappelez-vous cette idée à chaque heure et, lors de vos deux pratiques de méditation plus profonde, entrez à nouveau dans la quiétude et le silence. À nouveau, laissez votre mental dans la quiétude car en cela vous êtes libre. Préparez-vous à vos pratiques en répétant cette idée et en vous consacrant à votre pratique. Sans votre domination, votre esprit sera libre et fera l'expérience de sa propre profondeur en la Connaissance.

Pratique 167 : *Deux séances de pratique de 30 minutes.*
Pratique horaire.

168ème Pas

RÉVISION

RÉVISEZ LA SEMAINE QUI VIENT DE PASSER. Révisez chaque leçon telle qu'elle a été donnée et chaque pratique dont vous avez fait l'expérience. Revoyez la semaine complète afin que vous puissiez renforcer l'apprentissage que vous êtes actuellement en train d'entreprendre. Souvenez-vous que vous apprenez à apprendre. Souvenez-vous que vous êtes un étudiant débutant de la Connaissance. Souvenez-vous que si votre évaluation ne provient pas de la Connaissance, elle ne vous sera d'aucune aide. Sans votre évaluation, vous pourrez percevoir comment renforcer votre engagement, comment renforcer votre préparation et comment adapter votre vie extérieure pour vous soutenir dans votre entreprise. Cela peut être fait sans condamnation de soi. Cela peut être fait parce que c'est nécessaire, et vous êtes capable de répondre à ce qui est nécessaire sans vous punir ni punir le monde. Cette préparation est nécessaire car elle représente votre volonté.

LORS DE VOTRE LONGUE SÉANCE DE PRATIQUE AUJOURD'HUI, révisez avec sincérité et avec profondeur la semaine passée. Accordez à celle-ci toute votre attention de sorte que vous puissiez recevoir les dons que vous vous préparez à recevoir à présent.

PRATIQUE 168 : *Une longue séance de pratique.*

169ème Pas

LE MONDE EST EN MOI. JE LE SAIS.

Le monde est en vous. Vous pouvez le ressentir. Grâce à la Connaissance, vous pouvez ressentir la présence de toutes les relations. Telle est l'expérience de Dieu. C'est pourquoi vos relations importantes avec d'autres individus portent en elles une si grande promesse – car dans une union authentique avec une autre personne, vous pouvez commencer à faire l'expérience de l'union avec toute vie. Telle est la raison de votre quête sincère de relations. Telle est votre véritable motivation dans les relations – faire l'expérience de l'union et exprimer votre but. Les gens croient que leurs relations existent pour réaliser leurs fantasmes et combattre leur anxiété. Cela doit être désappris afin que le véritable but des relations puisse être révélé et compris. Ainsi, désapprendre constitue le premier pas dans le processus d'apprentissage. En cela, vous apprenez comment apprendre. En cela, vous apprenez comment recevoir.

Exercez-vous à chaque heure en ce jour en vous rappelant cette idée. Aujourd'hui, lors de vos méditations plus profondes, utilisez de nouveau le mot RAHN pour vous amener davantage encore dans les profondeurs de la Connaissance. Répétez l'idée au début de votre pratique et ensuite, sur chaque expiration, répétez le mot RAHN doucement à vous-même. Laissez cela centrer votre mental. Laissez cela vous connecter avec la profondeur de la Connaissance. Ici, vous pénétrez plus profondément qu'auparavant. En cela, vous découvrirez tout ce que vous cherchez et il n'existera plus aucune confusion concernant le monde.

Pratique 169 : *Deux séances de pratique de 30 minutes.*
Pratique horaire.

170ème Pas

JE POURSUIS L'ANCIEN RITE DE PRÉPARATION AUJOURD'HUI.

CETTE PRÉPARATION QUE VOUS ENTREPRENEZ est ancienne dans son origine. Elle a été utilisée durant des siècles en ce monde et en d'autres mondes également. Elle a seulement été adaptée à votre temps, dans son langage et dans sa pertinence. Elle prépare cependant la conscience de la manière dont les consciences ont toujours été préparées au sein de la Voie de la Connaissance, car la Connaissance ne change pas et les préparations ne font que s'adapter à la compréhension et aux événements actuels afin d'être pertinentes pour ceux et celles à qui elle se destine. Cependant le véritable mécanisme de la préparation demeure inchangé.

VOUS ENTREPRENEZ UN ANCIEN RITE dans le rétablissement de la Connaissance. Née de la Grande Volonté de l'univers, cette préparation a été construite pour l'avancement des étudiants de la Connaissance. Vous travaillez à présent en collaboration avec de nombreux autres individus, à la fois dans ce monde et dans d'autres mondes. Car la Connaissance est enseignée dans tous les mondes où la vie intelligente existe. Ainsi, vos efforts sont soutenus et embellis par les efforts de ceux qui se préparent avec vous. En cela, vous représentez une communauté d'étudiants. Ne pensez donc pas que vos efforts soient singuliers. Ne pensez donc pas que vous soyez seul au monde à entreprendre le rétablissement de la Connaissance. Ne pensez donc pas que vous ne fassiez pas partie d'une communauté d'étudiants. Cela vous deviendra plus évident avec le temps, à mesure que vous commencerez à reconnaître ceux qui se préparent avec vous. Cela deviendra plus évident avec le temps, à mesure que l'expérience de la présence de vos Enseignants s'approfondira. Cela deviendra plus évident avec le temps, à mesure que les fruits de votre Connaissance deviendront évidents, pour vous aussi. Cela deviendra plus évident avec le temps, à mesure que vous considérerez davantage votre vie comme faisant partie d'une Grande Communauté de mondes.

Rappelez-vous votre pratique horaire. Lors de vos pratiques plus profondes dans la quiétude, recevez le bienfait de tous ceux qui pratiquent avec vous. Souvenez-vous que vous n'êtes pas seul et que leurs récompenses vous sont données comme vos récompenses leur sont données. Ainsi, vous partagez ensemble vos accomplissements. Le pouvoir de votre entreprise est si considérablement soutenu par l'effort et le don des autres qu'il dépasse de loin vos propres capacités. Quand vous le réaliserez, cela vous apportera tous les encouragements et bannira pour toujours l'idée que vous êtes incapable d'effectuer les tâches qui vous sont données, car votre don est complété par le don des autres et cela représente la Volonté de Dieu dans l'univers.

Pratique 170 : *Deux séances de pratique de 30 minutes.*
Pratique horaire.

171ème Pas

CE QUE JE DONNE EST UNE AFFIRMATION DE MA RICHESSE.

CE QUE VOUS DONNEZ EST UNE AFFIRMATION DE VOTRE RICHESSE car vous donnez à partir de votre propre richesse. Ce n'est pas du don d'objets dont nous parlons ici car vous pouvez distribuer toutes vos possessions et ne plus rien avoir. Mais lorsque vous donnez la Connaissance, la Connaissance s'accroît. Et lorsque vous donnez un objet et que ce don est imprégné de la Connaissance, la Connaissance s'accroît. C'est pourquoi lorsque vous recevrez la Connaissance vous voudrez la donner, car telle est l'expression naturelle de votre propre réceptivité.

COMMENT POURRIEZ-VOUS ÉPUISER LA CONNAISSANCE alors que la Connaissance est le Pouvoir et la Volonté de l'univers ? Comme votre véhicule est petit et comme la substance qui s'exprime à travers vous est grande. Comme votre relation avec la vie est grande et comme vous êtes alors vous-même grand, vous qui êtes avec la vie. Il n'y a aucune prétention, ici. Il n'y a aucun narcissisme ici car vous réalisez que vous êtes à la fois petit et grand, et vous reconnaissez la source de votre petitesse et la source de votre grandeur. Vous reconnaissez la valeur de votre petitesse et la valeur de votre grandeur. Vous reconnaissez alors toute vie et rien n'est exclu de votre grande évaluation de vous-même qui naît de l'amour et d'une véritable compréhension. Telle est donc la compréhension que vous devez cultiver avec le temps en réalisant à nouveau que vos efforts dans ce sens sont embellis par les efforts de ceux qui sont, eux aussi, des étudiants de la Connaissance dans votre monde. Même les étudiants dans d'autres mondes embellissent vos efforts car il n'existe ni temps ni distance en la Connaissance. Vous disposez donc d'un grand soutien actuellement et en cela vous réalisez votre véritable relation avec la vie.

Pratiquez à chaque heure et lors de vos méditations plus profondes, laissez le mot RAHN vous mener vers la Connaissance. Dans le silence et dans la quiétude, en vous plongeant dans les profondeurs de la Connaissance, recevez la paix et la confirmation qui sont votre héritage.

Pratique 171 : *Deux séances de pratique de 30 minutes.*
Pratique horaire.

172ème Pas

JE DOIS RÉTABLIR MA CONNAISSANCE.

Vous devez rétablir votre Connaissance. Cela n'est pas une simple préférence en compétition avec d'autres préférences. Le fait qu'il s'agisse d'une exigence dans la vie confère à cela la nécessité et l'importance réellement méritées. Ne pensez en aucun cas que votre liberté sera entravée par cette nécessité car votre liberté résulte de cette nécessité et naîtra également de cette nécessité. Ici, vous entrez dans un monde de direction vitale plutôt que de choix fortuits. Ici, vous vous engagez sérieusement avec la vie au lieu de demeurer un observateur distant qui ne peut témoigner que de ses propres idées.

Le caractère nécessaire de la Connaissance reflète ainsi l'importance qu'elle représente pour vous et votre monde. Aussi, accueillez le fait qu'elle soit nécessaire car cela vous libère de l'agacement et de l'incapacité issus de l'ambivalence. Elle vous délivre des choix dépourvus de sens et vous dirige vers ce qui est vraiment vital à votre bien-être et au bien-être du monde. La Connaissance est une nécessité. Votre vie est une nécessité. Son importance n'est pas seulement pour vous mais également pour le monde.

Si vous pouvez saisir cela véritablement, cela viendra à bout de tout sentiment d'indignité ou d'indolence que vous pouvez encore entretenir. En effet, si votre vie est une nécessité, alors elle possède un but, un sens et une direction. Si votre vie est une nécessité, alors toutes les autres vies sont également nécessaires. En cela, vous ne désirerez faire de mal à personne mais chercherez plutôt à affirmer la Connaissance en chacun. Cette nécessité porte ainsi en elle la force et la direction qui vous sont nécessaires ; elle vous fournit également la grâce et la profondeur que vous devez recevoir pour vous-même. Une vie nécessaire est une vie qui a du sens. La Connaissance est une nécessité. Donnez-vous à votre nécessité et vous ressentirez que vous êtes vous-même une nécessité. Cela dissipera votre sentiment d'indignité et de culpabilité et vous remettra en relation avec la vie.

Pratiquez à nouveau à chaque heure et, lors de vos deux pratiques de méditation, permettez au mot RAHN de vous amener profondément dans la présence de la Connaissance même. Le pouvoir de ce mot, un mot inconnu dans votre propre langage, résonnera avec votre Connaissance et la stimulera. Ainsi, les moyens sont mystérieux mais le résultat est concret.

Pratique 172 : *Deux séances de pratique de 30 minutes.*
Pratique horaire.

173ème Pas

AUJOURD'HUI, JE FERAI CE QUI EST NÉCESSAIRE.

FAIRE CE QUI EST NÉCESSAIRE VOUS ENGAGERA avec vitalité dans la vie car la vie en ce monde, sous toutes ses formes, est engagée avec ce qui est nécessaire. À première vue, cela peut sembler oppressif aux êtres humains car ils ont l'habitude de vivre dans un monde imaginaire où tout est basé sur de la préférence et où rien n'est réellement nécessaire.

POURTANT, C'EST LORSQUE QUELQUE CHOSE DANS LA VIE revêt un caractère vraiment nécessaire, même s'il s'agit de circonstances désespérées, que les gens sont capables de se libérer momentanément de leurs illusions et de sentir un but, un sens et une direction. Cela constituent alors un don pour l'humanité mais les gens ne se font généralement ce don qu'en des circonstances désespérées.

C'EST EN DES CIRCONSTANCES PLUS HEUREUSES que vous devez maintenant apprendre à recevoir et à accueillir la nécessité comme une grâce libératrice dans votre vie car vous désirez être nécessaire, vous désirez être inclus, vous désirez être vital, et vous désirez faire partie intégrante d'une communauté. Tout cela est nécessaire. Il ne s'agit pas simplement d'une préférence de votre part. Cela ne doit pas résulter d'un choix fortuit mais d'une profonde conviction car votre grand don doit naître d'une profonde conviction pour être grand et complet. Sans cela, à la première adversité ou à la première déception, vous ferez naufrage et vous retournerez dans la rêverie et l'illusion.

ACCUEILLEZ ALORS LES NÉCESSITÉS DE CE JOUR. Faites de petites tâches sans vous plaindre car elles sont petites. Suivez aujourd'hui votre procédure de préparation car elle est grande et nécessaire. Ne confondez pas le grand et le petit car le petit ne sert qu'à exprimer le grand. N'essayez pas de faire de ce qui est petit quelque chose de grand ou de ce qui est grand quelque chose de petit. Comprenez leur véritable relation l'un avec l'autre car en vous se trouvent à la fois le grand et le petit. En vous, ce qui est grand cherche à s'exprimer à travers ce qui est petit.

Accomplissez ainsi vos activités ordinaires aujourd'hui. Faites ce qui est nécessaire aujourd'hui. Rappelez-vous à chaque heure Notre idée de ce jour et donnez-vous à votre pratique afin que votre journée puisse être une journée où l'on donne et où l'on reçoit. Lors de vos pratiques de méditation approfondie, entrez dans la quiétude en utilisant le mot RAHN pour vous amener profondément dans la méditation. Faîtes cela parce que c'est nécessaire. Faîtes cela par nécessité et vous ressentirez le pouvoir de votre propre volonté.

Pratique 173 : *Deux séances de pratique de 30 minutes.*
Pratique horaire.

174ème Pas

MA VIE EST NÉCESSAIRE.

VOTRE VIE EST NÉCESSAIRE. Ce n'est pas un accident biologique. Votre venue dans ce monde ne résulte pas d'un simple hasard. Votre vie est nécessaire. Si vous pouviez seulement vous rappeler ce que vous avez traversé pour venir dans ce monde et la préparation requise pour votre émergence ici, à la fois dans ce monde et au-delà, vous réaliseriez alors l'importance de votre présence ici et l'importance de la Connaissance que vous portez en vous. Votre vie est nécessaire. Il ne s'agit pas ici d'une forme de suffisance. Il s'agit simplement de la reconnaissance d'une vérité. Dans votre évaluation de vous-même, votre vie apparaît soit pathétique, soit grandiose. Cependant, la nécessité de votre vie n'a rien à voir avec vos évaluations bien que celles-ci puissent vous rapprocher ou vous éloigner de la prise de conscience de ce fait réél et unique.

VOTRE VIE EST NÉCESSAIRE. Comprenez-le et cela bannira votre jugement et votre condamnation de vous-même. Comprenez-le et cela apportera de l'humilité à vos idées grandioses sur vous-même. Comprenez-le et avec le temps vos plans pourront alors être ajustés à la Connaissance elle-même, car votre vie est nécessaire.

RÉPÉTEZ CETTE AFFIRMATION À CHAQUE HEURE et considérez-la indépendamment de vos émotions, de vos circonstances et de toute pensée prévalant dans votre mental car la Connaissance est plus grande que les pensées et elle est destinée à gouverner les pensées. Lors de vos deux séances de méditation, permettez au mot RAHN de vous amener profondément dans la pratique. Ressentez la nécessité de votre propre vie – sa valeur et son importance. C'est quelque chose dont vous pouvez faire directement l'expérience. Cela ne nécessite pas votre évaluation. Cela ne nécessite pas que vous vous considériez supérieur aux autres. Il s'agit simplement d'une expérience profonde de la réalité car votre vie est nécessaire. Elle vous est nécessaire. Elle est nécessaire à votre monde. Elle est nécessaire à la vie même.

Pratique 174 : *Deux séances de pratique de 30 minutes.*
Pratique horaire.

175ème Pas

RÉVISION

Lors de votre révision des pratiques de cette semaine, prenez à nouveau conscience de l'importance de vous donner à votre pratique. Vous donner à votre pratique est ainsi le premier pas à faire pour comprendre le véritable sens du don et le véritable sens du but dans le monde.

Dans votre unique longue séance de pratique, révisez la semaine qui vient de passer. Revoyez votre engagement avec la pratique de chaque journée et examinez le sens de l'idée de chaque jour. Accordez à cela toute votre attention durant votre long moment de pratique aujourd'hui et réalisez qu'à mesure que vous êtes le témoin de votre propre développement, vous vous préparez à donner aux autres.

Pratique 175 : *Une longue séance de pratique.*

176ème Pas

Je suivrai la Connaissance aujourd'hui.

À chaque heure de cette journée, faites l'expérience de ce que cela signifie de suivre la Connaissance. Prenez de petites décisions à propos de petites choses lorsque cela est nécessaire, mais ne prenez aucune grande décision sans la Connaissance. Vous avez un esprit personnel pour prendre de petites décisions sans grandes conséquences. Mais les plus grandes décisions devraient être prises avec la Connaissance.

Aujourd'hui, à chaque heure, suivez la Connaissance. Permettez à sa paix et à sa certitude de demeurer avec vous. Permettez à sa direction générale d'être discernée. Permettez à son pouvoir de vous influencer. Permettez-lui de se donner à vous comme vous apprenez à présent à vous donner à elle.

Lors de vos deux plus longues pratiques de méditation aujourd'hui, entrez profondément dans la Connaissance en utilisant le mot RAHN. Entrez profondément dans la présence de la vie. Entrez profondément dans cette expérience. Continuez à diriger votre mental vers cet accomplissement. Continuez à mettre de côté tout ce qui vous affecte ou vous retient en arrière. De cette façon, vous entraînez le mental et vous le préparez aussi à l'émergence de ce qui lui est le plus naturel.

Suivez la Connaissance en ce jour. Si la Connaissance indique quelque chose dont vous êtes certain, suivez-la et soyez observateur. Voyez ce qui arrive et essayez d'apprendre à distinguer la Connaissance de vos impulsions, désirs, peurs et réactions d'évitement. Cela doit être appris par l'expérience. De cette façon, la Connaissance sera séparée, par contraste, de tout ce qui prétend être la Connaissance par contraste. Cela vous procurera une certitude plus profonde et une plus grande confiance en vous-même dont vous aurez besoin dans les temps à venir.

Pratique 176 : *Deux séances de pratique de 30 minutes.*
Pratique horaire.

177ème Pas

J'APPRENDRAI À ÊTRE HONNÊTE AUJOURD'HUI.

Il existe une plus grande honnêteté qui attend que vous la découvriez. Il existe une plus grande honnêteté que vous devez exercer envers vous-même. Il ne suffit pas simplement de savoir ce vous ressentez. Il est d'autant plus important de ressentir ce que vous savez. Il s'agit d'une plus grande honnêteté, une honnêteté qui est en harmonie avec la vie même, une honnêteté qui reflète le véritable avancement de tous les êtres dans le monde. Il ne s'agit pas simplement d'exprimer votre intention personnelle et de demander qu'elle se réalise. Il s'agit, au lieu de cela, de demander à ce que la nécessité de la vie en vous puisse s'exprimer d'une façon qui soit fidèle à la vie-même. La forme et la manière dont elle s'exprimera seront contenues dans les messages que vous aurez à délivrer aux autres lorsque le moment de leur émergence viendra.

Apprenez alors à ressentir ce que vous savez. Cela représente une plus grande honnêteté. Cela requiert à la fois ouverture et retenue. Cela requiert un examen de soi. Cela requiert une objectivité envers votre vie. Cela requiert la quiétude et la paix autant que la capacité d'utiliser activement votre mental pour l'exploration. Ainsi, tout ce que vous avez appris jusqu'ici est mis à contribution et utilisé dans la pratique d'aujourd'hui.

Rappelez-vous à chaque heure de la pratique d'aujourd'hui et considérez-là sérieusement lors de vos pratiques horaires. Durant les pratiques plus longues aujourd'hui, entrez à nouveau dans la quiétude et appliquez votre mental à cette activité importante. La conscience doit être amenée à proximité de son Ancienne Demeure pour trouver réconfort et paix. Cela exige de l'autodiscipline au départ mais, une fois l'engagement pris, le processus se déroule naturellement de lui-même.

Apprenez à devenir plus honnête aujourd'hui. Apprenez à discerner un plus grand degré d'honnêteté, un degré d'honnêteté authentique qui confirme votre nature-même et ne trahit pas votre but le plus élevé.

Pratique 177 : *Deux séances de pratique de 30 minutes.*
Pratique horaire.

178ème Pas

JE ME SOUVIENDRAI DE CEUX QUI M'ONT DONNÉ AUJOURD'HUI.

C'EST UN JOUR SPÉCIAL DÉDIÉ À LA RECONNAISSANCE DE LA PRÉSENCE de relations authentiques dans votre vie. C'est un jour spécial dédié à la reconnaissance des dons qui vous ont été offerts. C'est un jour dédié à la gratitude.

À CHAQUE HEURE, RÉPÉTEZ DONC CETTE AFFIRMATION et prenez un moment pour vous souvenir de ceux qui vous ont donné. Essayez de penser très attentivement aux individus qui vous ont été bénéfiques à travers la démonstration tant de leur sagesse que de leurs erreurs. Pensez à ceux qui vous ont démontré la voie à prendre comme la voie à ne pas prendre. Lorsque vous explorez plus profondément ce sujet lors de vos deux longues séances de pratique aujourd'hui, essayez de réfléchir avec plus de soin et laissez tout individu qui vous vient à l'esprit devenir le sujet de votre investigation. Il s'agit d'un temps de pratique active durant vos séances de méditation.

LORS DE VOS DEUX PLUS LONGUES SÉANCES DE PRATIQUE, répétez l'affirmation au début de la pratique et laissez des individus venir à vous. Apprenez à reconnaître leur contribution au rétablissement de la Connaissance. Apprenez à reconnaître leur contribution à votre bien-être physique et émotionnel. Apprenez à reconnaître la manière dont ils vous ont servi. De cette façon, votre conception toute entière ayant trait au fait de donner, de recevoir et de servir dans le monde peut s'étendre et se développer. Cela vous donnera une vision juste du monde afin que vous appreniez à éprouver de la compassion envers vous-même et envers les autres.

Ce jour est ainsi un jour de reconnaissance et de gratitude. Que vos pratiques soient significatives et efficaces afin que vous puissiez en recevoir les récompenses.

Pratique 178 : *Deux séances de pratique de 30 minutes.*
Pratique horaire.

179ème Pas

Aujourd'hui, je remercierai le monde de m'enseigner ce qui est vrai.

Le monde, dans sa grandeur et dans sa folie, vous enseigne ce à quoi accorder de la valeur et vous apprend à reconnaître ce qui est vrai. Le contraste doit être évident dans l'apprentissage pour que vous fassiez ces distinctions. Pour distinguer ce qui est vrai de ce qui est faux, ce qui a du sens de ce qui n'en a pas, vous devez apprendre par le contraste. Vous devez goûter à ce qui n'a aucun sens pour découvrir sa nature et son contenu véritables, et vous devez goûter à ce qui a du sens pour découvrir sa nature et son contenu véritables. Le monde vous fournit continuellement l'opportunité de faire les deux.

À l'heure actuelle, votre besoin est de goûter de plus en plus à ce qui est vrai - c'est pourquoi Nous mettons maintenant l'accent sur cela dans votre pratique quotidienne. Vous avez si souvent cédé à ce qui est faux que cela a dominé votre intellect et votre attention. Nous vous nourrissons à présent de ce qui est vrai, mais vous devez aussi apprendre à tirer parti de ce que le faux vous a donné. Vous n'aurez alors plus besoin d'explorer ce qui est faux. Ce qui est faux s'est déjà présenté à vous. À présent, vous apprenez à reconnaître son apparence et à utiliser ce que le faux peut vous apporter. Le seul bénéfice que le faux peut vous offrir est que vous appreniez à reconnaître son manque de substance afin que vous désiriez savoir ce qui est vrai et que vous ayez une capacité plus grande pour le recevoir.

Remerciez donc le monde aujourd'hui pour son soutien, pour sa grandeur et pour sa folie, pour ses moments d'inspiration et pour son grand étalage d'illusion. Le monde que vous avez vu jusqu'à présent est amplement constitué de la fantaisie des individus, mais il existe pour vous un monde plus grand à percevoir, un monde qui est réellement là, un monde qui éveillera en vous la Connaissance, l'appréciation et aussi la véritable application de soi – car c'est votre but que de servir l'évolution de ce monde, de même que le but du monde est de servir votre évolution.

Lors de vos deux plus longues séances de pratique aujourd'hui, examinez activement cette idée à l'aide de votre mental. Utilisez votre mental pour comprendre de quelle manière le monde vous a soutenu. Réfléchissez très attentivement à ce sujet. Ce n'est pas une investigation superficielle. C'est une investigation que vous devez mener par nécessité et avec sérieux car elle déterminera votre expérience dans la vie, à la fois dans le présent et dans l'avenir.

À chaque heure, rappelez-vous de Notre affirmation d'aujourd'hui et gardez-la à l'esprit alors que vous regardez le monde. Ne laissez pas cette journée vous échapper. Ce jour est un jour de reconnaissance, un jour de gratitude et un jour de sagesse.

Pratique 179 : *Deux séances de pratique de 30 minutes.*
Pratique horaire.

180ème Pas

JE ME PLAINS CAR LA CONNAISSANCE ME FAIT DÉFAUT.

Quand vous vous plaignez de la vie, vous demandez la Connaissance. La Connaissance a ses propres choses à dire sur la vie mais ce sont des choses très différentes de la lamentation que vous entendez en vous et autour de vous. Ainsi, en vous approchant de la Connaissance aujourd'hui, reconnaissez la nature de la plainte – comment cette dernière souligne votre faiblesse et la domination du monde sur vous, et combien cela est en contraste avec ce que vous apprenez à présent. Vous apprenez à présent à découvrir votre grandeur et votre domination sur le monde. Vous êtes en relation avec le monde. Permettez à cette relation de devenir saine et significative. Que la contribution du monde vous soit donnée. Que votre contribution soit donnée au monde.

Ainsi, remerciez le monde encore une fois aujourd'hui pour ce qu'il vous a donné. Lors de vos pratiques de méditation approfondie aujourd'hui, entrez dans la quiétude et le silence. Utilisez le mot RAHN pour vous aider à y pénétrer profondément. Utilisez le mot RAHN pour orienter votre mental et votre pensée afin que votre esprit s'unisse au son de ce mot ancien et unique.

C'est un jour de contribution importante. Ne vous plaignez pas de cette journée. Reconnaissez que tout ce qui arrive constitue pour vous une opportunité d'exercer votre pratique et de développer les véritables facultés de votre esprit. Votre plainte ne serait qu'un déni de la contribution du monde pour vous. Ne refusez donc pas cela. Ne vous plaignez pas du monde aujourd'hui afin que vous puissiez recevoir ses dons.

Pratique 180 : *Deux séances de pratique de 30 minutes.*

181ème Pas

AUJOURD'HUI, JE REÇOIS L'AMOUR DE LA CONNAISSANCE.

La Connaissance possède le véritable germe de l'amour – il ne s'agit pas d'un amour qui n'est que sentiment, ni d'un amour qui n'est qu'une certaine forme d'ivresse masquant un désir pressant né de la peur. La Connaissance est le germe du véritable amour, pas de l'amour qui cherche à conquérir, à posséder et à dominer mais de l'amour qui cherche à servir, à rendre autonome, et à libérer autrui. Devenez le réceptacle de cet amour aujourd'hui afin qu'il puisse s'écouler à travers vous dans le monde car, sans votre déni, il le fera très certainement.

À chaque heure, répétez cette affirmation et ressentez son plein impact quelles que soient les circonstances dans lesquelles vous vous trouvez. Laissez chacune de ces circonstances soutenir votre pratique et vous découvrirez que votre pratique aura un effet de plus en plus puissant sur votre vie extérieure. Lors de vos deux pratiques plus profondes aujourd'hui, entrez dans la présence de la Connaissance et recevez son amour. Affirmez votre mérite et votre réceptivité. Abandonnez vos présupposés sur vous-même et sur le monde et permettez-vous de faire l'expérience de ce qui démontrera la vérité au-delà de toute supposition. Telle est votre pratique aujourd'hui. Tel est votre don à vous-même, à votre monde et à votre Créateur afin que vous puissiez recevoir le don de l'amour.

Pratique 181 : *Deux séances de pratique de 30 minutes.*
Pratique horaire.

182ème Pas

RÉVISION

Aujourd'hui marque un moment décisif dans votre préparation. Ce jour marque l'achèvement du premier niveau de votre préparation et le début d'un nouveau niveau de préparation. Révisez la semaine passée durant un long moment de pratique, prenez ensuite le temps de réfléchir au chemin que vous avez parcouru et au chemin qu'il vous reste à parcourir. Prenez conscience de l'accroissement de votre pouvoir et de votre force. Réfléchissez à votre vie extérieure et identifiez ce qu'il est nécessaire d'y accomplir à la fois pour votre propre bénéfice et pour le bien-être des autres. Réalisez combien peu vous savez et l'étendue de ce qui vous est disponible. Ne laissez aucun doute de soi vous dissuader dans votre entreprise car vous avez seulement à participer pour recevoir le plus grand don que la vie puisse accorder.

Révisez la semaine passée et considérez à présent ce qui s'est dégagé de votre préparation jusqu'ici. Observez le développement qui s'est produit en vous ces quelques derniers mois – le sentiment croissant de présence, le sentiment croissant de certitude intérieure, le sentiment croissant de force intérieure. Acceptez le fait que votre vie extérieure ait commencé à s'ouvrir. Certaines choses, figées auparavant, se trouvent à présent déliées pour être réarrangées en votre faveur. Laissez votre vie extérieure être réarrangée maintenant que vous ne cherchez plus à la dominer pour votre protection personnelle. À mesure qu'une plus grande certitude émerge en vous, les circonstances extérieures doivent être réarrangées en votre faveur. Ainsi, vous devenez une source de changement et pas seulement une personne qui reçoit ce changement.

Prenez conscience du chemin que vous avez parcouru mais gardez à l'esprit que vous êtes un étudiant débutant de la Connaissance. Laissez cela être votre point de départ afin que vous puissiez supposer peu et recevoir beaucoup. Depuis ce grand point de référence, vous serez capable de voir au-delà des préjugés concernant l'humanité et de la condamnation de cette dernière. Vous serez capable de voir au-delà d'un point de vue personnel et d'avoir une vision du monde que le monde se désespère de recevoir.

Pratique 182 : *Une longue séance de pratique.*

Les Pas vers la Connaissance

DEUXIÈME PARTIE

Dans la seconde moitié de notre programme de préparation, nous allons entreprendre l'exploration de nouveaux domaines pour cultiver davantage votre expérience de la Connaissance et vous préparer à être une personne qui contribue la Connaissance dans le monde. Dans les jours à venir, nous allons explorer des choses qui vous sont familières et d'autres qui ne vous sont pas familières, des choses dont vous avez pris conscience auparavant et d'autres dont vous n'avez jamais pris conscience auparavant. Le mystère de votre vie vous appelle, parce que du mystère proviennent toutes les choses de réelle valeur dans le monde.

Par conséquent, lors des pas suivants, donnez-vous avec un dévouement croissant. Apaisez votre sentiment de doute. Permettez-vous de progresser avec une plus grande certitude. Seule votre participation est nécessaire, car à mesure que vous stimulerez la Connaissance, la Connaissance se révélera d'elle-même. Elle se révélera lorsque les conditions mentales et physiques de votre vie auront été préparées et ajustées de façon appropriée.

Continuons à présent avec le prochain pas de votre préparation.

183ème Pas

JE CHERCHE L'EXPÉRIENCE ET NON DES RÉPONSES.

Cherchez l'expérience aujourd'hui car l'expérience répondra à toutes les questions et rendra le questionnement inutile. Cherchez l'expérience aujourd'hui afin qu'elle puisse vous conduire vers une expérience de plus en plus grande. Il vaut mieux que vous posiez des questions à la Connaissance et que vous receviez ensuite l'expérience qu'elle peut vous donner. Vous êtes habitué à recevoir si peu de réponses à vos interrogations. Une réponse signifie si peu. Une véritable réponse doit être une invitation à participer à une plus grande préparation, à une préparation que vous n'avez pas préparée par vous-même mais qui a été préparée pour vous. Ne cherchez donc pas de petites choses qui vous apportent momentanément de l'aide ou du réconfort. Cherchez ce qui constitue le fondement de votre vie, ce qui peut vous procurer la vie comme jamais auparavant.

AUJOURD'HUI, LORS DE VOS DEUX PRATIQUES APPROFONDIES, soyez réceptif à cette expérience. Vous pouvez utiliser le mot RAHN si vous trouvez cela utile, mais entrez profondément dans l'expérience de la Connaissance. Ne cherchez pas de réponses. Des idées viendront à vous en temps voulu et par leur propre voie. Vous pouvez être assuré de cela. Lorsque votre mental sera préparé, il deviendra véritablement réceptif et capable de traiter ce qu'il reçoit. C'est de cette reconnaissance dont vous avez besoin. Elle doit provenir d'une grande expérience.

À chaque heure, rappelez-vous votre pratique et réalisez que vous recherchez une expérience authentique et non seulement des réponses. Votre mental est rempli de réponses et elles n'ont jusqu'ici pas répondu à votre questionnement.

Pratique 183 : *Deux séances de pratique de 30 minutes.*
Pratique horaire.

184ème Pas

MES QUESTIONS SONT PLUS GRANDES QUE JE NE L'AVAIS RÉALISÉ AUPARAVANT.

CE QUE VOUS DEMANDEZ est en réalité bien plus grand que tout ce que vous avez envisagé auparavant. Bien que vos questions puissent émerger de circonstances immédiates, vous demandez bien plus qu'une solution immédiate à des choses immédiates. Une résolution immédiate sera fournie mais elle viendra d'une Source supérieure. C'est cette Source supérieure que vous recherchez, car vous cherchez à réaliser votre nature ici et vous cherchez à trouver la préparation qui vous rendra capable d'apporter la contribution de vos dons afin que votre travail dans le monde puisse être accompli. Comprenez ainsi que vous êtes ici pour servir. Vous êtes ici pour donner. Ce faisant, vous trouverez votre accomplissement. Cela vous procurera du bonheur.

LORS DE VOS DEUX LONGUES SÉANCES DE PRATIQUE AUJOURD'HUI, entrez à nouveau dans la quiétude et le silence en gardant à l'esprit que la quiétude cultive la capacité du mental à recevoir. Dans la quiétude, vous trouvez ces choses que vous savez déjà et que vous avez négligées jusqu'ici. Grâce à ces périodes de pratique, votre mental s'affinera et gagnera une plus grande profondeur, une plus grande concentration et une plus grande attention dans tous les aspects de votre vie.

CE QUE VOUS RECHERCHEZ AUJOURD'HUI est quelque chose de plus grand que vous ne l'aviez pensé auparavant. Vous cherchez à connaître le sens de votre Connaissance à travers sa démonstration.

PRATIQUE 184 : *Deux séances de pratique de 30 minutes.*

185ème Pas

JE SUIS VENU DANS LE MONDE DANS UN BUT.

À NOUVEAU, NOUS AFFIRMONS CETTE GRANDE VÉRITÉ que vous savez vraie lorsque vous êtes relié à votre Connaissance. Quel que soit le niveau actuel de votre développement personnel, la réalité de votre but dans la vie demeure authentique. Aussi, de temps à autre, nous répétons certaines leçons qui sont essentielles à votre bien-être et à votre développement. Nous leur donnons de temps à autre une formulation différente afin que vous puissiez en tirer une expérience de plus en plus grande. De cette façon, elles peuvent trouver leur chemin vers votre cœur afin que votre cœur puisse trouver son chemin vers votre conscience.

Vous êtes ici pour servir. Vous êtes ici pour donner. Vous êtes ici parce que vous êtes riche de la Connaissance. Quelle que soit votre situation dans la vie, votre sentiment de pauvreté sera à jamais banni lorsque la Connaissance émergera en vous car nul sentiment de dénuement ne peut exister lorsque la Connaissance est ressentie et exprimée. Telle est la promesse de ce programme de préparation. Telle est la promesse de votre vie. Telle est votre destinée et telle est votre mission ici. À partir de cela, votre vocation spécifique dans le monde vous sera donnée. Elle sera tout à fait spécifique à vos activités et à votre comportement. Avant que cela ne puisse arriver, votre esprit doit être cultivé et votre vie doit être réarrangée et amenée à un véritable équilibre, cela afin qu'elle puisse refléter votre Connaissance et pas seulement vos peurs et vos envies. Une vie supérieure doit provenir d'une Source supérieure en vous. Une plus grande vie vous est à présent possible.

Vous êtes ici pour servir, mais pour servir vous devez recevoir. Lors de vos longues séances de pratique aujourd'hui, pratiquez la réceptivité. Allez plus en profondeur dans votre pratique de la quiétude. Cultivez cette pratique. Vous apprenez maintenant les compétences spécifiques qui vous aideront à le faire. Lorsque vous aurez fait l'expérience de votre volonté, les méthodes suivront naturellement. Nous offrons juste ce qu'il faut de méthodologie pour orienter votre mental dans la bonne direction. À partir de là, vous pouvez affiner votre pratique de manière à répondre à vos besoins sans trahir les instructions données dans cet enseignement.

Ainsi, suivez la direction fournie et effectuez des ajustements mineurs si nécessaire. Lorsque vous apprendrez à travailler avec votre nature, vous apprendrez à l'utiliser pour votre propre bénéfice. Pratiquez à chaque heure de sorte que votre pratique puisse vous accompagner partout et que chaque chose qui vous arrive aujourd'hui puisse faire partie de votre pratique.

Pratique 185 : *Deux séances de pratique de 30 minutes.*
Pratique horaire.

186ᵉᵐᵉ Pas

JE SUIS NÉ D'UN ANCIEN HÉRITAGE.

Vous êtes né d'un Ancien Héritage. Cela se révélera naturellement à votre esprit bien que ce soit au-delà des mots et de toute description. En essence, il s'agit d'une pure expérience de la vie et de l'inclusion. Ce que cette expérience vous remémore, ce sont ces relations que vous avez cultivées tout au long de votre évolution jusqu'à maintenant. Seul le rétablissement des relations peut se poursuivre au-delà de votre vie dans ce monde. Les individus que vous avez revendiqués comme faisant partie de votre Famille Spirituelle constituent à présent votre Famille Spirituelle. Ils forment le corps grandissant de la Connaissance et de l'inclusion dans la vie dont vous êtes maintenant capable de faire l'expérience.

Vous êtes ici pour servir votre Famille Spirituelle, votre petit groupe d'étude qui a travaillé de concert à travers de nombreuses ères et de nombreuses circonstances, dans le but de cultiver et de faire progresser ses membres afin que votre groupe puisse rejoindre d'autres groupes, et ainsi de suite. Comme des ruisseaux qui se rejoignent pour former des masses d'eau de plus en plus grandes, vous suivez votre cours inévitable vers la source de votre vie. Telle est la voie naturelle, la voie authentique, la voie qui existe au-delà de toute spéculation ou philosophie, au-delà de toutes les peurs ou de toutes les ambitions de l'humanité. Telle est la voie des choses – à jamais mystérieuse, au-delà de votre compréhension et pourtant pleinement disponible pour vous servir dans les circonstances immédiates de votre vie. Telle est la grandeur du mystère de votre vie et telle est son application, même dans les plus petits détails de votre vie. Votre vie ici est ainsi entière.

Vous êtes né d'un grand héritage. Ainsi, la grandeur est avec vous en raison de vos relations. Recevez cet Héritage dans la quiétude de vos deux pratiques de méditation profonde aujourd'hui et reconnaissez-le à chaque heure. Laissez ce jour démontrer à la fois la réalité et le déni de cette grande vérité car alors que vous verrez le monde essayer, dans son déni, de matérialiser les substituts à la Connaissance, vous apprendrez à apprécier la Connaissance et à réaliser que la Connaissance est déjà là.

PRATIQUE 186 : *Deux séances de pratique de 30 minutes.*
Pratique horaire.

187ème Pas

JE SUIS UN CITOYEN DE LA GRANDE COMMUNAUTÉ DES MONDES.

VOUS N'ÊTES PAS SEULEMENT UN ÊTRE HUMAIN dans ce seul monde. Vous êtes un citoyen de la Grande Communauté des mondes. C'est l'univers physique que vous reconnaissez à travers vos sens. Il est bien plus grand que vous ne pouvez le comprendre actuellement. L'étendue de ses relations est même bien plus grande que vous ne pouvez l'imaginer, car la réalité est toujours plus grande que l'imagination.

VOUS ÊTES UN CITOYEN D'UN UNIVERS PHYSIQUE PLUS VASTE. Cela n'est pas seulement une reconnaissance de votre Lignée et de votre Héritage mais aussi de votre but dans la vie à cette époque car le monde de l'humanité est en train d'émerger dans la vie de la Grande Communauté des mondes. Vous savez cela, bien que vos croyances ne l'expliquent peut-être pas encore.

AUJOURD'HUI, À CHAQUE HEURE, affirmez votre citoyenneté au sein de la Grande Communauté des mondes, car celle-ci affirme une vie plus grande que vous commencez maintenant à découvrir. Lors de vos deux pratiques de méditation, entrez encore une fois dans le silence et la quiétude. Cette expérience croissante de la quiétude vous rendra capable de comprendre toutes choses car votre esprit a été créé pour assimiler la Connaissance, et c'est de cette manière qu'émerge la compréhension. L'accumulation d'idées et de théories ne constitue ni la Connaissance, ni la compréhension car la compréhension naît de l'affinité et de l'expérience véritables. En cela, elle n'a aucun parallèle dans le monde et se trouve donc en mesure de servir le monde que vous percevez.

PRATIQUE 187 : *Deux séances de pratique de 30 minutes. Pratique horaire.*

188ème Pas

MA VIE DANS CE MONDE EST PLUS IMPORTANTE QUE JE NE L'AVAIS RÉALISÉ AUPARAVANT.

Est-ce là une idée grandiose ? Non. Cette idée va-t-elle à l'encontre de votre besoin d'humilité ? Non. Vous êtes ici dans un but plus grand que vous ne l'avez imaginé car votre imagination ne contient pas le sens de votre but dans la vie. Dans la vie, il y a seulement le but et tout ce qui se substitue à ce but et qui est issu d'une imagination craintive. Vous êtes ici pour vivre une vie plus grande que vous ne l'avez encore réalisé, et cette grandeur est ce que vous portez en vous. Elle peut être exprimée dans les styles de vie les plus simples et dans les activités les plus simples. Les activités sont grandes par l'essence qu'elles communiquent, et non en raison de la stimulation qu'elles peuvent éveiller chez d'autres.

Comprenez cette distinction très attentivement et vous commencerez à apprendre à discerner la grandeur de la petitesse et à apprendre comment la petitesse peut servir la grandeur. Cela intégrera chaque aspect de vous-même car une partie de vous est grande et une partie de vous est petite. Votre esprit personnel et votre corps physique sont petits et ils sont destinés à servir la grandeur de la Connaissance. C'est ce qui vous intègre. C'est ce qui intègre la vie également. Il n'y a aucune inégalité ici car tout travaille de concert pour servir un but supérieur que vous êtes venu servir.

Lors de vos plus longues séances de pratique aujourd'hui, utilisez activement votre mental pour essayer de comprendre ces choses. Votre compréhension naîtra de votre investigation et non simplement des idées qui vous réconfortent ou de celles que vous trouvez personnellement agréables. Utilisez votre mental pour investiguer. Les yeux fermés, réfléchissez à ces sujets. Concentrez-vous très attentivement et, lorsque votre concentration arrive à son terme, libérez-vous de toute idée et entrez dans la quiétude et le silence. Ainsi, le mental se trouve engagé à bon escient puis est amené dans la quiétude. Telles sont les deux fonctions du mental. Vous les pratiquerez aujourd'hui.

Rappelez-vous votre pratique horaire et servez-vous de cette journée pour votre développement qui est votre don au monde.

Pratique 188 : *Deux séances de pratique de 30 minutes.*
Pratique horaire.

189ème Pas

MA FAMILLE SPIRITUELLE EXISTE EN TOUS LIEUX.

Votre Famille Spirituelle est plus grande que vous ne le réalisez. Elle existe en de nombreux mondes. Son influence est partout. C'est pourquoi il est tellement insensé de vous considérer seul alors que vous faites partie de quelque chose de si grand qui sert le plus grand de tous les buts. Vous devez abandonner votre condamnation de soi et votre sentiment de petitesse pour connaître cela car vous vous êtes identifié à votre comportement dans le monde, qui est petit. Vous vous êtes identifié à votre esprit personnel et à votre corps physique, qui sont petits. Cependant, vous commencez maintenant à prendre conscience de votre relation avec la vie elle-même grâce à la Connaissance, qui est grande. Cela est accompli sans punir l'esprit personnel ou le corps physique car ils deviennent utiles et une source de joie à mesure qu'ils apprennent à servir un but supérieur. Le corps est alors en bonne santé et l'esprit personnel est utilisé, ce qui leur restitue le sens qui leur fait actuellement défaut.

Concernant votre corps physique, vous avez besoin de la santé, mais votre santé est là pour servir un but plus grand. Vous avez besoin d'utiliser correctement votre esprit personnel, ce qui lui donnera du sens et de la valeur car il ne cherche à être inclus que dans ce qui a du sens. Ce qui permet à votre esprit personnel et à votre corps physique de trouver leur juste place dans votre vie est la Connaissance qui vous fournit un but, un sens et une direction.

Cela est vrai dans tous les mondes. Cela est vrai partout dans l'univers physique dont vous êtes un citoyen. Élargissez votre vision de vous-même, afin que vous puissiez apprendre à être objectif vis-à-vis de votre monde. Ne projetez pas simplement des valeurs, des suppositions et des objectifs humains sur votre monde car cela vous empêche de voir le but du monde ainsi que son évolution, et cela rend votre compréhension du fait que vous êtes le citoyen d'une vie plus grande beaucoup plus difficile.

Aujourd'hui, lors de vos deux plus longues pratiques, utilisez votre mental pour examiner activement cette idée. Engagez les quinze premières minutes de vos deux longues séances de pratique dans cette investigation. Essayez d'explorer sérieusement le sens de l'idée d'aujourd'hui. Une fois votre investigation terminée, permettez à votre mental d'entrer de nouveau dans la quiétude. Prenez conscience du contraste entre un mental qui est utilisé activement et un mental qui est dans la quiétude. Comprenez que les deux sont importants et qu'ils se complètent. À chaque heure, répétez l'idée et considérez-la tout en regardant le monde autour de vous.

Pratique 189 : *Deux séances de pratique de 30 minutes.*
Pratique horaire.

190ème Pas

LE MONDE ÉMERGE DANS LA GRANDE COMMUNAUTÉ DES MONDES ET C'EST LA RAISON POUR LAQUELLE JE SUIS VENU.

VOUS ÊTES VENU DANS LE MONDE à un grand tournant, un tournant dont vous ne verrez qu'une partie de votre vivant. C'est un tournant durant lequel votre monde entre en relation avec les mondes qui se trouvent dans ses alentours. Telle est l'évolution naturelle de l'humanité ; il s'agit, de même, de l'évolution naturelle de toute vie intelligente en tout monde. Votre monde recherche une Grande Communauté. Cela exigera que la communauté interne de votre monde s'unifie. Cela fait également partie de l'évolution de toute vie intelligente en chaque monde. Vous êtes venu ici pour servir cela. Il existe de nombreux niveaux de service et de nombreuses choses auxquelles une contribution doit être apportée – à un niveau personnel, à un niveau communautaire et à un niveau mondial. Vous faites partie de ce grand mouvement de la vie car vous n'êtes pas ici seulement pour vos propres buts. Vous êtes ici pour servir le monde, et ainsi être servi en retour.

AUJOURD'HUI, LORS DE VOS DEUX PLUS LONGUES SÉANCES DE PRATIQUE, examinez l'idée du jour. Accordez-lui une réflexion sérieuse en observant les idées qui sont en harmonie avec elle et celles qui sont en désaccord. Examinez vos sentiments à l'égard de cette idée, à la fois ceux qui sont pour et ceux qui sont contre. Examinez vos préférences, vos préjugés, vos croyances, vos espoirs, vos peurs, et ainsi de suite. Cela constitue la première moitié de chaque phase de pratique. Dans la seconde moitié, entrez dans la quiétude et le silence en utilisant le mot RAHN, si vous trouvez que cela vous aide. Rappelez-vous que ces deux activités mentales sont à la fois nécessaires et complémentaires, comme vous l'apprendrez à l'avenir. À chaque heure, répétez l'idée d'aujourd'hui. Laissez-la vous fournir ce dont vous avez besoin pour voir le monde sous un nouveau jour.

PRATIQUE 190 : *Deux séances de pratique de 30 minutes.*
Pratique horaire.

191ème Pas

MA CONNAISSANCE EST PLUS GRANDE QUE MON HUMANITÉ.

VOTRE CONNAISSANCE EST NÉE DE LA VIE UNIVERSELLE. Elle éclipse votre humanité mais lui procure un sens véritable. Une Vie plus grande désire s'exprimer dans votre monde, en votre ère et dans les circonstances réelles qui existent actuellement. Ainsi, le grand s'exprime à travers le petit et le petit fait l'expérience de lui-même comme étant le grand. Il en est ainsi pour toute vie. Votre humanité n'a pas de sens à moins de servir un plus grand contexte et de faire partie d'une plus grande Réalité. Sans cela, elle constitue davantage une forme d'esclavage – une contrainte, un confinement et quelque chose d'imposé à votre nature plutôt qu'une affirmation de votre nature.

VOTRE CONNAISSANCE EST PLUS GRANDE QUE VOTRE HUMANITÉ. De ce fait, votre humanité peut avoir un sens car elle a quelque chose à servir. Sans le service, votre humanité ne constitue qu'une restriction : ce qui vous limite et qui vous emprisonne. Cependant, votre humanité est destinée à servir une plus grande réalité que vous portez en vous aujourd'hui. Cette Réalité est en vous, mais elle ne vous appartient pas. Vous ne pouvez pas l'utiliser pour votre propre accomplissement personnel. Vous ne pouvez que la recevoir et la laisser s'exprimer. Elle s'exprimera à travers votre humanité et vous procurera une expérience plus grande de vous-même.

LORS DE VOS DEUX LONGUES SÉANCES DE PRATIQUE AUJOURD'HUI, permettez-vous une fois encore d'entrer dans la quiétude. À chaque heure, répétez-vous cette idée afin que vous puissiez réfléchir à son véritable sens. N'acceptez pas de simples suppositions ou des conclusions prématurées car l'idée d'aujourd'hui nécessitera votre engagement profond. La vie a de la profondeur. Vous devez la pénétrer. Vous devez entrer en elle. Vous devez la recevoir et l'explorer. Vous vous trouverez alors à nouveau engagé dans votre relation naturelle avec la vie.

Pratique 191 : *Deux séances de pratique de 30 minutes.*
Pratique horaire.

192ème Pas

JE NE NÉGLIGERAI PAS LES PETITES CHOSES AUJOURD'HUI.

AUJOURD'HUI, NE NÉGLIGEZ PAS LES PETITES CHOSES que vous avez à faire. Faire de petites choses ne signifie en aucune façon que vous êtes petit. Si vous ne vous identifiez pas à votre comportement ou à vos activités, vous pouvez laisser votre grandeur exister alors que vous les entreprenez. Quelqu'un de grand peut faire de petites choses sans se plaindre. Quelqu'un qui est avec la Connaissance peut entreprendre des activités banales sans aucun sentiment de déshonneur. Les activités sont seulement des activités. Elles ne constituent pas votre vraie nature ni votre être véritable. Votre nature ou votre être véritable est la source de votre vie qui s'exprimera à travers vos petites activités, et cela à mesure que vous apprendrez à recevoir cette source et à la percevoir sous une perspective appropriée.

NE NÉGLIGEZ PAS LES PETITES CHOSES. Prenez soin des petites choses afin que votre vie dans le monde puisse être stable et puisse progresser correctement. Aujourd'hui, lors de vos deux pratiques plus profondes, entrez à nouveau dans la grandeur et dans la profondeur de la Connaissance. Puisque vous vous êtes occupé des petites choses, vous pouvez à présent consacrer ce temps à la dévotion et au don. De cette manière, votre vie extérieure est correctement gérée et votre vie intérieure est également prise en considération - car vous êtes un intermédiaire entre la vie de grandeur et la vie dans le monde. Ainsi, vous vous occupez du petit et vous recevez le grand. Telle est votre véritable fonction car vous êtes ici pour donner la Connaissance au monde.

Comme précédemment, répétez votre pratique à chaque heure. Emmenez-la avec vous. N'oubliez pas.

Pratique 192 : *Deux séances de pratique de 30 minutes. Pratique horaire.*

193ème Pas

J'ÉCOUTERAI LES AUTRES SANS JUGEMENT AUJOURD'HUI.

ÉCOUTEZ LES AUTRES SANS JUGEMENT AUJOURD'HUI. La Connaissance indiquera si ce qu'ils disent comporte ou non de la valeur. Elle le fera sans aucune forme de condamnation, sans aucune comparaison, sans aucune évaluation de votre part quelle qu'elle soit. La Connaissance est attirée par la Connaissance et elle n'est pas attirée par ce qui n'est pas la Connaissance. Vous êtes ainsi en mesure de trouver votre chemin légitime sans participer au jugement ou à la haine du monde. Il s'agit là de votre système de Guidance Intérieure, lequel est à votre service. Il vous mènera là où vous devez être et il vous guidera pour contribuer là où vos contributions peuvent être de la plus grande valeur. Si vous écoutez les autres sans jugement, vous entendrez à la fois la Connaissance et l'appel de la Connaissance. Vous verrez là où la Connaissance existe et là où elle a été reniée. Cela est naturel. Vous n'avez pas à juger les gens pour établir cette distinction. Elle est simplement sue.

ÉCOUTEZ LES AUTRES DE SORTE QUE VOUS PUISSIEZ FAIRE L'EXPÉRIENCE de votre écoute, car votre tâche ne consiste pas à juger le monde ou à déterminer dans quel endroit et de quelle façon vos dons devraient être donnés. Votre tâche consiste à faire l'expérience de vous-même dans la vie et à permettre à la Connaissance d'émerger, car la Connaissance se donnera au moment et à l'endroit où cela sera approprié. Cela vous permet d'être en paix car vous ne cherchez pas à contrôler le monde.

QUE VOS PRATIQUES SOIENT PROFONDES. Pratiquez à chaque heure comme précédemment. Écoutez les autres en ce jour afin que vous puissiez faire l'expérience de vous-même en relation avec eux, afin que leur véritable message puisse vous être donné et être compris. Cela vous confirmera en même temps la présence de la Connaissance et le besoin de la Connaissance dans le monde.

Pratique 193 : *Pratique horaire.*

194ème Pas

AUJOURD'HUI, J'IRAI LÀ OÙ ON A BESOIN DE MOI.

PERMETTEZ-VOUS D'ALLER LÀ OÙ ON A BESOIN DE VOUS, là où vous devez aller. Cette nécessité dans l'action donnera de la valeur et du sens à vos activités, et elle confirmera votre valeur dans tous vos engagements aujourd'hui. Allez là où on a besoin de vous, là où vous devez aller. Discernez ici la motivation réelle vous poussant à cela et distinguez cette dernière de tout sentiment de culpabilité ou d'obligation envers les autres. Ne placez pas sur vous des exigences artificielles. Ne permettez pas aux autres de placer sur vous des exigences artificielles au-delà de vos simples devoirs en ce jour. Allez là où vous êtes vraiment nécessaire.

RAPPELEZ-VOUS CELA À CHAQUE HEURE car vous devez en pénétrer le sens pour en faire l'expérience. Si vous êtes habitué à la culpabilité et à l'obligation, l'idée d'aujourd'hui semblera aggraver votre difficulté. Cependant cette idée constitue une véritable affirmation de la Connaissance en vous, donnant à la Connaissance une opportunité de vous guider et de vous démontrer sa valeur. Cela n'a rien à voir avec la dépendance car vous devez être indépendant de tout ce qui est faux pour suivre ce qui est vrai. Telle est la valeur de toute indépendance.

LORS DE VOS PLUS LONGUES SÉANCES DE PRATIQUE, entrez profondément dans la Connaissance. Gardez également cette idée vivante lorsque vous êtes dans le monde. Permettez-vous de ressentir une présence plus profonde en vous pendant que vous êtes à l'extérieur dans le monde des choses ordinaires, dans le monde des petites considérations. La grandeur est ici pour servir ce qui est petit. Souvenez-vous-en.

Pratique 194 : *Deux séances de pratique de 30 minutes. Pratique horaire.*

195ème Pas

LA CONNAISSANCE EST PLUS PUISSANTE QUE JE NE LE RÉALISE.

LA CONNAISSANCE EST PLUS PUISSANTE QUE VOUS NE LE RÉALISEZ. Elle est aussi plus merveilleuse que vous ne le réalisez. Vous avez encore peur d'elle à cause de son grand pouvoir. Vous n'êtes pas sûr de savoir si elle va vous dominer ou vous contrôler, pas sûr de savoir où elle va vous mener ni ce que vous aurez à faire, pas sûr de savoir ce qui va en résulter. Pourtant, lorsque vous vous éloignez de la Connaissance, vous entrez de nouveau dans la confusion et dans le monde de l'imagination. Lorsque vous vous rapprochez de la Connaissance, vous entrez dans la certitude et la confirmation, dans un monde qui possède une réalité et un but. Comment pouvez-vous connaître la Connaissance en étant à distance ? Comment pouvez-vous déterminer son sens sans recevoir ses dons ?

AUJOURD'HUI, RAPPROCHEZ-VOUS DE LA CONNAISSANCE. Laissez-la demeurer silencieusement en vous comme vous apprenez à demeurer dans le silence en sa compagnie. Rien ne pourrait être plus fondamental à votre expérience naturelle que l'expérience de la Connaissance. Réjouissez-vous qu'elle soit plus grande que vous ne le réalisez car votre estimation a été petite. Réjouissez-vous de ne pas être encore en mesure de la comprendre actuellement car votre compréhension ne ferait que limiter la Connaissance et son utilité pour vous. Laissez ce qui est grand demeurer avec vous de sorte que votre grandeur puisse être démontrée et que vous puissiez en faire l'expérience aujourd'hui.

PRENEZ CETTE IDÉE AVEC VOUS ET APPLIQUEZ-LA À CHAQUE HEURE. Gardez-la à l'esprit durant la journée. Lors de vos deux longues séances de pratique, permettez-vous de faire l'expérience de la profondeur de la Connaissance. Ressentez le pouvoir de la Connaissance. Renforcez votre détermination à faire cela. Faites appel à votre autodiscipline car ici l'autodiscipline est employée avec sagesse. La Connaissance est plus grande que vous ne le réalisez. Par conséquent, vous devez apprendre à recevoir sa grandeur.

Pratique 195 : *Deux séances de pratique de 30 minutes.*
Pratique horaire.

196ème Pas

RÉVISION

Aujourd'hui, révisez les deux semaines passées de préparation. Lisez les instructions de chaque jour puis revoyez votre expérience pratique du jour en question. Commencez avec le premier jour de la période de deux semaines et suivez chaque jour, pas à pas. Désormais, vous commencerez à réviser votre préparation par intervalles de deux semaines. Il vous est à présent donné de procéder ainsi parce que votre perception et votre compréhension commencent à bourgeonner et à grandir.

Rappelez-vous chaque jour. Essayez de vous rappeler votre pratique et votre expérience. Les leçons elles-mêmes vous rappelleront cette expérience si vous l'avez oubliée. Essayez de voir la progression de l'apprentissage afin que vous puissiez apprendre à apprendre. Essayez de voir en vous ce qui confirme la Connaissance et ce qui la refuse de sorte que vous puissiez apprendre à travailler avec ces tendances.

Devenir un véritable étudiant de la Connaissance exigera une plus grande autodiscipline, une plus grande constance dans votre application et une plus grande acceptation de votre valeur que tout ce que vous avez entrepris jusque-là. Suivre vous prépare à devenir un meneur, car tous les grands meneurs sont de grands suiveurs. Si la source de ce qui vous dirige représente la bonté et la vérité, alors il est certain que vous devez apprendre à la suivre. Et pour la suivre, vous devez apprendre à apprendre d'elle, à la recevoir et à la donner.

Que votre longue séance de révision d'aujourd'hui, qui peut excéder deux heures d'application, soit une révision des deux semaines passées durant laquelle vous conservez l'ensemble de ces choses à l'esprit. Devenez objectif par rapport à votre vie. Aucune condamnation n'est nécessaire ici car vous apprenez à apprendre, vous apprenez à suivre et vous apprenez à employer la Connaissance, de même que la Connaissance vous emploiera certainement. Ici la Connaissance et vous-même vous rejoignez dans un véritable mariage et dans une véritable harmonie. La Connaissance est alors plus puissante, et vous êtes plus puissant. Il n'existe aucune inégalité ici, et toutes les choses trouvent leur cours naturel d'expression.

Servez-vous de cette révision pour aller plus loin et pour approfondir votre compréhension de votre préparation en gardant à l'esprit que la compréhension vient toujours de manière rétrospective. C'est une grande vérité dans la Voie de la Connaissance.

Pratique 196 : *Une longue séance de pratique.*

197ème Pas

IL FAUT FAIRE L'EXPÉRIENCE DE LA CONNAISSANCE POUR EN PRENDRE CONSCIENCE.

Aujourd'hui, je ne penserai pas que je peux comprendre la Connaissance ou que je peux conceptualiser la grandeur de la vie avec mon intellect. Je ne penserai pas aujourd'hui qu'à travers une simple idée ou une simple supposition, je peux pleinement accéder à la Connaissance elle-même. En réalisant cela, je comprendrai ce qui m'est demandé et ce que je dois donner lors de mes pratiques, car je dois donner de moi-même. »

Vous devez donner de vous-même. Vous ne pouvez pas simplement penser à des idées et espérer qu'elles répondront à votre besoin le plus élevé. En prenant conscience de cela aujourd'hui, répétez votre pratique à chaque heure et, lors de vos méditations plus profondes, donnez-vous complètement à l'expérience de la Connaissance. Entrez dans la quiétude. Permettez-vous d'être complètement engagé. Vous exercerez ainsi le pouvoir de votre propre mental pour votre bénéfice. Vous réaliserez alors que vous avez le pouvoir de dissiper les distractions ; vous avez le pouvoir de dissiper la peur ; vous avez le pouvoir de dissiper les obstacles, parce que votre volonté est de connaître la Connaissance.

Pratique 197 : *Deux séances de pratique de 30 minutes.*
Pratique horaire.

198ème Pas

Aujourd'hui, je serai fort.

Soyez fort aujourd'hui. Suivez le plan qui vous est donné. Ne vous retenez pas en arrière et n'altérez en rien les instructions. Il n'existe aucun raccourci ici, il n'y a que la voie directe. Les pas vous sont donnés. Suivez-les. Soyez fort aujourd'hui. Seules vos idées sur vous-même parlent de faiblesse. Seule votre évaluation de vous-même dit que vous êtes lamentable, incapable ou inadéquat. Vous devez avoir foi en votre force et exercer cette foi pour réaliser votre force.

À chaque heure, répétez cette affirmation et cherchez à en faire l'expérience, quelles que soient les circonstances dans lesquelles vous vous trouvez. Lors de vos deux pratiques plus profondes aujourd'hui, utilisez votre force pour vous engager complètement dans la quiétude. Laissez votre mental se libérer des chaînes de ses propres concepts. Laissez votre corps se libérer d'un mental tourmenté. De cette façon, votre mental et votre corps s'établiront dans leur fonction naturelle et tout en vous rentrera dans l'ordre. La Connaissance trouvera alors une expression à travers votre mental et votre corps. À partir de là, vous serez en mesure d'apporter dans le monde ce qui est plus grand que le monde, et votre vie s'en trouvera confirmée.

Pratique 198 : *Deux séances de pratique de 30 minutes.*
  Pratique horaire.

199ème Pas

LE MONDE QUE JE VOIS ÉMERGE DANS LA GRANDE COMMUNAUTÉ DES MONDES.

SANS LES LIMITATIONS INHÉRENTES À UN POINT DE VUE PUREMENT HUMAIN, vous serez capable de voir l'évolution de votre monde dans un contexte plus vaste. En regardant le monde sans la distorsion des désirs et des peurs qui vous sont propres, vous serez capable d'observer son mouvement plus vaste et de discerner sa direction d'ensemble. Il est ainsi essentiel que vous preniez conscience de la direction qu'a prise votre monde car tel est le contexte qui donne sens à votre but et à votre appel spécifique lorsque vous êtes ici dans ce monde. Vous êtes en effet venu servir le monde dans son évolution actuelle et vos dons sont destinés à le servir dans sa vie future.

VOTRE MONDE SE PRÉPARE À ENTRER dans une Grande Communauté. L'évidence de cela est partout si vous prenez la peine de regarder. Sans croyance ni déni, les choses peuvent être simplement reconnues. La démonstration de la vie est alors évidente et n'a pas besoin d'être extraite de choses complexes. Ce qui rend la vie complexe est que les gens veulent que la vie soit ce que la vie n'est pas. Ils veulent eux-mêmes être ce qu'ils ne sont pas et ils veulent que leur destinée soit ce qu'elle n'est pas. Ils cherchent alors à obtenir de la vie ce qui confirme leur propre idéalisme, et puisque la vie ne peut pas confirmer cela, tout devient bouleversé, conflictuel et complexe. Le mécanisme de la vie peut être compliqué dans ses plus infimes détails, mais le sens de la vie est immédiatement évident pour quiconque regarde sans la distorsion du jugement ou de la préférence.

PRENEZ CONSCIENCE QUE VOTRE MONDE SE PRÉPARE À ÉMERGER dans la Grande Communauté. Faites cela sans embellir cette prise de conscience avec votre propre imagination. Vous n'avez pas besoin de donner une forme à l'avenir. Comprenez seulement le cours actuel de votre monde. Ce faisant, la signification de vos propres capacités naturelles et leur application future vous deviendront toujours plus évidentes.

À chaque heure, répétez cette affirmation et considérez-la avec sérieux car elle est la fondation absolue de votre vie et il est nécessaire que vous la compreniez. Il ne s'agit pas d'une simple croyance, il s'agit de l'évolution du monde. Lors de vos deux pratiques de méditation profonde aujourd'hui, utilisez activement votre mental pour considérer cette idée. Observez vos propres croyances qui sont en faveur de cette idée ou qui vont à son encontre. Observez vos propres sentiments à ce sujet. Examinez-vous avec objectivité tandis que vous tentez d'explorer cette idée puissante. Il s'agit d'un temps d'utilisation du mental. Utilisez vos moments de pratique avec dévouement et impliquez-vous totalement. Laissez votre mental pénétrer la superficialité de ses propres idées de surface.

Dans la Connaissance, tout devient calme et silencieux. Tout est su. Ici, vous commencez à discerner la différence entre savoir et penser. Vous prenez conscience du fait que penser peut seulement servir dans la préparation pour la Connaissance, mais que la Connaissance dépasse de loin la portée et la compréhension de toute pensée individuelle. Ici, Vous comprendrez comment le mental peut servir votre nature spirituelle. Ici, vous comprendrez l'évolution du monde.

Pratique 199 : *Deux séances de pratique de 30 minutes.*
              Pratique horaire.

200ème Pas

MES PENSÉES SONT TROP PETITES POUR CONTENIR LA CONNAISSANCE.

Vos pensées sont trop petites car la Connaissance est plus grande. Vos croyances sont trop étriquées car la Connaissance est plus grande. Ainsi, traitez la Connaissance avec mystère et ne cherchez pas à lui donner forme car elle se trouve au-delà des formes et dépassera vos attentes. Laissez alors la Connaissance demeurer mystérieuse afin qu'elle puisse vous offrir ses dons sans contrainte. Laissez votre pensée et vos idées s'appliquer au monde visible que vous voyez car votre pensée peut s'y développer utilement à mesure que vous comprenez le mécanisme de votre vie physique et de votre interaction avec les autres. Cependant, laissez la Connaissance exister au-delà de l'application mécanique de votre mental afin qu'elle puisse affluer dans chaque situation, bénir cette dernière et lui procurer un but, un sens et une direction.

Rappelez-vous cette idée à chaque heure et considérez-la sérieusement, quelles que soient les circonstances dans lesquelles vous vous trouvez. Lors de vos deux pratiques de méditation aujourd'hui, permettez-vous d'entrer une fois de plus dans la quiétude. Pour cela vous pouvez utiliser la pratique du RAHN si vous trouvez qu'elle vous aide. Permettez-vous d'aller au-delà des idées. Permettez-vous d'aller au-delà des schémas habituels de pensée. Laissez votre mental devenir lui-même car il a été créé pour servir la Connaissance.

Pratique 200 : *Deux séances de pratique de 30 minutes.*
Pratique horaire.

201ᵉᵐᵉ Pas

MON MENTAL FUT CRÉÉ POUR SERVIR LA CONNAISSANCE.

En comprenant cela, vous réaliserez la valeur de votre mental et vous ne le déprécierez pas. En réalisant cela, vous comprendrez la valeur de votre corps et vous ne le déprécierez pas. En effet, votre mental et votre corps ne sont que des véhicules pour exprimer la Connaissance. Ce faisant, vous devenez le véhicule de la Connaissance. Ce faisant, vous vous rappelez votre grand Héritage. Ce faisant, vous êtes réconforté dans l'assurance de votre grande destinée.

Ici, il n'y a aucune illusion. Ici, il n'y a aucune tromperie de soi. Ici, tout trouve sa juste place. Ici, vous comprenez la vraie part de chaque chose. Ici, vous comprenez la valeur de votre mental et vous ne voudrez pas lui attribuer des tâches qu'il n'est pas capable d'accomplir. Votre mental sera alors utilisé de façon constructive, dégagé d'attentes impossibles. En réalisant cela, vous verrez que votre corps est fait pour servir votre mental, et vous comprendrez la valeur de votre corps et sa grande utilité en tant qu'outil de communication. Vous accepterez ainsi ses limitations car limité, il doit l'être. Vous apprécierez aussi son mécanisme. Vous apprécierez toutes les interactions que vous avez avec d'autres individus dans ce monde. Vous serez alors heureux de posséder un mental et un corps qui vous permettent de communiquer le pouvoir et l'essence de la Connaissance.

Répétez votre idée de ce jour à chaque heure et considérez-la. Lors de vos deux pratiques de méditation profonde, permettez à votre mental d'entrer dans la quiétude afin qu'il puisse apprendre à servir. Vous devez réapprendre ce qui vous est naturel car vous avez appris ce qui n'est pas naturel et qui doit maintenant être désappris. À sa place, le naturel sera stimulé car lorsque le naturel est stimulé, il s'exprime. Le mental s'engage ainsi à nouveau dans sa véritable fonction et toute chose trouve sa véritable valeur.

PRATIQUE 201 : *Deux séances de pratique de 30 minutes.*
Pratique horaire.

202ème Pas

Je contemple la Grande Communauté aujourd'hui.

Vous pouvez contempler la Grande Communauté car vous vivez au sein même de la Grande Communauté. Le fait que vous viviez à la surface de ce monde, préoccupé par les efforts humains et limité par le temps et l'espace, ne signifie pas que vous ne pouvez pas contempler la grandeur de la Grande Communauté. Vous pouvez la contempler en regardant le ciel au-dessus et en regardant le monde en-dessous. Vous pouvez prendre conscience de cela en comprenant la relation qu'entretient l'humanité avec l'univers dans son ensemble et en réalisant que l'humanité n'est qu'une race de plus en évolution. Une race qui développe son intelligence et sa Connaissance pour être en mesure de trouver une vraie participation à mesure qu'elle émerge dans la Grande Communauté. Regarder de cette manière vous apporte une perspective plus large. Regarder de cette manière vous permet de comprendre la nature du changement dans le monde. Regarder de cette manière vous permet d'avoir de la compassion pour vous et pour les autres car la compassion naît de la Connaissance. La Connaissance ne dévalorise pas ce qui est en cours mais cherche à l'influencer pour le bien.

À chaque heure, considérez la valeur de l'idée d'aujourd'hui. Observez le monde et considérez-vous comme un témoin de la Grande Communauté. Considérez votre monde comme un monde parmi de très nombreux autres mondes qui se trouvent à un niveau d'évolution semblable. Ne tourmentez pas votre mental en essayant de donner forme à ce qui demeure au-delà de la portée de votre perception. Permettez-vous de vivre dans un univers grand et mystérieux que vous commencez seulement à comprendre actuellement.

Lors de vos deux méditations profondes, permettez-vous d'utiliser activement votre mental pour considérer cette idée. Essayez de regarder votre vie au-delà d'une perspective purement humaine car d'une perspective purement humaine vous ne verrez qu'une vie humaine, qu'un monde humain et qu'un univers humain. Vous ne vivez pas dans un univers humain. Vous ne vivez pas dans un monde humain. Vous ne vivez pas une vie purement humaine. Comprenez que votre humanité n'est pas reniée ici, mais qu'il lui est donné une plus grande inclusion au sein d'une plus grande vie. Votre humanité devient ainsi une source et un moyen d'expression plutôt qu'une limitation que vous vous imposez. Permettez à vos séances de pratique approfondie de devenir très actives. Utilisez votre mental de manière constructive. Utilisez votre mental de manière objective. Observer vos idées. Ne vous laissez pas simplement influencer par elles. Observez vos croyances. Ne vous contentez pas de les suivre ou de les renier. Apprenez cette objectivité et vous apprendrez à voir avec la Connaissance car la Connaissance regarde toutes les choses mentales et physiques avec équanimité.

Pratique 202 : *Deux séances de pratique de 30 minutes.*
Pratique horaire.

203ème Pas

LA GRANDE COMMUNAUTÉ INFLUENCE LE MONDE QUE JE VOIS.

Si vous pouvez accepter que votre monde fasse partie d'une grande Communauté, ce qui est simplement une évidence si vous prenez la peine de regarder, alors vous devez accepter que le monde est influencé par la Grande Communauté car le monde fait partie de la Grande Communauté et ne peut pas être indépendant d'elle. La manière dont la Grande Communauté influence votre monde se trouve au-delà de votre capacité de compréhension actuelle. Mais comprendre que le monde est influencé vous permet de le regarder avec une perspective plus élargie ce que, d'un point de vue purement humain, vous ne seriez pas capable d'accomplir car un point de vue purement humain n'admet pas l'existence d'autres formes de vies intelligentes. L'absurdité de ce point de vue s'avère tout à fait évidente lorsque vous commencez à regarder l'univers de façon objective. Cela éveillera en vous de l'émerveillement, un intérêt croissant et également de la prudence. Cela est très important car le monde est influencé par la Grande Communauté et vous faites partie de ce monde qui est influencé.

De même que le monde physique dans lequel vous vivez est influencé par de plus grandes forces physiques qui se trouvent au-delà de votre portée visuelle, le monde est également influencé mentalement par la vie intelligente impliquée dans votre monde. Cette vie intelligente représente des forces œuvrant pour le bien ainsi que des forces au service de l'ignorance. De ce fait, vous devez arriver à comprendre une vérité fondamentale : les esprits plus faibles sont influencés par les esprits plus forts. Cela est vrai dans votre monde et dans tous les mondes. Cette vérité n'est pas applicable au-delà du monde physique mais elle l'est effectivement dans le monde physique. C'est pourquoi vous apprenez à présent à rendre votre esprit fort et à répondre à la

Connaissance qui représente la force pour le bien partout dans l'univers. À mesure que vous deviendrez plus fort, vous arriverez à comprendre et à percevoir davantage. Par conséquent, votre esprit doit être cultivé dans la Connaissance pour devenir plus fort afin qu'il puisse servir une cause véritable.

Aujourd'hui, à chaque heure, répétez l'idée du jour et, lors de vos deux séances de pratique approfondie, cherchez à vous concentrer sur les mots que nous vous donnons ici. Utilisez activement votre mental. Ne le laissez pas vagabonder et trouver refuge dans les petites choses ou les choses insignifiantes. Pensez à la grandeur de ces idées mais ne les considérez pas avec crainte car elles ne sont pas destinées à éveiller la crainte. Ce qui est requis est l'objectivité afin que vous puissiez appréhender la grandeur de votre monde, de votre univers et de votre opportunité au sein de celui-ci.

Pratique 203 : *Deux séances de pratique de 30 minutes.*
Pratique horaire.

204ème Pas

JE SERAI EN PAIX AUJOURD'HUI.

Soyez en paix aujourd'hui. Ne laissez pas votre imagination négative faire apparaître des images de perte et de destruction. Ne laissez pas votre anxiété détourner votre concentration de la Connaissance. La considération objective de votre monde et de la Grande Communauté dans laquelle vous vivez ne devrait pas susciter de la peur mais du respect – du respect vis-à-vis du pouvoir de l'époque dans laquelle vous vivez et de son importance pour l'avenir ; du respect pour vos propres aptitudes émergentes et pour leur utilité dans le monde que vous percevez ; du respect pour la grandeur de l'univers physique et du respect vis-à-vis du pouvoir de la Connaissance qui est bien plus vaste que l'univers que vous percevez.

Rappelez-vous de demeurer en paix à chaque heure. Mettez-y votre force et votre dévouement. Donnez-vous à cela. Lors de vos pratiques de méditation profonde, en vous servant du mot RAHN si nécessaire, laissez votre mental entrer dans la quiétude afin qu'il puisse entrer dans la grandeur de la Connaissance qu'il est destiné à servir. Soyez en paix aujourd'hui car la Connaissance est avec vous. Soyez en paix aujourd'hui car vous apprenez à demeurer avec la Connaissance.

Pratique 204 : *Deux séances de pratique de 30 minutes.*
Pratique horaire.

205ème Pas

JE NE JUGERAI PAS LE MONDE AUJOURD'HUI.

NE LAISSEZ PAS VOTRE MENTAL SE DÉPRÉCIER en condamnant le monde. À travers la condamnation, le monde devient incompris et votre mental devient davantage une charge qu'un atout pour vous. L'idée d'aujourd'hui requiert de la pratique, de la discipline et de l'application car votre esprit et tous les esprits dans le monde ont été mal compris, mal utilisés et mal dirigés. Par conséquent, vous apprenez à présent à utiliser le mental de façon positive en lui donnant une véritable fonction au service de la Connaissance.

NE CONDAMNEZ PAS LE MONDE AUJOURD'HUI. Ne jugez pas le monde aujourd'hui. Permettez à votre mental de demeurer dans la quiétude lorsque vous observez le monde. La Connaissance relative au monde émerge graduellement. Elle émerge naturellement. Une idée peut la suggérer mais une idée ne peut la contenir. La Connaissance représente un changement complet dans votre point de vue, un changement complet dans votre expérience, un changement complet dans vos priorités et une transformation générale de votre système de valeurs. C'est là la marque de la Connaissance.

NE CONDAMNEZ PAS LE MONDE AUJOURD'HUI. Il ne saurait être condamné car il démontre simplement que la Connaissance n'y est pas appliquée. Que peut-il faire, sinon commettre l'erreur et la folie ? Que peut-il faire, sinon gaspiller ses précieuses ressources ? L'humanité ne peut que commettre des erreurs sans la Connaissance. Elle ne peut que créer des choses fantasques. Elle ne peut que se livrer à sa perte. Elle ne mérite donc pas la condamnation. Elle mérite l'application de la Connaissance.

Exercez-vous chaque heure à ne pas condamner le monde. Ne laissez pas les heures s'écouler sans cet engagement de votre part. Offrez cette journée en service au monde de cette manière car sans votre condamnation, votre amour pour le monde émergera naturellement et sera exprimé. Lors de vos deux séances de pratique approfondie, permettez à votre mental d'entrer dans la quiétude. Sans condamnation ni jugement, la quiétude devient possible parce qu'elle est naturelle. Sans le fardeau de votre condamnation, votre mental peut demeurer dans la quiétude. Dans la quiétude, la condamnation et le jugement n'existent pas. Dans la quiétude, l'amour émanera de vous dans toutes les directions et continuera bien au-delà de ce que vous pourriez percevoir par vos sens.

Pratique 205 : *Deux séances de pratique de 30 minutes.*
   Pratique horaire.

206ème Pas

L'AMOUR ÉMANE DE MOI À PRÉSENT.

L'amour émane de vous et aujourd'hui vous pouvez essayer d'en faire l'expérience et de vous libérer de ce qui lui fait obstacle. Sans jugement, sans illusion, sans idées fantasques et sans les limitations d'un point de vue purement humain, vous verrez que l'amour émane de vous. Vous verrez que toute votre frustration dans la vie provient de votre incapacité à faire l'expérience de cet amour qui souhaite émaner de vous et de votre incapacité à l'exprimer. Quelles que soient les circonstances causant votre frustration, la cause réelle est toujours votre incapacité à exprimer l'amour. Votre évaluation des difficultés et des dilemmes peut certainement dissimuler ce fait mais elle ne peut nier son existence.

À CHAQUE HEURE, PERMETTEZ À L'AMOUR D'ÉMANER DE VOUS en réalisant que vous n'avez pas à vous engager dans une quelconque forme de comportement car l'amour émanera de vous naturellement comme le parfum d'une fleur. Lors de vos pratiques approfondies, laissez votre mental entrer dans la quiétude afin que l'amour puisse émaner de vous. Vous réaliserez ainsi la fonction naturelle de votre mental et la grandeur de la Connaissance qui se trouve en vous mais qu'il ne vous revient pas de posséder.

NE LAISSEZ AUCUNE IDÉE DE DÉVALORISATION DE SOI ou de doute de soi vous dissuader de cette opportunité aujourd'hui. Sans votre interférence, l'amour émanera naturellement de vous. Vous n'avez pas besoin de prétendre quoi que ce soit. Vous n'avez pas besoin d'adopter une quelconque forme de comportement pour que cela se produise. Votre comportement représentera, avec le temps, ce qui émane naturellement de vous. Laissez l'amour émaner naturellement de vous aujourd'hui.

Pratique 206 : *Deux séances de pratique de 30 minutes. Pratique horaire.*

207ème Pas

JE PARDONNE À CEUX QUI, J'ESTIME, M'ONT BLESSÉ.

Cette affirmation représente votre intention d'avoir la Connaissance car le refus du pardon n'est que l'application du blâme à une situation dans laquelle vous avez été incapable de comprendre ou d'appliquer la Connaissance. Tous vos échecs vous appartiennent à cet égard. Au premier abord, cela peut ressembler à un fardeau de blâme jusqu'à ce que vous réalisiez la plus grande opportunité que cela vous offre. En effet, si tous vos échecs vous appartiennent, vous réaliserez alors qu'il vous revient d'appliquer les corrections nécessaires. L'échec d'autrui n'est pas le vôtre, mais votre condamnation de l'échec d'autrui est votre propre échec. Tout échec qui engendre le refus de pardonner en vous est ainsi votre échec car l'échec d'autrui n'a pas à engendrer le refus de pardonner ni un quelconque blâme en vous. En fait, les échecs des autres engendreront votre compassion et l'application de la Connaissance dans l'avenir et n'ont pas besoin de générer le blâme ni la tristesse en vous.

La Connaissance n'est pas choquée en regardant le monde. La Connaissance n'est pas consternée. La Connaissance n'est pas découragée. La Connaissance n'est pas offensée. La Connaissance est consciente de la petitesse du monde et des erreurs du monde. Elle est consciente de cela parce qu'elle ne connaît qu'elle-même, et ce qui n'est pas la Connaissance ne représente qu'une opportunité pour que la Connaissance soit appliquée à nouveau. Votre refus de pardonner représente ainsi simplement l'opportunité pour vous d'appliquer à nouveau la Connaissance.

Répétez l'idée de ce jour à chaque heure et ne sous-estimez pas sa valeur pour vous, vous qui cherchez actuellement le soulagement de la peine et de la tristesse. Lors de vos deux séances de pratique approfondie, pensez tour à tour à toutes ces personnes envers lesquelles vous ressentez de la rancœur – des individus que vous avez connus personnellement et des individus dont vous avez entendu parler ou auxquels vous avez pensé, des individus qui ont été associés à l'échec. Ils vous viendront à l'esprit lorsque vous ferez appel à eux car ils attendent tous que vous les pardonniez. Laissez-les maintenant émerger un par un. Au fur à mesure de leur émergence, pardonnez-vous d'avoir échoué à appliquer votre Connaissance. Rappelez-leur, à mesure qu'ils vous apparaissent, que vous apprenez actuellement à appliquer la Connaissance, que vous ne souffrirez pas à cause d'eux et que, par conséquent, eux-même n'ont pas à souffrir à cause de vous. L'engagement à pardonner est alors l'engagement à prendre conscience de la Connaissance et à l'appliquer car la Connaissance dissipe la rancœur comme la lumière dissipe l'obscurité. Il n'existe en effet que la Connaissance et le besoin de la Connaissance. Ceci est tout ce que vous pouvez percevoir dans l'univers.

Vos deux séances de pratique sont ainsi dédiées à faire face à ces personnes que vous avez accusées et à vous pardonner pour avoir échoué dans l'application de la Connaissance pour les comprendre et interagir avec elles. Faîtes cela sans aucune forme de culpabilité ou de dépréciation de soi car comment auriez-vous pu ne pas faillir alors que la Connaissance ne vous était pas disponible ou que vous n'étiez pas disponible pour la Connaissance. Acceptez donc vos limitations passées et consacrez-vous à présent à percevoir le monde d'une façon nouvelle, sans blâme et avec la grandeur de la Connaissance.

Pratique 207 : *Deux séances de pratique de 30 minutes.*
Pratique horaire.

208ème Pas

TOUT CE QUE J'APPRÉCIE VÉRITABLEMENT SERA EXPRIMÉ À PARTIR DE LA CONNAISSANCE.

TOUTES LES CHOSES QUI SONT LES PLUS HAUTEMENT ESTIMÉES dans la vie humaine – l'amour, la patience, le dévouement, la tolérance, le pardon, le véritable accomplissement, le courage et la foi – émanent naturellement de la Connaissance car la Connaissance en est la source. Elles ne sont autres que l'expression extérieure d'un esprit qui sert la Connaissance. Elles n'ont ainsi pas à être imposées à soi par le biais d'une autodiscipline ardue. Elles émaneront naturellement car l'esprit qui sert la Connaissance ne peut qu'illustrer sa propre grandeur et ses propres capacités. Ce qui requiert une autodiscipline est la réorientation de votre concentration, la réorientation de votre dévouement et la réorientation de votre service. Soit vous servez la Connaissance, soit vous servez les substituts de la Connaissance, car en toutes choses vous devez servir.

À CHAQUE HEURE, RÉPÉTEZ-VOUS CETTE IDÉE afin que vous puissiez la considérer tout au long de la journée. Lors de vos deux séances approfondies de pratique, utilisez activement votre mental pour considérer la profondeur de cette idée. Vous devez ici penser de manière constructive. Ne vous contentez pas de tisser des images qui vous semblent plaisantes. Ne vous jugez pas durement et ne jugez pas durement les autres. Apprenez à nouveau, par la pratique, à devenir objectif dans l'application de votre mental. Laissez-le aller en profondeur. Ne vous contentez pas de simples réponses que vous trouvez réconfortantes.

PENSEZ AUX EXEMPLES QUE NOUS AVONS MENTIONNÉS AUJOURD'HUI car ce sont des exemples que vous pouvez reconnaître. Toutes les choses que vous appréciez vraiment émaneront de la Connaissance car la Connaissance en est la source.

Pratique 208 : *Deux séances de pratique de 30 minutes. Pratique horaire.*

209ème Pas

JE NE SERAI PAS CRUEL ENVERS MOI-MÊME AUJOURD'HUI.

Ne soyez pas cruel envers vous-même en essayant de porter votre couronne d'épines, laquelle représente votre système de croyances et de suppositions. Ne projetez pas sur vous-même le poids du blâme et du refus de pardonner. N'essayez pas de forcer votre esprit à manifester ces qualités qui vous tiennent à cœur car elles émaneront naturellement de la Connaissance.

Au lieu de cela, entrez dans la quiétude lors de vos deux séances approfondies de pratique, réalisant encore une fois que toutes les qualités que vous estimez le plus se manifesteront naturellement à partir de la Connaissance. Tout ce que vous trouvez détestable s'estompera naturellement. Un esprit ainsi libéré peut octroyer au monde le plus grand don possible.

Considérez donc cela à chaque heure à mesure que vous essayez d'appliquer l'idée d'aujourd'hui à tout ce que vous voyez, entendez et effectuez. Ne soyez pas cruel envers vous-même aujourd'hui car rien ne justifie cela. Permettez-vous d'être béni afin que vous puissiez bénir le monde. Permettez-vous de bénir le monde afin que vous puissiez vous-même être béni.

Pratique 209 : *Deux séances de pratique de 30 minutes.*
Pratique horaire.

210ème Pas

RÉVISION

Aujourd'hui, révisez les deux semaines passées de préparation en lisant chaque leçon telle qu'elle est donnée et en vous rappelant votre pratique de chaque journée. Dans votre longue séance de pratique d'aujourd'hui, recommencez à évaluer la progression des événements et l'ensemble de vos pratiques. Commencez par constater qu'il existe une relation entre la façon dont vous appliquez votre mental et le résultat de votre expérience. Regardez votre vie avec objectivité, sans culpabilité ni blâme, de sorte que vous puissiez comprendre la manière dont celle-ci est en train d'émerger véritablement.

Votre longue séance de pratique d'aujourd'hui vous verra utiliser activement votre mental pour son propre bénéfice. Vous apprenez à devenir objectif quant à votre propre progrès en tant qu'étudiant. Vous apprenez à devenir objectif quant à la nature de l'apprentissage lui-même. Vous apprenez à devenir objectif afin que vous puissiez voir. Permettez ainsi à cette révision de vous procurer une plus grande perspective du travail de la Connaissance dans le monde et de la présence de la Connaissance dans votre vie.

Pratique 210 : *Une longue séance de pratique.*

211ème Pas

J'AI DE GRANDS AMIS AU-DELÀ DE CE MONDE.

Vous avez de grands amis au-delà de ce monde. C'est pourquoi l'humanité cherche à entrer dans la Grande Communauté : parce que la Grande Communauté représente ses véritables relations à une plus grande échelle. Vous avez de vrais amis au-delà du monde parce que vous n'êtes pas seul dans le monde et parce que vous n'êtes pas seul dans la Grande Communauté des mondes. Vous avez des amis au-delà de ce monde parce que votre Famille Spirituelle a des représentants partout. Vous avez des amis au-delà de ce monde parce que vous ne travaillez pas seulement à l'évolution de votre monde mais aussi à l'évolution de l'univers. Au-delà de votre imagination, au-delà de vos capacités conceptuelles, cela est absolument vrai.

Ressentez, ainsi, la grandeur de l'univers dans lequel vous vivez. Ressentez, ainsi, l'opportunité que vous avez de servir la Grande Communauté dont fait partie votre monde. Vous servez vos grands amis dans le monde et vos amis au-delà du monde car la Connaissance est à l'œuvre partout. C'est l'attraction de Dieu. C'est l'application du bien. C'est la force qui sauve tous les esprits séparés et qui donne un but, un sens et une direction à l'univers. Quel que soit le mécanisme de la vie physique, sa valeur est déterminée par son origine et sa destinée qui se trouvent toutes deux au-delà de votre compréhension. Réaliser que la Connaissance est le moyen par lequel le monde est propulsé dans sa vraie direction vous permet ainsi de valoriser et de recevoir ce qui donne à votre vie un but, un sens et une direction.

À chaque heure aujourd'hui, considérez que vous avez des amis au-delà de ce monde qui se trouvent dans d'autres mondes mais également au-delà du visible. Considérez votre appartenance à cette plus grande association. Lors de vos deux séances approfondies de pratique aujourd'hui, permettez à votre mental d'entrer dans la quiétude afin que vous puissiez faire l'expérience de ces choses. Ne vous attardez pas sur ces éléments dans votre imagination mais permettez plutôt à votre mental d'entrer dans la quiétude de sorte qu'il puisse transmettre la Connaissance à votre conscience et à votre expérience. Vous avez des amis au-delà de ce monde et ils pratiquent avec vous aujourd'hui.

Pratique 211 : *Deux séances de pratique de 30 minutes.*
　　　　　　　Pratique horaire.

212ème Pas

JE GAGNE DE LA FORCE GRÂCE À TOUS CEUX QUI PRATIQUENT AVEC MOI.

Vous gagnez effectivement de la force grâce à tous ceux qui pratiquent avec vous car chaque esprit qui cherche à s'engager avec la Connaissance prête également force à tous les autres esprits qui font de même. En cela, vous projetez votre influence sur le monde. En cela, tous ceux qui cherchent à servir un vrai but projettent leur influence sur vous. C'est ainsi que les forces ignorantes du monde sont contrecarrées. C'est ainsi que les forces destructrices du monde sont contrecarrées. C'est ainsi que cette influence s'exerce sur tous les esprits afin qu'ils commencent à s'éveiller.

Recevez alors la foi de l'idée d'aujourd'hui car elle vous donnera foi à mesure que vous prenez conscience que votre propre application est grandement renforcée par l'application des autres. Cela transcendera tout sentiment d'inadéquation que vous pourriez avoir. Cela vous aidera à dépasser tout sentiment d'ambivalence vis-à-vis d'une véritable préparation car tous les autres esprits engagés dans le rétablissement de la Connaissance sont disponibles pour vous assister ici et maintenant.

Ainsi, la grandeur est avec vous, la grandeur de la Connaissance et la grandeur de tous ceux qui cherchent à rétablir la Connaissance. Avec eux, vous partagez un vrai but car votre vrai but est de garder la Connaissance vivante dans le monde. De la Connaissance toutes les bonnes choses, de nature spirituelle comme de nature matérielle, sont transmises aux races qui en sont les destinataires.

À chaque heure, répétez l'idée d'aujourd'hui et lors de vos séances de pratique approfondie, tentez de recevoir l'influence de tous ceux qui cherchent à rétablir la Connaissance. Permettez à leur don de pénétrer votre esprit de sorte que vous puissiez faire l'expérience d'une véritable appréciation envers la vie et que vous commenciez à comprendre le sens et l'efficacité de vos propres efforts en tant qu'étudiant de la Connaissance.

Pratique 212 : *Deux séances de pratique de 30 minutes.*
Pratique horaire.

213ème Pas

JE NE COMPRENDS PAS LE MONDE.

Vous ne comprenez pas le monde. Vous entretenez seulement des jugements à son égard et cherchez ensuite à comprendre vos jugements. Le monde se révélera à vous lorsque vous le regarderez sans ces contraintes et ces limitations. Ce faisant, vous découvrirez que vos croyances peuvent devenir utiles en vous permettant de faire chaque pas en avant dans la vie. Elles n'ont pas besoin de limiter votre perception de l'univers. Vous ne pouvez pas vivre dans le monde sans croyances ni suppositions. Cependant, vos croyances et vos suppositions sont destinées à être des outils au service de votre mental pour lui fournir une structure temporaire et lui permettre d'utiliser ses capacités naturelles de façon positive.

Vous ne comprenez pas le monde, aujourd'hui. Soyez heureux qu'il en soit ainsi, car votre condamnation n'est pas fondée. Vous ne comprenez pas le monde, aujourd'hui. Cela vous donne l'opportunité d'être un témoin du monde.

À chaque heure, répétez cette idée lorsque vous regardez le monde. Rappelez-vous que vous ne comprenez pas ce que vous voyez, ce qui vous rend libre de regarder à nouveau. Si vous n'êtes pas libre de regarder, cela signifie simplement que vous cherchez à justifier vos propres jugements. Ce n'est pas là véritablement voir. Ce n'est que la tentative d'entretenir vos propres illusions. Lors de vos deux séances de pratique approfondie d'aujourd'hui, permettez à votre mental d'entrer dans la quiétude car, sans le fardeau qui consiste à tenter de justifier vos idées fantasques, votre mental cherchera naturellement sa vraie place au service de la Connaissance. Vous ne comprenez pas le monde aujourd'hui, et donc vous ne vous comprenez pas vous-même.

Pratique 213 : *Deux séances de pratique de 30 minutes.*
Pratique horaire.

214ème Pas

JE NE ME COMPRENDS PAS.

Cela n'est pas une affirmation d'échec ou de limitation. C'est simplement une affirmation visant à vous libérer de vos propres obstacles. Comment vous est-il possible de vous comprendre si ce n'est pas la Connaissance qui vous révèle tout ce qui vous concerne ? Comment vous est-il possible de comprendre le monde si ce n'est pas la Connaissance qui vous révèle ce qu'est le monde ? Cela relève du domaine de l'expérience pure, au-delà de tous les concepts et les croyances, car les concepts et les croyances ne peuvent que suivre l'expérience et essayer de fournir une structure au sein de laquelle l'expérience peut émerger à nouveau. Les croyances, les suppositions ou les idées ne peuvent en aucun cas imiter la Connaissance elle-même.

Bien sûr que vous ne vous comprenez pas vous-même ni ne comprenez le monde car vous ne comprenez que vos idées et celles-ci ne sont pas éternelles. Elles ne peuvent donc pas fournir la fondation solide sur laquelle vous devez apprendre à vous tenir. Elles ne peuvent alors qu'échouer et vous décevoir si vous vous reposez sur elles plutôt que sur la Connaissance pour vous révéler ce que vous êtes et pour vous révéler ce qu'est le monde.

À chaque heure, rappelez-vous que vous ne vous comprenez pas. Libérez-vous du fardeau qui consiste à justifier vos propres jugements. Observez-vous lors de vos séances de méditation plus profonde et rappelez-vous que vous ne vous comprenez pas. Vous êtes maintenant libre d'entrer dans la quiétude car vous ne cherchez pas à utiliser votre expérience pour justifier vos idées fantasques de vous-même. Votre esprit devient ici libre d'être lui-même et vous devenez libre de vous apprécier.

Pratique 214 : *Deux séances de pratique de 30 minutes.*
Pratique horaire.

215ème Pas

MES ENSEIGNANTS SONT AVEC MOI.
JE NE SUIS PAS SEUL.

Vos Enseignants sont avec vous, à l'arrière-plan. Ils font très attention à ne pas étendre trop fortement leur influence sur vous car vous n'êtes pas encore capable de la recevoir et de vous en servir pour votre bien. Réalisez ainsi que vous voyagez à travers la vie avec une grande assistance car vos Enseignants sont avec vous pour vous aider à réaliser la Connaissance et à la cultiver.

Ils doivent tout d'abord vous aider à prendre conscience de votre besoin de la Connaissance car votre besoin de la Connaissance doit être pleinement reconnu avant que vous ne puissiez vous engager dans le rétablissement de la Connaissance. Vous devez réaliser que sans la Connaissance la vie est sans espoir car vous ne possédez ni but, ni sens, ni direction. Seules vos erreurs peuvent alors vous enseigner et elles seules peuvent entretenir votre incapacité à pardonner.

En réalisant l'échec de vos propres idées dans leur tentative de se substituer à la Connaissance, vous pouvez alors vous tourner vers la Connaissance et devenir l'heureux bénéficiaire de ses véritables dons. Ici, toutes les choses que vous avez réellement cherchées sont accordées avec sincérité. Ici, vous possédez une véritable fondation dans la vie. Ici, le Ciel et la Terre s'uniront en vous et toute séparation prendra fin. Ici, vous pouvez accepter les limitations de votre existence physique et la grandeur de votre vie spirituelle. Vous tourner vers la Connaissance constitue alors pour vous le plus grand des bénéfices.

Rappelez-vous cette idée à chaque heure et, lors de vos deux pratiques approfondies aujourd'hui, entrez dans la quiétude en utilisant le mot RAHN s'il vous aide. Soyez heureux aujourd'hui que vous puissiez recevoir ce qui vous libère.

Pratique 215 : *Deux séances de pratique de 30 minutes.*
Pratique horaire.

216ème Pas

IL Y A UNE PRÉSENCE SPIRITUELLE DANS MA VIE.

La Présence Spirituelle dans votre vie est à toujours avec vous, toujours disponible pour vous et elle vous rappelle toujours de regarder au-delà de vos propres jugements. Elle vous fournit de façon continuelle le soutien, l'assistance et l'orientation nécessaires pour minimiser l'application erronée de votre mental et renforcer son application correcte afin que la Connaissance puisse émerger en vous.

Vous apprenez à présent à recevoir et à respecter cette Présence Spirituelle, et avec le temps vous réaliserez sa grande importance pour vous et pour le monde. Cela générera tout à la fois grandeur et humilité en vous car vous réaliserez que vous n'êtes pas la source de votre grandeur mais le véhicule pour son expression. Cela vous maintiendra en parfait équilibre et dans une relation juste avec ce que vous servez. Dans cette relation, vous recevez tous les bénéfices que vous êtes en droit de recevoir. Cependant, avec la Connaissance vous ne deviendrez pas imbu de vous-même parce que vous réaliserez vos propres limitations et la profondeur de votre propre besoin de la Connaissance. À partir de cette compréhension, vous prendrez conscience de la source de la vie et vous l'accepterez. À partir de cette compréhension, vous réaliserez que vous êtes dans le monde pour servir la Connaissance et que le monde est destiné à recevoir la Connaissance.

Il y a une Présence Spirituelle dans votre vie. Ressentez-la à chaque heure lorsque vous répétez l'idée d'aujourd'hui. Lors de vos deux séances approfondies de pratique, entrez profondément dans cette Présence car, sans aucun doute possible, cette Présence est avec vous et désire se donner à vous en ce jour.

Pratique 216 : *Deux séances de pratique de 30 minutes.*
Pratique horaire.

217ème Pas

JE ME DONNE À LA CONNAISSANCE AUJOURD'HUI.

Donnez-vous à la Connaissance aujourd'hui en entreprenant la pratique de ce jour avec un véritable engagement et un véritable dévouement, tout en ne laissant aucune fausse idée vous limiter et interférer avec votre quête authentique. De cette manière, vous vous donnez à la Connaissance en laissant la Connaissance se donner à vous. Il vous est demandé si peu et votre récompense est si grande. En effet, pour chaque moment passé à faire l'expérience de la quiétude ou à utiliser votre mental de manière significative, la Connaissance devient plus forte et plus que jamais présente en vous. Vous vous demandez peut-être : « Quel est mon don pour le monde ? » Votre don est ce que vous recevez ici, aujourd'hui. Donnez-vous à la Connaissance de sorte qu'elle puisse se donner à vous.

Rappelez-vous l'idée du jour à chaque heure et entrez dans la Connaissance lors de vos deux séances approfondies de pratique. Par toutes vos pratiques aujourd'hui, démontrez votre intention de vous donner à la Connaissance, ce qui requerra quiétude et acceptation de soi.

Pratique 217 : *Deux séances de pratique de 30 minutes.*
Pratique horaire.

218ème Pas

JE GARDERAI LA CONNAISSANCE EN MOI AUJOURD'HUI.

AVEC LA CONNAISSANCE VIENT LA SAGESSE qui consiste à savoir comment utiliser la Connaissance dans le monde. La Connaissance constitue ainsi la source de votre compréhension et la Sagesse consiste à apprendre comment appliquer cette dernière de façon sensée et constructive dans le monde. Vous n'êtes pas encore sage, aussi gardez la Connaissance en vous aujourd'hui. Laissez-la se renforcer. Laissez-la croître. Elle se donnera naturellement, sans que vous n'ayez à tenter de forcer son expression. Avec le temps, vous apprendrez à devenir sage à la fois par la démonstration de la Connaissance et au travers de vos propres erreurs. Vous avez commis un nombre suffisant d'erreurs pour démontrer tout ce que Nous sommes en train de vous dire.

GARDEZ LA CONNAISSANCE EN VOUS AUJOURD'HUI afin qu'elle puisse devenir forte en vous. Permettez-vous d'étendre sa présence à seulement un ou deux individus qui selon vous peuvent l'apprécier, car votre conscience de la Connaissance est une pousse encore délicate en vous et elle n'est pas encore capable de résister aux vicissitudes de ce monde. Elle ne s'est pas suffisamment développée dans votre propre compréhension pour contrecarrer le déchaînement de peur et de haine qui balaie le monde. La Connaissance peut y résister sans difficulté, mais vous qui apprenez à devenir un réceptacle et un véhicule pour la Connaissance n'êtes pas encore assez fort.

PERMETTEZ À LA CONNAISSANCE D'ÊTRE GARDÉE EN VOUS AUJOURD'HUI de sorte qu'elle puisse croître. Rappelez-vous cela à chaque heure alors que vous portez ce joyau dans votre cœur. Lors de vos séances de pratique approfondie, qui constituent pour vous des moments où vous vous libérez de vos limitations, laissez-vous retourner à votre grand amour afin que vous puissiez entrer dans une véritable relation avec la Connaissance. Avec le temps et à mesure que vous apprendrez à appliquer sa communication avec sagesse dans le monde, toutes les limitations à l'expression de la Connaissance seront écartées, mais pour le moment gardez la Connaissance dans votre cœur afin qu'elle puisse devenir de plus en plus forte.

PRATIQUE 218 : *Deux séances de pratique de 30 minutes.*
Pratique horaire.

219ème Pas

Je ne laisserai pas l'ambition me tromper aujourd'hui.

Maintenant que la Connaissance commence à germer en vous, ne laissez pas votre propre ambition vous tromper. Votre ambition est née de votre besoin personnel d'être reconnu et d'être rassuré. Elle est une tentative de contrecarrer la peur en contrôlant les opinions d'autrui. Votre ambition est ici destructrice mais, comme toutes les autres facultés du mental qui sont actuellement mal utilisées, elle peut avec le temps servir la grandeur de la Connaissance. Vous n'avez pas encore atteint cet état, ne cherchez donc pas à faire quoi que ce soit avec votre Connaissance car il ne vous revient pas d'utiliser la Connaissance mais de recevoir la Connaissance. C'est dans votre réceptivité à la Connaissance que vous trouverez le plus grand service et la plus grande utilité que possède la Connaissance pour vous.

Ne laissez pas votre ambition vous entraîner là où vous ne pouvez pas aller. Ne la laissez pas détourner votre vitalité et votre énergie. Apprenez à devenir patient et calme avec la Connaissance car la Connaissance a son propre objectif et sa propre direction dans la vie, ce que vous apprenez à suivre actuellement.

Tout au long de la journée, lors de vos pratiques horaires tout comme lors de vos méditations approfondies, permettez-vous d'être sans ambition car vous ne savez pas quoi faire avec la Connaissance. Lors de vos méditations plus longues, permettez à cette idée de vous libérer afin que vous puissiez entrer dans la quiétude et quitter le monde physique.

Pratique 219 : *Deux séances de pratique de 30 minutes.*
Pratique horaire.

220ème Pas

JE FERAI PREUVE DE RETENUE AUJOURD'HUI AFIN QUE LA GRANDEUR PUISSE CROÎTRE EN MOI.

Faites preuve de retenue vis-à-vis de ces tendances que vous savez nuisibles ou débilitantes au rétablissement de la Connaissance. Retenez-vous de manière intentionnelle de sorte que la Connaissance puisse se développer en vous. Il ne s'agit pas de vous imposer des limites. Au contraire, il s'agit d'une utilisation intelligente de votre mental et de votre force de manière à cultiver la conscience d'un pouvoir plus grand en vous et de lui permettre d'émerger, de vous guider et de vous diriger.

Dans la leçon d'aujourd'hui, comme dans les leçons antérieures, vous apprenez à reconnaître la source de la Connaissance et le véhicule de la Connaissance et à ne pas confondre les deux. Apprenez la retenue aujourd'hui afin que la Connaissance puisse croître en vous. Ne pensez pas que la retenue ne se réfère qu'à ces comportements du passé où vous limitiez ce qui était authentique en vous. Non, vous devez aujourd'hui vous focaliser sur l'apprentissage d'une forme de retenue intentionnelle qui représente l'expression de votre pouvoir et de votre autodiscipline. Votre pouvoir et votre autodiscipline doivent être à présent exercés pour se renforcer car votre mental et votre corps sont des véhicules de la Connaissance et, en tant que véhicules, ils doivent être développés et renforcés.

Lors de vos pratiques approfondies aujourd'hui, ainsi que lors de vos pratiques horaires, retenez ces formes de pensée et de comportement qui trahissent votre Connaissance afin que vous puissiez entrer en la Connaissance dans la quiétude et la paix.

Avec cette retenue, vous découvrirez la liberté car la liberté se trouve au-delà de ce monde et est amenée dans ce monde, car la liberté est le don de la Connaissance.

Pratique 220 : *Deux séances de pratique de 30 minutes.*
  Pratique horaire.

221ème Pas

JE SUIS LIBRE D'ÊTRE CONFUS AUJOURD'HUI.

Ne considérez pas votre confusion comme un échec. Ne considérez pas votre confusion comme quelque chose qui vous met en danger ou vous diminue. La confusion est ici seulement un signe que vous êtes en train de prendre conscience des limites de vos propres idées et de vos propres suppositions. Vous devez renoncer à ces dernières pour permettre à la Connaissance de vous devenir apparente car face à toutes les décisions importantes qui requièrent aujourd'hui votre attention, la Connaissance a déjà fourni une réponse. Ce n'est pas une réponse que vous trouverez parmi les nombreuses réponses que vous vous apportez à vous-même, ni parmi celles que vous supposez que les autres vous apportent.

Laissez alors tous les substituts de la Connaissance s'estomper en vous. Permettez-vous d'être confus car dans votre confusion authentique, la Connaissance peut émerger naturellement. Cela représente alors votre liberté car dans la liberté vous êtes libre d'être confus.

Rappelez-vous cette idée à chaque heure et ne vous contentez pas de simples explications ni de simples suppositions quant à l'importance de sa signification pour vous. Vous devez la considérer en profondeur et prendre conscience du fait que la véritable compréhension qu'elle détient pour vous sera révélée avec le temps. Aujourd'hui, permettez-vous d'être confus car vous êtes confus, et vous devez toujours partir de là où vous êtes. La Connaissance est avec vous. Vous êtes libre d'être confus. Lors de vos plus longues périodes de pratique aujourd'hui, entrez dans la quiétude que vous soyez confus ou non, car la quiétude, la grâce et la paix vous sont toujours disponibles.

Pratique 221 : *Deux séances de pratique de 30 minutes.*
Pratique horaire.

222ème Pas

LE MONDE EST CONFUS. JE NE LE JUGERAI PAS.

LE SEUL JUGEMENT QUE VOUS POUVEZ PORTER SUR LE MONDE est qu'il est confus. Il n'est pas nécessaire que ce jugement soit accompagné d'un sentiment de colère, de tristesse, de perte, de ressentiment, d'hostilité ou de vengeance. Il ne nécessite aucune forme d'agression. Le monde est confus. Ne le jugez pas. Comment le monde peut-il être certain alors que le monde est sans la Connaissance ? Vous pouvez porter un regard sur votre vie jusqu'ici et réaliser l'étendue de votre propre confusion. Comment pouvait-il en être autrement si vous étiez sans la Connaissance ? La Connaissance est avec vous à présent, comme elle l'a toujours été. Vous commencez à rétablir la Connaissance afin que sa certitude puisse s'exprimer de manière croissante à travers vous. Tel est le grand don que vous apprenez maintenant à recevoir. C'est un don que le monde apprendra à recevoir par votre intermédiaire.

À CHAQUE HEURE, LORSQUE VOUS OBSERVEZ LE MONDE et toutes ses activités, ne le jugez pas car il est simplement confus. Si vous êtes en détresse aujourd'hui, ne vous jugez pas car vous êtes simplement confus. Lors de vos séances de pratique approfondie aujourd'hui, permettez-vous d'entrer dans la quiétude. Vous entrez dans la quiétude par simple désir d'entrer dans la quiétude. C'est un don que vous vous accordez. Pour ce faire, vous vous donnez pour recevoir le don. Ici, personne ne donne ni n'envoie le don car le don résonne entre vous et votre Source. La Connaissance et son véhicule s'affirment simplement mutuellement.

Le monde est confus. Il est sans la Connaissance. Cependant vous êtes un don au monde car vous apprenez à recevoir la Connaissance en ce jour.

Pratique 222 : *Deux séances de pratique de 30 minutes.
Pratique horaire.*

223ème Pas

JE RECEVRAI LA CONNAISSANCE EN CE JOUR.

À CHAQUE HEURE, RECEVEZ LA CONNAISSANCE. Lors de vos deux séances de pratique approfondie, recevez la Connaissance. Donnez-vous pour recevoir la Connaissance. Telle est votre pratique pour aujourd'hui. Toute autre chose n'est qu'une forme de confusion. Aucun événement extérieur n'a à remplacer votre pratique aujourd'hui car la Connaissance bénit toutes choses en vous et à l'extérieur de vous. Elle dissipe ce qui est inutile et vous engage résolument avec ce qui est nécessaire et qui possède un véritable potentiel pour vous.

RETOURNEZ AINSI À LA CONNAISSANCE, quelles que soient les circonstances de votre vie extérieure. Recevez la Connaissance afin que vous puissiez vivre avec certitude dans le monde et afin que vous puissiez comprendre le sens et la valeur de votre propre vie.

PRATIQUE 223 : *Deux séances de pratique de 30 minutes. Pratique horaire.*

224ème Pas

RÉVISION

Aujourd'hui, développez votre objectivité en révisant les deux dernières semaines de pratique. Encore une fois, lisez chaque leçon de la journée et rappelez-vous votre pratique. Commencez avec la première pratique de la période de deux semaines et poursuivez ensuite avec chaque jour, pas à pas. Renforcez votre capacité à observer vos progrès avec objectivité. Voyez ce qui arrive les jours où vous êtes fort dans la pratique et les jours où vous êtes faible. Ce faisant, imaginez pendant un moment que vous regardez à travers les yeux de vos Enseignants qui sont en train de contempler votre vie depuis bien au-delà. Ils sont sans condamnation. Ils prennent simplement note de vos forces et de vos faiblesses en renforçant les premières et en diminuant les effets des dernières. À mesure que vous apprendrez à regarder votre vie avec objectivité, vous apprendrez à voir votre vie à travers les yeux de vos Enseignants. C'est là regarder avec la Connaissance. C'est là regarder sans jugement. Le mental devient alors un véhicule pour la Connaissance et la Connaissance vous gratifiera de toutes les idées et activités qui vous sont vraiment bénéfiques.

Permettez à votre séance de révision d'aujourd'hui d'être engagée dans votre propre intérêt. Servez-vous de votre mental avec résolution et ne lui permettez pas de vagabonder. Brisez l'habitude qui consiste à penser machinalement. Brisez l'habitude qui consiste à vous préoccuper de choses idiotes et insignifiantes. Laissez votre révision d'aujourd'hui vous démontrer que vous êtes un véritable étudiant de la Connaissance.

Pratique 224 : *Une longue séance de pratique.*

225ème Pas

AUJOURD'HUI, JE SERAI SÉRIEUX TOUT EN AYANT LE CŒUR LÉGER.

IL N'EXISTE AUCUNE CONTRADICTION DANS LE MESSAGE D'AUJOURD'HUI s'il est compris. Prendre votre vie au sérieux, c'est recevoir sa véritable grâce ce qui vous rendra très heureux. Vous devez donc être très sérieux avec vous-même car vous apprenez actuellement à devenir un véhicule pour la Connaissance, mais vous pouvez être très heureux et avoir le cœur léger en sachant que la Connaissance avec vous. Telle est ainsi la véritable application de votre mental : vous avez le cœur léger avec ce qui est léger, et vous êtes sérieux avec ce qui est sérieux. Un mental sérieux lorsqu'il est tourné vers l'extérieur et léger dans sa joie intérieure sera un mental pleinement intégré. Ce sera là un mental dans lequel le Ciel et la Terre se touchent.

LA GRÂCE QUE VOUS ALLEZ RECEVOIR EN CE JOUR engendrera de la joie et une véritable appréciation. Cependant, elle exigera que vous vous appliquiez avec un engagement sérieux et un dévouement sincère tout en appliquant vos facultés physiques et mentales de façon authentique. Ici, vos forces représentent votre bonheur et votre bonheur est renforcé par l'application de vos véritables capacités.

RÉFLÉCHISSEZ À CELA À CHAQUE HEURE, lorsque vous répétez votre idée du jour. En entreprenant vos pratiques de méditation approfondie, utilisez avec sérieux votre mental afin qu'il puisse faire l'expérience du cœur léger et de la grande joie de la Connaissance. Vous verrez ainsi que l'idée d'aujourd'hui est complètement uniforme dans sa signification. Vous ne confondrez alors pas ce qui est heureux avec ce qui est sérieux. Cela vous procurera une plus grande compréhension du monde.

Pratique 225 : *Deux séances de pratique de 30 minutes.*
Pratique horaire.

226ème Pas

LA CONNAISSANCE EST AVEC MOI.
JE N'AURAI PAS PEUR.

LA CONNAISSANCE EST AVEC VOUS et lorsque vous êtes avec la Connaissance vous n'aurez pas peur. Avec le temps et à mesure que vous apprendrez à demeurer avec la Connaissance, la peur deviendra de plus en plus extrinsèque à votre véritable expérience. La valeur de l'idée d'aujourd'hui doit être reconnue à la lumière du fait que votre mental est engagé dans la peur par habitude, à tel point que cela semble rendre le rétablissement de la Connaissance et l'application de la Connaissance très difficiles pour vous. Cela paraît difficile simplement parce que, par le passé, votre mental s'est trouvé, si souvent et dans une si large mesure, engagé dans la peur. Les habitudes peuvent être brisées. De nouvelles habitudes de pensée et de comportement peuvent être instillées et renforcées. Il s'agit simplement du fruit de l'application de votre mental. Il s'agit du fruit de la pratique.

AUJOURD'HUI, EXERCEZ-VOUS À ÊTRE AVEC LA CONNAISSANCE ; cela éliminera toutes les habitudes qui vous ont conditionnés, vous et le monde. Être dans la vie est une pratique et c'est toujours une forme de service. Aujourd'hui, mettez en pratique la vérité et servez la vérité car de cette manière toutes les erreurs sont affaiblies. Leur assise est supprimée et à la place vous commencerez à apprendre une nouvelle manière d'être dans le monde, une nouvelle manière d'interagir avec le monde ; vous acquerrez également une structure supérieure pour l'application de vos facultés mentales et physiques.

À CHAQUE HEURE, SOYEZ AVEC LA CONNAISSANCE. Dissipez la peur et rappelez-vous que la Connaissance est avec vous. Rappelez-vous que vos Enseignants sont avec vous. Rappelez-vous que, partout, les étudiants impliqués dans le rétablissement de la Connaissance sont avec vous. De ce fait, le monde deviendra petit et vous deviendrez grand. Lors de vos pratiques approfondies, permettez-vous la liberté de faire l'expérience de la Connaissance. Entrez dans la grande profondeur et la grande quiétude du mental à mesure qu'il s'immerge dans la présence de l'amour.

Pratique 226 : *Deux séances de pratique de 30 minutes.*
　　　　　　　　Pratique horaire.

227ème Pas

JE NE PENSERAI PAS QUE JE SAIS AUJOURD'HUI.

LES ÉTUDIANTS DÉBUTANTS PENSENT TOUJOURS QU'ILS SAVENT DES CHOSES qu'ils ne savent pas et ils pensent toujours qu'ils ne savent pas des choses qu'ils savent. Un tri important s'avère nécessaire. Cela nécessite que vous découvriez le vrai et le faux, et que vous appreniez à les séparer par le contraste. Avec le temps, vous distinguerez le vrai du faux et ne serez pas dupé par le simulacre que peut déployer le faux pour imiter le vrai.

RAPPELEZ-VOUS À CHAQUE HEURE AUJOURD'HUI de ne pas penser que vous savez. Penser savoir n'est qu'une forme de substitution. Ou bien vous savez, ou bien vous ne savez pas. Ici, votre pensée ne fait que soutenir ou nier ce que vous savez. Penser que vous savez est penser sans la Connaissance, ce qui est toujours machinal et engendre la confusion et le doute de soi.

LORS DE VOS SÉANCES APPROFONDIES DE PRATIQUE D'AUJOURD'HUI, ne vous dupez pas en pensant que vous savez. Encore une fois, retournez à l'expérience pure de la Connaissance même. Dans la quiétude et la paix, donnez-vous totalement à votre pratique aujourd'hui. La Connaissance est une expérience. Elle engendrera ses propres idées. Elle stimulera et soutiendra ces formes de comportement et d'application de soi qui soutiennent vraiment votre véritable nature. Ne vous satisfaites pas de ce que vous pensez savoir car cela n'est qu'une autre forme de déni qui vous laissera appauvri, une fois de plus.

PRATIQUE 227 : *Deux séances de pratique de 30 minutes.*
Pratique horaire.

228ème Pas

JE NE SERAI PAS PAUVRE AUJOURD'HUI.

Vous n'avez pas à être pauvre car la pauvreté n'est pas votre héritage ni votre véritable destinée. Ne soyez pas pauvre aujourd'hui car la Connaissance est la grande richesse et une fois autorisée à émerger au sein de votre mental, elle commence naturellement à générer sa présence dans le monde. Elle commence à équilibrer et à harmoniser le mental qui est son véhicule et commence à donner spécifiquement à certains individus par des voies spécifiques. Tel est le génie qui est avec vous. Comment pouvez-vous être pauvre avec un tel don ? Seules vos idées et vos comportements qui consistent à vous dénigrer peuvent engendrer la pauvreté.

Commencez ainsi aujourd'hui à regarder avec plus de profondeur ces choses qui sont des obstacles pour vous. Réfléchissez-y à chaque heure. Lors de vos deux séances approfondies de pratique, utilisez activement votre mental en tentant de discerner les formes particulières de tromperie et d'obstruction de soi. Faites cela sans condamnation mais avec l'objectivité nécessaire pour regarder clairement. Ne soyez pas consterné par l'existence de multiples formes subtiles de tromperie envers vous-même. Elles ne sont que de légères variations autour de thèmes forts simples. Leur apparente complexité et leur quantité n'ont pas d'importance, si ce n'est que vous les reconnaissiez. Elles sont toutes nées de la peur et de la tentative de compenser la peur en s'engageant dans l'illusion et en essayant d'amener les autres à conforter cette illusion. Toutes les idées sans la Connaissance servent ce but, soit directement soit indirectement. Cependant, le but réel est la grande force derrière des idées qui existent pour un véritable service, comme il est la grande force derrière toutes les formes d'actions et de comportements qui existent pour un véritable service.

Aujourd'hui, nous regarderons les obstacles mais pas avec honte, culpabilité ou anxiété. Regardez uniquement pour renforcer la présence et l'application de la Connaissance, et uniquement pour vous préparer à être un plus grand véhicule de la Connaissance dans le monde. Tel est le but de la pratique d'aujourd'hui. Par conséquent, pratiquez avec une véritable intention. Vous êtes plus grand que les erreurs que vous percevez et elles ne peuvent pas vous tromper si vous les regardez avec objectivité

Pratique 228 : *Deux séances de pratique de 30 minutes.*
  Pratique horaire.

229ᵉᵐᵉ Pas

JE NE BLÂMERAI PAS AUTRUI POUR MA SOUFFRANCE.

L'IDÉE D'AUJOURD'HUI REPRÉSENTE UN SAUT IMMENSE dans votre compréhension. Elle doit cependant naître de la Connaissance pour posséder une véritable efficacité. Son sens n'est pas immédiatement évident car vous découvrirez assez tôt l'existence de nombreuses situations où d'autres personnes semblent être entièrement responsables de votre souffrance. Étant donné votre manière habituelle de penser et les suppositions sur lesquelles vous vivez, il vous sera très difficile de nier que les autres sont bel et bien la cause de votre souffrance. Ce n'est cependant pas ainsi que la Connaissance vous voit, et vous devez apprendre à ne pas vous voir ainsi.

LA SOUFFRANCE EST TOUJOURS UNE DÉCISION QUE VOUS PRENEZ en réaction à un stimulus dans votre environnement. Le corps aura une douleur physique s'il est stimulé ainsi, mais ce n'est qu'une réponse sensorielle. Cela n'est pas la véritable souffrance qui vous fait mal. La souffrance qui vous fait mal est la couronne d'épines de vos propres idées et de vos propres suppositions, vos propres appréhensions et vos informations erronées, ainsi que votre manque de pardon envers vous-même et envers le monde. Cela produit une souffrance à la fois dans votre mental et dans votre corps. C'est cette souffrance que nous désirons soulager en ce jour.

CONSIDÉREZ AINSI L'IDÉE DE CE JOUR COMME UNE FORME DE REMÈDE contre la souffrance. Si l'autre est la cause de votre souffrance, vous n'avez pas d'autre remède que de l'attaquer ou de le changer. Même votre tentative de le changer en bien sera une forme d'attaque car sous votre altruisme se trouveront la haine et le ressentiment. Il n'existe par conséquent aucun remède à la souffrance si vous ne pouvez rien faire quant à sa cause. Et pourtant, il existe un remède à toutes les souffrances car la Connaissance est avec vous.

Toute souffrance doit par conséquent être reconnue comme le résultat de votre propre décision. Elle doit être reconnue comme le résultat de votre propre interprétation. Vous pouvez ressentir que quelqu'un, voire le monde, vous a fait du tort. Ce sentiment est réellement présent dans votre mental, vous n'avez donc pas à le nier mais vous devez regarder au-delà de celui-ci vers sa source et le mécanisme qui a permis son émergence. Pour ce faire, vous devez utiliser vos propres facultés. Cela vous procurera une grande force. Vous serez capable de le faire parce que la Connaissance est avec vous et qu'avec la Connaissance vous pouvez faire tout ce que la Connaissance vous demande de faire.

Sans condamnation, le monde est tellement soulagé qu'il peut commencer à se rétablir. Répétez ainsi cette idée à chaque heure et examinez son sens. Pénétrez profondément en son sein pour découvrir ce qu'elle détient réellement pour vous. Lors de vos deux séances de pratique plus longues, entrez dans la quiétude et la paix car sans condamnation du monde et de vous-même, le mental est déjà en paix.

Pratique 229 : *Deux séances de pratique de 30 minutes.*
  Pratique horaire.

230ème Pas

MA SOUFFRANCE NAÎT DE LA CONFUSION.

VOTRE SOUFFRANCE NAÎT DE LA CONFUSION. Permettez-vous d'être confus afin que vous puissiez reconnaître le véritable chemin du rétablissement. Cette idée vous rend-elle confus ? Elle peut sembler déroutante parce que les gens ne veulent pas accepter leur confusion. Ils mentiront à son sujet en disant qu'ils sont certains alors qu'ils sont confus, rejetant la responsabilité sur les autres pour s'excuser ou bien se blâmant eux-mêmes pour excuser les autres. Tout cela représente la confusion.

EN RÉALISANT QUE VOUS ÊTES CONFUS, vous pouvez alors restaurer le moyen de rétablir votre certitude. Si vous n'acceptez pas d'être confus, vous imposerez, au monde et à vous-même, des substituts à la certitude et vous vous éloignerez ainsi de la possibilité de recevoir cette certitude. C'est pourquoi vous devez prendre conscience du fait que votre confusion est la source de votre souffrance et vous devez vous permettre d'être confus pour reconnaître votre véritable problème. En reconnaissant votre véritable problème, vous verrez le grand besoin de la Connaissance et cela fera naître en vous le dévouement et l'application de soi qui vous sont nécessaires pour recevoir ce qui constitue votre héritage.

AUJOURD'HUI, RÉPÉTEZ CETTE IDÉE À CHAQUE HEURE et n'oubliez pas de le faire. Lors de vos deux séances de pratique plus longues, utilisez activement votre mental pour essayer de saisir la profondeur et le sens de l'idée d'aujourd'hui. Prenez objectivement conscience de tous les sentiments et de toutes les pensées qui sont en sa faveur ainsi que de tous les sentiments et de toutes les pensées qui s'y opposent. Prenez un soin particulier à identifier toute objection que vous pourriez avoir vis-à-vis de l'idée d'aujourd'hui. Ensuite, prenez conscience du pouvoir de cette idée au sein de votre propre mental. Cela vous amènera à réaliser la teneur de l'idée d'aujourd'hui et son véritable sens. Cela vous aidera également à comprendre avec objectivité la construction actuelle de votre mental, ce qui fait partie intégrante de votre éducation en tant qu'étudiant de la Connaissance. Consacrez-vous à l'étude de l'idée d'aujourd'hui et ne vous contentez pas de simples réponses et explications, car l'idée d'aujourd'hui contient un don dont vous n'avez pas encore fait l'expérience.

Pratique 230 : *Deux séances de pratique de 30 minutes.*
Pratique horaire.

231ème Pas

J'AI UNE VOCATION DANS CE MONDE.

Vous avez une vocation dans ce monde. Elle n'est pas ce que vous pensez qu'elle est. Elle émergera de votre Connaissance lorsque la Connaissance aura la possibilité d'émerger dans votre mental. Vous avez une vocation dans ce monde parce que vous êtes venu ici pour faire des choses très spécifiques. Votre but dans ce monde est de rétablir votre Connaissance et de permettre à votre Connaissance de s'exprimer. C'est une affirmation très simple de votre but, mais c'est une affirmation qui contient une très grande profondeur et de nombreuses choses à accomplir au fil du temps.

Vous avez une vocation dans ce monde car vous avez été envoyé ici pour faire quelque chose. C'est pour cette raison que votre mental est tel qu'il est et que vous avez une nature spécifique, distincte des autres. Lorsque votre vocation émergera, vous réaliserez pourquoi vous pensez et agissez de la façon dont vous le faites et tout cet ensemble sera amené dans un équilibre et une harmonie véritables. Ceci effacera toutes les raisons que vous avez pour vous condamner vous-même car votre nature représente une utilité dont vous n'avez pas encore pris conscience. En d'autres termes, vous êtes spécifiquement conçu pour quelque chose que vous n'avez pas encore compris. Avant cela, vous résisterez à votre nature en pensant qu'elle constitue une limitation qui vous est imposée. Avec le temps, vous réaliserez qu'elle est une ressource inestimable pour votre accomplissement car vous avez une vocation dans le monde.

À chaque heure, rappelez-vous cela et rappelez-vous que vous ne savez pas encore ce qu'est votre vocation. Sans présomption, vous serez en situation de découvrir la vérité. Lors de vos séances de pratique approfondie de ce jour, entrez dans le silence et la quiétude une fois de plus en utilisant le mot RAHN si cela peut vous aider. C'est un jour de préparation afin que vous preniez conscience de votre véritable vocation dans le monde. C'est un jour offert à la Connaissance et un jour enlevé aux fausses suppositions et aux tromperies de soi. Un jour offert à la Connaissance vous emmène plus près de la réalisation de votre vocation, laquelle émergera naturellement en l'absence de vos présomptions, une fois que vous et ceux avec qui vous devez être engagé serez préparés.

Pratique 231 : *Deux séances de pratique de 30 minutes.*
Pratique horaire.

232ème Pas

MA VOCATION DANS LA VIE REQUIERT LE DÉVELOPPEMENT D'AUTRES PERSONNES.

Pour que votre vocation émerge dans votre vie, ce n'est pas seulement votre propre développement qui est essentiel mais aussi le développement de ceux avec qui vous allez interagir directement. Parce que votre but dans la vie implique votre interaction avec d'autres personnes, il ne s'agit pas d'une quête singulière. Il ne s'agit pas d'un accomplissement individuel. En réalité, il n'existe aucun individu qui soit complètement séparé d'autres individus parce que l'individualité n'a du sens que dans l'expression de ce qui unit et rassemble toute vie.

Par conséquent, développez en ce jour la sagesse et la compréhension du fait que votre véritable accomplissement dépend également de l'accomplissement d'autres personnes. Ne croyez pas que vous connaissiez tous ces autres individus, car vous ne les avez pas encore tous rencontrés. Certains sont dans ce monde et certains sont au-delà de ce monde. Ils peuvent ne pas faire du tout partie de votre sphère personnelle.

Comment pouvez-vous alors avancer si votre accomplissement dépend en partie des autres ? Vous avancez en vous consacrant à votre préparation. Le pouvoir d'entreprendre cette préparation renforcera ceux avec qui vous serez engagé dans l'appel de votre vie. Parce que votre assiduité vous renforce les uns et les autres, vous êtes déjà en relation ; vous vous influencez déjà les uns autres. Plus vous vous approchez de ce point où émerge la Connaissance, plus ils s'en approchent également. Plus vous vous retenez en arrière, plus vous les retenez en arrière. Vous ne pouvez pas percevoir ce mécanisme alors que vous êtes dans le monde car vous devez être au-delà du monde pour voir comment cela fonctionne. Cependant, vous pouvez comprendre l'idée que toutes les consciences s'influencent les unes les autres, particulièrement ces consciences qui sont destinées à s'engager les unes avec les autres dans la vie de manière spécifique.

Votre avancement dépend ainsi de vos propres efforts et des efforts des autres. En outre, les efforts des autres sont complétés et renforcés par vos propres efforts. S'il vous revient donc en grande partie d'œuvrer à votre propre accomplissement, votre accomplissement vous reliera à la vie et approfondira le contenu et l'expérience de vos relations au-delà de ce dont vous étiez capable de faire l'expérience auparavant.

Lors de vos rappels à chaque heure ainsi que durant vos méditations plus longues dans la quiétude, permettez aujourd'hui à vos efforts de compléter les efforts des autres qui eux-mêmes compléteront vos propres efforts. Laissez alors la combinaison de vos engagements mutuels être une source de force dont vous ferez l'expérience aujourd'hui et dont ceux que vous n'avez pas encore rencontrés dans cette vie feront l'expérience.

Pratique 232 : *Deux séances de pratique de 30 minutes.*
Pratique horaire.

233ème Pas

Je fais partie d'une grande Force pour le bien dans le monde.

Cette affirmation est absolument vraie, bien qu'elle puisse paraître difficile à comprendre depuis la perspective de l'état de séparation. Il ne vous est pas demandé de comprendre l'idée d'aujourd'hui, cependant il vous est donné de faire l'expérience de son pouvoir et de son potentiel, car étant représentative de la vérité, elle peut vous conduire à la vérité qui est l'expérience de la Connaissance. Tel est le plus grand potentiel de toute idée – pouvoir être une porte vers la Connaissance.

Cette idée doit ainsi être approchée de façon appropriée. Vous devez réaliser les limitations d'un point de vue issu de la séparation et ne pas chercher à juger la valeur de l'idée d'aujourd'hui. Vous ne pouvez pas la juger. Vous pouvez seulement y répondre ou la nier parce que sa vérité est plus grande que votre interprétation actuelle. Reconnaître vos limitations actuelles à cet égard vous donne accès à la grandeur car en ne protégeant pas ce qui vous affaiblit, vous pouvez trouver votre chemin vers ce qui vous renforce et vous procure un but, un sens et une direction.

Vous faites partie d'une grande Force pour le bien car cette force est unie à la Connaissance et est dirigée par elle. Ici, la Connaissance se trouve au-delà de ce que tout individu peut posséder. Par conséquent, il n'y a pas " votre " connaissance et " ma " connaissance ; il n'y a que la Connaissance. Il y a seulement votre interprétation et mon interprétation, et en cela il peut exister des divergences, mais la Connaissance est la Connaissance. Elle rassemble les gens ; elle sépare les gens. Si elle est véritablement comprise dans le calme et l'objectivité, sa véritable direction peut être discernée et suivie.

Prenez de la force aujourd'hui lorsque vous répétez cette idée à chaque heure. Sachez que tous vos efforts en faveur de la Connaissance sont complétés par ceux qui pratiquent avec vous – ceux que vous pouvez voir et ceux que vous ne pouvez pas voir. Lors de vos pratiques approfondies, permettez que votre autodiscipline, qui vous prépare à entrer dans la quiétude et la paix, soit également complétée. Votre accomplissement aujourd'hui complètera alors les efforts de tous ceux qui pratiquent – ceux qui désapprennent ce qui est faux et ceux qui apprennent ce qui est vrai, en même temps que vous.

Pratique 233 : *Deux séances de pratique de 30 minutes.*
Pratique horaire.

234ème Pas

La Connaissance sert l'humanité par tous les chemins.

La Connaissance active toutes les capacités mentales et physiques pour le bien. Elle dirige toutes sortes de quêtes individuelles qui œuvrent pour le bien de l'humanité. Dans les arts, dans les sciences et dans toutes les entreprises, dans le geste le plus simple et dans l'acte le plus grand, la Connaissance démontre une vie plus grande et renforce toutes les qualités les plus hautes chez les individus qui sont engagés avec elle.

Parce que la Connaissance est grande, vous n'avez pas à l'associer seulement à ce qui est grand car l'expression de la Connaissance peut imprégner le plus petit mot et le geste le plus infime. Ces derniers peuvent de ce fait eux aussi générer le plus grand impact sur les autres. Le pouvoir de la Connaissance d'un individu est d'activer le pouvoir de la Connaissance chez d'autres personnes, stimulant et soutenant de ce fait la régénération de la vie dans ces consciences qui vivent séparées dans leurs illusions. Vous ne pouvez pas percevoir la portée globale de cela depuis le monde, mais vous pouvez en faire l'expérience à l'intérieur de votre propre vie et en voir la démonstration dans le contexte des relations dans lesquelles vous êtes actuellement engagé.

Ne pensez pas que vous savez. Soit vous savez, soit vous ne savez pas. Rappelez-vous de cela car l'occasion de vous tromper vous-même est toujours présente parce que vous n'êtes pas encore disposé à faire face à vous-même complètement, craignant que ce que vous trouveriez vous décourage ou vous détruise. Et pourtant, lorsque vous ferez face à vous-même complètement, tout ce que vous trouverez sera la Connaissance.

Lors de vos séances approfondies de pratique aujourd'hui, permettez-vous d'entrer dans la quiétude une fois encore, en utilisant les méthodes que vous avez apprises jusqu'ici. Ne laissez rien vous distraire de votre but. Vous faites partie d'une grande Force, et cette grande Force vous soutient.

PRATIQUE 234 : *Deux séances de pratique de 30 minutes.*

235ème Pas

Le pouvoir de la Connaissance me devient évident.

Il vous faudra du temps pour prendre conscience du pouvoir de la Connaissance, car il est bien supérieur à tout ce que vous avez imaginé. Il est pourtant bien plus simple et plus subtil que vous ne pouvez le comprendre à présent. Il peut être vu dans l'innocence des yeux d'un enfant ; il peut être imaginé dans la grandeur du mouvement des galaxies. Dans le geste le plus simple ou l'acte le plus noble, il peut se manifester.

Permettez-vous d'accepter que vous commencez seulement à réaliser la présence de la Connaissance dans votre vie et dans toute vie. Cela est déterminé par votre capacité pour la Connaissance – ce que vous êtes en train de cultiver actuellement, de concert avec votre désir pour la Connaissance. C'est pourquoi, jour après jour, vous pratiquez la quiétude et la paix et n'interrompez ces moments que pour pratiquer l'utilisation active de votre mental dans des buts élevés. Ici, vous construisez autant votre capacité que votre désir pour la Connaissance car chaque jour, vous devez pratiquer par désir pour la Connaissance et chaque pratique développe votre capacité à faire l'expérience de la Connaissance.

Vous commencez à reconnaître la présence de la Connaissance, le pouvoir de la Connaissance et les signes de la Connaissance. Rappelez-vous cela à chaque heure et n'oubliez pas. Encore une fois, dans la profondeur de vos longues séances de pratique, consacrez-vous complètement à entrer dans la quiétude et la paix car ceci dissipera tout blâme et toute rancœur en vous et vous montrera le pouvoir de la Connaissance, que vous apprenez maintenant à accepter.

PRATIQUE 235 : *Deux séances de pratique de 30 minutes.*
   Pratique horaire.

236ème Pas

Avec la Connaissance, je saurai quoi faire.

Avec la Connaissance vous saurez quoi faire et votre certitude sera si forte qu'il sera difficile pour vous de douter de celle-ci ou d'argumenter contre elle. Ici, vous devez être préparé à agir et à faire preuve de courage. Si votre inquiétude principale est de protéger vos idées et votre corps physique, vous serez alors effrayé par la Connaissance – effrayé qu'elle vous conduise vers quelque chose qui soit dangereux ou préjudiciable pour vous. La Connaissance ne peut qu'être démontrée. Sa bienveillance doit être expérimentée. Elle peut uniquement être expérimentée en acceptant sa présence et en suivant sa direction.

Avec la Connaissance vous saurez quoi faire et votre certitude dépassera de loin tous les simulacres de certitude que vous avez établis jusqu'ici. Le doute de soi peut continuer d'exister face à la Connaissance, mais la Connaissance est bien plus grande que celui-ci parce que votre être tout entier sera engagé dans l'action. Seule la petitesse de votre doute de soi, née de vos propres fausses croyances, peut argumenter contre la Connaissance. Ses arguments sont cependant misérables et pitoyables, manquant de profondeur et de conviction.

La Connaissance se mettra en mouvement en vous à certains moments car dans la quiétude, elle observe toutes choses jusqu'à ce qu'elle soit prête à agir, et quand elle agit, elle agit ! Vous apprendrez ainsi à être en paix dans le monde avec la Connaissance et cependant lorsque vous agirez, vous agirez avec une véritable efficacité et avec un grand résultat. De cette manière, vous pouvez être tout à la fois une personne d'action et une personne contemplative car votre contemplation sera profonde et pleine de sens, de même que votre action sera profonde et pleine de sens.

Avec la Connaissance vous saurez quoi faire. Ne pensez pas que vous savez quoi faire à moins que vous ne soyez avec la Connaissance et que la Connaissance vous dirige pour faire quelque chose avec une grande force. N'essayez pas de résoudre vos problèmes par de petites tentatives car sans la Connaissance, vos tentatives seront vides de sens et elles aggraveront votre frustration.

À chaque heure, répétez l'idée d'aujourd'hui et prenez-la en considération. Dans la profondeur de vos pratiques longues, utilisez les compétences que vous avez cultivées jusqu'ici pour vous engager dans la quiétude. Si la Connaissance demeure dans la quiétude, vous pouvez demeurer dans la quiétude également. Ainsi, lorsque la Connaissance stimulera l'action, vous serez capable d'agir et, ce faisant, la résolution que vous apporterez sera plus grande que tout ce que vous pourriez concevoir.

Pratique 236 : *Deux séances de pratique de 30 minutes.*
Pratique horaire.

237ème Pas

JE COMMENCE SEULEMENT À COMPRENDRE LE SENS DE MA VIE.

Vous commencez seulement à comprendre le sens de votre vie. Celui-ci se révélera naturellement à votre compréhension sans que n'ayez besoin de vous efforcer à essayer le conceptualiser. Le sens et le but de votre vie émergeront simplement et seront exprimés aujourd'hui, demain et dans les jours à venir car la Connaissance est aussi simple et fondamentale que cela. Votre intellect peut ainsi être utilisé pour répondre aux nécessités physiques de votre vie, aux détails spécifiques de votre vie et aux mécanismes de votre vie car telle est la fonction de l'intellect. Cependant, la grandeur de la Connaissance procure un but, un sens et une direction que l'intellect ne peut en aucun cas fournir. L'intellect est ainsi une faculté qui possède une réelle fonction car il est ici au service de la grandeur de la Connaissance.

Vous commencez seulement à comprendre le sens de la Connaissance et la nature de la Connaissance. Ne pensez pas que vos conclusions établies jusque-là répondent à vos besoins car vous êtes un étudiant débutant de la Connaissance et, en tant qu'étudiant débutant, vous ne ferez pas l'erreur de vous fier uniquement à vos suppositions. En effet, les étudiants débutants font peu de suppositions et sont pleins d'enthousiasme pour apprendre tout ce qui leur est nécessaire. Soyez un étudiant débutant aujourd'hui. Reconnaissez combien peu vous savez et combien vous devez apprendre. Vous avez le temps d'une vie pour apprendre cela, et pourtant votre temps dans cette vie doit être activé et renforcé au-delà de ce que vous avez réalisé jusqu'ici. Avec le temps, la grandeur que vous portez s'exprimera à travers vous dans des actions à la fois grandes et petites.

Aujourd'hui, lors de vos séances approfondies de pratique durant lesquelles vous entrerez dans la quiétude, permettez à votre conscience de la Connaissance d'être cultivée davantage. Soyez présent à votre pratique tel un jardinier patient qui ne demande pas que toutes les plantes portent fruits aujourd'hui mais qui comprend les saisons de croissance et de changement. Permettez-vous d'avoir cette compréhension car avec le temps vous comprendrez objectivement comment les êtres humains se développent et grandissent, et ce qu'ils portent en eux. Quand vous quitterez ce monde, si vous avez réussi à cultiver la Connaissance et à lui permettre d'offrir tous ses dons dans le monde, vous serez alors capable de devenir un des Enseignants de ceux qui restent en arrière. De cette manière vous compléterez votre apprentissage dans le monde en contribuant aux autres tout ce que vous avez acquis dans le monde. Ce faisant, vous accomplissez votre don et les leurs progressent.

Vous commencez seulement à comprendre le sens de ces mots. Aujourd'hui, renforcez votre expérience de la Connaissance afin que la compréhension de ces mots puisse pénétrer en vous. À chaque heure, répétez l'idée d'aujourd'hui afin que toutes vos activités et toutes vos interactions soient propices à vos pratiques, quel que soit l'environnement dans lequel vous vous trouvez. Il n'existe en effet pas d'événement ou d'interaction que la Connaissance ne puisse bénir et harmoniser.

Pratique 237 : *Deux séances de pratique de 30 minutes.*
                Pratique horaire.

238ème Pas

RÉVISION

Commençons votre révision des deux semaines précédentes avec cette invocation :

« Je suis envoyé dans le monde pour servir ma Famille Spirituelle qui sert ce monde et tous les mondes dans l'univers physique. Je fais partie d'une grande Force pour le bien et je suis un étudiant débutant de la Connaissance. Je suis reconnaissant pour le don qui a été offert et que je commence à présent à comprendre. Avec une fidélité et un dévouement complets, je continuerai ma pratique aujourd'hui afin que je puisse apprécier la valeur de ma propre vie. »

À la suite de cette invocation, commencez votre longue révision. Commencez avec la première leçon de cette période de deux semaines, révisez les instructions et votre pratique, et ensuite poursuivez jour après jour. Lorsque vous aurez terminé votre révision, répétez une fois encore l'invocation d'aujourd'hui et passez ensuite quelques minutes dans le silence. Lors de cette quiétude, commencez à sentir le pouvoir de ce que vous êtes en train d'entreprendre. Le pouvoir de la Connaissance et la grâce qu'il transmet au monde sont ce que vous apprendrez à recevoir et à exprimer dans les jours et les semaines à venir.

Pratique 238 : *Une longue séance de pratique.*

239ème Pas

LA LIBERTÉ EST MIENNE AUJOURD'HUI.

La liberté est vôtre, vous qui vivez avec la Connaissance. La liberté est vôtre, vous qui n'avez pas à vous accabler de la tension excessive issue de pensées et de spéculations inutiles. La liberté est vôtre, vous qui pouvez vous consacrer à votre unique but et aux tâches spécifiques qui émanent de ce but. Quelle plus grande liberté existe-t-il que la liberté d'utiliser votre Connaissance et d'accomplir sa destinée dans le monde ? Rien d'autre ne peut être appelé liberté car toute autre chose n'est que la liberté de vivre dans le chaos et de tomber dans la misère.

En ce jour vous êtes libre de permettre à la Connaissance de demeurer avec vous. En ce jour, lors de votre pratique horaire et durant vos deux méditations approfondies, souvenez-vous que vous êtes libre. Lorsque vous avez la liberté de demeurer avec la Connaissance lors de vos deux séances de méditation, permettez-vous d'entrer dans la quiétude et ne laissez aucun sentiment, aucune idée ni aucune pensée vous dissuader de l'expérience de la grande liberté que vous avez de vous évader du monde vers la Connaissance.

Ces temps de pratique sont si importants pour votre bien-être général. Cet engagement vous donnera un accès plus grand à la Connaissance lors de toutes vos interactions dans le monde, à mesure que vous apprendrez à demeurer dans la paix avec la Connaissance et à mesure que vous apprendrez à suivre la Connaissance lorsqu'elle exerce sa Sagesse dans le monde. Vous êtes libre ce jour d'être avec la Connaissance, car en ce jour vous êtes libre.

Pratique 239 : *Deux séances de pratique de 30 minutes.*
Pratique horaire.

240ème Pas

LES PETITES IDÉES NE PEUVENT SATISFAIRE MON BESOIN DE LA CONNAISSANCE.

LES GRANDES IDÉES, LES IMAGES fantastiques ou les systèmes de croyance remarquables ne peuvent satisfaire votre besoin de la Connaissance. Les idées elles-mêmes peuvent vous mettre sur votre chemin mais elles ne peuvent faire le voyage pour vous. Elles évoquent peut-être des choses plus grandes qui vous attendent mais elles ne peuvent vous y amener car la Connaissance doit être votre guide vers votre destinée et votre accomplissement. Avec des idées, vous vous tenez au point de départ, pointant le chemin aux autres, mais vous-même ne pouvez pas partir.

LORSQUE VOUS VOYAGEREZ AVEC LA CONNAISSANCE, la Connaissance s'étendra au travers d'idées. Elle s'étendra au travers d'actions, au travers de gestes et au travers de tous les véhicules de communication dans ce monde. Aussi, ne vous contentez pas des idées seulement. Ne pensez pas qu'en spéculant sur des idées vous comprenez la nature de la Connaissance et sa véritable application dans le monde. Ces choses peuvent être éprouvées et observées mais les individus qui les éprouvent et les observent doivent être mis en mouvement au cœur même de leur être.

AINSI, NE VOUS CONTENTEZ PAS DE PETITES CHOSES à la place de la grandeur de votre être véritable et de votre but dans le monde. Retournez à la Connaissance et soyez reconnaissant envers ces idées qui vous en ont indiqué la direction. Mais réalisez cependant que le pouvoir qui peut vous mouvoir, le pouvoir qui vous donne la force de vous préparer et de participer, est issu de la grande Sagesse et de la Connaissance que vous portez. La Connaissance est nécessaire pour suivre la Connaissance. La

Connaissance est nécessaire pour se préparer à la Connaissance. Ainsi, la Connaissance est exercée alors même que vous l'approchez.

Ne restez donc pas au point de départ de votre voyage en entretenant seulement des idées. N'acceptez pas ce qui est petit à la place de la grandeur de votre fonction. Rappelez-vous cela à chaque heure et lors de vos pratiques de méditation profonde, entrez une fois encore dans la quiétude et la paix. Venez à votre pratique sans question. Venez à votre pratique sans requête. Rappelez-vous que dans la Connaissance tout sera donné, tout sera reçu et tout sera appliqué selon le besoin. À mesure que votre esprit deviendra plus simple et plus ouvert, il deviendra un véhicule grâce auquel la Connaissance s'exprimera dans le monde.

Pratique 240 : *Deux séances de pratique de 30 minutes.*
                     Pratique horaire.

241ᵉᵐᵉ Pas

MA COLÈRE EST INJUSTIFIÉE.

La colère est injustifiée car la colère en elle-même n'est que la réaction à votre échec dans l'application de la Connaissance. Cela engendre de la colère à sa source même. Mais il n'est pas nécessaire qu'il en soit ainsi parce que la colère est une réaction. En tant que réaction, elle peut générer de la colère chez les autres et stimuler une violente réaction interne et externe partout où elle est appliquée. La Connaissance redirigera cependant la colère pour lui ôter son caractère destructeur, car ce que vous désirez exprimer est ce qui fortifie la Connaissance chez les autres. C'est la force de votre conviction, et non votre désir de vous blesser ou de blesser les autres, qui constitue le véritable moteur de l'émotion au cœur de la colère. Ainsi, nous pouvons dire que votre colère est une communication authentique qui a été déformée par vos propres projections de blâme et de peur. Une fois ces déformations corrigées, la communication authentique qui est à la base de toute colère peut être exprimée. Cela ne peut que susciter ce qui est bon.

La colère n'est donc pas justifiée car elle est une mauvaise interprétation d'une communication véritable. Votre colère n'est pas justifiée parce que la colère naît de la confusion. Or la confusion appelle une préparation et une véritable application de la Connaissance. Par conséquent, les coupables ne sont pas punis mais aidés. Les mauvais ne sont pas envoyés en enfer mais préparés pour le Ciel. Telle est la véritable nature du but de Dieu dans le monde. C'est pourquoi Dieu ne peut jamais être en colère, parce que Dieu n'est pas offensé. Dieu ne fait qu'appliquer Dieu à une situation dans laquelle Dieu a été temporairement oublié.

Dans une perspective plus large, même la séparation de toutes les consciences individuelles est un événement très temporaire. Vous n'êtes pas encore capable de penser à ce niveau-là et vous ne serez pas capable de le faire avant longtemps, car vous devez traverser les différentes étapes de développement qui intègrent votre esprit dans des expériences de plus en plus grandes au niveau des relations et de la vie. Cependant, à mesure que vous avancerez et ferez chacun des pas vitaux qui élargissent vos horizons, vous commencerez à comprendre que la colère est injustifiée. Elle ne représente qu'un échec dans l'application de la Connaissance à une situation spécifique. Cela appelle un remède et non une condamnation. Vous réaliserez ici que votre colère est quelque chose à comprendre. Ce n'est pas quelque chose à rejeter car si vous rejetez la colère vous rejetterez aussi le germe de la colère, lequel représente une communication authentique. Par conséquent, nous désirons vous nettoyer de ce qui a entaché votre communication authentique afin que votre communication authentique puisse jaillir, car une communication authentique provient toujours de la Connaissance.

RÉFLÉCHISSEZ À CETTE IDÉE À CHAQUE HEURE. Lors de vos séances de pratique approfondie, utilisez activement votre mental afin qu'il regarde minutieusement tout ce qui vous met en colère, de la chose la plus infime et spécifique à ces choses générales qui vous contrarient ou qui vous découragent. Rappelez-vous, tandis que vous serez en train de parcourir votre inventaire de la colère, que votre colère est injustifiée. Rappelez-vous que cela demande l'application de la Connaissance et qu'en chaque expérience ou sentiment de colère que vous éprouvez se trouve un germe de vérité. Par conséquent, votre colère n'a pas besoin d'être rejetée mais nettoyée car en nettoyant votre colère vous serez capable de communiquer ce que vous aviez l'intention de communiquer au départ, là où vous avez initialement échoué. Votre expression de vous-même sera ainsi complète, et la colère n'aura plus lieu d'être.

PRATIQUE 241 : *Deux séances de pratique de 30 minutes.*
Pratique horaire.

242ème Pas

Mon plus grand don au monde est ma Connaissance.

Tel est votre don le plus grand. C'est le don qui imprègne tous les autres dons et leur donne du sens. C'est le don qui donne sa valeur à toute expression humaine, toute entreprise humaine et toute invention humaine qui est destinée à soutenir le bien-être de l'humanité dans son évolution. La Connaissance n'est pas quelque chose que vous pouvez quantifier et donner comme si vous la mettiez dans un paquet ou la délimitiez avec vos idées. Elle est une présence et une qualité de la vie qui constituent l'essence même de la vie. Elle donne du sens à tout don et à toute contribution.

Tel est votre don le plus grand, celui que vous apprenez à recevoir actuellement. À mesure que vous le recevrez, il se donnera naturellement car vous ne pouvez pas garder la Connaissance pour vous-même. Une fois qu'elle émerge, elle commence à s'exprimer dans toutes les directions et plus spécifiquement dans certaines directions et dans certaines interactions avec certaines personnes, selon sa nature et sa Sagesse. Ainsi, si vous recevez la Connaissance, elle doit être donnée. Elle se donnera, et vous voudrez la donner parce que vous possédez la richesse, et la richesse ne peut s'accroître qu'en donnant. La vie est ainsi, fondamentalement, le don de la Connaissance. Chaque fois que cette contribution ne peut pas s'accomplir, toutes formes de tromperie, de déception et de désespoir apparaissent. Mais dès que la contribution est réactivée dans ces circonstances, ces formes de déni seront dissipées et la Connaissance recommencera à s'exprimer de manière très spécifique.

Par conséquent, à chaque heure, rappelez-vous cette grande vérité et lors de vos méditations approfondies, permettez-vous de faire l'expérience de la Connaissance.

Permettez-vous de la recevoir. Donnez-vous à cette application de votre mental et de votre corps. Ce faisant, la Connaissance se donnera et vous serez accompli parce que vous aurez fait à la vie le don le plus grand qui puisse être fait.

Pratique 242 : *Deux séances de pratique de 30 minutes. Pratique horaire.*

243ème Pas

JE N'AI PAS BESOIN D'ÊTRE QUELQU'UN DE SPÉCIAL POUR DONNER.

Essayer d'être quelqu'un de spécial sous-tend toute ambition humaine. Toute ambition humaine qui n'est pas née de la Connaissance est issue de la tentative de compenser la déception profonde et la grande anxiété de la séparation. Essayer d'être quelqu'un de spécial, c'est essayer de fortifier la séparation. C'est essayer de vous rendre supérieur au dépend des autres. Cela rejette toujours la vie et la Connaissance et conduit immanquablement à une plus grande confusion, une plus grande frustration et un plus grand désespoir.

En ce jour, vous êtes libéré de la tentative de vous rendre spécial car de cette façon vous trouverez le véritable soulagement que vous avez cherché dans tous vos efforts passés. Ce qui est spécial en vous, c'est la forme unique de votre expression de ce qui est inhérent à toute vie. Ainsi, ce qui rallie la vie et qui est la vie même se trouve affirmé. Votre individualité est également affirmée mais pas à l'exclusion de la valeur de toutes les autres expressions de la vie. Ici, vous n'êtes pas spécial. Vous êtes simplement vous. Vous êtes plus grand qu'un individu parce que vous faites partie de la vie, et pourtant vous êtes un individu parce que vous exprimez la vie d'une façon individuelle. Ici cessent tout conflit et toute confusion. Ce qui est limité exprime ce qui est illimité, et ce qui est unique exprime ce qui est inhérent et intrinsèque. Telle est la résolution que vous recherchez car vous ne désirez pas véritablement être spécial. Vous désirez seulement que votre vie individuelle ait un but, un sens et une direction.

À chaque heure, réfléchissez à cela après avoir répété l'idée de ce jour. Lors de vos pratiques approfondies, entrez une fois encore dans la quiétude et la paix. Ne réclamez pas des réponses parce que vous n'avez pas besoin de faire cela dans vos pratiques de méditation. Ce temps est à présent consacré à pratiquer le fait de recevoir la Connaissance en laquelle votre individualité est honorée et confirmée dans son véritable but, et en laquelle votre sentiment d'être spécial, qui n'a été qu'un lourd et impossible fardeau pour vous, est enlevé avec douceur de vos épaules. Ne cherchez pas à être spécial aujourd'hui car cela n'est pas le but de votre vie. Toute peur de la mort et de la destruction vous quittera alors. Tout jugement et toute comparaison avec les autres vous quitteront alors. Vous serez ainsi capable d'honorer la vie et d'honorer vos relations qui sont une expression de tout ce que la leçon d'aujourd'hui vous enseignera.

Pratique 243 : *Deux séances de pratique de 30 minutes.*
Pratique horaire.

244ème Pas

JE SUIS HONORÉ QUAND LES AUTRES SONT FORTS.

Quand vous êtes fort, les autres sont honorés. Quand ils sont forts, vous êtes honoré. De cette manière, la Connaissance s'affirme dans le monde où la Connaissance a été oubliée. La Connaissance a seulement besoin d'être affirmée par l'expérience et l'expression afin d'être donnée aux autres. Votre enseignement le plus grand dans cette vie est la contribution de votre vie telle qu'elle est démontrée aux autres. En effet, il s'agit même du don le plus précieux que vous puissiez vous faire à vous-même car à mesure que la valeur de votre vie vous sera démontrée, votre propre estime sera rétablie et vous comprendrez votre véritable valeur à la mesure de la vie même.

Ainsi, lorsque les autres sont forts, vous êtes honoré. En cela, vous ne chercherez pas à diminuer autrui pour vous renforcer vous-même. Vous ne chercherez pas à affirmer votre avantage en utilisant le désavantage d'autrui. Aucune culpabilité n'accompagnera ainsi votre accomplissement car personne n'a été trahi tandis que vous cherchiez à gagner de l'expérience et de l'avancement dans la vie.

La leçon d'aujourd'hui est très profonde et demandera beaucoup de considération. À chaque heure, répétez l'idée d'aujourd'hui et considérez-la sérieusement dans toutes les circonstances dans lesquelles vous vous trouverez. Lors de vos pratiques approfondies aujourd'hui, entrez dans le silence et la quiétude. Accordez-vous cela parce que l'idée d'aujourd'hui est très simple et tout à fait vraie. Elle n'est en aucune façon complexe bien qu'elle exige une réflexion sérieuse, car vous êtes bien trop habitué à ne considérer que des choses superficielles. Tout au long de notre préparation en ces jours, semaines et mois, vous apprenez à utiliser votre mental pour qu'il reconnaisse ce qui est évident et apparent mais qui ne l'est pas encore pour vous qui vous êtes nourri de choses superficielles.

Par conséquent, que ce temps aujourd'hui soit donné à la Connaissance. Que ce temps soit donné à ce qui vous renforce et renforce tous les autres individus dans l'univers. Quand les autres sont forts, vous êtes honoré. En cela toute séparation prend fin et le don véritable devient apparent.

Pratique 244 : *Deux séances de pratique de 30 minutes.*
Pratique horaire.

245ᵉᵐᵉ Pas

L'ÉCHEC DES AUTRES ME RAPPELLE LE BESOIN DE LA CONNAISSANCE.

Que l'échec des autres vous rappelle votre besoin de la Connaissance. Ne sous-estimez pas votre besoin de la Connaissance. Vous n'avez ainsi pas à répondre par la condamnation ou par le jugement lorsque quelqu'un échoue, mais vous devez prendre conscience de leur grand besoin et de votre grand besoin. Cela ne fera alors que confirmer la profondeur avec laquelle vous devez maintenant vous préparer. Car vous vous préparez non seulement pour votre propre avancement et pour votre propre accomplissement mais également pour l'avancement et l'accomplissement de l'humanité. Il ne s'agit pas d'une affirmation ou d'une déclaration vaine. C'est la pure vérité. En effet, lors de chaque pas que vous faites en direction de la Connaissance, vous donnez votre accomplissement au monde et vous allégez le fardeau de tous ceux qui se débattent dans leurs propres illusions et leur sentiment d'échec.

Votre vie devient alors votre enseignement car elle est une vie de Connaissance. Elle démontre la présence de la Connaissance dans le monde qui est la présence de Dieu. Cela est le résultat de votre service en tant que véhicule avancé de la Connaissance. Lors de votre progression, toutes les capacités humaines sont développées, toutes les limitations humaines sont dissipées et ce qu'il y a de plus vrai et de plus authentique dans la vie d'un individu humain au sein de ce monde se trouve glorifié. Et ce qui est au-delà de toute vie humaine mais qui englobe la vie humaine se trouve également affirmé. Ainsi, l'échec d'autrui appelle votre engagement envers la Connaissance. C'est quelque chose qui vous appelle à avancer et à vous renforcer parce que vous êtes venu dans le monde pour donner.

Rappelez-vous cela à chaque heure et lors de vos deux longues séances de pratique, utilisez activement votre mental afin de comprendre cette idée. Pensez à chaque individu qui, selon vous, a échoué et prenez conscience du sens de la leçon d'aujourd'hui en considérant que ces individus vous rendent service. Prenez conscience du besoin de la Connaissance dans leur vie et dans votre vie. Ils commettent des erreurs pour susciter votre engagement envers la Connaissance. Ils vous rendent service à cet égard et cela appelle votre gratitude et non votre condamnation. Ils vous enseignent à estimer ce qui a de la valeur et à abandonner ce qui est vide de sens. Ne pensez pas qu'ils ne vous économisent pas du temps. Ils vous économisent du temps. Ils démontrent ce que vous avez à apprendre et à accepter. Aussi, impliquez-vous dans leur bien-être car ils vous apprennent à estimer la Connaissance. À mesure que vous estimerez la Connaissance, le bénéfice de cette estime leur sera donné en retour et ils seront renforcés et honorés par votre accomplissement.

Pratique 245 : *Deux séances de pratique de 30 minutes.*
Pratique horaire.

246ème Pas

Rien ne justifie l'échec dans le rétablissement de la Connaissance.

Rien ne justifie l'erreur. Rien ne justifie le déni de la Connaissance. Il n'existe aucune véritable justification. Ne cherchez pas à justifier vos erreurs en vous blâmant ou en accusant la vie de ne pas vous donner ce dont vous avez besoin. Ne justifiez pas vos erreurs en attribuant la responsabilité de la situation actuelle à votre enfance, à vos parents ou à votre éducation. Les erreurs ne peuvent être justifiées. Tout ce qui ne peut pas être justifié peut être abandonné car cela ne possède ni sens ni véritable valeur.

Ce jour est ainsi une forme de liberté, une expression de la liberté pour vous qui, par habitude et par complaisance, cherchez toujours à justifier vos erreurs en attribuant le blâme et la responsabilité à quelque chose ou quelqu'un. Cela n'a aucun sens car il vous est simplement donné aujourd'hui de venir à la Connaissance et de vous donner dans votre approche de la Connaissance. Vous ne pouvez justifier l'erreur qu'en tant qu'excuse pour ne pas venir à la Connaissance et, puisque rien ne justifie l'erreur, il n'existe pour vous aucune justification pour ne pas venir à la Connaissance. Sans cette justification, vous êtes justifié car vous êtes l'expression de la Connaissance. Telle est votre destinée et tel est votre but dans le monde. Si rien ne justifie l'erreur, alors toutes les justifications sont données à la vérité.

Permettez-vous de répéter cette idée à chaque heure. Venez-y lors de vos longues séances de pratique dans la quiétude et la réceptivité. Soyez reconnaissant aujourd'hui que vos erreurs aient été pardonnées. Soyez reconnaissant aujourd'hui que rien ne justifie la condamnation. Soyez reconnaissant aujourd'hui que vous ayez cette opportunité de venir à la Connaissance, ce qui affirmera ce qu'il y a de plus vrai et de plus grand en vous. Soyez reconnaissant aujourd'hui que rien ne justifie le déni de cela car sans culpabilité ni blâme, vous ne pouvez que recevoir ce que la vie a à vous offrir.

Que ce jour soit un jour de célébration de votre liberté. Que ce jour soit un jour de confirmation que vous êtes sans reproche parce que vous êtes un étudiant de la Connaissance. Que ce jour soit un jour de confirmation que tous les problèmes du monde peuvent être résolus sans condamnation – car sans condamnation, tous les problèmes du monde seront résolus.

Pratique 246 : *Deux séances de pratique de 30 minutes.*
Pratique horaire.

247ème Pas

J'ÉCOUTERAI MES ENSEIGNANTS INTÉRIEURS AUJOURD'HUI.

ÉCOUTEZ VOS ENSEIGNANTS INTÉRIEURS car ils ont pour vous de sages conseils. Acceptez leurs conseils et travaillez avec ces derniers en réalisant que vous ne comprendrez le sens et la valeur d'un conseil qu'en le suivant.

PRENEZ UN MOMENT À CHAQUE HEURE POUR VOUS RAPPELER que vos Enseignants Intérieurs sont avec vous. Réjouissez-vous aujourd'hui de ces séances de méditation où vous serez dégagé des obligations et des engagements extérieurs pour passer du temps avec vos Enseignants Intérieurs. Ils vous parleront en ce jour et vous aideront à apprendre à écouter et à discerner leur voix des autres voix qui harcèlent votre mental. Ils représentent la seule et unique véritable voix qui parlera à votre âme. Ils ne sont pas les substituts que vous créez pour continuer à vous stimuler dans la peur. Par conséquent, développez votre confiance en eux comme ils ont développé leur confiance en vous car ils vous confient la Connaissance dans le monde – vous ne pouvez pas imaginer de plus grande forme de confiance et de reconnaissance. Pour que vous soyez le véhicule de la Connaissance dans le monde, il vous faut être le témoin de la grandeur de votre origine, de la grandeur de votre héritage et de la grandeur de l'estime que Dieu vous porte.

AINSI, LORS DE VOS DEUX PRATIQUES APPROFONDIES DE CE JOUR, dans la quiétude et le silence, tournez votre écoute vers l'intérieur. Écoutez attentivement. Permettez-vous de devenir réceptif et vous saurez que vos Enseignants se tiennent en arrière-plan, vous observant, vous aimant et vous soutenant. Et ils vous parleront en ce jour de choses de ce monde et de choses d'au-delà de ce monde. Ils vous rappelleront votre but et votre fonction à mesure que vous apprendrez à écouter en ce jour.

Pratique 247 : *Deux séances de pratique de 30 minutes.*
Pratique horaire.

248ème Pas

Je compterai sur la Sagesse de l'univers pour m'instruire.

Comptez sur la Sagesse de l'univers. Ne comptez pas sur vous seul car seul, vous ne savez rien. Seul, il n'y a aucune Connaissance, aucune relation. Comptez sur la Sagesse de l'univers qui vous est disponible au sein de votre Connaissance, laquelle est stimulée par la présence de vos Enseignants. Ne pensez pas que vous seul pouvez faire quoi que ce soit car seul, vous ne pouvez rien faire. Mais si vous êtes avec la vie, tout ce qui est destiné à votre épanouissement et à votre grande contribution vous est indiqué et donc promis.

Ainsi, rappelez-vous cette idée à chaque heure et, dans vos pratiques de méditation, cherchez une fois encore refuge en la Connaissance, dans la quiétude et le silence. Permettez à la Sagesse de l'univers de s'exprimer auprès de vous, vous qui apprenez à recevoir cette Sagesse avec ouverture et humilité.

Permettez à ce jour d'être un jour d'écoute, un jour de contemplation et un jour de réceptivité. Ne soyez pas la proie des jugements et des préoccupations habituelles mais permettez à ce jour d'être un jour de véritable accès à la vie afin que la vie puisse vous donner, à vous qui êtes son serviteur.

Pratique 248 : *Deux séances de pratique de 30 minutes.*
Pratique horaire.

249ème Pas

Seul, je ne peux rien faire.

Seul, vous ne pouvez rien faire car dans la vie, rien ne se fait seul. C'est tellement évident si vous observez simplement l'activité autour de vous. Personne ne fait quoi que ce soit seul. C'est tellement vrai ; cela ne peut être nié si vous regardez le monde avec honnêteté. Quand bien même vous seriez seul au sommet d'une montagne sans aucune autre âme en vue, vous ne seriez pas seul car vos Enseignants seraient avec vous et tout ce que vous accompliriez là serait un effort conjoint, de même que tout ce que vous accomplissez avec d'autres personnes est un effort conjoint. Cela affirme la nature intrinsèque des relations et apporte la preuve complète que rien ne peut être fait seul. En cela, vous devez apprendre à accorder de la valeur à vos relations car elles sont les véhicules pour l'accomplissement dans tous les domaines et dans toutes les avenues d'expression.

Par conséquent, vous qui cherchez à présent à rétablir la Connaissance, nous insistons sur la valeur de vos relations. Ces relations doivent être imprégnées de la Connaissance que vous êtes en train de rétablir. Elles posséderont alors la stabilité, l'efficacité et la grâce que la Connaissance contient pour vous. En effet, seules les relations fondées sur la Connaissance peuvent porter la Sagesse que la Connaissance exercera dans le monde. Les relations fondées sur l'attraction personnelle ou la fantaisie personnelle ne possèdent pas la fondation nécessaire pour porter la Connaissance ; elles échoueront brusquement devant les demandes et les exigences d'une vraie vie.

C'est pourquoi, à mesure que vous rétablissez la Connaissance, vous apprenez aussi les leçons sur les relations. Rappelez-vous-en à chaque heure et soyez témoin du caractère évident de la leçon d'aujourd'hui, quel que soit le contexte dans lequel vous vous trouvez. Si vous regardez, vous verrez que rien ne peut être réalisé seul – à aucun niveau, sur aucun chemin. Rien ne peut être fait seul. Il n'existe aucune créativité individuelle. Il n'existe aucune contribution individuelle. Il n'existe aucune invention individuelle. La seule chose qui peut être produite seul est l'imagination – et énormément de choses ont été produites de cette façon. Mais même cela est partagé et consolidé à mesure que chaque individu le fortifie dans sa propre imagination. Ainsi, même l'illusion est partagée et appuyée par des relations. Rien ne peut être fait seul. Même l'illusion ne peut être créée seul. Il n'existe aucune échappatoire à cela. Cependant, le fait qu'il n'existe aucune échappatoire à la vie constitue la véritable promesse de votre rédemption car ici la vie vous sauvera, et tout ce que vous avez apporté dans le monde sera activé et porté à contribution.

Lors de vos temps de pratiques approfondies aujourd'hui, venez à la Connaissance et venez à vos Enseignants dans la quiétude et l'humilité. Réalisez que vous ne pouvez rien faire seul. Même votre tentative de discipliner votre mental et de vous préparer pour la méditation est quelque chose que vous partagez avec les autres pratiquants ainsi qu'avec vos Enseignants. Tout le pouvoir de Dieu peut être exprimé à travers vous car rien ne peut être fait seul.

Pratique 249 : *Deux séances de pratique de 30 minutes.*
Pratique horaire.

250ème Pas

JE NE ME TIENDRAI PAS À L'ÉCART AUJOURD'HUI.

VOUS NE POUVEZ ÊTRE SEUL QUE DANS L'IMAGINATION et l'imagination ne vous apportera rien qui ait de la valeur, rien qui soit permanent ni rien qui ait du sens. Ne trahissez pas votre Connaissance aujourd'hui en vous tenant à l'écart. Ne vous punissez pas pour des erreurs qui n'ont aucune substance et qui ne sont en réalité qu'une expression de la confusion. Rien ne justifie l'erreur et rien ne justifie que vous vous teniez à l'écart. Vous faites partie de la vie et vous aurez à compter sur vos relations avec les autres et avec la vie dans son ensemble pour accomplir quoi que ce soit, même pour survivre.

À MESURE QUE VOUS PENSEREZ À CELA, la gratitude émergera naturellement en vous et vous réaliserez que le sol sur lequel vous marchez ainsi que chaque chose utile et bénéfique que vous voyez et que vous touchez est le résultat du don et de la coopération. Votre gratitude engendrera alors naturellement l'amour, et à partir de votre amour vous commencerez à comprendre comment toutes les choses sont accomplies dans l'univers. Cela vous procurera la force et l'assurance de ce que vous-même devez apprendre à faire.

À CHAQUE HEURE, RAPPELEZ-VOUS CELA et lors de vos méditations profondes, permettez-vous de recevoir. Ne vous tenez pas à l'écart de la Connaissance qui attend pour vous bénir dans vos pratiques de méditation. C'est le moment où vous venez à l'autel de Dieu pour vous présenter et ici, Dieu se présente à vous, vous qui apprenez à recevoir la Connaissance.

PRATIQUE 250 : *Deux séances de pratique de 30 minutes. Pratique horaire.*

251ème Pas

SI JE RESTE AVEC LA CONNAISSANCE, IL N'Y AURA AUCUNE CONFUSION DANS MES RELATIONS.

SI LA CONNAISSANCE N'EST PAS CONFUSE, comment pouvez-vous être confus, vous qui demeurez avec la Connaissance ? Demeurer avec la Connaissance signifie cependant que vous ne cherchez pas à résoudre des choses, à comprendre des choses, à contrôler des choses ou à persuader quelqu'un sans la Connaissance. Vous ne cherchez pas à vous distinguer en vous servant d'autrui pour vous mettre en valeur. Vous ne cherchez pas à justifier vos erreurs en rejetant le blâme sur d'autres.

AVEC LA CONNAISSANCE, IL N'Y A AUCUNE CONFUSION dans vos relations. Vous savez avec qui être et avec qui ne pas être, et en cela il n'y a aucun blâme. Vous savez où vous dévouer et où ne pas vous dévouer, et en cela il n'y a aucune condamnation. Vous choisissez ceci plutôt que cela et non le juste plutôt que le faux. Vous allez ici et pas là parce que c'est ici que vous devez aller. Tout cela est tellement simple et entièrement efficace. Cela affirme la Connaissance en tout individu et personne n'est condamné. Ici, les portes de l'enfer sont ouvertes et tous sont libres de retourner à la Connaissance, car les portes de l'enfer sont déjà ouvertes et la Connaissance appelle tous ceux qui y résident à retourner à Dieu. Car qu'est-ce que l'enfer sinon la vie sans Dieu et la vie sans la Connaissance ? C'est une vie imaginée, voilà tout.

RECEVEZ DONC L'APPEL DE LA CONNAISSANCE qui est l'appel de Dieu pour que vous vous éveilliez et participiez à la vie. Vous ne pouvez rien faire seul et vos relations seront claires lorsque vous demeurerez avec la Connaissance. Souvenez-vous de cela à chaque heure et lors de vos deux longues séances de pratique aujourd'hui, consacrez-vous à l'observation active de chacune des relations majeures dans lesquelles vous êtes engagé.

Reconnaissez-y les frustrations et la confusion, les grands espoirs et les profondes déceptions, l'amertume de l'erreur, le sentiment d'échec et le blâme jeté sur les autres. Réalisez alors qu'avec la Connaissance, tout cela n'a pas besoin d'être car avec la Connaissance, le sens et le but de chaque relation sont reconnus dès le début de vos interactions et se trouvent confirmés à la fin.

PRENEZ CONSCIENCE QUE VOS RELATIONS ACTUELLES se clarifieront avec la Connaissance et que vous pourrez avancer sans culpabilité ni blâme et sans compulsion ni besoin. Avec la Connaissance, vous pouvez suivre ce qui est précisément bénéfique pour vous et pour ceux que vous aimez, car toutes les relations sont honorées et bénies grâce à la Connaissance et tous les individus trouvent leur juste place les uns par rapport aux autres. En cela, chaque personne est honorée et sa Connaissance est confirmée. Que cela soit votre compréhension aujourd'hui.

PRATIQUE 251 : *Deux séances de pratique de 30 minutes.*
　　　　　　　　Pratique horaire.

252ème Pas

RÉVISION

Que votre révision de chaque leçon des deux semaines passées soit une confirmation de la présence de la Connaissance dans votre vie. Révisez chaque leçon et chaque pratique. Révisez avec objectivité l'étendue de votre engagement et prenez conscience des opportunités que vous avez de vous donner plus pleinement et plus complètement. Réalisez à quel point votre déni est dénué de sens et à quel point la promesse de votre récompense est grande si vous participez à la vie. Vous réaliserez cela à mesure que vous réviserez vos pratiques car vos pratiques illustrent votre ambivalence envers la Connaissance et la présence de la Connaissance elle-même.

Vous apprendrez avec le temps que lorsque vous vous approchez de la Connaissance, tout ce qui a du sens et de la valeur est affirmé tandis que lorsque vous vous éloignez de la Connaissance, vous entrez dans l'obscurité de votre propre imagination. Cela vous convaincra alors de la direction dans laquelle vous devez vous investir. Cela vous convaincra de la grande présence qui est avec vous pour vous assister. Cela vous convaincra de votre inclusion dans la vie et de la présence de vos Enseignants avec vous. Tout obstacle et toute inadéquation que vous pourriez reconnaître ou imaginer peuvent être facilement dépassés avec la Connaissance. C'est votre désir pour la Connaissance et votre capacité pour la Connaissance qui doivent être renforcés. Dès que cela deviendra effectif, la Connaissance s'exprimera et vous serez le bénéficiaire du plus grand don de la vie.

Dans votre longue révision aujourd'hui, permettez-vous d'entreprendre votre pratique avec une grande profondeur et une grande sincérité. Laissez ce jour confirmer votre position d'étudiant. Laissez ce jour confirmer que vous avez été sauvé.

Pratique 252 : *Une longue séance de pratique.*

253ème Pas

TOUT CE DONT J'AI VRAIMENT BESOIN ME SERA FOURNI.

À CETTE AFFIRMATION, VOUS DEVEZ ACCORDER une foi absolue, même si votre passé a été une série de découragements et de déceptions. Pourtant, même là vous pouvez prendre conscience que tout ce dont vous aviez vraiment besoin pour l'avancement de la Connaissance et pour l'avancement de vos véritables capacités mentales et physiques vous a été fourni.

TOUT CE DONT VOUS AVEZ VRAIMENT BESOIN SERA FOURNI. C'est lorsque vous désirez ce dont vous n'avez pas vraiment besoin que votre perception en devient confuse, vous conduisant à de sombres spéculations et à d'amères désillusions. Ce dont vous avez besoin vous rendra heureux ; ce dont vous n'avez pas besoin vous rendra confus. C'est très simple, très honnête et très direct. La Connaissance est toujours ainsi. La Connaissance affirme ce qui est essentiel. Votre approche de la vie devient ici simple et directe. Ainsi, vous faites l'expérience de la vie comme étant simple et directe.

SI VOUS APPROCHEZ LA VIE DE MANIÈRE SOURNOISE, la vie vous apparaîtra sournoise. Si vous approchez la vie avec simplicité et honnêteté, la vie vous apparaîtra simple et honnête. La Connaissance indiquera ce qui est vraiment nécessaire et ce qui est superflu, ce qu'il vous faut assumer et ce qui ne représente que des bagages supplémentaires qui vous alourdiront. Si vous voulez ce qui n'est pas nécessaire et que vous vous consacrez à cela, vous perdrez contact avec ce qui est réel et authentique, et votre vie deviendra confuse et malheureuse.

ÉNONCEZ CES MOTS À CHAQUE HEURE ET PRENEZ-LES EN CONSIDÉRATION. La vie autour de vous démontrera leur véracité. Lors de vos pratiques de méditation profonde, entrez à nouveau dans la quiétude. Faites cet effort pour vous-même et votre mental répondra à vos directives. C'est votre désir pour la Connaissance qui permettra à toute chose de venir à vous. Cette confiance en la vie vous donnera l'assurance pour avancer. Cette confiance en la vie vous donnera l'assurance que votre vie est considérée comme très précieuse dans le monde. Cette confiance en la vie confirmera ce qui guide la vie même car dans la vie il y a la Connaissance et il y a l'illusion, mais la vie elle-même est la Connaissance.

Pratique 253 : *Deux séances de pratique de 30 minutes.*
Pratique horaire.

254ème Pas

J'AI CONFIANCE EN MES ENSEIGNANTS QUI DEMEURENT À MES CÔTÉS.

AYEZ CONFIANCE EN VOS ENSEIGNANTS car ils sont entièrement dignes de confiance. Ils sont ici pour initier la Connaissance en vous, pour vous rappeler votre origine et votre destinée et pour vous guider dans les petites choses comme dans les grandes. Ayez confiance en vos Enseignants. Ils ne prendront pas la place de votre Connaissance mais s'effaceront lorsque la Connaissance émergera en vous. Ayez confiance en vos Enseignants car ils ont déjà accompli ce que vous tentez à présent d'accomplir et ils vous l'enseignent en ce moment même afin qu'ils puissent accomplir leur destinée dans le monde. Ayez confiance en vos Enseignants car ils n'ont pas d'autre objectif ni ambition que la Connaissance. Ainsi, leur approche envers vous est entièrement constante et honnête – elle ne comprend aucune duperie, confusion ni conflit d'esprit.

À MESURE QUE VOUS APPRENDREZ À RECEVOIR VOS ENSEIGNANTS, vous apprendrez à recevoir leur approche de la vie. En cela, ils vous fourniront l'harmonie, l'équilibre, le pouvoir et la direction. Vous ne pouvez pas répondre à l'honnêteté par la malhonnêteté. Vous devez apprendre à répondre à l'honnêteté par l'honnêteté. Vous devez apprendre à répondre à la direction avec un désir pour la direction. Vous devez apprendre à répondre à l'engagement par l'engagement. Dans votre réponse à vos Enseignants, vous apprenez ainsi comment répondre. Vous apprenez à apprécier ce qui a de la valeur et vous apprenez à abandonner ou à ignorer ce qui est dépourvu de sens.

EN FAISANT CONFIANCE À VOS ENSEIGNANTS, vous vous ferez confiance à vous-même. Souvenez-vous de cela à chaque heure. Lors de vos deux moments de grand refuge et de bonheur, en méditation, retournez à vos Enseignants en qui vous avez confiance à présent. Dans la quiétude et le silence, ils demeurent avec vous et vous pouvez vous baigner dans la profondeur de leur amour. Vous pouvez faire l'expérience de leur affection universelle et recevoir leur grâce, ce qui ne stimulera que votre Connaissance car seule votre Connaissance sera stimulée.

Pratique 254 : *Deux séances de pratique de 30 minutes.*
Pratique horaire.

255ème Pas

Les erreurs de ce monde ne me dissuaderont pas.

Ne laissez pas la confusion vous dissuader car toute erreur est issue de la confusion. Souvenez-vous que les gens ne peuvent que commettre des erreurs et exprimer leur confusion lorsqu'ils sont sans la Connaissance. Ils ne peuvent que pratiquer la confusion et ils ne peuvent que servir la confusion. Cela vous apprendra ainsi à accorder de l'importance à ce qui a de la valeur et à reconnaître ce qui est dépourvu de sens. Cela vous apprendra que vous êtes toujours au service de ce à quoi vous accordez de l'importance, que vous renforcez toujours ce à quoi vous accordez de l'importance, que vous pratiquez toujours ce à quoi vous accordez de l'importance.

À présent, vous apprenez à accorder de l'importance à la Connaissance. Vous apprenez à pratiquer la Connaissance. Vous apprenez à reconnaître la Connaissance. Vous apprenez à servir la Connaissance. Telle est la démonstration dont vous avez besoin. Ne laissez pas la confusion du monde vous dissuader car elle vous rappelle votre grand besoin. Comment les erreurs du monde peuvent-elles vous dissuader quand elles devraient vous encourager ? Si elles sont correctement perçues, elles ne feront que vous inciter à vous consacrer plus pleinement à votre préparation. Cette préparation dans laquelle vous êtes engagé détient la promesse d'activer la Connaissance en vous. Il vous suffit seulement de suivre ses pas.

Vous ne trouverez pas refuge dans le monde. Vous avez déjà tenté de le faire et cela s'est révélé encore et toujours une impasse, et vous vous retrouverez dans cette même impasse si vous persistez dans cette direction. C'est vous qui devez donner au monde parce que c'est vous qui avez la Connaissance.

Par conséquent, recevez la Connaissance en ce jour lors de vos pratiques horaires et lors de vos séances approfondies de pratique. Ne laissez pas les erreurs du monde vous dissuader. Que les erreurs du monde vous incitent à la Connaissance et vous inspirent vers la Connaissance, car cela constitue une partie du don que le monde vous offre. L'autre partie du don du monde réside dans le fait qu'il est un contexte au sein duquel vous permettez à la Connaissance de contribuer à travers vous. Ainsi, le monde est béni et vous êtes béni. Vous serez alors reconnaissant des erreurs du monde comme des accomplissements du monde parce que les premières stimulent la Connaissance tandis que les seconds accomplissent la Connaissance. Par conséquent, apprenez en ce jour à réfléchir correctement de sorte que votre mental puisse servir utilement la Connaissance et afin que tous les aspects de vous-même puissent être honorés.

Pratique 255 : *Deux séances de pratique de 30 minutes.*
Pratique horaire.

256ème Pas

LE MONDE ÉMERGE DANS LA GRANDE COMMUNAUTÉ DES MONDES.

*I*L S'AGIT D'UNE AFFIRMATION VÉRIDIQUE sur l'évolution de votre monde. Elle donne un sens et une direction à la compréhension que vous avez de votre participation et de votre contribution au monde. Elle n'est pas destinée à vous effrayer ni à générer incertitude ou anxiété car avec la Connaissance l'incertitude et l'anxiété ne sont pas nécessaires. Avec la Connaissance, il n'existe aucune incertitude car le calme de la Connaissance est votre certitude, la voix de la Connaissance est votre certitude et le mouvement de la Connaissance est votre certitude. Toutes vos capacités et facultés physiques et mentales peuvent servir à exprimer cela, quel que soit le domaine où vous êtes destiné à servir.

CETTE AFFIRMATION SELON LAQUELLE LE MONDE ÉMERGE dans la Grande Communauté des mondes est une déclaration de votre but car votre perception, votre compréhension et votre appréciation du monde doivent s'accroître. Votre compréhension des difficultés et des opportunités du monde doit s'accroître. Vous ne pouvez pas vous en tenir à une vision réduite du monde et avoir la possibilité de comprendre le sens de votre propre Connaissance. Vous devez penser au sein d'un contexte plus grand. Vous ne devez pas seulement penser à vous-même – à vos désirs et à vos peurs – parce que vous faites partie intégrante d'une vie plus grande que vous êtes venu servir. Le monde que vous servez à présent, et que vous apprendrez à servir dans l'avenir, est en train d'émerger dans la Grande Communauté des mondes.

RÉPÉTEZ CETTE IDÉE À CHAQUE HEURE et réfléchissez-y alors que vous regardez le monde autour de vous. Lors de vos pratiques approfondies, utilisez activement votre mental pour tenter de comprendre la leçon d'aujourd'hui. La pratique de ce jour n'est pas focalisée sur la quiétude mais sur la compréhension. Ici, le mental est utilisé de manière pertinente car le mental doit être utilisé ainsi ou bien ne pas être utilisé du tout. Permettez-vous d'examiner toutes vos idées en rapport avec la leçon d'aujourd'hui. Cherchez à comprendre vos objections, vos croyances, vos peurs et vos préférences. Lorsque celles-ci auront été reconnues, vous serez en mesure de savoir. La Connaissance sera stimulée par la leçon d'aujourd'hui car la leçon d'aujourd'hui est destinée à stimuler la Connaissance.

PRATIQUE 256 : *Deux séances de pratique de 30 minutes.*
Pratique horaire.

257ème Pas

LA VIE EST PLUS GRANDE QUE JE NE L'AVAIS RÉALISÉ AUPARAVANT.

LA VIE EST PLUS GRANDE QUE VOUS NE L'AVIEZ RÉALISÉ auparavant et certainement plus grande que vous ne l'aviez imaginé auparavant. Sa grandeur vient du fait que vous vivez au sein d'une Grande Communauté de mondes. Sa grandeur vient du fait que la Connaissance est la partie essentielle de vous-même et que vous la portez en vous. La grandeur de la vie est affirmée par la présence de vos Enseignants et par la présence de tous ceux qui se préparent à rétablir la Connaissance avec vous.

AINSI, VOUS AVEZ UN BUT PLUS GRAND dans un univers plus grand. Ainsi, vous pouvez voir votre monde dans son véritable contexte. Ainsi, vous pouvez vous voir dans votre véritable contexte car vous jouerez une petite part dans la grande évolution du monde, et votre part sera essentielle. Vous pourrez l'accomplir car elle sera à votre niveau et à votre portée. Faire quelque chose de petit au service de ce qui est grand signifie que la contribution la plus petite porte la grandeur de ce qui est servi. Cela vous réhabilite vis-à-vis de vous-même ; cela vous réhabilite vis-à-vis de la vie. Cela bannit toute obscurité et dissipe toute imagination négative car vous êtes au service d'une plus grande vie.

LORS DE VOS PRATIQUES PLUS LONGUES, essayez de comprendre le sens de l'idée d'aujourd'hui. Utilisez votre mental d'une manière qui ait du sens. Utilisez-le de façon active et objective car tel est la raison d'être de votre mental.

PRATIQUE 257 : *Deux séances de pratique de 30 minutes.*

258ème Pas

QUI SONT MES AMIS AUJOURD'HUI ?

Vos amis aujourd'hui sont tous ceux qui sont en train de rétablir la Connaissance et tous ceux qui ont rétabli la Connaissance. Vos amis demain seront tous ceux qui rétabliront la Connaissance. Ainsi, chaque personne est votre amie ou deviendra votre amie. C'est seulement une question de temps, et le temps ne peut paraître long qu'à ceux qui demeurent dans le temps sans but. Cependant pour ceux qui demeurent dans le temps avec un but, le temps s'écoule vite et amène ce grand résultat.

Qui sont vos amis aujourd'hui ? Chaque personne est votre amie ou deviendra votre amie. Pourquoi donc avoir un ennemi ? Pourquoi appeler cet autre en opposition avec vous un ennemi alors qu'il deviendra votre ami ? La Connaissance vous réunira. Vous êtes en train de rétablir la Connaissance, ouvrant ainsi la voie à cette réconciliation.

Qui sont vos amis aujourd'hui ? Vos Enseignants et votre Famille Spirituelle et tous ceux qui rétablissent la Connaissance. La sphère de votre amitié est par conséquent énorme. Il existe de nombreuses voies dans le rétablissement de la Connaissance, cependant l'essence de l'apprentissage est toujours de s'engager avec la Connaissance elle-même et de permettre à la Connaissance de s'exprimer à travers vous. L'univers est ainsi rempli de vos amis – vous pouvez reconnaître certains d'entre eux et ne pas être capable d'en reconnaître d'autres ; vous pourrez vous impliquer avec certains d'entre eux et ne pas en être capable avec d'autres ; vous pourrez accomplir des choses avec certains d'entre eux et ne pas en être capable avec d'autres. Tout est une question de temps.

Répétez cette idée à chaque heure. Considérez-la comme un signe indicateur de la réalité pour vous. Lors de vos pratiques approfondies, entrez dans la quiétude et le silence afin que vous puissiez faire l'expérience de la profondeur de votre relation avec vos vrais amis. Votre vie est remplie d'amour. Elle est remplie du fruit de tous ceux qui rétablissent la Connaissance actuellement. Votre désir pour la Connaissance est motivé par tous ceux qui refusent encore de rétablir la Connaissance car eux aussi deviendront vos amis dans l'avenir. De cette perspective, vous prendrez conscience que même ceux qui seront vos amis dans l'avenir sont en réalité vos amis aujourd'hui car ils vous servent et demandent que vous les serviez par votre accomplissement avec la Connaissance.

Pratique 258 : *Deux séances de pratique de 30 minutes.*
Pratique horaire.

259ème Pas

JE SUIS VENU POUR ENSEIGNER DANS LE MONDE.

Vous êtes venu pour enseigner. Vous n'avez fait qu'enseigner depuis que vous êtes arrivé ici. Vos pensées et votre comportement sont les véhicules pour enseigner. Même lorsque vous étiez un petit enfant vous enseigniez, vous ravissiez et vous frustriez ceux qui vous aimaient. Au cours de chaque étape de votre vie vous avez enseigné car l'enseignement est la fonction naturelle de la manifestation de la vie. Vous possédez ainsi naturellement une fonction d'enseignant. Même si vous ne mettez pas cela en pratique de manière formelle avec les gens, votre vie est une démonstration et, par conséquent, une forme d'enseignement.

C'est pourquoi, à mesure que votre vie s'alliera avec la Connaissance et exprimera la Connaissance, elle deviendra l'enseignement même. Ainsi, quelle que soit la voie que vous serez amené à choisir pour vous exprimer d'une façon authentique, en accord avec votre nature, vous serez capable d'exprimer votre enseignement au travers de gestes grands comme petits, avec des mots comme sans mot, et au travers de réalisations dans tous les domaines de la vie parce que vous êtes venu dans le monde pour enseigner. Le monde peut seulement vous enseigner que vous avez besoin d'enseigner la vérité. Tel est l'enseignement du monde pour vous. Il vous enseigne le grand besoin de la Connaissance et il vous enseigne la présence de la Connaissance. Ainsi, le monde sert et soutient votre véritable fonction de même que vous servez et soutenez la véritable fonction de la vie.

Rappelez-vous cette idée à chaque heure. Lors de vos deux méditations approfondies, consacrez-vous à l'examen de tout cela avec le plus grand soin. Ce sont à présent des pratiques d'utilisation du mental. Réfléchissez au sens de l'idée d'aujourd'hui. Prenez conscience du fait que vous avez toujours enseigné par la démonstration. Réfléchissez à ce que vous voulez enseigner au travers de votre vie et réfléchissez à ce que vous voulez fortifier au travers de votre vie. Réfléchissez à ce que vous voulez donner et réfléchissez à ce que le monde vous a donné pour stimuler ce véritable désir. Toutes ces choses généreront une pensée juste et une action juste, et par la pensée juste et l'action juste, la Connaissance circulera sans effort à travers vous pour bénir la vie autour de vous et pour apporter un but, un sens et une direction à vos relations.

Pratique 259 : *Deux séances de pratique de 30 minutes.*
Pratique horaire.

260ème Pas

JE SUIS UN AMI DU MONDE AUJOURD'HUI.

Vous êtes un ami du monde aujourd'hui et à mesure que vous ferez l'expérience de cela, vous ferez l'expérience du monde comme étant votre ami, car le monde ne peut que refléter votre but tel que vous l'exprimez et tel que vous en faites l'expérience. Ici, vous ferez l'expérience d'un monde nouveau avec la Connaissance, un monde que vous n'aviez pas considéré auparavant, un monde dont vous n'aviez qu'une expérience momentanée auparavant.

Soyez un ami du monde aujourd'hui car vous êtes venu pour être un ami du monde. Le monde est en grand besoin. Il démontre une grande confusion et une grande erreur et cependant, vous êtes venu pour être un ami du monde parce que le monde a besoin de votre amitié. En cela, vous recevez une récompense plus grande que tout ce que vous pourriez obtenir pour vous seul car tout ce que vous pourriez obtenir pour vous seul, vous devez le prendre à la vie. En revanche, tout ce que vous donnez ou recevez en tant qu'ami du monde, la vie vous le donne et elle ne perd rien dans l'échange. Ainsi, vous donnez et recevez sans culpabilité. Ici, votre participation est saine et nette. Avec la Connaissance, cela devient évident et est démontré jour après jour, jusqu'à ce que vous appreniez finalement que cela est vrai sans exception.

À chaque heure, soyez un ami du monde. Reconnaissez que toute colère provient de la confusion et que la Connaissance émerge à présent pour résoudre toute confusion. Par ce fait, votre vie est à présent engagée dans une véritable résolution plutôt qu'occupée à aggraver les difficultés du monde. Votre vie est centrée sur la résolution, et non sur la difficulté. Soyez un ami du monde. Lors de vos deux séances de pratique approfondie dans la quiétude, consacrez-vous à être un ami du monde car cela soulagera la confusion du monde. À mesure que vous apprendrez à vous consacrer à cela avec sagesse et discernement, vous permettrez au monde de devenir votre ami car le monde désire également devenir votre ami.

Pratique 260 : *Deux séances de pratique de 30 minutes.*
Pratique horaire.

261ème Pas

JE DOIS APPRENDRE À DONNER AVEC DISCERNEMENT.

SI VOUS DONNEZ SANS AMBITION PERSONNELLE, vous donnerez en accord avec la Connaissance ; votre don sera alors spécifique et offert de telle façon qu'il vous renforcera et vous responsabilisera, vous même ainsi que ceux qui peuvent recevoir votre don. C'est la Connaissance qui vous guide. Si vous tentez de donner pour votre propre prestige, si vous tentez de donner pour vous rassurer ou si vous tentez de donner pour soulager un sentiment persistant de culpabilité ou d'insuffisance qui vous habite, vous ne donnerez pas avec discernement. Votre don se révélera alors inadéquat et générera en vous un conflit et un découragement grandissants.

LA VIE NE FAIT RIEN AU HASARD. Chaque chose remplit un but. Par conséquent, votre don doit être effectué avec discernement et le discernement est quelque chose qu'il vous faut apprendre pas à pas, jour après jour. Tel est le fonctionnement de la Sagesse dans le monde. Avec la Connaissance, vous devez apprendre cette Sagesse sans quoi vous ne serez pas capable de contribuer vos vrais dons avec efficacité et vous interpréterez mal leurs résultats. La Connaissance vous donnera ce qui doit véritablement être donné et vous dirigera pour donner de façon authentique. Si vous n'interférez pas avec cela et n'ajoutez pas un fardeau supplémentaire à votre don, votre don sera totalement efficace et gratifiera à la fois le donneur et le receveur.

RAPPELEZ-VOUS CELA À CHAQUE HEURE. Exercez le discernement. Il y a des gens à qui vous ne devriez pas donner d'une façon directe. Il y a des gens à qui vous devriez donner d'une façon directe. Il y a des situations auxquelles vous ne devriez pas prendre part. Il y a des situations auxquelles vous devriez prendre part. Il y a des problèmes dans lesquels vous ne devriez pas vous impliquer. Il y a des problèmes dans lesquels vous devriez vous impliquer. Comment pouvez-vous personnellement discerner où vos dons doivent être mis à contribution ? La Connaissance seule peut le discerner, et c'est seulement avec la Connaissance que vous serez capable de le discerner. Ayez donc confiance en vos inclinations les plus profondes aujourd'hui. Ne laissez pas vos pulsions, qui sont nées de la culpabilité ou de la peur, vous guider ou vous influencer dans votre désir de donner. Exercez-vous en ce jour à apprendre le discernement. Exercez-vous en ce jour à vous aligner avec la Connaissance.

Lors de vos longues séances de pratique, plongez-vous une fois encore dans la compréhension de la leçon d'aujourd'hui. Ne vous contentez pas de suppositions erronées. Considérez toutes les pensées et tous les sentiments pour ou contre l'idée d'aujourd'hui. Commencez à observer vos propres ambitions. Commencez à observer comment elles sont nées de vos peurs. Commencez à discerner combien il est simple de suivre la Connaissance. Avec la simplicité vient le pouvoir. Vous devez apprendre le discernement. Apprendre cela prendra du temps. De cette façon, vous apprendrez à utiliser toutes les expériences pour le bien car aucune expérience ne devrait être condamnée. Elles devraient toujours être utilisées pour l'apprentissage et la préparation. De cette façon, vous ne justifierez pas l'erreur mais l'utiliserez pour votre propre développement et pour l'avancement du monde.

Pratique 261 : *Deux séances de pratique de 30 minutes.*
                Pratique horaire.

262ème Pas

Comment puis-je me juger alors que je ne sais pas qui je suis ?

Si vous ne savez pas qui vous êtes, vous ne pouvez que juger ce que vous pensez être. Vos pensées vous concernant sont largement basées sur vos attentes et vos déceptions. Il est très difficile de vous observer vous-même depuis l'intérieur de votre conscience personnelle car la conscience personnelle est constituée de vos pensées personnelles, lesquelles ne sont pas issues de la Connaissance. Pour vous voir avec la Connaissance, vous devez être en relation avec la Connaissance. Cela vous conduira à faire l'expérience de vous-même d'une façon entièrement nouvelle. Cette expérience doit être répétée et exprimée maintes et maintes fois, dans maintes et maintes situations. Vous commencerez alors à éprouver un sentiment réel de qui vous êtes et à en faire effectivement l'expérience. Ce sentiment et cette expérience ne naîtront pas de la condamnation et de la rancœur car seule l'idée que vous vous faites de vous-même est susceptible de vous décevoir. En cela la vie vous décevra car la vie ne peut vous satisfaire qu'en accord avec votre vraie nature et votre véritable Soi. Réaliser cela signifie que vous avez pris conscience de la valeur et du sens de la vie et de votre inclusion en son sein. Cela demande du discernement. Cela demande de la sagesse. Cela demande une préparation pas à pas. Cela demande de la patience et de la tolérance. Cela demande que vous appreniez à utiliser votre expérience à bon escient et non à votre encontre.

Votre condamnation de vous-même n'est ainsi pas fondée. Elle n'est basée que sur des suppositions. Rappelez-vous cela à chaque heure et examinez cela à la lumière de tous les événements de cette journée qui vous enseigneront le sens de la leçon d'aujourd'hui. Durant vos deux longues séances de pratique, utilisez à nouveau activement votre mental pour comprendre le sens de la leçon d'aujourd'hui.

Alors que vous pénétrez le jugement que vous vous portez à vous-même, réalisez qu'il est né de votre peur et qu'il est basé sur des suppositions. Si vous prenez conscience du fait que vous ne savez pas qui vous êtes et que vous êtes complètement confus à ce propos, vous serez alors en position de devenir un véritable étudiant de la Connaissance. Vous serez en position d'apprendre toutes choses plutôt que de chercher à défendre vos suppositions. Voilà ce que c'est que d'être étudiant. Votre fonction dans la vie est maintenant d'être un étudiant de la Connaissance. Utilisez votre mental de manière déterminée aujourd'hui. Utilisez votre mental avec objectivité. Utilisez votre mental pour prendre conscience de ce que vous ne savez pas et de tout ce que vous avez besoin de savoir. Utilisez votre mental pour apprécier et utiliser les pas qui vous sont à présent donnés pour rétablir la Connaissance dans le monde.

Pratique 262 : *Deux séances de pratique de 30 minutes.*
Pratique horaire.

263ème Pas

AVEC LA CONNAISSANCE, TOUT DEVIENT CLAIR.

Pourquoi vous engager dans des spéculations supplémentaires ? Pourquoi projeter davantage de blâme ou de jugement ? Pourquoi rendre votre vie plus complexe et plus frustrante alors que tout devient clair avec la Connaissance ? Pourquoi rendre votre esprit plus complexe ? Pourquoi vous attribuer à vous-même de plus en plus de qualités ? Pourquoi inventer de nouveaux niveaux de pensée et d'existence alors qu'avec la Connaissance, tout devient clair ? Pourquoi projeter toujours plus de différences sur le monde ? Pourquoi faire en sorte que le monde paraisse si désespérément complexe et dénué de sens alors qu'avec la Connaissance, tout devient clair ?

Il vous suffit d'apprendre à être avec la Connaissance pour voir ce que la Connaissance voit, pour faire ce que la Connaissance fait et pour avoir la paix de la Connaissance, la grâce de la Connaissance, l'inclusion de la Connaissance, les relations de la Connaissance et tout ce que la Connaissance contient et que le monde ne peut reproduire d'aucune façon.

Lors de vos deux pratiques approfondies, revenez à la Connaissance dans l'humilité et dans la simplicité, dans la quiétude et dans le silence. Inspirez la Connaissance. Laissez la Connaissance entrer et remplir votre corps. Laissez-vous vous immerger dans la Connaissance et tout deviendra clair car avec la Connaissance, tout devient clair et toutes les questions disparaissent.

Pratique 263 : *Deux séances de pratique de 30 minutes.*

264ème Pas

J'EN APPRENDRAI DAVANTAGE SUR LA LIBERTÉ AUJOURD'HUI.

Aujourd'hui, vous aurez une opportunité d'en apprendre davantage sur la liberté. Le pas que vous faites aujourd'hui sera très important pour vous donner un point de vue nouveau sur la liberté, sur l'asservissement, sur la résolution de problèmes et sur la nature du véritable avancement.

Aujourd'hui, réfléchissez à votre leçon à chaque heure et réfléchissez à ce qu'est la liberté. Lors de vos deux longues séances de pratique, orientez votre mental pour qu'il réfléchisse à la liberté. Il est très important d'accorder toute votre attention à ce point aujourd'hui. Lors de vos méditations plus longues en particulier, consacrez entièrement votre activité mentale à la révision de vos idées concernant la liberté. Qu'est ce qui constitue la liberté, selon vous ? Qu'est ce qui empêche les gens d'être libres, selon vous ? Qu'est ce qui génère une liberté durable et sûre ? Comment cela peut-il être réalisé ? Qu'est ce qui appuiera cette liberté dans l'avenir ? Après avoir passé environ trente minutes à y réfléchir lors de chaque pratique, entrez dans la quiétude et le silence. Ouvrez-vous afin de permettre à la Connaissance de vous parler. Demeurez là, avec vos Enseignants. Après avoir épuisé vos idées, entrez dans la quiétude et la réceptivité.

Il est très important que vous preniez conscience de vos propres idées concernant la liberté parce que jusqu'à ce qu'elles soient reconnues et ajustées, elles continueront à projeter leurs influences sur vous. Elles continueront à dominer vos pensées et donc votre comportement. Une plus grande liberté vous est disponible à présent, mais vous devez apprendre comment l'approcher. Aujourd'hui, vous en apprendrez davantage sur la liberté – sur ce que vous pensez que la liberté est et sur ce que la liberté est réellement.

Pratique 264 : *Deux séances de pratique de 30 minutes.*
Pratique horaire.

265ème Pas

UNE PLUS GRANDE LIBERTÉ M'ATTEND.

La Connaissance requerra que vous soyez libre du passé et libre de l'inquiétude envers l'avenir. Elle requerra que vous soyez présent à la vie. Elle requerra que vous soyez ouvert et honnête. Elle requerra de vous une foi et une application de soi constante. Elle requerra que vous ne soyez pas en conflit. Elle requerra que vous ayez un grand amour et un grand respect pour vous-même et une grande appréciation du monde. Elle requerra que vous soyez en mesure de faire l'expérience de votre Famille Spirituelle et que vous reconnaissiez votre véritable place dans l'univers.

La Connaissance exige cela de vous afin que vous vous développiez pleinement pour l'accepter. De cette façon, vous devenez libre en apprenant à devenir libre. Vous serez guidé par la Connaissance en apprenant à être guidé par la Connaissance. Vous atteignez ici l'objectif en faisant les pas. Il n'existe pas de formule magique où vous devenez soudainement libre. Il n'existe pas de système magique de croyances qui, une fois adopté, vous libère des contraintes de votre passé et des inquiétudes concernant votre avenir. Vous apprenez cette véritable liberté en la mettant en pratique, pas à pas. Ainsi, à mesure que vous apprenez à rétablir la Connaissance, la Connaissance vous rétablit. Et, à mesure que vous apprenez ce qu'est la liberté, vous devenez réellement libre.

Votre part est très petite et Notre part est très grande. Vous avez seulement à suivre les pas et à les utiliser. Les pas qui sont donnés garantiront le résultat. Une plus grande liberté vous attend et à mesure que vous vous en approchez, vous adoptez cette liberté, vous bénéficiez de toutes les qualités de cette liberté et et vous en démontrez tous les aspects. Telle est la nature d'un Plan parfait qui est au-delà de la compréhension humaine. Il est si parfait que vous ne pouvez pas le ruiner si vous le suivez fidèlement. Cela vous rétablit et vous restitue votre foi en vous-même, votre confiance en vous-même, votre amour de vous-même et votre compréhension de vous-même dans le monde.

Réfléchissez à cette idée à chaque heure aujourd'hui et, lors de vos séances de méditation profonde, entrez dans la quiétude et dans la liberté. C'est une grande liberté que d'avoir cette opportunité de vous immerger dans la Connaissance, de vous immerger en la présence et de vous immerger dans la substance-même d'une véritable relation dans l'univers. À mesure que vous vous en approcherez, vous saurez que c'est là votre liberté et vous saurez que vous êtes en train de devenir libre de l'adopter. Ainsi, vous allez aujourd'hui faire un grand pas vers la prise de conscience qu'un plus grand avenir vous attend. Ce grand pas vous libérera de plus en plus de l'inquiétude, de l'anxiété, de la souffrance et de la déception de votre passé. Cela vous montrera qu'une plus grande liberté vous attend.

Pratique 265 : *Deux séances de pratique de 30 minutes.*
Pratique horaire.

266ème Pas

RÉVISION

Comme auparavant, révisez aujourd'hui les deux dernières semaines de préparation. Profitez de l'opportunité de votre longue séance de pratique d'aujourd'hui pour revoir tout ce qui est ressorti durant ces deux dernières semaines concernant les instructions données dans cette préparation, vos expériences des pratiques et les résultats de tout cela dans votre vie. Menez cette révision avec autant d'objectivité que vous le pouvez, particulièrement en ce qui concerne les résultats dans votre vie dont vous ne pouvez pas encore, pour la plupart, apprécier la valeur avec objectivité.

De nombreuses choses changeront à mesure que vous progresserez dans votre étude. Certaines choses se détacheront de vous ; d'autres choses commenceront à se construire. Des problèmes du monde feront pression sur vous et exigeront votre engagement et votre application. D'autres choses que vous considériez comme des problèmes s'avéreront de plus en plus lointaines et ne seront plus l'objet de votre préoccupation. Ainsi, votre vie extérieure s'ajuste d'elle-même afin que vous puissiez reconnaître où il vous est nécessaire de vous investir à présent. Votre vie intérieure et votre vie extérieure peuvent alors se refléter l'une l'autre. C'est très important. Vous commencez à apprendre comment apprendre et vous voyez le monde changer en conséquence. La qualité de votre expérience sera transformée avec le temps de sorte que toutes les choses, ordinaires comme extraordinaires, seront perçues d'un point de vue différent d'auparavant. Vous pouvez alors apprendre à tirer parti de toutes les opportunités et ainsi apprendre à apprécier la vie, même dans ses déceptions.

Pratiquez cela dans la révision d'aujourd'hui. Soyez très minutieux dans votre investigation. Commencez avec la première leçon de la période de deux semaines et poursuivez un jour après l'autre. Prenez conscience de ce qui s'est produit dans votre vie durant chacun de ces jours. Essayez de vous souvenir. Essayez ici de vous concentrer. De cette façon, vous ressentirez le mouvement de votre propre vie. C'est en prenant conscience de ce mouvement sur une certaine période et en voyant comment les différentes étapes de votre vie progressent que vous réaliserez que vous êtes bien engagé sur la route vers la Connaissance. Vous verrez alors qu'il y aura de moins en moins de choses derrière vous pour vous retenir en arrière et que l'avenir s'ouvrira de plus en plus pour répondre à vos besoins. Telle est la bienfaisance de la vie s'inclinant devant vous, vous qui devenez un étudiant de la Connaissance.

PRATIQUE 266 : *Une longue séance de pratique.*

267ème Pas

Il existe une solution simple à tous les problèmes qui se présentent à moi aujourd'hui.

Il existe une réponse très simple à tous les problèmes qui se présentent à vous en tant qu'individu. Comment trouverez-vous cette réponse ? Allez-vous la trouver en luttant avec vous-même ? Allez-vous la trouver en essayant toutes les résolutions possibles qui vous passent par la tête ? Allez-vous la trouver en vous faisant du souci et du tracas ? Allez-vous la trouver en l'ignorant et en recherchant à la place des stimulations agréables ? Allez-vous la trouver en sombrant dans la dépression et en pensant que la vie est si dure pour vous que vous ne pouvez répondre aux exigences de votre propre situation ?

Il existe une réponse simple aux problèmes qui se présentent à vous aujourd'hui. Elle est à trouver en la Connaissance. Cependant, pour trouver la Connaissance vous devez entrer dans la quiétude, devenir observateur et apprendre à vous dégager de la peur et de l'anxiété. Vous serez occupé à résoudre des problèmes durant la majeure partie de votre vie et c'est en apprenant comment le faire de façon efficace, responsable, et même avec enthousiasme, que vous accomplirez ce que vous êtes venu ici accomplir.

Rappelez-vous cette idée tout au long de la journée et ne vous laissez pas tromper par la complexité des problèmes. Les problèmes ne sont complexes que si vous cherchez à tirer un bénéfice de leur résolution ou de leur déni. Quand vous avez une préférence qui gouverne votre mental, vous ne pouvez pas voir l'évidence. En apprenant maintenant à regarder chaque problème avec la Connaissance, vous verrez que leur résolution est évidente. Vous verrez que vous ne pouviez pas reconnaître celle-ci auparavant parce que vous aviez d'une certaine manière peur de l'issue, ou parce que vous craigniez que la résolution du problème ne vous laisse démuni et pauvre. Vous aurez une vision différente aujourd'hui.

Lors de vos deux séances approfondies de pratique, demeurez avec la Connaissance. Ne tentez pas d'apporter une réponse à vos problèmes mais demeurez simplement dans la quiétude et la réceptivité. La Connaissance est consciente de ce qui doit être traité et elle projettera son influence sur vous afin que vous puissiez lui répondre et suivre sa direction. Sans votre interférence continuelle, l'évidence apparaîtra et vous réaliserez ce que vous avez à faire pas à pas. Ce faisant, vous réaliserez qu'il existe une réponse simple à tous les problèmes qui se présentent à vous. Ce sera une affirmation de la Connaissance et vous serez heureux que la vie vous procure ces problèmes afin que vous puissiez exercer vos véritables capacités pour y répondre.

Pratique 267 : *Deux séances de pratique de 30 minutes.*
    Pratique horaire.

268ème Pas

Je ne me laisserai pas tromper par la complexité aujourd'hui.

Les problèmes dans le monde deviennent complexes lorsqu'une difficulté qui nécessite correction et développement se trouve mêlée aux préférences de chacun, au désir de chacun de protéger ce qu'il a, et à la compétition que chacun entretient avec autrui. C'est ainsi que les problèmes dans le monde deviennent complexes et qu'importe ce que vous essayez de faire pour les régler, quelqu'un se trouve privé de ses droits ; quelqu'un se trouve contrarié ; quelqu'un est perdant. Dans vos sociétés, c'est quelque chose de manifeste. Cependant, cela ne représente que les peurs et les ambitions des gens en contraste avec leur Connaissance. En la Connaissance, vous êtes prêt à renoncer à tout ce qui fait obstacle à la Connaissance. Vous êtes prêt à renoncer à tout ce qui est nuisible pour vous ou pour les autres. Vous êtes prêt à vous dégager de toute situation qui s'avère ne plus être bénéfique pour vous ou pour les autres. C'est parce que la Connaissance rend possible une véritable honnêteté. Il s'agit d'une forme désintéressée d'engagement dans le monde, contribuant ainsi au bénéfice de tous.

Par conséquent, lorsque vous regardez un problème apparemment complexe dans le monde, il est de prime abord très difficile de simplement voir la nature exacte du problème. Or la solution est toujours très directe. C'est la peur des gens qui les rend incapables de reconnaître l'évidence. Il vous est donné aujourd'hui de réaliser qu'il existe une solution directe à tous les problèmes requérant une solution. Quelquefois une solution est évidente d'emblée. Quelquefois elle doit être approchée par étapes. Mais chaque étape est très directe dès lors que vous suivez la Connaissance.

Pour approcher les problèmes de cette façon, vous devez les approcher sans peur ni préférence. Vous devez suivre la Connaissance et ne pas chercher à utiliser la Connaissance pour résoudre les choses en fonction de vos propres desseins. Vous ne pouvez pas vous servir de la Connaissance de cette manière, mais vous pouvez suivre la Connaissance, et en suivant la Connaissance vous suivrez une voie de résolution. C'est une voie que peu de gens seront capables de reconnaître au premier abord mais c'est une voie qui s'avérera parfaitement efficace avec le temps car elle libérera toutes les parties impliquées et fournira les moyens permettant la participation efficace de chacun. L'homme ou la femme de la Connaissance dans le monde devient ainsi une source de résolution et de restitution dans le monde. Et leur présence et leurs activités influenceront toujours chaque situation pour le bien.

Ne vous laissez pas tromper par la complexité apparente des problèmes du monde car, avec la Connaissance, tout est résolu avec simplicité. La Connaissance ne peut être trompée et en apprenant à être avec la Connaissance, vous ne serez pas trompé non plus.

Rappelez-vous cette idée à chaque heure et lors de vos deux pratiques approfondies de méditation, entrez encore une fois dans le sanctuaire de la quiétude en vous. Accoutumez-vous à la quiétude car la Connaissance est quiétude. Accoutumez-vous à la quiétude car dans la quiétude vous affirmez votre bonté et votre valeur. Un esprit en paix n'est pas un esprit en guerre. Un esprit en paix n'est pas dupé par le monde.

Pratique 268 : *Deux séances de pratique de 30 minutes.*
Pratique horaire.

269ème Pas

LE POUVOIR DE LA CONNAISSANCE SE DÉPLOIERA À PARTIR DE MOI.

LE POUVOIR DE LA CONNAISSANCE SE DÉPLOIERA À PARTIR de vous, vous qui recevez la Connaissance. Au début, ce sera très subtil mais à mesure que vous continuerez à vous développer et à vous appliquer, le pouvoir de la Connaissance deviendra de plus en plus fort. Il sera une force d'attraction pour certains. Il sera une force de répulsion pour d'autres qui se trouveront dans l'incapacité d'y répondre. Il influencera tout le monde. C'est pourquoi vous devez apprendre à faire preuve d'un grand discernement dans les relations car à mesure que vous progresserez en tant qu'étudiant de la Connaissance, votre influence sur les autres sera plus grande. Vous ne devez pas vous servir de cette influence à des fins égoïstes, sans quoi vos activités se révéleront destructrices pour vous et pour les autres.

LA CONNAISSANCE PROCURE CETTE RETENUE dont Nous avons parlé et vous devez l'exercer pour votre propre bien. Si vous êtes ambitieux avec la Connaissance, vous vous exposerez, vous et les autres, à de très grands risques car la Sagesse, la compassion, la retenue et le contrôle de soi doivent accompagner le développement de la Connaissance. Si vous tentez d'utiliser la Connaissance à vos propres fins ou pour ce dont vous pensez que le monde a besoin, vous vous égarerez et la Connaissance ne vous accompagnera pas.

ACCEPTEZ LA RETENUE ET LE DÉVELOPPEMENT qui sont à présent requis car ils vous protégeront et vous rendront apte à transmettre vos dons avec le minimum de discorde et de risque personnel. Ils garantiront l'intégralité et le mérite de votre contribution car celle-ci ne sera pas entachée de motivations égoïstes. Pratiquez à chaque heure et entrez profondément en méditation à deux reprises aujourd'hui. Répétez votre idée du jour et entrez à nouveau dans la quiétude. Laissez ce jour être un jour où la Connaissance est fortifiée.

Pratique 269 : *Deux séances de pratique de 30 minutes.*
Pratique horaire.

270ème Pas

Avec le pouvoir vient la responsabilité.

Avec le pouvoir vient la responsabilité. La Connaissance vous donnera du pouvoir et vous devez être responsable envers la Connaissance. Voilà pourquoi vous devez devenir un suiveur. En devenant un suiveur, vous devenez un meneur car vous êtes capable de recevoir et vous êtes capable d'être guidé. Ainsi, vous apprendrez aux autres à recevoir et vous les conseillerez. Telle est l'extension naturelle du don que vous recevez actuellement, lequel trouvera avec le temps son expression à travers vous dans votre vie.

Il est très important que vous reconnaissiez la relation entre le pouvoir et la responsabilité. La responsabilité requiert de l'autodiscipline, de la retenue et le contrôle de soi. Elle requiert une objectivité vis-à-vis de votre propre vie que très peu de gens ont atteinte dans ce monde. La responsabilité est un fardeau jusqu'à ce qu'elle soit reconnue comme une source de protection. Elle est la garantie et l'assurance que votre don trouvera une expression saine et bienvenue en vous, et que vous avancerez et serez accompli par l'apport de votre contribution.

Il est très commun dans le monde que les gens désirent le pouvoir sans la responsabilité car leur idée de la liberté est qu'ils ne sont pas redevables de quoi que ce soit. Ceci s'avère complètement contre-productif et génère des conséquences dangereuses pour ceux qui persistent dans cette tentative. Vous, en tant qu'étudiant de la Connaissance, devez apprendre à accepter les responsabilités qui vous sont attribuées car elles apportent la protection et la direction dont vous avez besoin afin de vous développer convenablement, positivement et complètement. Elles sont l'assurance que votre préparation produira le grand résultat qu'elle est destinée à produire.

Réfléchissez à cette idée à chaque heure et ne l'oubliez pas aujourd'hui. Lors de vos pratiques approfondies, réfléchissez très attentivement à ce que signifie cette affirmation. Pensez à vos idées concernant le pouvoir et reconnaissez combien elles doivent répondre à une plus grande Source pour être utilisées et exprimées de façon appropriée. Ces deux séances de pratique seront des temps d'activité et d'application mentales. Réfléchissez très soigneusement à toutes vos idées concernant la leçon d'aujourd'hui. Il est tout à fait essentiel que vous examiniez vos propres opinions et croyances car vous devez comprendre votre construction mentale actuelle pour réaliser son impact sur votre vie extérieure. La leçon d'aujourd'hui peut sembler austère au début mais avec le temps, elle vous donnera la confiance et l'assurance dont vous aurez besoin pour progresser sans réserve.

Pratique 270 : *Deux séances de pratique de 30 minutes.*
Pratique horaire.

271ème Pas

J'ACCEPTERAI LA RESPONSABILITÉ AUJOURD'HUI.

Acceptez la responsabilité qui est votre capacité à répondre. Acceptez-la, cultivez-la, chérissez-la et accueillez-la. C'est ce qui vous rendra fort. C'est ce qui fera de vous une personne dévouée. C'est ce qui vous apportera les relations que vous avez toujours désirées. C'est la restitution du pouvoir dont vous avez si désespérément besoin et que vous apprenez à présent à rétablir pour vous-même. Avec la restitution de ce pouvoir viennent les conditions de cette restitution – que vous répondiez à la Connaissance et suiviez la Connaissance, que vous vous absteniez vis-à-vis de toute motivation qui ne soit pas issue de la Connaissance, que vous deveniez objectif envers vous-même et envers vos motivations, que vous vous interrogiez sans douter de vous-même, et que vous vous entouriez d'individus qui puissent soutenir l'émergence de la Connaissance en vous et qui soient libres de vous faire part de leurs propres perceptions. Cela est essentiel pour votre bien-être et votre développement. Cela vous protégera de vos propres erreurs qui, à mesure que vous deviendrez plus puissant, auront un impact de plus en plus grand sur vous et sur les autres.

Acceptez la responsabilité aujourd'hui. Acceptez-la car elle représente votre besoin le plus véritable et le plus essentiel. La responsabilité vous rendra capable d'aimer et de vous développer dans le monde.

À chaque heure, réfléchissez à l'idée d'aujourd'hui. Lorsque vous entrerez en méditation à deux reprises aujourd'hui, assumez pleinement la responsabilité qui consiste à être un étudiant de la Connaissance et entrez dans la quiétude et le silence avec votre être tout entier. Ne laissez aucune pensée ni aucun doute vous dissuader. Ne permettez pas à l'ambivalence de vous retenir en arrière. Persévérez. Ouvrez-vous. Entrez dans le mystère de votre vie afin que vous puissiez y répondre car tel est le sens de la responsabilité.

Pratique 271 : *Deux séances de pratique de 30 minutes.*
Pratique horaire.

272ème Pas

MES ENSEIGNANTS ME GUIDERONT À MESURE QUE J'AVANCE.

VOUS AUREZ BESOIN DE VOS ENSEIGNANTS POUR VOUS GUIDER à mesure que vous avancerez sur le chemin de la Connaissance car vous vous aventurerez bien au-delà de vos propres concepts et de vos propres suppositions. Vous serez engagé dans une vie que vous n'avez pas encore comprise. Vous accéderez à un pouvoir et à des ressources que vous n'avez pas encore pleinement reconnus. Vous vous aventurerez plus profondément dans la vie, au-delà des suppositions humaines, au-delà des croyances humaines et au-delà des conventions humaines. Cela nécessitera que vous soyez fortement guidé, tant par la Connaissance que par vos relations essentielles. Vos Enseignants Intérieurs représentent vos relations les plus essentielles car ces relations sont entièrement basées sur la Connaissance et elles vous sont données pour cultiver la Connaissance sûrement et complètement.

PAR CONSÉQUENT, ACCEPTEZ VOS LIMITATIONS EN TANT QU'ÉTUDIANT de la Connaissance afin que vous puissiez avancer avec l'assistance qui sera nécessaire. Soyez reconnaissant qu'une si grande assistance puisse vous être apportée et que, étant invisible à vos yeux, elle puisse imprégner toute circonstance. Soyez reconnaissant que vous puissiez en faire l'expérience en toute circonstance et que vous puissiez recevoir les conseils de vos Enseignants à ces tournants de la vie où cela est nécessaire.

AFFIRMEZ AUJOURD'HUI LA PRÉSENCE DE VOS ENSEIGNANTS afin qu'un grand courage et qu'un grand enthousiasme accompagnent votre soutien à l'émergence de la Connaissance. À chaque heure, rappelez-vous que vos Enseignants sont avec vous. Lors de vos deux séances approfondies, entrez avec eux dans la quiétude et le silence afin qu'ils puissent, au besoin, vous apporter leur présence et leurs conseils. Acceptez votre statut d'étudiant afin que vous puissiez apprendre à donner au monde.

Pratique 272 : *Deux séances de pratique de 30 minutes.*
Pratique horaire.

273ème Pas

MES ENSEIGNANTS GARDENT POUR MOI LA MÉMOIRE DE MON ANCIENNE DEMEURE.

VOS ENSEIGNANTS REPRÉSENTENT VOTRE FAMILLE SPIRITUELLE qui se trouve au-delà du monde. Ils gardent pour vous la mémoire de votre origine et de votre destinée dont vous devez apprendre à prendre conscience au travers de votre expérience dans le monde. Ils ont parcouru les chemins du monde. Ils connaissent ses opportunités et ses difficultés. Ils connaissent les erreurs potentielles que vous pouvez commettre et ils sont conscients des erreurs que vous avez déjà commises. Ils sont pleinement préparés pour vous guider. Ils ont la Sagesse et l'accomplissement pour le faire.

AUSSI, NE SOUS-ESTIMEZ PAS LA VALEUR QU'ILS ONT pour vous et rappelez-vous toujours qu'ils sont présents dans votre vie pour vous initier à la Connaissance. Ils souhaitent que vous deveniez fort en la Connaissance - au final aussi fort que ce qu'ils sont devenus. Ils servent ainsi votre besoin et votre but les plus grands et vous devez les suivre, les recevoir et honorer leur présence comme un étudiant honore un enseignant. Cela vous permettra de recevoir leurs dons complètement et vous libérera de toute association erronée que vous pourriez faire les concernant. C'est une relation très responsable qui vous fera gagner en maturité.

ACCEPTEZ ALORS LA PRÉSENCE DE VOS ENSEIGNANTS. Acceptez-la à chaque heure alors que vous vous rappelez qu'ils sont avec vous, et acceptez-la lors de vos deux pratiques de méditation approfondie lorsque vous vous ouvrez pour les recevoir. Il s'agit d'une grande opportunité pour la Connaissance. Vos Enseignants vous initieront à la Connaissance car ils peuvent seulement être connus. Vos images ou vos concepts à leur égard sont relativement insignifiants, si ce n'est que ces éléments risqueraient de limiter votre approche. Vous devez faire l'expérience de l'essence de vos Enseignants, qui est leur présence, pour pleinement les connaître. Et vous découvrirez dans cette expérience, à mesure qu'elle se développera, que c'est ainsi que vous pourrez faire l'expérience de la vie comme un tout.

Bien que vos sens perçoivent la forme des choses, votre cœur fait l'expérience de l'essence des choses – et c'est ainsi que les choses sont connues. Une fois qu'elles seront connues, vous prendrez conscience de la manière dont vous aurez à y prendre part. Toutes vos facultés mentales seront ainsi utilisées dans un unique grand but car la Connaissance utilisera toutes vos facultés et les facultés du monde pour la rédemption du monde, qui est la rédemption de la Connaissance dans le monde.

Pratique 273 : *Deux séances de pratique de 30 minutes.*
Pratique horaire.

274ème Pas

JE CHERCHE À ME LIBÉRER DE L'AMBIVALENCE AUJOURD'HUI.

CHERCHEZ À VOUS LIBÉRER DE L'AMBIVALENCE car celle-ci est la source de toute confusion, de toute misère et de toute frustration humaines. L'ambivalence est l'indécision quant au fait de prendre part ou non à la vie. C'est l'indécision quant au fait d'être ou non dans la vie. C'est l'indécision quant au fait d'être vivant. À partir de cette indécision sont générées toutes sortes de contraintes imposées à soi-même, toutes sortes d'attaques et toutes sortes de confrontations. C'est à cause de cette indécision que les gens vivent dans l'imagination, sans la Connaissance.

PRENEZ DONC GARDE À L'AMBIVALENCE. Elle est un signe que vous fonctionnez sans la Connaissance et que vous essayez de prendre vos décisions en vous basant uniquement sur la spéculation, les préférences personnelles et la peur. C'est la prise de décision ne reposant sur aucune fondation qui égare l'humanité. C'est la prise de décision ne reposant sur aucune fondation qui vous a égaré. La Connaissance dissipe l'ambivalence car elle établit une direction claire. Elle ne s'embarrasse pas de choix et de délibérations car elle sait simplement ce qui est correct et vous conduit vers votre accomplissement, pas à pas, avec certitude et avec une inébranlable conviction.

SOUVENEZ-VOUS, À CHAQUE HEURE, QUE VOUS SOUHAITEZ VOUS ÉCHAPPER de l'ambivalence. Réalisez, alors que vous répétez votre leçon, à quel point votre vie a été gaspillée à tenter de décider entre ceci et cela, en vous demandant : « Que devrais-je faire maintenant ? », en vous questionnant sur ce qui est juste et ce qui est faux, et en vous préoccupant et en vous souciant du meilleur choix et de ses conséquences possibles. La Connaissance vous libère de cette application pénible et inutile de votre mental. La Connaissance ne délibère pas. Elle attend simplement le moment pour agir et alors elle agit. Elle est absolument certaine de sa direction. Elle est inébranlable dans sa conviction. Si vous suivez cela - qui est le plus grand don que vous a fait Dieu, à vous qui vivez dans le monde de l'ambivalence et de la confusion – vous découvrirez que vous possédez un but, un sens et une direction et que, jour après jour, ils vous seront tout à fait accessibles.

Lors de vos méditations approfondies, essayez de vous donner de tout cœur à votre pratique. Ne soyez pas ambivalent vis-à-vis de votre pratique. Ne vous retenez pas par peur et par incertitude car vous prenez part à cette préparation parce que la Connaissance vous a appelé à le faire et chaque jour, vous vous donnez parce que la Connaissance vous appelle à le faire. Ainsi, à mesure que Nous avançons dans notre préparation ensemble, votre Connaissance est renforcée jour après jour car elle est la base de votre participation ici. Quelle autre raison possible pourriez-vous avoir de devenir un étudiant de la Connaissance ?

Par conséquent, lors de vos pratiques approfondies et lors de vos rappels horaires, renforcez la conviction que vous devez vous échapper de l'ambivalence. Prenez conscience du coût dramatique de l'ambivalence. Voyez comment elle maintient les gens perdus dans leurs idées, refusant leur engagement avec la vie. Voyez le coût humain autour de vous. Il est énorme. Prenez conscience qu'avec la certitude, chacun trouvera sa juste place. Le monde avancera sans les frictions qu'il doit endurer actuellement. De cette façon, toute chose recherche l'épanouissement conjoint dans l'inclusion dans la vie. Telle est la Voie de la Connaissance.

Pratique 274 : *Deux séances de pratique de 30 minutes.*
Pratique horaire.

275ème Pas

AUJOURD'HUI, JE CHERCHE À ME LIBÉRER DE L'INCERTITUDE.

CHERCHER À VOUS LIBÉRER DE L'INCERTITUDE signifie que vous recherchez une liberté qui est authentique, qui est réelle et qui mérite vraiment le nom de liberté. Fondamentalement, ou bien vous savez ce que vous faites ou bien vous ne le savez pas. Si vous ne savez pas ce que vous faites, vous attendez simplement la Connaissance. Si vous savez ce que vous faites, vous suivez simplement ce que vous savez. C'est aussi simple que ça. Spéculer de manière inutile, tenter de prendre des décisions prématurées fondées sur la peur ou sur la préférence, exiger d'avoir la certitude que vous n'avez pas et vous blâmer vous-même ou les autres pour les échecs de votre prise de décision médiocre – toutes ces choses-là constituent tout ce qui éprouve votre esprit, votre corps et votre monde. C'est de cela dont vous souhaitez vous échapper aujourd'hui afin que vous puissiez trouver la liberté dans la certitude que Dieu vous a donnée. C'est cette certitude que vous devez découvrir et suivre. Ce faisant, vous en récolterez toutes les récompenses et deviendrez un contributeur de ces récompenses dans le monde.

À CHAQUE HEURE, RAPPELEZ-VOUS L'IDÉE D'AUJOURD'HUI et voyez sa complète pertinence à votre égard dans le monde. Lors de vos séances approfondies de pratique, donnez-vous à la quiétude. Donnez-vous à cette rencontre avec la Connaissance. Donnez-vous complètement et ne laissez ni l'ambivalence ni l'incertitude vous retenir en arrière. Ce faisant, vous exercerez la force de la Connaissance en suivant la Connaissance et, avec le temps, vous deviendrez aussi fort que l'est en vérité la Connaissance. Par conséquent, aujourd'hui, cherchez à fuir l'incertitude et tout ce qui l'accompagne car ceci a détruit l'inspiration de l'humanité et a conduit cette dernière à entrer en guerre avec elle-même et avec le monde.

Pratique 275 : *Deux séances de pratique de 30 minutes.*
Pratique horaire.

276ème Pas

LA CONNAISSANCE EST MON SALUT.

La Connaissance est votre salut car elle vous conduit hors de votre situation difficile et désespérée, une situation issue de votre tentative de vivre dans le rêve et l'imagination. Elle vous conduit dans la lumière et la clarté de la réalité. Elle guide vos actions et vos pensées afin que celles-ci puissent être efficaces et mener à la véritable réalisation de soi. Ainsi, Dieu vous a donné le plus grand don possible : le moyen en vous de corriger toute erreur, de dissiper toute confusion et de résoudre tout conflit, ainsi que le moyen d'orienter votre vie sur un cap authentique menant à votre véritable destinée. Vous y retrouvez votre pouvoir personnel, vous y êtes honoré, et votre valeur personnelle est rétablie. C'est votre valeur qui doit vous être restituée. Dieu ne demande pas que la valeur de Dieu soit rétablie car elle n'a jamais été perdue. Vous, en revanche, avez perdu votre valeur et celle-ci ne peut être rétablie qu'en suivant un Plan plus grand qui n'est pas de votre propre fabrication mais qui a été créé pour votre plus grand bien.

Lorsque vous réaliserez combien votre vie a été gaspillée en ambivalence et le peu que cela vous a apporté, vous reconnaîtrez alors le grand besoin de la Connaissance. Cela vous donnera la force et la conviction pour avancer dans votre préparation en vous y engageant de votre mieux. Une fois que vous aurez reconnu votre vrai besoin, vous serez alors capable de reconnaître le véritable remède qui a été fourni.

Ainsi, vous qui êtes un étudiant de la Connaissance, prendrez conscience de ce qui est nécessaire avec clarté d'esprit et avec la simplicité de la vérité car la Connaissance est votre salut. Rappelez-vous cela à chaque heure et réfléchissez-y à la lumière de vos pratiques récentes. Lors de vos méditations approfondies, permettez-vous de vous engager complètement dans la quiétude en étant conscient que vous vous engagez avec ce qui constitue la clé de votre propre salut et, par votre intermédiaire, du salut du monde.

Pratique 276 : *Deux séances de pratique de 30 minutes.*
  Pratique horaire.

277ème Pas

Mes idées sont petites mais la Connaissance est grande.

Réaliser la vérité de cette affirmation vous permettra de vous aligner avec la source de toute Connaissance. Vous pourrez alors vous échapper de l'obscurité du monde de l'imagination. L'imagination est instable et même ses moments les plus brillants peuvent virer à l'obscurité en l'espace d'une seconde. Même ses inspirations les plus grandes peuvent être amèrement découragées par la plus faible des provocations. Il n'y a là aucune certitude. Il n'y a là aucune réalité. Rien n'y est digne de confiance car seul le changement est à escompter. Ce qui est talentueux et précieux sera sans aucun doute perdu. Ce qui est sombre et destructeur vous poursuivra inéluctablement.

Telle est une vie vécue dans l'imagination. Telle est une vie vécue dans l'isolement de votre propre pensée. Ne sous-estimez pas le pouvoir de la Connaissance pour vous libérer de cette situation désespérée dans laquelle rien d'authentique ne peut être perçu, dans laquelle aucun sens véritable ne peut être acquis et dans laquelle rien qui soit permanent et réel ne peut être réalisé et établi. C'est votre salut hors de l'obscurité de votre imagination séparée qui vous conduira dans la réalité de la vie et vous y réhabilitera.

Réalisez ici que même vos plus grandes idées, même ces idées nées de la Connaissance, sont petites comparées à la Connaissance elle-même. La Connaissance est la grande source de votre Être tel qu'il s'exprime dans votre vie individuelle. Par conséquent, honorez ce qui est grand et réalisez ce qui est petit. Prenez conscience qu'à mesure que la Connaissance émergera en vous avec le temps, et à mesure que vous lui permettrez de s'exprimer toujours plus librement, vous commencerez à reconnaître ces pensées qui émanent de la Connaissance et ces pensées qui sont seulement imaginées. Cependant, même les pensées issues de la Connaissance - lesquelles sont bien plus puissantes et efficaces que toute autre pensée que vous puissiez imaginer - même ces pensées qui constituent les germes d'une véritable compréhension dans le monde s'avèrent petites comparées à la Connaissance.

R{\scriptsize APPELEZ-VOUS LE POUVOIR DE CETTE IDÉE À CHAQUE HEURE} car elle est donnée pour vous libérer de votre propre confusion et des fausses suppositions. Lors de vos séances approfondies de pratique aujourd'hui, appliquez activement votre mental. Essayez de regarder chaque idée qui vous tient à cœur, qu'elle soit positive ou négative. Regardez toute idée à laquelle vous croyez ou adhérez. Examinez votre relation vis-à-vis des principales idées qui gouvernent votre vie. Après avoir regardé chacune d'elles, rappelez-vous alors que la Connaissance est bien plus grande que chacune de ces idées. Vous réaliserez ici qu'il existe un moyen de vous échapper du monde des idées et d'entrer dans un monde de relations, dans lequel tout est valable, réel et basé sur une fondation qui ne peut jamais changer.

P{\scriptsize RATIQUE} 277 : *Deux séances de pratique de 30 minutes.*
Pratique horaire.

278ème Pas

CE QUI EST IMMUABLE S'EXPRIMERA À TRAVERS MOI.

La vérité est immuable mais elle s'exprime dans un monde aux circonstances changeantes et à la compréhension changeante. Ainsi, la vérité paraît changeante, cependant la source de la vérité n'est pas changeante. Vous qui vivez dans un monde de changement et subissez vous-même le changement devez réaliser que votre Source est immuable. En réalisant cela, vous acquerrez le fondement de la confiance en votre Source. La confiance ne peut être véritablement établie que lorsqu'elle est fondée sur ce qui ne peut pas être changé, attaqué ou détruit. En cela, votre foi et votre confiance reposeront sur de véritables fondations. Vous réaliserez que ce qui est immuable, et ce qui est la source de votre confiance et le bénéficiaire de votre confiance, s'exprimera dans le monde changeant de façon changeante. Son expression répondra ainsi à chacun de vos besoins. Elle vous servira en toutes circonstances. Elle fonctionnera à tous les niveaux de compréhension. Elle se réalisera dans toute entreprise humaine. Ainsi, la vérité paraîtra changeante car elle opère de différentes manières dans des environnements différents et elle est reconnue différemment selon des points de vue différents. Cependant, la vérité même, qui est la Connaissance même, est à jamais immuable, à jamais aimante et à jamais authentique.

Par conséquent, comprenez aujourd'hui combien vos idées sont relatives et changeantes et combien vous vous identifiez avec ce qui est changeant, ce qui n'a pas de solidité intrinsèque. À mesure que votre identité reposera sur la Connaissance et non simplement sur des idées, sur de la spéculation ou des croyances, vous commencerez à faire l'expérience de la permanence et de la sécurité que seule la Connaissance peut conférer. À mesure que vous réaliserez que votre vraie vie est immuable, vous vous sentirez libre de lui permettre de s'exprimer dans des circonstances changeantes. Vous échapperez alors à toute peur de la mort ou de la destruction. Vous trouverez alors la paix dans le monde car le monde est changeant, mais vous ne l'êtes pas.

Pratique 278 : *Lisez trois fois cette leçon aujourd'hui.*

279ᵉᵐᵉ Pas

JE DOIS FAIRE L'EXPÉRIENCE DE MA LIBERTÉ POUR EN PRENDRE CONSCIENCE.

La liberté n'est pas un concept ou une idée. C'est une expérience. Par conséquent, vous devez en prendre conscience en des circonstances très nombreuses et très différentes pour en percevoir l'application universelle. Il vous est donné du temps pour accomplir cela. Cela apportera un sens, un but et une valeur à toutes vos activités. Ainsi, vous n'aurez aucune raison valable pour vous condamner ou pour condamner le monde car chaque chose renforcera votre compréhension de la nécessité de la Connaissance et chaque chose se fera le réceptacle de la Connaissance.

Par conséquent, consacrez-vous à la pratique, à la préparation et à l'application. Ne vous identifiez pas seulement aux idées car même la plus grande des idées est destinée à être une forme d'expression dans des circonstances changeantes et sera de ce fait elle-même instable. Pour posséder une stabilité authentique dans le monde, vous devez vous identifier avec la Connaissance et permettre à la Connaissance de démontrer son pouvoir, son efficacité et sa bienveillance dans le monde. Vous devez faire l'expérience de votre liberté pour l'apprécier et pour en comprendre le sens dans le monde. C'est pourquoi vous êtes un étudiant de la Connaissance. Et c'est pourquoi vous devez appliquer tout ce que vous êtes en train d'apprendre ici dans votre préparation.

Souvenez-vous de cela à chaque heure alors que vous êtes engagé dans le monde. Souvenez-vous de cela lors de vos pratiques de méditation approfondie lorsque vous êtes engagé dans votre vie intérieure. Dans ces deux domaines, la Connaissance doit prévaloir. Dans ces deux domaines, votre liberté doit être mise en application pour que vous en preniez conscience. Lors de vos méditations approfondies, utilisez la force de votre mental pour lui permettre d'entrer dans le silence et la quiétude. Ne laissez pas la peur ou l'ambivalence vous dominer en ce jour. Vous pratiquez et exercez votre liberté car vous ne pouvez être libre que lorsque vous êtes dans la quiétude intérieure, – et si vous êtes dans la quiétude intérieure, vous êtes déjà libre.

Pratique 279 : *Deux séances de pratique de 30 minutes.*
Pratique horaire.

280ème Pas

RÉVISION

Révisez les deux semaines passées en commençant votre révision par la première leçon puis en continuant avec chaque jour jusqu'à la dernière leçon. Essayez d'obtenir une vision d'ensemble de tout ce qui s'est produit durant les deux semaines passées. Essayez de voir comment vous pourriez approfondir et améliorer votre pratique. Prenez conscience du temps et de l'énergie qui sont gaspillés dans l'ambivalence et la spéculation futile. Réalisez combien votre énergie est gaspillée dans le doute et la confusion alors qu'il vous suffit de demeurer avec la Connaissance. Votre capacité à suivre ce qui se trouve au-delà de votre compréhension, ce qui est une nécessité ici, vous conduira à la plus grande des certitudes possible que la vie puisse vous fournir. Par cette certitude, vos idées, vos actions et vos perceptions atteindront une uniformité qui leur permettra d'être une puissante expression dans le monde, un monde dans lequel l'humanité est confuse et perdue dans l'ambivalence de l'imagination. C'est en suivant que vous êtes capable de donner et que vous êtes capable de guider. Vous reconnaîtrez cela avec le temps, à mesure que vous exercerez votre liberté et permettrez à votre liberté de s'exercer à travers vous.

Vous êtes à présent un étudiant de la Connaissance. Consacrez-vous à la mise en application de votre préparation avec un dévouement et un engagement croissants. Permettez aux erreurs de votre passé de vous motiver. Elles n'ont pas besoin d'être une source de récrimination contre vous-même et ne devraient pas l'être. Elles sont maintenant destinées à être comprises comme étant une illustration de votre besoin de la Connaissance. Ainsi, vous devriez être très reconnaissant que la Connaissance vous soit donnée car vous êtes en train de réaliser que, par-dessus tout, c'est la Connaissance que vous recherchez.

Pratique 280 : *Une longue séance de pratique.*

281ème Pas

JE RECHERCHE LA CONNAISSANCE PAR-DESSUS TOUT.

Par-dessus tout, recherchez la Connaissance car la Connaissance vous donnera tout ce dont vous avez besoin. Vous rechercherez la Connaissance avec une conviction totale lorsque vous réaliserez que toute autre entreprise et toute autre utilisation de votre mental et de votre corps sont sans espoir et vous conduisent à une plus grande confusion. En effet, sans la Connaissance, vous ne pouvez qu'apprendre que vous avez besoin de la Connaissance, et avec la Connaissance tout véritable apprentissage peut aller de l'avant. Votre passé vous a déjà enseigné le grand besoin de la Connaissance. Vous n'avez pas besoin d'apprendre cela encore et encore. Pourquoi répéter la même leçon encore et encore en pensant qu'elle produira un résultat différent ?

De vous-même, vous ne pouvez rien faire. Sans la Connaissance, vous ne pouvez que générer plus d'imagination. Par conséquent, il existe une réponse unique à votre unique besoin fondamental, et cette réponse unique satisfera tous les autres besoins qui émanent de votre grand et unique besoin. Votre besoin est essentiel et la réponse à votre besoin est essentielle. Il n'y a aucune complexité ici car vous avez fondamentalement besoin de la Connaissance pour vivre une vie qui ait du sens. Vous avez besoin de la Connaissance pour progresser. Vous avez besoin de la Connaissance pour réaliser votre vrai Soi. Vous avez besoin de la Connaissance pour accomplir votre destinée dans le monde. Sans la Connaissance, vous ne ferez que tourner en rond et en viendrez à réaliser une fois encore que vous avez besoin de la Connaissance.

Ce jour est un jour d'action de grâce car vos prières ont été exaucées. Votre besoin a été comblé. Le don vous a été accordé pour rétablir votre Connaissance. Cherchez par-dessus tout ce qui servira toutes choses à travers vous. En cela, votre besoin et le remède pour votre vie deviendront simples et vous serez capable d'avancer avec certitude et patience, en devenant un étudiant constant de la Connaissance. Jour après jour, vous réclamez votre vrai Soi. Jour après jour, vous vous échappez de tout ce qui cherche à vous tirer dans l'obscurité de la confusion. Jour après jour, ce qui est irréel commence à se désintégrer et ce qui est authentique commence à émerger.

À chaque heure aujourd'hui, rappelez-vous et affirmez cette grande vérité – que vous cherchez la Connaissance par-dessus tout. Lors de vos pratiques de méditation approfondie, permettez-vous d'entrer dans la quiétude. Permettez à votre vie d'être transformée. Permettez à la Connaissance d'émerger afin que vous puissiez être un véhicule pour son expression car en cela vous trouverez le bonheur.

Pratique 281 : *Deux séances de pratique de 30 minutes.*
Pratique horaire.

282ᵉᵐᵉ Pas

J'APPRENDRAI À ACCEPTER LA RESPONSABILITÉ DE PORTER LA CONNAISSANCE DANS LE MONDE.

PORTER LA CONNAISSANCE DANS LE MONDE requiert de la responsabilité. Votre responsabilité est de suivre la Connaissance et d'apprendre à exprimer la Connaissance de manière adéquate et déterminée. En cela, il sera nécessaire que vos capacités humaines soient cultivées et élevées. Il sera nécessaire que le discernement, ainsi que toutes les autres qualités de valeur en vous, soient également cultivés car vous devez apprendre à exprimer ce que vous portez. Vous devez apprendre à suivre cela et à en devenir le digne véhicule. Tel est le vrai sens de tout développement individuel. C'est ici que le développement individuel possède un but authentique. C'est également ici que votre croissance et votre avancement ont une direction.

PAR CONSÉQUENT, PERMETTEZ-VOUS DE FAIRE L'EXPÉRIENCE DU SENS de l'idée d'aujourd'hui. Permettez-vous d'accepter la responsabilité. Ce n'est pas un poids sur vos épaules. C'est pour vous un rite de passage et ainsi, tout ce qui vous a rendu confus et frustré intérieurement recevra une application nouvelle et résolue. Réalisez que la Connaissance implique la responsabilité. Il est donc nécessaire que vous la traitiez avec le sérieux qu'elle requiert et cependant, avec ce sérieux, vous recevez la grandeur et la paix qu'elle vous apportera. Avec le temps, vous deviendrez dans le monde un véhicule accordé très, très finement avec la Connaissance. En cela, tout ce qui a besoin d'être développé se trouvera développé et tout ce qui ne fait qu'empêcher votre progrès sera abandonné.

LORS DE VOS PRATIQUES APPROFONDIES DANS LA QUIÉTUDE AUJOURD'HUI, reconnaissez que vous avez la responsabilité de cultiver les facultés de votre mental en tant qu'étudiant de la

Connaissance. Exercez ces responsabilités et ne dérivez pas dans l'imagination. Engagez-vous en tant qu'étudiant de la Connaissance conformément aux exigences de votre préparation car vous devenez à présent une personne de responsabilité et une personne de pouvoir.

Pratique 282 : *Deux séances de pratique de 30 minutes.*

283ème Pas

LE MONDE EST AMBIVALENT MAIS JE NE LE SUIS PAS.

Regardez autour de vous dans le monde et vous verrez que le monde de l'humanité est perdu dans sa propre ambivalence. Elle souhaite avoir ceci et elle souhaite aller là-bas. Elle veut garder tout ce qu'elle a acquis et ne rien perdre, et pourtant elle veut plus que ce dont elle a besoin. Elle est dans la confusion vis-à-vis de ses difficultés. Elle est dans la confusion vis-à-vis des solutions. Elle est dans la confusion quant à son identité. Elle est dans la confusion en ce qui concerne ce à quoi accorder de la valeur et ce à quoi ne pas accorder de valeur. Toutes les disputes et tous les débats, tous les conflits et toutes les guerres sont engagés en raison de cette ambivalence.

Tandis que vous demeurez avec la Connaissance, vous observerez le monde et reconnaîtrez sa complète confusion. Cela vous enseignera et vous rappellera le grand besoin de la Connaissance dans le monde. La Connaissance ne s'attaquera jamais elle-même et la Connaissance n'est pas en conflit avec elle-même. Par conséquent, deux individus, deux nations ou même deux mondes, n'auront aucun sujet de litige s'ils sont guidés par la Connaissance, car la Connaissance cherchera toujours à rassembler les individus d'une manière qui ait un sens et à clarifier leurs interactions mutuelles. Il n'est pas possible que la Connaissance soit en conflit avec elle-même car il n'existe aucune opposition en la Connaissance. Elle organise toutes les activités vers un seul but et vers un unique objectif. Elle amène toutes les formes d'opposition à servir un but et une direction uniques. De ce fait, elle est le grand artisan de la paix dans le monde. À mesure que vous demeurerez avec la Connaissance, vous deviendrez le véhicule de son expression. Vous enseignerez alors la paix parce que la paix elle-même enseignera à travers vous.

Regarder la Connaissance de cette manière vous rendra capable de reconnaître votre véritable engagement et votre véritable responsabilité en tant qu'étudiant de la Connaissance. Le monde est dans l'ambivalence. Il est dans la confusion et il souffre de toutes les conséquences liées à cela. Mais vous qui apprenez à être un témoin du monde sans jugement ni condamnation et qui apprenez à être un témoin du monde à partir de la certitude de la Connaissance, vous pourrez simplement reconnaître la situation difficile dans laquelle se trouve le monde et vous saurez alors que vous portez le remède en vous en ce moment même.

Lors de vos pratiques approfondies, entrez dans la quiétude une fois encore et utilisez le mot RAHN si nécessaire pour vous aider. Parce que vous apprenez à demeurer dans la quiétude, vous apprenez à être certain. Tout individu qui peut acquérir la quiétude dans le monde deviendra une source de Connaissance dans le monde car la Connaissance s'exprimera dans le monde partout où un esprit s'ouvrira. Votre esprit commence maintenant à s'ouvrir afin que la Connaissance puisse s'exprimer.

Pratique 283 : *Deux séances de pratique de 30 minutes.*

284ème Pas

La quiétude est mon don au monde.

Comment la quiétude peut-elle être un don, pourriez-vous demander ? Elle est un don parce qu'elle est une expression de certitude et de paix. Comment la quiétude peut-elle être un don pour le monde ? Parce que votre quiétude permet à la Connaissance de s'exprimer à travers vous. Comment la quiétude peut-elle être un don pour le monde ? Parce que votre quiétude permet à tous les autres esprits d'être dans la quiétude afin qu'ils puissent savoir. Un esprit en conflit ne peut être dans la quiétude. Un esprit qui cherche désespérément la résolution de problèmes ne peut être dans la quiétude. Un esprit qui s'agite dans ses propres jugements ne peut être dans la quiétude. Ainsi, lorsque vous présentez au monde la quiétude que vous êtes à présent en train de cultiver, vous donnez à tous les autres esprits qui vous reconnaissent l'opportunité et la démonstration qui leur permettront d'entrer eux-mêmes dans la quiétude. Vous communiquez fondamentalement que la paix et la liberté sont possibles et qu'il existe une grande présence de la Connaissance dans le monde qui appelle tous les esprits séparés et tourmentés.

Votre quiétude est un don. Elle calmera tous les esprits. Elle apaisera toutes les controverses. Elle aura un effet calmant et apaisant sur tous ceux qui souffrent sous le poids de leur propre imagination. Il s'agit ainsi d'un grand don. Ce n'est pas votre seul don car vous donnerez aussi par l'intermédiaire de vos idées, de vos actions et de vos réalisations dans le monde. Vous démontrerez ici les qualités qui sont exigées de vous, en termes de développement de l'esprit, en tant qu'étudiant de la Connaissance. Cependant, de tout ce que vous pourriez contribuer au monde, c'est votre quiétude qui aura l'effet le plus important car dans la quiétude vous entrerez en résonance avec tous les autres esprits, vous calmerez tous les autres esprits et vous porterez une vraie paix dans le monde ainsi que la liberté qu'elle démontre.

A̶ujourd'hui, souvenez-vous de l'importance de la quiétude à chaque heure. Regardez autour de vous et prenez conscience de sa grande application dans ce monde de turbulences. Lors de vos deux pratiques de méditation approfondie, donnez-vous encore à la quiétude. Permettez-vous d'échapper à l'ambivalence et à l'incertitude qui vous hantent et qui vous retiennent en arrière. Rapprochez-vous du royaume de la quiétude qui est le royaume de la Connaissance, car c'est ici que vous trouverez la paix et la certitude. Tel est le don que vous fait Dieu et tel sera votre don au monde.

P̶ratique 284 : *Deux séances de pratique de 30 minutes. Pratique horaire.*

285ème Pas

DANS LA QUIÉTUDE TOUT PEUT ÊTRE SU.

DANS LA QUIÉTUDE, TOUT PEUT ÊTRE SU car le mental est capable de répondre à la Connaissance. La Connaissance trouvera alors son expression au sein de vos pensées et activités spécifiques. Votre mental était destiné à servir la Connaissance comme votre corps était destiné à servir votre mental. Par cela, la contribution apportée de votre Demeure Véritable peut s'exprimer dans le monde de l'exil. Ici, le Ciel et la Terre se touchent et, quand ils se touchent, une véritable communication commence à exister et le transfert de la Connaissance est effectué dans le monde.

VOUS VOUS PRÉPAREZ À DEVENIR UN VÉHICULE POUR LA CONNAISSANCE afin que tout ce que vous accomplissiez de grand et de petit, d'unique et d'ordinaire, exprime la présence de la Connaissance. Par conséquent, votre fonction dans le monde n'est pas grandiose ; elle est simple. C'est ce qui se trouve exprimé au travers de votre activité qui est important, car l'action la plus simple faite avec la Connaissance est un grand enseignement de la Connaissance et impressionnera et influencera tous les esprits dans le monde.

PAR CONSÉQUENT, RAPPELEZ-VOUS À CHAQUE HEURE AUJOURD'HUI l'importance de cultiver la quiétude et la libération immédiate de l'anxiété et du conflit que celle-ci apporte. Permettez à vos séances approfondies de pratique aujourd'hui d'être des moments de vraie dévotion où vous venez à l'autel de Dieu pour vous donner. Telle est, fondamentalement, la véritable église. Telle est la véritable chapelle. Tel est le lieu où la prière devient réelle et où votre esprit, qui est une expression de l'Esprit de Dieu, s'abandonne à sa grande source dans la quiétude, l'humilité et l'ouverture. En cela, Dieu vous bénit et vous donne un don à offrir au monde, lequel est le fruit de votre propre développement.

Tout cela émane dans la quiétude car dans la quiétude le transfert de la Connaissance peut être accompli. C'est absolument naturel et totalement au-delà de votre compréhension. Par conséquent, vous n'avez pas besoin de dépenser de l'énergie et du temps à spéculer à ce propos, à vous questionner ou à essayer d'en saisir le mécanisme. Ce n'est pas nécessaire. Il vous est simplement demandé d'être un réceptacle de la Connaissance. Ne vous tenez pas à l'écart pour tenter de le comprendre.

Ne vous tenez pas à l'écart aujourd'hui mais entrez dans la quiétude car cela est le don que Dieu vous fait. Dans la quiétude, le transfert de la Connaissance se fera. Grâce à cela, vous devenez un véhicule de la Connaissance dans le monde.

Pratique 285 : *Deux séances de pratique de 30 minutes.*
　　　　　　　Pratique horaire.

286ème Pas

JE PORTE LA QUIÉTUDE AVEC MOI DANS LE MONDE AUJOURD'HUI.

Portez la quiétude avec vous. Laissez votre vie intérieure demeurer dans la quiétude tandis que vous vous mouvez dans un monde de turbulences et de confusion. Vous n'avez rien besoin de résoudre dans vos pensées maintenant car vous êtes en train d'apprendre à être avec la Connaissance. La Connaissance organisera votre pensée et lui donnera une vraie uniformité et une vraie direction. Portez la quiétude en vous et soyez assuré que tous vos conflits internes seront résolus par la Connaissance car vous suivez la source de leur résolution. Chaque jour vous rapprochera de la paix et de l'accomplissement. Et ce qui vous hantait auparavant et obscurcissait votre esprit par de grands nuages sombres sera tout simplement écarté à mesure que vous marcherez sur la voie de la Connaissance.

Portez la quiétude avec vous dans le monde. Cela vous permettra d'être véritablement observateur. Cela vous permettra de voir le monde tel qu'il est. Cela vous permettra de désamorcer les conflits du monde car ici, vous enseignez la paix en étant vous-même en paix. Ce n'est pas une fausse paix que vous enseignez. C'est le fruit d'une véritable association avec la Connaissance car vous suivez ici la Connaissance. Vous permettez à la Connaissance de fournir une direction. Vous ne pouvez faire cela que dans la quiétude.

Ne pensez pas que la quiétude vous rendra incapable de toute activité authentique dans le monde. Vous serez actif dans le monde et vous participerez à son mécanisme, mais pour ce faire vous devrez demeurer intérieurement dans la quiétude. Vous trouverez, à votre grand ravissement, que vous êtes bien plus compétent, bien plus efficace et bien plus réceptif aux autres tout en étant bien plus investi et productif lorsque vous portez cette quiétude dans le monde. Votre énergie peut ici être exprimée dans le monde d'une manière qui ait un sens. Tous les pouvoirs de votre mental et de votre corps sont ici mis à contribution et ne sont pas gaspillés en conflits internes. Ainsi, vous devenez plus puissant et plus efficace, plus certain et plus productif lorsque vous portez la quiétude dans le monde.

Tout au long de la journée, rappelez-vous que vous portez la quiétude dans le monde et, lors de vos deux pratiques de méditation profonde, cherchez le refuge de la quiétude. Soustrayez-vous au monde que vos sens rapportent et entrez dans la sérénité et le sanctuaire de la quiétude et de la Connaissance. Vous trouverez, à mesure que vous avancerez, que vos deux longues séances de pratique seront des moments de grand repos et de soulagement, de grands moments de rajeunissement. Ce sont des moments où vous fréquentez chaque jour la sainte chapelle de l'Esprit Saint. Ce sont des moments où vous rencontrez Dieu grâce à la Connaissance.

Ces moments de pratique deviennent ainsi les temps forts de chaque journée à mesure que vous apprenez à recevoir les dons qui vous sont présentés. Vous attendrez avec impatience vos sessions de pratique comme une opportunité de vous régénérer et de vous revigorer, de trouver une vraie inspiration et un vrai réconfort, et de permettre à votre mental de devenir de plus en plus fort avec la Connaissance afin que vous puissiez porter la paix et la quiétude dans le monde.

Pratique 286 : *Deux séances de pratique de 30 minutes.*
Pratique horaire.

287ème Pas

Avec la Connaissance, je ne peux pas être en guerre.

Avec la Connaissance, vous ne pouvez pas être en guerre. Vous ne pouvez pas être en guerre à l'intérieur de vous-même ni avec les autres car, avec la Connaissance, il n'existe que la Connaissance et la confusion dans le monde. La confusion ne requiert pas l'attaque. Par conséquent, avec la Connaissance vous n'êtes pas en guerre car vous avez un seul esprit, un seul but, une seule responsabilité, une seule direction et un seul sens. Plus votre esprit sera constant, plus votre vie extérieure deviendra également constante. Comment pouvez-vous être en guerre à l'intérieur de vous-même lorsque vous suivez la Connaissance ? La guerre est issue de l'ambivalence au sein de laquelle des systèmes de valeurs opposés entrent en conflit les uns avec les autres pour obtenir votre reconnaissance. Des idées, des émotions et des valeurs rivalisent et entrent toutes en guerre les unes contre les autres, et vous êtes pris au milieu de leurs grandes batailles.

Avec la Connaissance, tout cela est évité. Avec la Connaissance, vous ne pouvez pas être en guerre à l'intérieur de vous-même. Avec le temps, votre doute de vous-même, votre incertitude, votre peur et votre angoisse s'évanouiront entièrement. À mesure que cela se produit, vous sentirez de plus en plus que vous n'êtes pas en guerre et vous vous réjouirez du bienfait d'être en paix. Vous serez alors en mesure de tourner vos yeux vers le monde avec toute la force de votre engagement car l'intégralité de votre énergie mentale et physique vous sera dorénavant disponible pour contribuer au monde. Cette contribution sera plus grande que vos actions ou vos mots car vous porterez la quiétude et la paix dans le monde.

Ici, vous ne serez en opposition avec personne bien que d'autres puissent choisir d'être en opposition avec vous. Ici, vous ne serez en guerre contre personne même si d'autres choisissent d'être en guerre avec vous. Cela sera votre plus grande contribution et c'est là ce que votre vie enseignera par la démonstration. Ici, la Connaissance s'offrira au monde et enseignera les grandes leçons que vous apprenez maintenant à recevoir pour vous-même. Cet enseignement viendra naturellement. Vous n'avez nul besoin de l'imposer au monde et vous n'avez nul besoin d'essayer de changer qui que ce soit car la Connaissance réalisera sa véritable tâche à travers vous.

À chaque heure, prenez conscience du sens de l'idée d'aujourd'hui et prenez conscience du pouvoir qu'a la Connaissance de mettre fin à toute votre souffrance et, au final, à la souffrance du monde. Lors de vos séances approfondies de pratique, retournez à votre grand sanctuaire et devenez à nouveau un réceptacle de la Connaissance dans l'ouverture et l'humilité. Vous serez alors en mesure de porter votre relation durable avec la Connaissance dans le monde avec une certitude de plus en plus grande. Tout ce qui doit être porté à contribution rayonnera alors de vous, sans effort.

Pratique 287 : *Deux séances de pratique de 30 minutes.*
Pratique horaire.

288ème Pas

LES ENNEMIS SONT SIMPLEMENT DES AMIS QUI N'ONT PAS APPRIS À S'UNIR.

Il n'existe pas de véritables ennemis dans la vie car toutes les guerres et tous les conflits naissent de la confusion. Cela, vous devez le comprendre. Une vie sans la Connaissance ne peut qu'être confuse et doit créer son propre système de guidance intérieure, lequel n'est constitué que d'idées et de croyances auxquelles il s'identifie. Ainsi, les individus ont leur raison d'être personnelle et leur propre identité. Ces évaluations se heurtent à celles d'autres individus et de ce fait d'individu à individu, de groupe à groupe, de nation à nation et de monde à monde, la guerre est générée et engagée.

En la Connaissance, cela n'est pas possible car en la Connaissance tous les individus sont vos amis. Vous reconnaissez le fait que chaque personne se situe au niveau de développement auquel elle est actuellement engagée. Vous pouvez vous impliquer avec certaines d'entre elles et avec d'autres vous ne le pouvez pas. Certaines d'entre elles peuvent être capables de recevoir votre contribution directement tandis que d'autres ne pourront la recevoir qu'indirectement. Cependant, toutes ces personnes sont vos amies. Il n'existe aucune opposition au sein de la Connaissance car il n'existe qu'une unique Connaissance dans l'univers. Elle s'exprime à travers chaque individu. À mesure que chaque individu se purifie en tant que véhicule de la Connaissance, à mesure que chaque individu devient un plus grand réceptacle de la Connaissance, à mesure que chaque individu suit la Connaissance et devient responsable vis-à-vis de la Connaissance, alors l'opportunité pour celui-ci ou celle-ci d'entrer en conflit diminuera et finalement disparaîtra.

Reconnaissez donc que toute guerre ou tout conflit n'est, pour tous ceux concernés, que l'expression d'une incapacité à s'unir. Lorsque des individus s'unissent, ils reconnaissent un besoin commun qui devient leur besoin essentiel. Celui-ci doit naître de la Connaissance et non de l'idéalisme pour être mené à bien. Il doit naître de la Connaissance et non de la simple philosophie pour conduire à une véritable action et à un véritable engagement. Vous devenez ainsi un artisan et un gardien de la paix dans le monde lorsque vous suivez en tant qu'étudiant de la Connaissance. Plus la Connaissance sera forte en vous, plus votre peur et votre ambivalence seront faibles. De cette manière, la guerre prendra fin en vous et votre vie sera une démonstration de l'inutilité de la guerre.

Consacrez-vous aujourd'hui à mettre fin à la guerre dans le monde en mettant fin à la guerre en vous-même afin que vous puissiez être un artisan et un gardien de la paix. À chaque heure, rappelez-vous la leçon d'aujourd'hui et appliquez-la au monde que vous voyez autour de vous. Appliquez-la à tous les conflits dans le monde dont vous êtes conscient. Essayez de comprendre sa totale pertinence concernant ces conflits. Pour réaliser tout l'impact et tout le sens de l'idée d'aujourd'hui, il est nécessaire que vous regardiez ces conflits d'un point de vue différent. C'est ce point de vue que vous devez cultiver car vous devez apprendre à voir comme la Connaissance voit, à penser comme la Connaissance pense et à agir comme la Connaissance agit. Vous accomplirez sans aucun doute tout cela à mesure que vous suivrez la Connaissance chaque jour.

Lors de vos séances de pratique approfondie, retournez au calme et à la quiétude afin que vous puissiez renforcer votre capacité à vous développer et à vous préparer pour être un émissaire de la Connaissance dans le monde. Telle est votre responsabilité aujourd'hui. Cela imprégnera toutes vos autres activités et leur donnera de la valeur et du sens, car aujourd'hui vous êtes un étudiant de la Connaissance.

Pratique 288 : *Deux séances de pratique de 30 minutes.*
 Pratique horaire.

289ème Pas

Aujourd'hui, je suis un étudiant de la Connaissance.

Soyez un véritable étudiant aujourd'hui. Consacrez-vous entièrement à votre processus d'apprentissage. Ne présumez de rien car les véritables étudiants ne présument de rien et c'est ce qui leur permet de tout apprendre. Réalisez que vous ne pouvez pas comprendre la Connaissance ; vous ne pouvez que la recevoir. Vous ne pouvez que faire l'expérience de son extension à travers votre vie dans le monde.

Ainsi, permettez-vous d'être réceptif à la Connaissance. Ne vous permettez pas de recevoir l'ambivalence qui imprègne le monde. Gardez vos distances avec cette ambivalence car vous n'êtes pas encore assez fort en la Connaissance pour faire face à l'ambivalence et pour contribuer votre don dans un monde ambivalent. Ne soyez pas ambitieux à cet égard sans quoi vous dépasserez votre capacité et échouerez en conséquence. À mesure que la Connaissance grandira et se développera en vous, elle vous guidera vers des domaines où vous serez capable de servir. Elle vous conduira vers des situations dans lesquelles vous aurez la capacité requise pour sa restitution.

Soyez un étudiant aujourd'hui. N'essayez pas d'utiliser l'apprentissage pour satisfaire vos ambitions personnelles. Ne laissez pas vos idées personnelles vous guider aujourd'hui mais soyez un étudiant de la Connaissance. Lorsque vous êtes certain de quelque chose, menez-le de l'avant de manière aussi sage et appropriée que possible. Lorsque vous n'êtes pas certain de quelque chose, retournez à la Connaissance et soyez simplement en paix avec la Connaissance, car la Connaissance vous guidera. De cette façon vous deviendrez un véritable agent de la

Connaissance actif dans le monde. La Connaissance s'étendra à travers vous dans le monde et tout ce que vous recevrez sera donné dans le monde à travers vous.

Lors de vos pratiques approfondies aujourd'hui, renforcez votre capacité à entrer dans le royaume de la Connaissance. Aujourd'hui, allez plus profondément que vous n'êtes jamais allé auparavant. Aujourd'hui, soyez un étudiant de la Connaissance. Entrez dans la Connaissance. Faites l'expérience de la Connaissance. De cette manière, vous vous engagerez de plus en plus avec son pouvoir et sa grâce. De cette manière, vous prendrez conscience de son but dans le monde, lequel ne peut être réalisé qu'en y prenant part.

Pratique 289 : *Deux séances de pratique de 30 minutes.*

290ème Pas

JE NE PEUX QU'ÊTRE UN ÉTUDIANT. PAR CONSÉQUENT, JE SERAI UN ÉTUDIANT DE LA CONNAISSANCE.

DANS LE MONDE VOUS ÊTES UN ÉTUDIANT – TOUJOURS. Chaque jour, chaque heure et chaque minute vous apprenez et vous essayez d'assimiler votre apprentissage. Vous êtes soit un étudiant de la Connaissance, soit un étudiant de la confusion. Vous êtes soit un étudiant de la certitude, soit un étudiant de l'ambivalence. Vous êtes soit un étudiant de la plénitude et de l'intégrité, soit un étudiant du conflit et de la guerre. De votre présence dans le monde, vous ne pouvez qu'apprendre et démontrer le résultat de votre apprentissage.

PAR CONSÉQUENT, IL N'EXISTE AUCUN CHOIX quant au fait d'être ou non un étudiant car vous serez un étudiant même si vous décidez de ne pas l'être. Si vous décidez de ne pas être un étudiant, vous ne ferez qu'étudier un autre programme. Vous n'avez en cela aucun choix car, être dans le monde, c'est apprendre et démontrer le résultat de votre apprentissage. Conscient de cela, votre décision consiste donc à déterminer de quoi vous serez un étudiant et ce que vous apprendrez. Tel est le pouvoir de décision qui vous est donné. La Connaissance vous guidera naturellement pour prendre la bonne décision et vous conduira jusqu'à celle-ci car elle vous est donnée pour donner au monde. Ainsi, à mesure que vous vous approcherez de la Connaissance, vous vous sentirez comme engagé dans un grand retour chez vous. Vous sentirez une grande intégration en vous et vous sentirez que votre conflit et votre guerre avec vous-même commencent à diminuer et à s'estomper.

SOYEZ UN ÉTUDIANT DE LA CONNAISSANCE AUJOURD'HUI car vous êtes un étudiant. Choisissez le programme qui vous a choisi. Choisissez le programme qui vous sauvera et, par votre intermédiaire, sauvera le monde. Choisissez le programme qui accomplit votre but ici et qui illustre votre vie d'au-delà de ce monde, laquelle souhaite s'exprimer ici. Devenez un étudiant de la Connaissance.

Réalisez le pouvoir de l'idée d'aujourd'hui et souvenez-vous-en à chaque heure. Rappelez-vous de toujours lire la leçon du jour avant d'entrer dans le monde afin que vous puissiez commencer à utiliser sa pratique pour ce jour. Confirmez votre statut d'étudiant de la Connaissance. Renforcez votre engagement en tant qu'étudiant de la Connaissance. Suivez la pratique d'aujourd'hui avec un dévouement croissant.

Lors de vos deux séances de pratique approfondie, utilisez activement votre mental pour considérer ce que signifie être un étudiant dans le monde. Mettez à contribution votre mental pour comprendre le message d'aujourd'hui et essayez de prendre conscience que vous êtes un étudiant en toutes circonstances. Essayez de réaliser que vous n'avez en cela pas le choix car vous devez apprendre, assimiler et démontrer votre apprentissage. Telle est la fondation pour un véritable enseignement. Réalisez que votre but dans le monde est de devenir un étudiant de la Connaissance, d'assimiler la Connaissance et de permettre à la Connaissance de s'exprimer, de sorte que vous puissiez démontrer la Connaissance dans le monde. Exprimée de la manière la plus simple, voilà l'expression de votre but ; de ce but émergera une vocation spécifique qui vous guidera dans le monde de façon spécifique, en accord avec votre nature et la manière dont vous êtes conçu.

Par conséquent, vous allez aujourd'hui vous renforcer en tant qu'étudiant de la Connaissance. Lors de vos longues séances de pratique, utilisez activement votre mental afin d'essayer de pénétrer l'idée d'aujourd'hui et de reconnaître sa complète pertinence dans votre vie.

Pratique 290 : *Deux séances de pratique de 30 minutes.*
Pratique horaire.

291ème Pas

JE SUIS RECONNAISSANT ENVERS MES FRÈRES ET MES SŒURS QUI COMMETTENT DES ERREURS À MON ENCONTRE.

Soyez reconnaissant envers ceux qui manifestent le besoin de la Connaissance. Soyez reconnaissant envers ceux qui vous enseignent qu'il est sans espoir de s'engager dans une quelconque poursuite dans le monde sans la Connaissance. Soyez reconnaissant envers ceux qui vous font gagner du temps en démontrant les résultats de ces choses que vous envisagez actuellement pour vous-même. Soyez reconnaissant envers ceux qui vous montrent votre propre grand besoin dans le monde. Soyez reconnaissant envers ceux qui démontrent ce que vous devez donner au monde. Soyez reconnaissant envers tous ceux qui semblent commettre des erreurs à votre encontre car ils vous montreront ce qui est nécessaire dans votre vie et ils vous rappelleront que la Connaissance est votre seul véritable but, votre seul véritable objectif et votre seule véritable expression.

En cela, tous ceux qui commettent des erreurs à votre encontre deviennent vos amis car, même dans leur misère, ils vous servent et vous appellent à les servir. Ici, toute la folie, l'erreur, la confusion, l'ambivalence, tous les conflits et toutes les guerres dans le monde peuvent vous conduire à la conviction de la Connaissance. De cette manière, le monde vous sert, vous soutient et vous prépare à le servir dans son grand besoin. Vous recevez ainsi les accomplissements du monde tandis que les erreurs du monde vous sont rappelées. De cette manière, votre amour et votre compassion pour le monde verront le jour.

Aujourd'hui, rappelez-vous à chaque heure ce message et essayez d'en saisir le sens dans le contexte de toutes vos activités afin que tout ce qui arrive aujourd'hui démontre le sens de l'idée de ce jour. Lors de vos périodes de pratique approfondie, utilisez activement votre mental pour tenter de pénétrer l'idée de cette journée. Remémorez-vous chaque personne qui, selon vous, a commis une erreur à votre encontre. Voyez comment cette personne vous a servi de rappel et continuera à le faire. Cela peut vous économiser beaucoup de temps et d'énergie en vous amenant plus près de la Connaissance, en accroissant votre détermination pour la Connaissance et en vous rappelant qu'il n'existe pas d'alternative à la Connaissance. Lors de vos périodes de pratique plus longues, pensez à toutes les personnes qui, selon votre ressenti, ont commis une erreur à votre encontre et réalisez, de ce point de vue, le service considérable qu'elles vous ont rendu.

Permettez à ce jour d'être un jour de pardon et un jour d'acceptation où vous reconnaissez et étendez votre gratitude à ceux qui ont commis des erreurs à votre encontre. La vie conspire pour vous amener à la Connaissance. À mesure que vous entrerez dans la Connaissance, vous prendrez conscience du grand service que la vie vous rend, à la fois par ses accomplissements et par ses échecs. Recevez ce don car dans l'amour et la gratitude, vous vous tournerez vers le monde et souhaiterez contribuer la plus grande de toutes les contributions. Vous donnerez alors la Connaissance avec gratitude et au service du monde qui vous a lui-même servi.

Pratique 291 : *Deux séances de pratique de 30 minutes.*
　　　　　　　　Pratique horaire.

292ème Pas

COMMENT PUIS-JE ÊTRE EN COLÈRE CONTRE LE MONDE ALORS QUE CELUI-CI NE FAIT QUE ME SERVIR ?

COMMENT POUVEZ-VOUS ÊTRE EN COLÈRE quand le monde vous sert ? Lorsque vous vous rendrez compte à quel point le monde vous sert, ce qui ne peut être réalisé que dans le contexte de la Connaissance, vous mettrez alors fin à toute votre haine envers le monde, à toute votre condamnation du monde et à toute votre résistance au monde. Cela confirmera votre véritable destinée, votre véritable origine et le véritable but de votre existence dans le monde.

VOUS ÊTES VENU DANS LE MONDE POUR APPRENDRE et pour désapprendre. Vous êtes venu dans le monde pour reconnaître ce qui est réel et ce qui ne l'est pas. Vous êtes venu dans le monde pour être un contributeur du monde, un contributeur qui a été envoyé d'au-delà du monde pour servir ici. Telle est la véritable nature de votre présence ici et, bien que cela semble entrer en conflit avec votre évaluation de vous-même, cela n'en est pas moins vrai et demeurera vrai peu importe votre point de vue, peu importe vos idéaux et vos croyances, peu importe les éventuelles quêtes que vous pourriez entreprendre à des fins intéressées. La vérité vous attend et attend que vous soyez prêt à lui accorder de l'importance.

À CHAQUE HEURE, RAPPELEZ-VOUS L'IDÉE DE CE JOUR et voyez son application partout tandis que vous regardez le monde autour de vous. Lors de vos deux pratiques approfondies, portez encore une fois votre attention sur toutes les personnes qui, d'après votre ressenti, ont commis des erreurs à votre encontre et, une fois encore, essayez de comprendre la contribution qu'elles vous ont apportée en vous amenant à la Connaissance, en vous enseignant à accorder de l'importance à la Connaissance et en vous enseignant cette prise de conscience qu'il n'existe aucun espoir hors de la Connaissance. Il n'existe aucun espoir sans la Connaissance. L'idée d'aujourd'hui générera de l'amour et de la gratitude envers le monde et renforcera ce point de vue, ce qui vous sera nécessaire pour regarder le monde avec certitude, avec amour et avec la Connaissance.

Pratique 292 : *Deux séances de pratique de 30 minutes.*
Pratique horaire.

293ème Pas

JE NE DÉSIRE PAS SOUFFRIR AUJOURD'HUI.

RENFORCEZ VOTRE RÉSOLUTION DE NE PAS SOUFFRIR aujourd'hui en étant un étudiant de la Connaissance, en adhérant à la Connaissance et en vous consacrant à la Connaissance. Ne laissez pas le monde vous entraîner dans ses poursuites insensées, dans ses entreprises désespérées et dans ses conflits enragés. Toutes ces choses vous attirent encore mais ne vous permettez pas de vous y adonner aujourd'hui car les persuasions du monde sont issues de la grande anxiété et de la grande peur du monde. L'anxiété et la peur sont comme des maladies qui affectent les esprits. Ne permettez pas à votre esprit d'être ainsi affecté aujourd'hui. Vous ne voulez pas souffrir aujourd'hui, et vous souffrirez si vous suivez les persuasions du monde. Prenez part au monde et remplissez vos responsabilités quotidiennes, mais renforcez votre résolution d'être un étudiant de la Connaissance car cela vous libérera de toute souffrance et vous donnera la grandeur que vous êtes censé donner au monde.

À CHAQUE HEURE, CONFIRMEZ que vous ne voulez pas souffrir aujourd'hui et réalisez l'inévitabilité de votre souffrance si vous tentez de vous engager dans le monde sans la Connaissance. À présent, le monde ne peut que vous rappeler votre unique but et votre unique responsabilité qui sont de devenir un étudiant de la Connaissance. Soyez reconnaissant que le monde vous soutienne de la seule manière qu'il le puisse, et soyez reconnaissant que, depuis votre Ancienne Demeure, Dieu ait étendu la Grâce dans le monde pour que vous la receviez et appreniez à la donner.

PRATIQUE 293 : *Pratique horaire.*

294ème Pas

RÉVISION

Commencez la révision de ces deux semaines par cette invocation :

« Je suis maintenant un étudiant de la Connaissance. J'apprendrai le sens et le but de la Connaissance au travers de ma participation. Je poursuivrai ma participation sans essayer d'en modifier la méthode ou les leçons d'aucune manière parce que je souhaite apprendre. Je suis un étudiant de la Connaissance dans un monde où la Connaissance semble être absente. Pour cette raison, j'ai été envoyé ici pour me préparer à donner ce que la Connaissance désirera donner au monde. Je suis un étudiant de la Connaissance. Je suis stable dans ma responsabilité. En cela je recevrai tout ce que je désire vraiment car je désire vraiment aimer le monde. »

Après cette invocation, commencez votre révision de ces deux semaines. Commencez par le premier jour de cette période de deux semaines, lisez la leçon de ce jour et remémorez-vous votre pratique. Continuez de cette manière pour couvrir tous les jours de cette période de deux semaines et essayez ensuite d'avoir une vue d'ensemble de votre vie durant ce temps de pratique. Commencez à voir ce qui s'est passé dans votre vie au cours de cette période de deux semaines.

Lorsque vous développerez une vue d'ensemble, vous commencerez à percevoir le mouvement de votre vie. Peut-être que cela sera subtil au début mais vous commencerez bientôt à prendre conscience que votre vie progresse rapidement et que vos valeurs et votre expérience de vous-même sont en train de changer. Vous êtes en train de changer fondamentalement. Vous devenez enfin vous-même. Vous réaliserez que la guerre, qui sévit encore en vous de temps en temps, diminuera et deviendra moins fréquente. C'est seulement avec une vision d'ensemble consciente et objective que cela peut être reconnu et, lorsque cela sera reconnu, cela vous procurera la confiance et la conviction pour avancer car vous saurez que vous suivez votre véritable voie et votre véritable destinée. Vous saurez que vous êtes un véritable étudiant de la Connaissance et que vous avez pris la bonne décision concernant votre statut d'étudiant.

PRATIQUE 294 : *Une longue séance de pratique.*

295ème Pas

JE PÉNÈTRE À PRÉSENT LE MYSTÈRE DE MA VIE.

Vous pénétrez le mystère de votre vie qui cherche à se révéler à vous. Le mystère de votre vie est la source de tout ce qui est manifeste dans votre vie. Tout ce qui sera manifeste ou qui est destiné à être manifeste incarne le mystère de votre vie. Par conséquent, votre engagement actuel en tant qu'étudiant de la Connaissance est absolument fondamental pour tout ce que vous ferez dans le monde et pour tout ce que vous réaliserez et accomplirez dans cette vie. C'est absolument fondamental à ce besoin que vous avez.

Laissez le mystère être mystérieux. Laissez-le manifeste être manifeste. De cette façon, vous entrerez dans le mystère de la Connaissance avec révérence et ouverture, et vous vous engagerez dans le monde avec une démarche pratique et une approche concrète. Ceci vous rendra capable d'être un pont depuis votre Ancienne Demeure jusqu'à ce monde transitoire. Vous traiterez alors la vie dans l'univers avec révérence et avec un respect mêlé d'émerveillement, et vous traiterez votre application personnelle dans le monde avec concision et responsabilité. Ici, toutes vos facultés seront correctement cultivées et intégrées et vous serez un véhicule pour la Connaissance.

Nous allons à présent commencer une section plus avancée de votre programme. Vous réaliserez peut-être que vous ne pouvez pas encore comprendre tout ce que vous apprenez. Nombre de pas qui vont suivre serviront à activer votre Connaissance, à la rendre plus forte et plus présente en vous ainsi qu'à évoquer en vous l'ancienne mémoire de vos véritables relations dans l'univers et le sens de votre but ici. C'est ainsi que nous commencerons une série de leçons que vous ne serez pas capable de comprendre mais auxquelles vous devez vous appliquer. Vous pénétrez à présent le mystère de votre vie. Le mystère de votre vie détient toute la promesse de votre vie.

REMÉMOREZ-VOUS VOTRE LEÇON DURANT LA JOURNÉE. Récitez-la à chaque heure et, lors de vos séances approfondies de pratique, entrez dans la quiétude et la paix. Permettez-vous de pénétrer le mystère de votre vie afin que le mystère de votre vie puisse vous être révélé. Car tout sens, tout but et toute direction sont issus de votre origine et de votre destinée. Vous êtes un visiteur dans le monde et votre participation ici doit illustrer votre plus grande vie au-delà du monde. De cette manière, le monde est béni et accompli. De cette manière, vous ne vous trahirez pas car vous êtes né d'une vie supérieure et la Connaissance demeure avec vous pour vous rappeler cela.

PRATIQUE 295 : *Deux séances de pratique de 30 minutes.*
Pratique horaire.

296ème Pas

NASI NOVARE CORAM*

Les mots anciens d'aujourd'hui stimuleront la Connaissance. Leur sens peut être traduit ainsi : « La présence des Enseignants de Dieu est avec moi. » C'est une traduction simple de ces mots mais leur pouvoir dépasse de loin leur signification première. Ils peuvent susciter en vous une réponse profonde car ils sont une invocation de la Connaissance issue d'une ancienne langue qui n'est originaire d'aucun monde. Cette langue représente la langue de la Connaissance et elle sert tous ceux qui parlent une langue et qui ont encore besoin d'une langue pour communiquer.

En vous remémorant la leçon d'hier, n'essayez pas de comprendre l'origine de ces mots ou le mécanisme par lequel ils vous servent mais recevez leur don. À chaque heure, récitez l'invocation d'aujourd'hui et, lors de vos deux séances de pratique approfondie, répétez l'invocation avant d'entrez ensuite dans le silence et la quiétude pour ressentir le pouvoir de ces mots. Laissez-les vous assister pour pénétrer dans la profondeur de votre propre Connaissance. À la fin de chaque longue séance de pratique, alors que vous retournez au monde de l'action et de la forme, récitez une nouvelle fois l'invocation et soyez reconnaissant que le mystère de votre vie soit en train d'être pénétré. Soyez reconnaissant que votre Ancienne Demeure soit venue avec vous dans le monde.

PRATIQUE 296 : *Deux séances de pratique de 30 minutes. Pratique horaire.*

---

*NdT : prononcer « nâssi novâré corâm », avec un "r" doux.

297ème Pas

NOVRE NOVRE COMEY NA VERA TE NOVRE*

L'INVOCATION D'AUJOURD'HUI PARLE DU POUVOIR DE LA QUIÉTUDE au sein de votre mental et du pouvoir que la quiétude au sein de votre mental aura sur le monde. Récitez votre invocation à chaque heure avec grande révérence. Permettez à présent au mystère de votre vie de se révéler devant vous afin que vous puissiez le contempler et le porter avec vous pendant votre aventure dans le monde.

LORS DE VOS DEUX SÉANCES APPROFONDIES DE PRATIQUE, répétez l'invocation d'aujourd'hui et pénétrez à nouveau dans la profondeur de la quiétude en vous donnant complètement à votre pratique. À la fin de votre pratique, répétez l'idée d'aujourd'hui une nouvelle fois. Permettez-vous de ressentir la présence qui est avec vous en faisant cela car vous portez votre Ancienne Demeure en vous alors que vous demeurez dans le monde. L'ancienne mémoire de votre Demeure et la mémoire de toutes les relations véritables que vous avez rétablies jusqu'ici durant toute votre évolution sont ainsi remémorées par l'idée d'aujourd'hui. Car dans la quiétude tout peut être su – et tout ce qui est su se révélera à vous.

PRATIQUE 297 : *Deux séances de pratique de 30 minutes.*
Pratique horaire.

---

*NdT : prononcer « nôvré nôvré coméye na véra té nôvré »

298ᵉᵐᵉ Pas

Mavran Mavran Conay Mavran*

L'invocation d'aujourd'hui fait appel à ceux qui pratiquent la Connaissance avec vous dans la Grande Communauté afin que la force de leur engagement et de leurs grands accomplissements puissent embellir toutes vos tentatives et toutes vos pratiques en tant qu'étudiant de la Connaissance. L'invocation d'aujourd'hui met en relation votre conscience avec toutes les consciences qui sont engagées dans le rétablissement de la Connaissance dans l'univers, car vous êtes un citoyen d'une Grande Communauté aussi bien qu'un citoyen de votre monde. Vous faites partie d'une grande entreprise qui existe à la fois dans le monde et au-delà car Dieu est à l'œuvre partout. Ainsi, la véritable religion est le rétablissement de la Connaissance. Elle trouve son expression dans chaque monde et dans chaque culture où elle y acquiert son symbolisme et ses rituels, mais son essence est universelle.

Pratiquez à chaque heure en répétant l'invocation d'aujourd'hui et, lorsque vous le faites, prenez un moment pour en ressentir l'impact. Vous pouvez trouver un moyen de le faire en toute circonstance dans votre journée et cela vous rappellera votre Ancienne Demeure et la puissance de la Connaissance que vous portez en vous. Lors de vos séances de pratique approfondie, répétez votre invocation et entrez ensuite dans le sanctuaire de la Connaissance dans la quiétude et l'humilité. Lorsque votre pratique s'achève, répétez à nouveau l'invocation d'aujourd'hui. Permettez à votre esprit de se relier avec ce qui est au-delà de la portée limitée des relations humaines car la Connaissance parle d'une plus grande vie, dans le monde et au-delà. C'est cette plus grande vie que vous devez à présent envisager. C'est cette plus grande vie que vous devez à présent recevoir car vous êtes un

---

*NdT : prononcer « mavrâne mavrâne conèye mavrâne »

étudiant de la Connaissance. La Connaissance est plus grande que le monde mais la Connaissance est venue dans le monde pour servir.

Pratique 298 : *Deux séances de pratique de 30 minutes.*
Pratique horaire.

299ème Pas

NOME NOME CONO NA VERA TE NOME*

L'INVOCATION D'AUJOURD'HUI FAIT À NOUVEAU APPEL au pouvoir provenant des efforts des autres dans le rétablissement de la Connaissance pour vous assister dans le vôtre. Il s'agit une fois encore d'une confirmation du pouvoir de ce que vous êtes en train de faire et d'une confirmation de votre inclusion totale dans la vie. Elle affirme la vérité dans un contexte plus grand et elle affirme la vérité avec des mots que vous n'avez pas utilisés pendant des siècles mais qui vous deviendront familiers lorsqu'ils résonneront profondément dans votre esprit.

PRATIQUEZ À CHAQUE HEURE ET PRENEZ UN MOMENT pour ressentir l'efficacité de l'affirmation d'aujourd'hui. Utilisez-la comme invocation pour commencer vos deux longues séances de pratique et comme bénédiction pour les terminer.
Permettez-vous de pénétrer le mystère de votre vie car le mystère de votre vie est la source de tout sens dans votre vie, et c'est ce sens que vous recherchez aujourd'hui.

PRATIQUE 299 : *Deux séances de pratique de 30 minutes.*
Pratique horaire.

---

*NdT : prononcer « nômé nômé cono na véra té nômé »

300ème Pas

J'ACCUEILLE TOUS CEUX QUI FORMENT MA FAMILLE SPIRITUELLE AUJOURD'HUI.

ACCUEILLEZ CEUX QUI FORMENT VOTRE FAMILLE SPIRITUELLE, ceux qui vous guident et vous assistent, ceux dont les efforts au nom de la Connaissance complètent les vôtres et ceux dont la présence dans votre vie est une confirmation que la véritable communauté, au service de la Connaissance, existe. Laissez leur réalité clarifier la vôtre, dissiper toute obscurité liée à l'isolement et toute faiblesse issue de l'individualité de sorte que votre individualité puisse trouver la force de sa véritable contribution. Ne demeurez pas seul dans vos pensées aujourd'hui mais entrez au contraire dans la présence de votre Famille Spirituelle car vous êtes né d'une communauté et c'est dans une communauté que vous entrez à présent, car la vie est communauté – communauté sans exclusion et sans opposition.

RAPPELEZ-VOUS CELA À CHAQUE HEURE AUJOURD'HUI. Lors de vos longues séances de pratique, utilisez activement votre mental pour essayer de comprendre le message qui vous est donné aujourd'hui. Essayez de comprendre ce que la notion de Famille Spirituelle signifie réellement. Essayez de comprendre qu'elle vous est intrinsèque. Vous ne l'avez pas choisie. Vous en êtes simplement issu. Elle représente votre accomplissement dans la Connaissance jusqu'ici. Tout accomplissement dans la Connaissance est le rétablissement de relations et votre Famille Spirituelle est constituée de ces relations que vous avez rétablies jusqu'ici dans votre retour à Dieu.

CELA SE SITUERA AU-DELÀ DE VOTRE COMPRÉHENSION mais votre Connaissance résonnera avec le message d'aujourd'hui et avec les invocations que vous avez pratiquées les jours précédents. La Connaissance révèlera ce que vous devez savoir et ce que vous devez faire. Vous n'avez pas à vous accabler en tentant de comprendre ce qui se trouve au-delà de votre compréhension. Mais vous avez la responsabilité de répondre à la communication qui vous est donnée par le mystère de votre propre vie et et par le pouvoir de Dieu dans votre vie.

Vous faites partie d'une Famille Spirituelle. Vous la recevez par l'intermédiaire de votre expérience, une expérience qui confirmera votre participation à la vie et le grand but que vous êtes venu servir.

Pratique 300 : *Deux séances de pratique de 30 minutes.*
Pratique horaire.

301ème Pas

JE NE ME PERDRAI PAS DANS L'ANXIÉTÉ AUJOURD'HUI.

Ne permettez pas à l'habitude que vous avez de vous perdre dans l'anxiété d'accaparer votre mental en ce jour. Acceptez le fait que vous entriez dans une vie plus grande avec un plus grand sens du but. Permettez-vous d'avoir confiance en la certitude de la Connaissance en vous et en sa confirmation de vos relations vraies. Soyez en paix en ce jour. Permettez à la quiétude de demeurer avec vous pendant que vous traversez le monde.

Répétez à chaque heure l'idée d'aujourd'hui. Lors de vos pratiques approfondies, utilisez-la comme invocation pour commencer votre méditation et comme bénédiction pour la terminer. Dans vos méditations, permettez-vous de demeurer dans la quiétude. Ne laissez pas l'incertitude s'emparer de vous aujourd'hui. Ne laissez pas l'inquiétude vous emporter. Vous demeurez aujourd'hui avec la Connaissance, laquelle est la source de toute certitude dans le monde. Vous demeurez à présent avec elle et vous lui permettez d'étendre son pouvoir et ses dons sur vous qui apprenez à présent à rétablir votre certitude. Laissez ce jour être une confirmation de votre statut d'étudiant. Laissez ce jour être une expression de la Connaissance.

Pratique 301 : *Deux séances de pratique de 30 minutes.*
Pratique horaire.

302ème Pas

Je ne résisterai pas au monde aujourd'hui.

Ne résistez pas au monde car le monde est le lieu que vous êtes venu servir. Il est le lieu où la Connaissance s'exprimera à mesure que vous apprendrez à devenir un véhicule pour la Connaissance. Laissez le monde être tel qu'il est car sans votre condamnation, il sera bien plus facile pour vous d'être dans le monde, d'utiliser ses ressources et de reconnaître ses opportunités.

Ne résistez pas au monde car vous venez d'au-delà du monde. Le monde n'est plus une prison pour vous mais le lieu de votre contribution. Peu importe le mal que vous avez eu à vous adapter au monde et combien il vous a été difficile d'être dans le monde, vous regardez à présent le monde d'une nouvelle manière. Vous avez voulu que le monde remplace la Connaissance et vous réalisez à présent que la Connaissance vous est donnée par votre Source. Le monde n'est ainsi plus utilisé comme substitut à la Connaissance et peut maintenant devenir une toile sur laquelle vous pouvez exprimer le pouvoir de la Connaissance. Le monde prend ainsi sa place légitime dans votre vie. Pour cette raison, vous n'avez pas à résister au monde aujourd'hui.

Alors que vous traversez le monde en ce jour, rappelez-vous cette idée à chaque heure et permettez-vous d'être présent quelles que soient les circonstances dans lesquelles vous vous trouvez. Permettez à votre vie intérieure de demeurer dans la quiétude afin que la Connaissance puisse exercer son influence sur vous et vous apporter ses conseils. Permettez-vous de porter la certitude aujourd'hui – la certitude de la Connaissance. C'est une certitude que vous n'avez pas inventée ou construite pour vous-même. Elle demeure continuellement avec vous, en dépit de votre confusion.

Ne résistez pas au monde aujourd'hui car la Connaissance est avec vous. Lors de vos longues séances de pratique, souvenez-vous de cette idée à la fois avant et après vos méditations. Lors de vos méditations, échappez-vous du monde dans le sanctuaire de la quiétude. Plus votre engagement dans le sanctuaire de la quiétude sera profond, plus vous serez à l'aise dans le monde car vous n'essayerez pas d'utiliser le monde comme substitut à votre Ancienne Demeure. Ici, le monde vous devient bénéfique et vous devenez bénéfique au monde.

Pratique 302 : *Deux séances de pratique de 30 minutes. Pratique horaire.*

303ème Pas

JE PRENDRAI DU RECUL PAR RAPPORT AUX PERSUASIONS DU MONDE AUJOURD'HUI.

Prenez du recul par rapport aux persuasions du monde. Reconnaissez ce qui est certain et ce qui est confus. Reconnaissez ce qui est dévoué et ce qui est ambivalent. Ne laissez pas le pouvoir de la frustration et de la confusion du monde vous rattraper aujourd'hui mais maintenez au contraire la lumière de Dieu dans votre cœur. Gardez-la ardente en vous pendant que vous vous aventurez dans le monde. Ainsi, vous traversez le monde indemne et intègre parce que vous demeurez avec la Connaissance. Sans la Connaissance, le monde vous emporte tout simplement dans sa propre frénésie. Il vous emporte dans ses tentations et dans ses poursuites insensées.

Aujourd'hui, vous demeurez avec la Connaissance et vous êtes ainsi libre des persuasions du monde. Répétez l'idée d'aujourd'hui à chaque heure et reconnaissez combien elle est importante au maintien de votre équilibre intérieur, au sens que vous avez de vous-même et à votre certitude. Réalisez à quel point l'idée d'aujourd'hui est importante pour vous permettre de garder vivante la quiétude en vous de sorte que vos méditations profondes aujourd'hui, durant lesquelles vous pratiquerez de nouveau la quiétude, puissent exercer leur influence et leurs effets sur l'ensemble de vos activités – car tel est leur but.

Reconnaissez les persuasions du monde et prenez du recul. Cette responsabilité vous revient car vous avez ici le pouvoir de décision. Vous pouvez le faire une fois que vous prenez conscience des persuasions du monde et que vous réalisez à quel point la Connaissance est importante. Cela vous rendra capable d'exercer le pouvoir de décision en votre faveur. Le monde ne vous rattrapera alors pas et vous serez ici une force pour le bien dans le monde – car tel est votre but.

Lors de vos pratiques approfondies de méditation, utilisez encore une fois l'idée d'aujourd'hui comme une invocation pour vous préparer. Dans la quiétude et le silence, entrez dans le sanctuaire de la Connaissance afin que vous puissiez vous y régénérer et vous y revigorer. Trouvez-y un répit hors de vos propres conflits internes et des conflits qui sévissent dans le monde. Lorsque vous reviendrez de votre sanctuaire, rappelez-vous que vous ne serez pas rattrapé par la confusion du monde. Rappelez-vous que vous ne serez pas victime des persuasions du monde. Vous porterez alors dans le monde autour de vous la sécurité que vous apprenez actuellement à recevoir.

Pratique 303 : *Deux séances de pratique de 30 minutes.*
Pratique horaire.

304ème Pas

Je ne serai pas un étudiant de la peur aujourd'hui.

Rappelez-vous que vous êtes toujours un étudiant – chaque jour, chaque heure et chaque instant. Aussi, à mesure que vous devenez plus consciencieux, vous devez sélectionner ce que vous allez apprendre. Ici un réel choix s'offre à vous car vous êtes soit un étudiant de la Connaissance, soit un étudiant de la confusion. Ne soyez pas un étudiant de la confusion aujourd'hui. Ne soyez pas un étudiant de la peur aujourd'hui car, sans la Connaissance, il y a l'incertitude et il y a la peur. Sans la Connaissance, il y a des poursuites issues de la peur qui perpétuent une peur et un sentiment de vide plus grands.

Prenez conscience de votre responsabilité en tant qu'étudiant. Prenez-en conscience et acceptez-la avec soulagement car vous avez ici un choix qui a un sens – être un étudiant de la Connaissance ou être un étudiant de la confusion. La Connaissance projettera son influence sur vous pour vous permettre de faire le bon choix, pour choisir ce qui vous apporte une certitude, un but, un sens et de la valeur dans le monde. Vous devenez alors une force au service de la Connaissance dans le monde pour dissiper la confusion, les ténèbres et la peur de toutes les consciences qui peinent sous leur poids oppressant.

Ne soyez pas un étudiant de la peur. Prenez cette résolution en vous-même à chaque heure tandis que vous prenez conscience des persuasions chargées de peur qui circulent dans le monde, de la confusion du monde et de sa sombre influence sur tous ceux qu'elle oppresse. Permettez-vous d'être une âme libérée dans le monde. Gardez le joyau de l'amour en votre cœur. Gardez la lumière de la Connaissance en votre cœur. Lorsque vous retournerez à vos deux pratiques de méditation profonde aujourd'hui, répétez l'idée de ce jour afin de pouvoir entrer dans la quiétude et le silence en votre sanctuaire. Régénérez-vous dans la Connaissance et revigorez-vous car la Connaissance est la grande lumière que vous portez. Plus vous viendrez en sa présence, plus elle rayonnera sur vous et plus elle brillera sur vous et, à travers vous, sur le monde.

Pratique 304 : *Deux séances de pratique de 30 minutes.*
Pratique horaire.

305ème Pas

Je ressens le pouvoir de l'amour aujourd'hui.

Si vous n'êtes pas captivé par les persuasions du monde, vous ressentirez le pouvoir de l'amour. Si vous n'êtes pas séduit par l'ambivalence du monde, vous ressentirez le pouvoir de l'amour. Si vous êtes avec la Connaissance, vous ressentirez le pouvoir de l'amour. Cela vous est naturel. C'est quelque chose de naturel à votre être, à votre nature et à la nature de tous ceux qui résident ici avec vous. Ainsi, à mesure que votre statut d'étudiant de la Connaissance s'affirmera, votre expérience de l'amour s'approfondira.

Permettez à l'amour d'être dans votre vie aujourd'hui car la Connaissance et l'amour ne font qu'un. Permettez-vous d'en être le bénéficiaire aujourd'hui car en cela vous êtes honoré et votre sentiment d'indignité est dissipé. Recevez le pouvoir de l'amour à chaque heure et recevez-le dans vos pratiques approfondies de méditation durant lesquelles vous pratiquez la véritable réceptivité.

Permettez à la Connaissance de vous révéler la nature de l'amour. Permettez à votre amour pour la Connaissance d'engendrer la Connaissance pour vous car la Connaissance vous aime comme faisant partie d'elle et, à mesure que vous apprendrez à aimer la Connaissance comme faisant partie de vous, votre sentiment d'être séparé de la vie disparaîtra. Vous serez ainsi préparé à être un contributeur dans le monde car vous souhaiterez alors uniquement contribuer ce que vous avez reçu. Vous réaliserez alors qu'aucun autre don ne peut égaler, d'aucune manière, le don de la Connaissance, lequel est le don de l'amour. Cela, vous désirerez l'offrir au monde de tout votre cœur. Vos

Enseignants deviendront alors plus actifs pour vous car ils vous prépareront à contribuer avec efficacité afin que vous puissiez accomplir votre destinée dans le monde.

PRATIQUE 305 : *Deux séances de pratique de 30 minutes.*
Pratique horaire.

306ème Pas

JE ME REPOSERAI EN LA CONNAISSANCE AUJOURD'HUI.

En la Connaissance, vous trouverez repos et répit vis-à-vis du monde. En la Connaissance, vous trouverez le réconfort et l'assurance. En la Connaissance tout ce qu'il y a de plus vrai dans la vie demeurera avec vous, car en la Connaissance le Christ et le Bouddha sont un. En la Connaissance, toutes les grandes réalisations des grands Émissaires Spirituels s'unissent et vous sont révélées. En cela, leurs promesses sont accomplies car ils se sont donnés à ce but. Ainsi, la Connaissance que vous recevez aujourd'hui est le fruit de ce qu'ils ont donné car la Connaissance a été gardée vivante dans le monde pour vous. Elle a été gardée vivante par ceux qui l'ont reçue et qui l'ont offerte. Leurs vies procurent ainsi une fondation à la vôtre. Ce qu'ils ont donné procure ainsi une fondation pour ce que vous donnerez. Leur acceptation de la Connaissance renforce votre acceptation de la Connaissance.

Le but de tout véritable enseignement spirituel est l'expérience et la manifestation de la Connaissance. Cela peut imprégner le plus simple des dons comme le plus grand des dons, l'action la plus ordinaire comme l'action la plus extraordinaire. Vous êtes en grande compagnie, vous qui pratiquez la Connaissance. Vous recevez le don du Christ et du Bouddha. Vous recevez le don de tous les vrais Émissaires Spirituels qui ont réalisé leur Connaissance. C'est ainsi que sont données force et fondation à votre participation aujourd'hui, alors que vous poursuivez le grand dessein qui consiste à garder la Connaissance vivante dans le monde.

Aujourd'hui, à chaque heure et lors de vos deux pratiques approfondies de méditation, reposez-vous en la Connaissance qui vit en vous en ce moment-même.

Pratique 306 : *Deux séances de pratique de 30 minutes.*
Pratique horaire.

307ème Pas

LA CONNAISSANCE VIT EN MOI À PRÉSENT.

La Connaissance vit en vous et vous apprenez à vivre avec la Connaissance. Ainsi, toute obscurité et toute illusion se dissiperont de votre esprit à mesure que vous réaliserez ce que votre vie a toujours été et ce qu'elle sera toujours. Lorsque vous réaliserez que votre véritable existence est immuable, vous réaliserez de quelle manière elle désire s'exprimer dans un monde de changements. Votre Connaissance est plus grande que votre mental, plus grande que votre corps et plus grande que vos définitions de vous-même. Elle est immuable, bien que toujours changeante dans son expression. Au-delà de la peur, du doute et de la destruction, elle demeure en vous et, lorsque vous apprendrez à demeurer avec elle, toutes ses qualités deviendront vôtres.

Il n'y a rien que le monde puisse fournir qui puisse d'une quelconque manière lui être comparé, car tous les dons du monde sont momentanés et transitoires. À mesure que vous les honorez, votre peur de les perdre grandit. À mesure que vous les serrez contre vous, votre inquiétude de la mort et de la destruction s'accroît et vous entrez à nouveau dans la confusion et la frustration. Mais avec la Connaissance, vous pouvez posséder des choses dans le monde sans vous identifier à celles-ci. Vous pouvez les recevoir et les abandonner selon la nécessité. La grande anxiété du monde ne vous affectera alors pas mais le pouvoir de la Connaissance que vous portez affectera le monde. De cette manière, vous affecterez le monde plus qu'il ne vous affectera. De cette manière, vous serez un contributeur pour le monde. De cette manière, le monde sera béni.

Régénérez-vous dans la Connaissance lors de vos séances de pratique profonde dans la quiétude, et rappelez-vous à chaque heure le pouvoir de la Connaissance que vous portez en ce jour. Ne laissez aucun doute ni incertitude vous dissuader car le doute et l'incertitude sont ici tout à fait contre-nature. Vous apprenez à devenir naturel car qu'est-ce qui pourrait bien être plus naturel que d'être vous-même ? Et qu'est-ce qui pourrait être davantage vous-même que la Connaissance elle-même ?

PRATIQUE 307 : *Deux séances de pratique de 30 minutes.*
                  Pratique horaire.

308ème Pas

RÉVISION

Durant votre longue séance de pratique aujourd'hui, entreprenez la révision des deux dernières semaines de pratique en accord avec nos instructions antérieures. Il s'agit d'une séance de révision très importante car vous réviserez les invocations qui vous ont été données et vous réaliserez également la puissance de la tâche que vous entreprenez en tant qu'étudiant de la Connaissance. Prenez conscience de votre propre peur de la Connaissance lors de ces deux dernières semaines. Prenez conscience de votre propre peur du mystère de votre vie. Prenez conscience de toutes les tentatives que vous pourriez avoir effectuées afin de retourner dans l'illusion et dans l'imagination. Prenez conscience de ce contraste dans votre apprentissage car il est absolument essentiel à votre compréhension.

Révisez cela avec objectivité et compassion. Sachez que votre ambivalence envers la vie doit être reconnue et qu'elle continuera à s'exprimer, mais avec une force qui ne fera que décroître à mesure que vous vous approcherez de plus en plus près de la Connaissance. Rappelez-vous que la Connaissance est la vie même, l'essence même de la vie. Elle est immuable et pourtant, elle s'exprime constamment à travers le changement. Pour en faire l'expérience, vous devez renforcer votre participation en tant qu'étudiant de la Connaissance et vous souvenir que vous êtes un étudiant débutant de la Connaissance ; vous ne pouvez pas donc compter sur vos suppositions. Vous devez recevoir le programme et être guidé dans son application. De cette façon, vous serez à l'abri de toute mauvaise application, de toute mauvaise interprétation et de ce fait, vous serez protégé de l'erreur.

Cette révision est très importante car vous atteignez à présent un grand tournant dans votre participation en tant qu'étudiant de la Connaissance. La Connaissance commence à prendre force maintenant. Vous commencez à sentir son pouvoir.

Vous commencez à réaliser son importance absolue pour vous. Vous qui avez été partial avec la vie par le passé, vous réalisez à présent que la vie est complètement avec vous et qu'elle demandera que vous soyez complètement avec elle. C'est là votre salut et votre rédemption car ici toute séparation, toute peur et toute misère sont dissipées. Que pouvez-vous bien perdre en recevant un tel don ? Vous perdez seulement votre imagination qui vous a hanté, qui vous a menacé et qui vous a effrayé. Pourtant, même votre imagination recevra un plus grand but avec la Connaissance car celle-ci est destinée à vous servir d'une manière différente.

Menez votre révision avec une grande profondeur et une grande sincérité. Ne vous souciez pas du temps que cela peut prendre. Votre temps ne peut pas être mieux utilisé. Révisez les deux semaines passées afin de pouvoir observer l'avancement de la Connaissance en vous. Vous aurez besoin de cette compréhension si vous devez dans l'avenir soutenir d'autres personnes dans leur propre rétablissement de la Connaissance.

Pratique 308 : *Une longue séance de pratique.*

309ème Pas

LE MONDE QUE JE VOIS ESSAIE DE DEVENIR UNE SEULE COMMUNAUTÉ.

LE MONDE QUE VOUS VOYEZ ESSAIE DE DEVENIR une seule communauté car telle est son évolution. Comment le monde peut-il évoluer quand il est fragmenté ? Comment l'humanité peut-elle avancer lorsqu'elle s'oppose à elle-même ? Comment le monde peut-il être en paix quand une faction entre en compétition avec une autre ? Le monde que vous voyez est comme le mental dont vous faites l'expérience en vous-même – un mental en guerre contre lui-même, sans but ni raison. Le monde que vous voyez essaie de devenir une seule communauté car tous les mondes sur lesquels la vie intelligente a évolué doivent devenir une seule communauté.

LA MANIÈRE DONT CELA SERA ACCOMPLI ET QUAND cela sera accompli sont des choses qui se trouvent au-delà de votre portée actuelle, mais lorsque vous regarderez le monde sans jugement, vous verrez en chaque personne l'aspiration profonde à s'unir. Vous verrez le désir de voir la séparation prendre fin. Les problèmes urgents du monde ne font qu'illustrer sa situation difficile et appeler à la création d'une communauté unie dans le monde. C'est évident si vous regardez bien. Tout comme vous-même, en tant qu'étudiant de la Connaissance, devenez une personne entière et êtes en train de guérir en vous toutes les plaies, le monde lui aussi tente de devenir un monde uni et de guérir toutes ses plaies ainsi que tous ses conflits et toutes ses séparations internes. Pourquoi cela ? Parce que la Connaissance est dans le monde.

ALORS QUE VOUS DÉCOUVREZ LA CONNAISSANCE EN VOUS, rappelez-vous que la Connaissance est latente en chaque personne et que, même dans cet état de latence, elle projette son influence et étend sa direction. Le monde contient la Connaissance également. C'est une représentation plus large de vous-même que vous considérez ici. Ainsi, en devenant un étudiant de la Connaissance et en étant capable de reconnaître objectivement votre préparation, vous commencerez à avoir une véritable vision de l'évolution du monde. Votre point de vue ne sera pas ici déformé par des préférences ou des peurs personnelles car l'évolution du monde vous sera simplement évidente. L'évolution du monde est évidente pour vos Enseignants qui regardent le monde d'au-delà de ses limites. Mais vous qui êtes dans le monde, qui ressentez l'influence du monde et qui partagez le doute et l'incertitude du monde, vous devez également apprendre à regarder le monde sans ces limitations.

LE MONDE ESSAIE DE DEVENIR UNE SEULE COMMUNAUTÉ. Rappelez-vous cela à chaque heure et lors de vos deux séances approfondies de pratique, utilisez activement votre mental pour essayer de comprendre l'idée d'aujourd'hui. Réfléchissez aux problèmes du monde et aux solutions qu'ils requièrent. Pensez aux conflits dans le monde et à la nécessité qu'ils soient réglés. Réalisez que si un quelconque individu ou groupe d'individus s'oppose à ces résolutions et à ces nécessités, cela le conduira à mener une guerre contre le monde et contre les autres. Les conflits que vous percevez sont simplement la tentative de préserver la séparation. Cependant, le monde tente de devenir une seule communauté et, quelle que soit la résistance à cela, il tentera de le faire sans relâche car telle est son évolution. C'est le véritable désir de tous ceux qui demeurent ici car toute séparation doit prendre fin et toute contribution doit être apportée. Tel est votre but et le but de tous ceux qui sont venus ici.

RAPPELEZ-VOUS, VOUS AVEZ ÉTÉ APPELÉ et vous êtes en train de répondre à votre unique et véritable but. Avec le temps, d'autres seront appelés et répondront. C'est inévitable. Vous accomplissez l'inévitable, ce qui prendra beaucoup de temps et demandera de nombreux pas. La Connaissance est votre source et la Connaissance est le résultat. Vous pouvez donc être certain de l'issue finale de vos actions. Quelle que soit la manière dont le monde avancera dans sa préparation et dans ses difficultés, il doit accomplir cet unique et véritable but. Vous pouvez donc avancer avec certitude.

Lors de vos méditations longues, essayez de pénétrer l'idée d'aujourd'hui. Ne soyez pas complaisant ici mais utilisez activement votre mental de la manière dont votre mental était censé être utilisé. Essayez de prendre conscience de votre propre ambivalence quant au fait que le monde devienne une seule communauté. Essayez de reconnaître vos peurs et vos inquiétudes à ce sujet. Essayez de reconnaître également votre désir pour une communauté unie et votre compréhension de cette nécessité. Lorsque vous aurez fait l'inventaire de vos pensées et de vos sentiments concernant l'idée d'aujourd'hui, vous comprendrez pourquoi le monde se trouve dans sa situation actuelle. Le monde a une certaine destinée et une certaine direction à suivre et pourtant il est ambivalent à tout propos. Le monde lui-même doit ainsi désapprendre l'ambivalence tout comme vous apprenez maintenant à le faire vous-même, et vos accomplissements l'assisteront dans sa grande entreprise car telle est votre contribution au monde.

Pratique 309 : *Deux séances de pratique de 30 minutes.*
Pratique horaire.

310ème Pas

JE SUIS LIBRE PARCE QUE JE DÉSIRE DONNER.

VOTRE LIBERTÉ SERA RÉALISÉE, votre liberté sera accomplie et votre liberté sera rétablie pour toujours grâce à la contribution de vos véritables dons au monde. Vous qui vous consacrez maintenant à donner et qui apprenez de la nature de votre don ainsi que de votre responsabilité en tant que donneur, vous préparez le terrain pour votre propre liberté et assurez votre liberté dans le monde. Ne soyez pas découragé que le monde n'embrasse pas vos valeurs et ne soyez pas consterné que le monde ne partage pas votre engagement, car nombreux sont ceux qui, dans le monde et au-delà du monde, entreprennent la même préparation que vous. Nombreux sont ceux qui ont accompli votre préparation actuelle et qui servent à présent le monde de tout leur cœur et de toute leur âme.

VOUS FAITES DONC PARTIE D'UNE VASTE COMMUNAUTÉ D'APPRENTISSAGE. Ce que vous apprenez en ce moment, le monde entier devra l'apprendre tôt ou tard car tous les individus doivent rétablir la Connaissance. Telle est la Volonté de Dieu. Nous cherchons à présent à minimiser le temps que cela prendra et les difficultés qui seront rencontrées. Nous comprenons cependant que l'évolution doit suivre son cours en chaque individu et également en l'humanité. Ainsi, la Connaissance s'étend pour soutenir la véritable évolution de la vie de sorte que la vie puisse se réaliser et s'accomplir. Ce processus se poursuit en vous et dans le monde. Vous qui revendiquez votre statut d'étudiant de la Connaissance, revendiquerez votre engagement en faveur de la Connaissance. En cela, vous deviendrez de plus en plus une force pour le bien dans le monde – une force qui dissipe l'ambivalence, la confusion et le conflit, une force de paix et une force de certitude ainsi qu'une force de coopération authentique et de relations véritables.

Rémémorez-vous cette idée à chaque heure tout au long de la journée et, lors de vos deux séances approfondies de pratique, utilisez activement votre mental pour réfléchir à cela. Laissez votre mental être un instrument d'investigation utile. Une fois de plus, revoyez l'ensemble de vos idées et de vos croyances qui sont associées à l'idée d'aujourd'hui. Une fois encore, réalisez combien l'ambivalence continue à vous voler de votre inspiration, à vous voler de votre motivation, à vous voler de votre courage et à vous voler de vos relations. Renforcez votre statut d'étudiant et votre engagement en faveur de la Connaissance afin d'échapper encore davantage à l'ambivalence aujourd'hui, et afin de recevoir la certitude qui est votre héritage.

Pratique 310 : *Deux séances de pratique de 30 minutes. Pratique horaire.*

311ème Pas

LE MONDE M'APPELLE. JE DOIS ME PRÉPARER POUR LE SERVIR.

VOUS ÊTES VENU POUR SERVIR LE MONDE, cependant, vous devez vous préparer pour le servir. Vous ne pouvez pas vous préparer vous-même car vous ne savez pas à quoi vous vous préparez et vous ne connaissez pas les méthodes de préparation, car celles-ci doivent vous être fournies. Mais vous savez cependant que vous devez vous préparer et vous savez que vous devez suivre les étapes de la préparation, car ces choses sont déjà présentes en votre Connaissance.

VOUS ÊTES VENU POUR SERVIR LE MONDE. Si cela est nié ou négligé, vous tomberez dans un désarroi intérieur. Si votre but n'est pas servi et poursuivi, vous vous sentirez étranger à vous-même et vous tomberez dans les ténèbres de votre propre imagination. Vous vous condamnerez et croirez que Dieu vous condamne également. Dieu ne vous condamne pas. Dieu vous appelle à reconnaître votre but et à l'accomplir.

NE LAISSEZ PAS L'AMBITION VOUS AMENER PRÉMATURÉMENT DANS LE MONDE. Souvenez-vous que vous êtes un étudiant de la Connaissance. Vous suivez la Connaissance dans le monde parce que vous vous préparez à être un véhicule pour sa contribution et un bénéficiaire de ses dons. Cela exigera de vous de la retenue. Cela exigera votre adhésion à une préparation supérieure. Un étudiant a seulement besoin de suivre les directives de l'instruction. Un étudiant a seulement besoin d'avoir confiance en le pouvoir de l'instructeur. Votre Connaissance confirmera cela et dissipera ici votre incertitude, car votre Connaissance retourne à sa Demeure et à sa Source. Elle retourne vers ce à quoi elle doit retourner. Elle répond à ce qu'elle doit accomplir dans le monde.

Ne haïssez pas le monde et ne lui résistez pas car il est le lieu où vous accomplirez votre destinée, aussi mérite-t-il votre gratitude et votre appréciation. Cependant, souvenez-vous également de respecter le pouvoir de sa confusion et de ses incitations. Vous devez ici être fort avec la Connaissance et, bien que vous appréciiez le monde parce qu'il fortifie votre résolution pour la Connaissance, vous prenez également note de sa confusion et entrez dans le monde avec précaution, discernement et adhésion à la Connaissance. Tout cela est important et nous vous le rappellerons à mesure que nous avancerons car cela vous est essentiel pour apprendre la sagesse en tant qu'étudiant. Ce sont à la fois votre désir pour la Connaissance et votre capacité pour la Connaissance que nous devons cultiver et que vous devez apprendre à recevoir.

Pratique 311 : *Lisez la leçon trois fois aujourd'hui.*

312ème Pas

IL Y A DE PLUS GRANDS PROBLÈMES QUE JE DOIS RÉSOUDRE DANS LE MONDE.

NOMBRES DE VOS PROBLÈMES PERSONNELS SERONT RÉSOLUS à mesure que vous vous donnerez à un appel supérieur. Vous aurez à vous occuper spécifiquement de certains de vos problèmes personnels mais, même là, vous trouverez que le poids qu'ils exercent sur vous diminuera à mesure que vous entrerez dans une plus grande arène de participation à la vie. La Connaissance vous donne de plus grandes choses à faire mais elle ne néglige aucun détail de ce que vous devez accomplir. Par conséquent, les petits détails comme les grands détails, les petits ajustements comme les grands ajustements, tous sont inclus. Rien n'est omis. Vous-même ne pouvez pas ajuster votre préparation à cet égard, car vous ne sauriez pas comment établir vos priorités entre ce qui est grand et ce qui est petit. Essayer de le faire ne ferait que vous pousser plus profondément dans la confusion et la frustration.

SOYEZ ALORS RECONNAISSANT QUE VOUS N'AYEZ PAS à tenter l'impossible pour vous-même car ce qui est réel vous est donné. Tout ce que vous devez faire est devenir un étudiant et un véhicule de la Connaissance. Cela activera tout développement individuel significatif et toute éducation individuelle significative. Cela exigera de vous davantage que ce que vous avez exigé de vous-même, et tout ce qui est exigé sera satisfait et vous offrira en retour sa véritable promesse.

À CHAQUE HEURE, RAPPELEZ-VOUS CELA et trouvez votre courage en la promesse d'un plus grand engagement qui vous permettra d'échapper à votre détresse individuelle. Lors de vos séances approfondies de pratique en ce jour, utilisez activement votre mental pour passer en revue tous vos petits problèmes personnels. Examinez tout ce qui vous semble vous retenir en arrière et tout ce que vous pensez devoir résoudre par vous-même. À mesure que vous regarderez chaque élément avec objectivité, sans déni, souvenez-vous, et rappelez-vous qu'un plus grand appel vous est adressé, lequel corrigera ces choses ou rendra leur correction inutile. Rappelez-vous que la Connaissance fournira une correction à tous les niveaux à mesure que votre vie deviendra uniforme et aura une direction, à mesure que votre Connaissance commencera à émerger et à mesure que votre véritable perception de vous-même émergera dans votre propre conscience et sera reçue.

PRATIQUE 312 : *Deux séances de pratique de 30 minutes. Pratique horaire.*

313ème Pas

LAISSEZ-MOI PRENDRE CONSCIENCE QUE CE QUI EST COMPLEXE EST SIMPLE.

Vous pensez que vos problèmes personnels sont complexes. Vous pensez que les problèmes du monde sont complexes. Vous pensez que votre avenir et votre destinée sont complexes. C'est parce que vous avez vécu dans l'imagination et que vous avez essayé de répondre sans certitude à ces questions. Cela résulte de l'utilisation de vos croyances personnelles afin d'organiser l'univers selon vos préférences. Cela résulte de la tentative de réaliser l'impossible et cela résulte de l'échec face à l'impossible.

Vous avez été sauvé car la Connaissance est avec vous. Vous avez été sauvé car vous apprenez à recevoir la Connaissance. En cela, tous les conflits seront résolus et vous trouverez un but, un sens et une direction véritables dans le monde. Vous verrez que vous essayerez toujours de résoudre vos problèmes par vous-même et cela vous rappellera simplement que vous avez besoin de la Connaissance pour vous guider, car tout ce que peuvent faire vos propres efforts en l'absence de la Connaissance est de vous rappeler votre besoin de la Connaissance.

Aussi, aujourd'hui, souvenez-vous à chaque heure que la Connaissance est avec vous et que vous êtes un étudiant de la Connaissance. Ayez confiance que tout problème que vous percevez – grand ou petit, en vous comme à l'extérieur – sera résolu en la Connaissance. Rappelez-vous également que cela ne vous met pas dans un état de passivité. Cela exigera votre engagement actif en tant qu'étudiant de la Connaissance et le développement actif de vos capacités dans un vrai but. En effet, vous étiez passif auparavant car vous avez tenté l'impossible et avez échoué face à l'impossible. À présent vous devenez actif et ce qui est actif en vous est la Connaissance car vous recevez actuellement votre véritable Soi.

Lors de vos deux longues pratiques, engagez-vous activement dans l'idée d'aujourd'hui. Essayez de pénétrer son sens. Examinez l'ensemble des idées et croyances que vous entretenez actuellement à son égard. Permettez-vous de faire l'inventaire de vos pensées et de vos croyances afin que vous puissiez arriver à reconnaître le travail qui doit être accompli en vous. Vous êtes le premier destinataire de la Connaissance et, une fois que vous aurez atteint un certain degré d'accomplissement ici, la Connaissance émanera naturellement de vous. Vos activités seront alors engagées de façon croissante au service du monde autour de vous, et de plus grands problèmes vous seront présentés afin que vous puissiez être sauvé de votre propre dilemme.

Pratique 313 : *Deux séances de pratique de 30 minutes.*
Pratique horaire.

314ème Pas

JE N'AURAI PAS PEUR DE SUIVRE AUJOURD'HUI.

N'AYEZ PAS PEUR DE SUIVRE car vous êtes un suiveur. N'ayez pas peur d'être un étudiant, car vous êtes un étudiant. N'ayez pas peur d'apprendre car vous êtes un étudiant. Acceptez simplement ce que vous êtes et utilisez-le pour le bien. Vous mettez ainsi fin à la guerre contre vous-même dans laquelle vous avez essayé d'être ce que vous n'êtes pas. Apprenez à vous accepter et vous réaliserez que vous êtes accepté. Apprenez à vous aimer et vous réaliserez que vous êtes aimé. Apprenez à vous recevoir et vous réaliserez que vous êtes reçu. Comment pouvez-vous vous aimer, vous accepter et vous recevoir ? En étant un étudiant de la Connaissance car ici, tous ces accomplissements sont naturels. Vous devez les accomplir pour être avec la Connaissance, et la Connaissance les accomplira. Un moyen simple vous est ainsi donné pour résoudre un dilemme en apparence complexe.

NE DOUTEZ PAS DU POUVOIR DE LA CONNAISSANCE EN VOUS et de ce qu'il peut accomplir car vous ne pouvez pas comprendre le sens de la Connaissance, la source de la Connaissance ou le mécanisme de la Connaissance. Vous pouvez seulement en recevoir les bienfaits. En ce jour, il vous est seulement demandé de recevoir. Il vous est seulement demandé d'être un réceptacle de la Connaissance.

À CHAQUE HEURE, SOUVENEZ-VOUS DE VOTRE IDÉE et accordez-lui une considération sérieuse tout au long de la journée. Prenez conscience des nombreuses opportunités de pratique en ce jour, maintenant que votre mental est détourné de l'illusion et de la confusion. Réalisez combien de temps et d'énergie vous sont disponibles. Vous serez stupéfait de voir à quel point votre vie va s'ouvrir ainsi que des grandes opportunités qui commenceront à émerger pour vous.

Lors de vos pratiques approfondies aujourd'hui, entrez à nouveau dans la quiétude. À nouveau, prenez refuge loin des vicissitudes et de la confusion du monde. À nouveau, entrez dans le sanctuaire de la Connaissance pour vous donner. C'est au travers de ce don que vous recevez. C'est au sein de ce don que vous trouverez ce que vous cherchez en ce jour.

Pratique 314 : *Deux séances de pratique de 30 minutes.*
Pratique horaire.

315ème Pas

Aujourd'hui, je ne serai pas seul.

Aujourd'hui, ne soyez pas seul. Ne vous isolez pas dans votre peur ou dans votre imagination négative. Ne vous isolez pas dans vos illusions. Ne pensez pas que vous êtes seul car cela est une illusion. Aujourd'hui, ne soyez pas seul. Réalisez que ceux qui sont avec vous ne sont pas influencés par vos erreurs ou consternés par vos échecs mais reconnaissent votre véritable nature et votre Connaissance. Ceux qui sont avec vous aujourd'hui vous aiment sans exception. Recevez leur amour car ceci confirmera que vous n'êtes pas seul et ceci confirmera que vous ne désirez pas être seul. Pourquoi voudriez-vous être seul si ce n'est pour cacher votre douleur, votre sentiment d'échec et votre sentiment de culpabilité ? Toutes ces choses qui résultent de votre séparation ne font que vous isoler davantage.

Cependant, vous n'êtes pas seul aujourd'hui. Ne choisissez donc pas d'être seul et vous verrez que vous ne l'avez jamais été. Ne choisissez pas de vous isoler et vous verrez que vous faites déjà partie de la vie. Confirmez cela à chaque heure et prenez à nouveau conscience des nombreuses opportunités de considérer cela tout au long de la journée. Lors de vos pratiques de méditation profonde, commencez par l'invocation du message d'aujourd'hui. Entrez ensuite dans la quiétude et le silence, là où il n'existe aucune séparation. Permettez-vous de recevoir les grands dons d'amour qui vous sont dus et qui dissiperont tout sentiment d'insuffisance et d'indignité, lesquels ne sont que le résidu de votre vie séparée et imaginée. Aujourd'hui vous n'êtes pas seul. Aussi y a-t-il de l'espoir pour le monde.

Pratique 315 : *Deux séances de pratique de 30 minutes.*
Pratique horaire.

316ème Pas

JE FERAI CONFIANCE À MES INCLINATIONS LES PLUS PROFONDES AUJOURD'HUI.

Vos inclinations les plus profondes émanent de la Connaissance. À mesure que votre mental se libèrera de ses limites et à mesure que votre vie commencera à s'ouvrir à l'appel supérieur qui émerge à présent pour vous, ces inclinations plus profondes se feront plus puissantes et plus évidentes. Vous serez capable de les discerner plus facilement. Cela demandera une grande confiance en soi, ce qui demandera bien sûr un grand amour de soi. Avoir foi en vos inclinations les plus profondes, suivre la Connaissance et être un étudiant de la Connaissance rétablira votre amour propre et le placera sur une fondation stable que le monde ne pourra pas ébranler.

Ici, vous êtes racheté à vos propres yeux. Ici, vous êtes amené en relation avec la vie. Ici, l'amour que vous avez pour vous-même engendre de l'amour pour les autres car il n'existe là aucune inégalité. Vous êtes réintégré, et par votre réintégration, la Connaissance commence à s'exprimer dans le monde. Vous êtes son premier bénéficiaire mais son impact sur le monde est encore plus grand. En effet, par votre don, vous rappellerez au monde qu'il n'est pas sans espoir, qu'il n'est pas seul, que vous n'êtes pas seul, que les autres ne sont pas seuls et que toutes les inclinations les plus profondes pour l'espoir, la vérité et la justice que d'autres ressentent ne sont pas sans fondement mais sont nées de la Connaissance en eux. De ce fait, vous serez une force de confirmation dans le monde ainsi qu'une force qui confirmera la Connaissance en les autres.

Rappelez-vous votre idée à chaque heure et tâchez d'utiliser toutes les situations que vous rencontrerez aujourd'hui dans le but de rétablir la Connaissance. De cette façon, vous verrez que votre vie entière peut être utilisée pour pratiquer. À mesure que cela se fera, chaque chose qui arrivera vous servira et vous éprouverez de l'amour pour le monde. Vos inclinations les plus profondes éveilleront et encourageront les inclinations les plus profondes chez les autres et vous serez ainsi une force pour la Connaissance dans le monde.

Lors de vos deux pratiques approfondies de méditation dans la quiétude, prenez refuge dans le temple de la Connaissance en vous. Essayez de demeurer dans la quiétude et ressentez simplement le pouvoir de la Connaissance dans votre vie. N'apportez pas vos questions car elles trouveront leurs réponses en la Connaissance lorsque celle-ci émergera en vous. Venez avec ouverture, cherchant le repos, cherchant le réconfort, cherchant la force et cherchant la certitude. Vous en ferez l'expérience parce cela émane de l'essence de la Connaissance en vous. Laissez ce jour être un jour où vous avez foi en vous et ainsi un jour où vous éprouvez de l'amour pour vous-même.

Pratique 316 : *Deux séances de pratique de 30 minutes.*
                      Pratique horaire.

317ème Pas

JE N'AI QU'À RENONCER À MON AMBIVALENCE POUR CONNAÎTRE LA VÉRITÉ.

COMME IL EST SIMPLE DE CONNAÎTRE LA VÉRITÉ quand la vérité est vraiment désirée. Comme il est facile de reconnaître l'ambivalence et de voir son impact dévastateur sur votre vie. Comme il est simple de voir l'évidence de l'ambivalence dans le monde autour de vous et à quel point celle-ci sape les inclinations plus profondes de tous ceux qui demeurent ici. Cherchez ainsi à vous libérer de l'ambivalence, car il s'agit là de confusion. Cherchez ainsi à vous soulager du fardeau consistant à prendre des décisions et à faire des choix en permanence car il s'agit là d'un fardeau.

L'HOMME ET LA FEMME DE LA CONNAISSANCE n'ont pas à s'accabler du fardeau d'une constante délibération au sujet de ce qu'ils doivent faire, comment ils doivent être, qui ils sont et où ils vont dans la vie, car ces choses sont révélées à mesure que chaque pas est anticipé et fait. Ainsi, le grand poids que vous portez dans le monde est ôté de vos épaules. Vous commencez alors à prendre confiance en vous et en le monde. La paix est en cela possible et assurée même pour ceux qui sont actifs dans le monde car ils portent en eux la quiétude et l'ouverture. Ils ont été soulagés de leur fardeau et sont à présent en position d'apporter leur véritable contribution.

RAPPELEZ-VOUS VOTRE LEÇON À CHAQUE HEURE ET, lorsque vous regarderez le monde, voyez l'effet et l'influence de l'ambivalence. Voyez à quel point elle est invalidante et de quelle manière elle émane de la confusion et soutient cette dernière. Elle résulte de la tentative de valoriser ce qui est dépourvu de sens et d'ignorer ce qui a un sens. Ici, chez ceux qui les perçoivent, les choses qui possèdent une vraie valeur entrent en compétition avec celles sans valeur. Reconnaissez cela alors que vous observez le monde. Ne laissez pas passer une heure aujourd'hui sans pratiquer car de cette façon cette journée vous enseignera l'importance de la Connaissance. Elle vous enseignera qu'il faut s'échapper de l'ambivalence et que cette dernière constitue le fléau de la confusion dans le monde.

Lors de vos séances approfondies de pratique, échappez-vous de votre propre ambivalence et entrez à nouveau dans le sanctuaire de la Connaissance où, dans la quiétude et la paix, vous pouvez pleinement faire l'expérience du pouvoir de la Connaissance et de la vérité de votre propre nature. C'est un jour de liberté. C'est un jour pour comprendre votre dilemme et pour réaliser que l'issue est à votre portée. Faites ce pas avec confiance car aujourd'hui vous pouvez échapper à l'ambivalence.

Pratique 317 : *Deux séances de pratique de 30 minutes.*
Pratique horaire.

318ème Pas

IL Y A UN POUVOIR SUPÉRIEUR À L'ŒUVRE DANS LE MONDE.

IL Y A UN POUVOIR SUPÉRIEUR À L'ŒUVRE DANS LE MONDE car il y a un Pouvoir Supérieur à l'œuvre dans votre vie, et ce Pouvoir Supérieur est à l'œuvre dans la vie de tous ceux qui demeurent ici. Même si la majorité des habitants de votre monde ne sont pas encore prêts à entreprendre le rétablissement de la Connaissance, la Connaissance demeure néanmoins en eux et exerce son influence sur eux – une influence qui les affectera dans certains domaines et qu'ils ignoreront dans d'autres. Cependant, à mesure que vous deviendrez le réceptacle et le représentant de la Connaissance et à mesure que vous deviendrez le véhicule pour l'expression de la Connaissance dans le monde, vous aurez le pouvoir d'activer et d'influencer tous ceux qui ont besoin de recevoir la Connaissance en eux. De cette manière, tout ce que vous faites, grand ou petit, devient une bénédiction sur le monde. Vous qui apprenez actuellement à abandonner toute condamnation de soi et à échapper à l'ambivalence, vous verrez l'efficacité de votre propre Guidance Interne à projeter son étincelle de vie sur le monde. Ainsi, vous ferez partie de la force pour le bien, une force qui sert un Pouvoir Supérieur dans le monde.

LE MONDE DÉMONTRE SES ERREURS avec ampleur et gravité, mais ces erreurs sont compensées par la présence d'un Pouvoir Supérieur dans le monde. Sans ce Pouvoir Supérieur, l'humanité n'aurait pas évolué jusque-là. Sans ce Pouvoir Supérieur, tout ce qui a été bénéfique dans vos expressions, tout ce qui a servi et inspiré l'humanité et tout ce qui a exprimé la grandeur de la Connaissance, directement ou indirectement, ne se serait pas produit. Le Pouvoir Supérieur dans le monde a permis à l'évolution de l'humanité de se poursuivre et a gardé la Connaissance vivante dans le monde grâce à des individus comme vous qui, par l'étincelle de leur propre Connaissance, ont été appelés à se préparer afin que la Connaissance puisse être rétablie, exprimée et ainsi gardée vivante.

Gardez donc espoir car un Pouvoir Supérieur est dans le monde. Mais ne croyez pas que cela vous rende passif. Ne croyez pas que cela ôte de vos épaules la responsabilité qui accompagne toujours le rétablissement de la Connaissance. Ce Pouvoir Supérieur dans le monde requiert que vous soyez préparé pour le recevoir et pour l'exprimer. Votre voix est sa voix ; vos mains sont ses mains ; vos yeux sont ses yeux ; vos oreilles sont ses oreilles ; votre mouvement est son mouvement. Il compte sur votre préparation et sur votre démonstration, de même que vous comptez sur celui-ci pour la certitude et de même que vous comptez sur celui-ci pour avoir but, sens et direction. Ainsi, c'est parce que vous dépendez de la Connaissance et que la Connaissance dépend de vous que votre union avec la Connaissance est totalement rétablie.

À chaque heure, rappelez-vous qu'un Pouvoir Supérieur est à l'œuvre dans le monde. Considérez cela lorsque vous regardez l'ambivalence et l'erreur du monde. Considérez cela lorsque vous regardez la magnificence et les expressions inspirantes du monde. Si seulement vous pouvez regarder sans jugement, vous verrez l'extraordinaire présence de la Connaissance dans le monde. Cela vous donnera confiance en le monde tout comme vous apprenez à présent à avoir confiance en vous-même.

Lors de vos séances approfondies de pratique aujourd'hui, entrez à nouveau dans votre sanctuaire où vous venez vous donner à un Pouvoir Supérieur qui est dans le monde et qui est en vous-même. Laissez votre mental demeurer dans la quiétude afin que vous puissiez recevoir ce Pouvoir Supérieur et en faire l'expérience dans votre vie. Ici, vous apprenez à recevoir ce qui vous reçoit. Ici, vous apprenez à reconnaître ce qui reçoit le monde et qui donne au monde son seul et véritable espoir.

Pratique 318 : *Deux séances de pratique de 30 minutes.*
　　　　　　　Pratique horaire.

319ème Pas

POURQUOI DEVRAIS-JE AVOIR PEUR ALORS QU'UN POUVOIR SUPÉRIEUR EST DANS LE MONDE ?

CHAQUE FOIS QUE VOUS TOMBEZ DANS L'OBSCURITÉ DE LA PEUR, vous vous désengagez de la Connaissance et entrez dans l'obscurité de l'imagination. Chaque fois que vous tombez dans l'obscurité de votre propre peur, vous rejetez la réalité d'un Pouvoir Supérieur dans le monde et perdez ainsi sa bienfaisance pour vous. Chaque fois que vous tombez dans l'obscurité de votre propre peur, vous suivez l'enseignement de la peur qui sévit dans le monde. Vous vous permettez d'être un étudiant de la peur. Vous vous permettez d'être gouverné par la peur. Reconnaissez cela et vous réaliserez que cela n'a pas lieu d'être, que vous avez le pouvoir de réorienter votre étude et que vous avez la capacité d'entrer à nouveau dans une véritable préparation.

RÉFLÉCHISSEZ SÉRIEUSEMENT À CELA AUJOURD'HUI. Pourquoi devriez-vous avoir peur alors qu'un Pouvoir Supérieur est dans le monde ? Ce Pouvoir Supérieur que vous apprenez maintenant à recevoir est la source de votre rédemption. Que pourriez-vous donc perdre alors que cette source est en train d'être reconnue, alors que vous apprenez à entrer en relation avec cette source, alors que vous servez cette source et lui permettez de vous servir ? Que peut vous prendre le monde alors que la source de la Connaissance est en vous ? Que peut s'infliger le monde alors que la source de la Connaissance est dans le monde ?

CETTE PRISE DE CONSCIENCE REQUIERT VOTRE ENTIÈRE PARTICIPATION vis-à-vis du monde et votre service complet envers la Connaissance. Elle vous appelle à vous engager entièrement dans votre contribution aux autres parce que vous êtes un véhicule du Pouvoir Supérieur dans le monde. De plus, vous comprenez également, à travers cette participation active, que l'éveil de toutes les consciences à la lumière de la Connaissance en elles n'est qu'une question de temps. Cela peut prendre un temps très long, mais le temps est avec vous et vous pouvez avancer avec patience et confiance, car qu'est-ce qui pourrait entraver votre préparation et votre contribution si ce n'est le doute de soi et la peur ? Qu'est-ce qui pourrait vous dissuader d'avancer avec une certitude et un engagement complets si ce n'est le doute de l'existence de la Connaissance dans le monde ?

Aussi, à chaque fois que vous entrerez dans la peur aujourd'hui, appliquez-vous à reconnaître qu'un Pouvoir Supérieur est dans le monde. Servez-vous de cette reconnaissance pour vous sortir de la peur en vous souvenant qu'un Pouvoir Supérieur est dans le monde et en vous souvenant qu'un Pouvoir Supérieur est dans votre vie. Réfléchissez-y à chaque heure et, lors de vos deux pratiques de méditation profonde, entrez à nouveau dans votre sanctuaire où, en la quiétude et avec confiance, vous recevez le Pouvoir Supérieur qui est dans le monde. Vous devez ici réaliser que votre préparation requiert que vous vous écartiez de la peur et de l'obscurité, et que vous avanciez dans la lumière de la vérité. Ces deux activités confirmeront votre nature et ne trahiront rien de ce qui est réel en vous ni dans le monde.

Lorsque vous observerez le monde sans jugement et lorsque vous vous observerez vous-même sans jugement, vous verrez qu'un Pouvoir Supérieur est à l'œuvre. Cela rétablira chez vous la joie, car vous réaliserez que vous avez amené votre Ancienne Demeure avec vous et que votre Ancienne Demeure est ici également. Cela dissipera de votre esprit le fardeau de la peur, l'oppression de l'anxiété et la confusion de l'ambivalence. Vous vous souviendrez alors de la raison de votre venue et vous dévouerez votre vie à contribuer ce que vous êtes venu donner. Votre vie sera alors une expression de joie et d'inclusion et tous ceux qui vous verront se souviendront qu'eux aussi sont venus de votre Ancienne Demeure.

Pratique 319 : *Deux séances de pratique de 30 minutes.*
Pratique horaire.

320ème Pas

JE SUIS LIBRE DE TRAVAILLER DANS LE MONDE.

Lorsque le monde ne vous oppresse pas, vous êtes libre de travailler dans le monde. Lorsque le monde ne vous intimide pas, vous êtes libre de travailler dans le monde. Lorsque vous reconnaissez que le monde est un lieu qui requiert votre contribution, vous êtes libre de travailler dans le monde. Ainsi, plus votre expérience de la Connaissance dans votre vie est grande, plus vous êtes libre de travailler dans le monde. Travailler dans le monde est en effet ce que vous ferez avec le temps, et votre travail sera bien plus efficace, bien plus intéressant et bien plus complet que tout ce que vous avez fait jusqu'ici. Par le passé, vous avez eu peur du monde, vous avez été intimidé par le monde, irrité par le monde et déprimé par le monde. Aussi, votre contribution au monde par le passé a été limitée par ces réactions. Vous avez été ambivalent vis-à-vis de votre existence dans le monde parce que vous avez eu peur du monde. Peut-être avez-vous cherché refuge dans des choses spirituelles mais votre vraie nature spirituelle vous réorientera vers le monde et elle vous y ramènera avec un plus grand pouvoir, une plus grande certitude et un plus grand but, car vous êtes venu pour être dans le monde.

EN COMPRENANT CELA, VOUS PRENDREZ À NOUVEAU CONSCIENCE de l'importance de la Connaissance. Vous confirmerez à nouveau combien vous désirez donner au monde et combien cela vous est douloureux lorsque ce don est entravé ou refusé. Vous êtes venu travailler dans le monde et vous voulez faire cela complètement de sorte que lorsque vous quitterez le monde, vous le quitterez en y ayant contribué vos dons et en ayant tout offert. Vous n'avez rien d'autre que le rétablissement des relations à emporter avec vous depuis le monde dans votre Demeure. Avec cette compréhension, vous deviendrez libre d'être dans le monde.

À chaque heure, répétez l'idée d'aujourd'hui et reconnaissez que, quel que soit votre degré actuel d'ambivalence concernant votre présence dans le monde, celle-ci est causée et perpétuée par votre propre intimidation face au monde et votre peur de celui-ci. Souvenez-vous de cela à chaque heure afin que vous puissiez apprendre la grande leçon qui est enseignée aujourd'hui, la grande leçon selon laquelle vous êtes en train de devenir libre dans le monde. Ici, vous amenez votre Ancienne Demeure avec vous. Ici, vous n'essayerez pas de fuir le monde simplement parce qu'il vous effraie, vous menace ou vous déprime.

Vous êtes ici pour donner au monde car la Connaissance est plus grande que le monde – le monde étant seulement un lieu temporaire où la Connaissance a été temporairement oubliée. En cela, vous réaliserez ce qui donne et ce qui reçoit, ce qui est grand et ce qui est petit. Votre travail dans le monde peut à présent recevoir votre complète attention et votre complète dévotion. Votre travail peut à présent recevoir votre plein engagement. Ainsi, votre vie physique peut prendre tout son sens, posséder un but et une grande valeur.

Lors de vos deux pratiques approfondies de méditation aujourd'hui, ravivez en vous le feu de la Connaissance en pénétrant de nouveau dans votre sanctuaire. Souvenez-vous de demeurer dans la quiétude. Souvenez-vous de vous donner à la pratique. Ce travail est à votre portée. A partir de celui-ci, la liberté d'expression sera donnée à votre travail dans le monde – et à vous qui êtes dans le monde seront donnés la certitude et le réconfort que votre Ancienne Demeure est avec vous.

Pratique 320 : *Deux séances de pratique de 30 minutes.*
Pratique horaire.

321ème Pas

LE MONDE ATTEND MA CONTRIBUTION.

Le monde attend bel et bien votre contribution mais souvenez-vous que votre contribution s'exprimera dans toutes les choses que vous faites, que celles-ci soient grandes ou petites. Ainsi, n'imaginez pas pour vous un rôle grandiose ou un rôle terriblement difficile. Cela n'est pas la Voie de la Connaissance. La Connaissance s'exprimera au travers de toutes vos activités car elle est une présence que vous portez avec vous. À mesure que votre esprit et votre vie seront libérés des conflits, cette présence s'exprimera à travers vous de façon croissante et vous serez un témoin de la Connaissance à l'œuvre, à la fois en vous et dans votre vie. En cela, vous commencerez à comprendre ce qu'apporter la Connaissance dans le monde signifie.

Votre imagination vous a peint des tableaux grandioses et des cauchemars dévastateurs. Elle n'est pas en harmonie avec la vie. Elle exacerbe les espoirs et les peurs de la vie. Elle exacerbe votre perception de vous-même, surtout dans le sens de votre propre dépréciation de vous-même. Lorsque votre imagination sera redirigée par la Connaissance, elle fonctionnera d'une manière entièrement nouvelle. Elle servira un but entièrement nouveau. Vous serez alors capable d'être libre et votre imagination ne vous trahira pas.

Le monde vous appelle. A présent, vous vous préparez. Dans son grand besoin, vous reconnaissez votre grande contribution. Mais souvenez-vous toujours que votre contribution se donne d'elle-même et que votre désir qu'elle se donne d'elle-même représente votre désir de donner. Votre désir que votre vie devienne un véhicule d'expression représente votre désir que votre vie soit libre du conflit et de l' ambivalence. Votre désir de donner représente votre désir de devenir libre et entier. Tel est votre désir – que votre vie soit un véhicule pour la Connaissance.

Votre tâche est donc grande mais pas à la mesure de ce que pourrait indiquer votre imagination car votre tâche est de perfectionner votre véhicule afin que la Connaissance puisse s'exprimer librement. Vous n'avez pas besoin de vous demander ou d'imaginer comment cela peut être accompli, car cela est accompli aujourd'hui et sera accompli demain. À mesure que vous suivrez les étapes de votre préparation actuelle et apprendrez à suivre les étapes au-delà de cette préparation, vous verrez que vous n'avez qu'à suivre les pas tels qu'ils sont donnés pour avancer.

À chaque heure, rappelez-vous votre leçon et n'oubliez pas. Observez le monde et réalisez qu'il appelle votre contribution. Lors de vos méditations approfondies, entrez de nouveau dans votre sanctuaire dans la quiétude et la réceptivité. Ce faisant, réalisez que la Connaissance a besoin que vous deveniez son véhicule. Elle a besoin que vous deveniez son réceptacle. Elle a besoin de s'accomplir à travers vous. Ainsi, vous et la Connaissance vous épanouissez ensemble.

À chaque heure et lors de vos pratiques approfondies aujourd'hui, réalisez l'importance de votre rôle. Réalisez également que toute véritable assistance vous est donnée pour vous préparer et demeurera avec vous dans votre contribution, à mesure que vous apprendrez à exprimer la Connaissance et à permettre à la Connaissance de s'exprimer à travers vous.

Pratique 321 : *Deux séances de pratique de 30 minutes.*
Pratique horaire.

322ème Pas

RÉVISION

Révisons à présent les deux semaines de préparation passées. Une fois de plus, révisez chaque pas en relisant attentivement les instructions et en vous rappelant votre pratique pour chaque jour particulier. Poursuivez ainsi pour tous les jours de cette période de deux semaines. Soyez objectif et reconnaissez les moments où votre pratique aurait pu être plus profonde ou plus consciencieuse. Reconnaissez à quel point vous permettez encore au monde de vous accabler et à quel point vous avez à vous appliquer de nouveau avec une certitude et une détermination plus grandes. Faites cela objectivement. La condamnation ne fera que vous décourager et vous conduire à l'abandon de votre participation, car la condamnation n'est autre que la décision de ne pas participer et le prétexte pour ne pas participer.

Aussi, ne tombez pas dans cette habitude mais voyez votre participation avec objectivité. En cela, vous apprendrez comment apprendre et vous apprendrez comment vous préparer et vous maîtriser. Vous devez choisir de participer et vous devez choisir d'approfondir votre participation. Chaque décision que vous prenez au nom de la Connaissance est soutenue par les décisions de tous ceux qui prennent cette même décision ainsi que par le pouvoir et la présence de vos Enseignants qui sont avec vous. Ainsi, votre décision en faveur de la Connaissance, chaque fois qu'elle est prise et soutenue, se trouve grandement amplifiée par la présence de tous ceux qui pratiquent avec vous et par la présence de vos Enseignants Spirituels. Cela est certainement ce dont vous avez besoin pour surmonter n'importe quel obstacle que vous voyez en vous ou dans votre monde.

Le pouvoir de décision vous est donné. Le pouvoir de décision consiste ici à voir votre participation avec objectivité et à reconnaître où elle peut être approfondie et renforcée. Prenez la résolution de poursuivre, durant les deux prochaines semaines de pratique, ce que vous avez reconnu comme nécessaire en ce jour. Vous agirez ici en votre nom avec un grand pouvoir et votre pouvoir sera appliqué au service de la Connaissance car vous vous préparez à recevoir la Connaissance. Votre volonté et votre détermination sont ici confirmées car elles se mettent au service d'un grand bien.

Pratique 322 : *Une longue séance de pratique.*

323ème Pas

Mon rôle dans le monde est trop important pour être négligé.

Votre rôle dans le monde est trop important pour être négligé. Aussi, ne le négligez pas aujourd'hui. Mettez en œuvre la détermination que vous a donné la révision d'hier. Mettez en œuvre ce que vous avez à faire pour approfondir votre pratique, pour utiliser votre pratique, pour utiliser votre expérience dans le monde pour la pratique, pour porter votre pratique dans le monde et pour permettre à votre monde de soutenir votre pratique. Ne négligez pas cela car en le négligeant vous ne faites que vous négliger vous-même et vous ne faites que négliger votre certitude, votre accomplissement et votre bonheur.

Ne négligez pas la préparation en cours actuellement. Chaque jour vous la renforcez et en faisant cela, chaque jour vous démontrez la Connaissance. Vous démontrez votre participation à la vie. En effet, même dans votre préparation actuelle, vous êtes en train d'enseigner la Connaissance et de renforcer la Connaissance dans le monde. Peut-être ne pouvez-vous pas encore le voir, mais avec le temps cela vous deviendra si évident que vous apprendrez à accorder de la valeur à chaque instant, à chaque rencontre, à chaque pensée et à chaque souffle. Vous accorderez de la valeur à chaque expérience de la vie parce que vous y serez présent et vous réaliserez qu'en chacune d'elle, vous pouvez exprimer la Connaissance et faire l'expérience de la Connaissance qui s'exprime.

Souvenez-vous en à chaque heure d'aujourd'hui. Prenez la résolution, au début de cette journée et au début de tous les jours qui suivront, d'utiliser vos pas aussi complètement que possible. Lors de vos deux séances approfondies de pratique, entrez de nouveau dans la quiétude pour reposer votre mental. Renforcez votre capacité et votre résolution permettant à votre mental de devenir silencieux et réceptif. Vous devez renforcer cela chaque jour car cela fait partie de votre pratique. Vous devez vous y donner chaque jour car c'est ainsi que vous donnez, à vous-même et au monde.

Ne sous-estimez pas l'importance de votre rôle mais ne vous accablez pas en pensant que votre rôle se trouve hors de votre portée, car qu'est-ce qui pourrait vous être plus naturel que d'accomplir le rôle pour lequel vous êtes venu ? Qu'est-ce qui pourrait confirmer plus pleinement l'importance et la valeur de votre vie que de mener à bien ce pourquoi votre vie a été conçue ? Il vous est donné aujourd'hui de renforcer et d'appliquer votre pouvoir de décision, cependant le Grand Pouvoir derrière votre décision est bien plus grand que votre décision. Ce Grand Pouvoir demeure avec vous à présent. Ne négligez pas votre préparation. Ne négligez pas de progresser vers la réalisation et l'accomplissement de votre rôle dans le monde car à mesure que vous vous en approcherez, le bonheur s'approchera de vous.

Pratique 323 : *Deux séances de pratique de 30 minutes.*
Pratique horaire.

324ème Pas

Je ne jugerai pas autrui aujourd'hui.

À nouveau, exercez-vous à affirmer cette idée. À nouveau, mettez-la en application dans vos expériences réelles. À nouveau, renforcez votre compréhension que la Connaissance est avec vous et qu'elle n'a pas besoin de votre jugement ni de votre évaluation.

Ne jugez pas autrui aujourd'hui. Apprenez à voir. Apprenez à entendre. Apprenez à regarder. Il n'existe pas une personne dans le monde qui ne puisse vous donner quelque chose de bénéfique lorsque vous ne la jugez pas. Il n'existe pas une personne dans le monde qui, par ses accomplissements ou par ses erreurs, ne puisse confirmer l'importance de la Connaissance et ne puisse démontrer son besoin dans le monde. Ainsi, ceux que vous aimez comme ceux que vous méprisez, tous vous offrent des dons d'une égale valeur. Ceux que vous pensez être vertueux et ceux que vous pensez ne pas être vertueux, tous vous livrent ce qui est essentiel pour vous. Le monde, en vérité, démontre tout ce que cette préparation vous procure si seulement vous pouvez regarder le monde sans le juger ni le condamner. Vous vous jugerez vous-même à la mesure du jugement que vous portez sur les autres. Vous ne voulez pas de votre jugement sur vous-même, alors ne jugez pas autrui.

Souvenez-vous à chaque heure. Ne négligez pas votre pratique aujourd'hui car elle est essentielle à votre bonheur. Elle est essentielle au bien-être et à l'avancement du monde. Lors de vos deux séances approfondies de pratique, entrez de nouveau dans la quiétude. Venez pour vous donner à la pratique. Venez pour vous donner. Vous ressentirez votre force à mesure que vous ferez cela. Ici, il vous appartient de faire appel au pouvoir de décision. À mesure que vous l'exercerez, ce pouvoir deviendra plus puissant et plus efficace pour dissiper tout ce qui fait obstacle. Souvenez-vous que vous êtes un étudiant de la Connaissance et les étudiants doivent pratiquer pour avancer et se développer. Ne jugez pas autrui aujourd'hui et vous avancerez dans la vérité.

PRATIQUE 324 : *Deux séances de pratique de 30 minutes.*
Pratique horaire.

325ème Pas

Le monde émerge dans la Grande Communauté des mondes. Par conséquent, je dois être attentif.

Le monde émerge dans la Grande Communauté des mondes. Comment pouvez-vous reconnaître cela si vous êtes préoccupé par vos propres soucis, vos propres espérances et vos propres ambitions ? Comment pouvez-vous reconnaître ce qui se passe dans votre monde ? Comment pouvez-vous voir ces forces qui influencent votre vie extérieure et gouvernent vos affaires dans une si grande mesure ? Devenir fort en la Connaissance consiste en partie à devenir attentif. Vous ne pouvez devenir attentif que si votre mental n'est pas préoccupé par ses propres rêves et illusions.

Le monde se prépare à émerger dans la Grande Communauté des mondes et cela sous-tend actuellement son évolution et tous ses avancements. C'est la raison pour laquelle des conflits éclatent dans le monde car ceux qui s'opposent à l'évolution du monde la combattront. Ceux qui souhaitent favoriser l'avancement du monde tenteront de renforcer la bonté de l'humanité et le sentiment que l'humanité est une seule communauté qui doit prendre soin d'elle-même et se soutenir intrinsèquement au-delà de toutes les divisions entre nations, races, religions, cultures et tribus. Ainsi, vous qui devenez un représentant et un bénéficiaire de la Connaissance fortifierez la paix, l'unité, la compréhension et la compassion dans le monde. Tout cela fait partie de la préparation du monde en vue de son émergence dans la Grande Communauté des mondes car telle est l'évolution du monde. Telle est la manifestation de la Connaissance dans le monde.

La Connaissance dans le monde n'encourage en aucune façon le conflit. Elle ne promeut pas la haine ou la division. Elle ne promeut rien qui divise, rien qui soit cruel ou destructeur. C'est l'expérience collective de la Connaissance dans le monde qui met en mouvement le monde vers l'union et la communauté. Parce que votre monde fait partie d'une Grande Communauté, il évolue vers l'union et la communauté du fait de sa propre évolution et en réponse à la Grande Communauté dont il fait partie. Vous ne pouvez connaître l'importance de cette idée à moins que vous ne soyez attentif au monde ; et vous ne pouvez connaître l'importance de cela pour vous-même, vous qui êtes venu servir cette émergence, à moins que vous ne soyez attentif à vous-même.

Souvenez-vous une fois encore que vous ne pouvez que perdre le contact avec vous-même si vous entrez de nouveau dans l'imagination ou dans le fantasme, parce que c'est là la seule alternative au fait d'être attentif à vous-même et à votre monde. Réveillez-vous donc de vos rêves et devenez attentif. Souvenez-vous à chaque heure de porter un regard sans jugement sur le monde et vous verrez que le monde tente de devenir une seule communauté car il cherche à s'étendre dans la Grande Communauté. La Grande Communauté représente une communauté qui appelle l'humanité à y entrer et à y prendre part. Vous ne pouvez pas comprendre le mécanisme de cela car il est bien trop grand pour vos yeux et pour vos capacités mentales actuellement, mais le mouvement de cela est tellement évident et apparent, si seulement vous prenez la peine de regarder.

À chaque heure, regardez, et lors de vos pratiques de méditation profonde, utilisez activement votre mental pour considérer cette idée. La pratique d'aujourd'hui n'est pas une pratique de quiétude mais une pratique d'application active et utile de votre mental. Considérez votre propre réponse à l'idée d'aujourd'hui. Prenez note de vos pensées, celles qui sont en sa faveur et celles qui s'y opposent. Prenez note de vos inquiétudes, en particulier en ce qui concerne l'unification du monde en une seule et même communauté dans son émergence et dans sa participation à la Grande Communauté. Prenez note de ces choses car de cette façon vous comprendrez ce qui, en vous, soutient votre progrès et ce qui le nie. À mesure que vous apprendrez à regarder ces choses sans condamnation mais avec une véritable objectivité, vous comprendrez pourquoi le monde est en conflit. Vous comprendrez cela et vous ne le verrez pas avec haine, malveillance ou envie. Vous le verrez avec compréhension et compassion. Cela vous enseignera alors la manière dont vous devez apprendre à œuvrer dans le monde afin de pouvoir accomplir votre but ici.

PRATIQUE 325 : *Deux séances de pratique de 30 minutes.
Pratique horaire.*

326ème Pas

LA GRANDE COMMUNAUTÉ EST QUELQUE CHOSE QUE JE PEUX RESSENTIR MAIS QUE JE NE PEUX PAS COMPRENDRE.

COMMENT POUVEZ-VOUS COMPRENDRE LA GRANDE COMMUNAUTÉ alors que vous pouvez à peine comprendre la communauté dans laquelle vous vivez, sans parler de la nation dans laquelle vous vivez et du monde dans lequel vous vivez ? Ici, vous devez seulement comprendre qu'il existe une Grande Communauté et qu'il s'agit d'un contexte plus vaste dans lequel la vie s'exprime. À mesure que l'humanité essaie de s'unifier en une seule communauté et à mesure que vous essayez de devenir une seule personne au lieu de plusieurs, vous réaliserez que vous émergez dans le monde en tant que personne plus grande et que le monde émerge dans la Grande Communauté en tant que communauté plus vaste. Ici, toute individualité recherche la communauté car c'est au sein de la communauté qu'elle trouve sa véritable expression, sa véritable contribution et son véritable rôle. Cela est aussi vrai pour vous que ça l'est pour le monde.

VOUS POUVEZ RESSENTIR CELA. C'EST TELLEMENT ÉVIDENT. Vous pouvez savoir cela car cette idée est née de la Connaissance. Ne vous accablez pas en essayant de comprendre tout cela car la compréhension n'est pas nécessaire ici. Il vous suffit de savoir et de ressentir la réalité de cela. Ce faisant, votre compréhension grandira naturellement. Elle ne naîtra pas de votre illusion ou de votre idéalisme mais naîtra au contraire de la Connaissance et de l'expérience. Ainsi, elle demeurera avec vous, vous servira et rendra votre vie plus réelle et plus efficace.

SOUVENEZ-VOUS QUE VOUS COMPRENDREZ À MESURE QUE VOUS AVANCEREZ car la compréhension s'acquiert par la rétrospective et grâce à une véritable application. Ayez ainsi confiance en le fait que votre compréhension grandira à mesure que votre participation grandira. Vous n'avez pas besoin de comprendre l'univers mais vous avez cependant besoin d'en faire l'expérience. Vous avez besoin de le ressentir en vous et autour de vous. Vous avez besoin de vous voir en tant que personne intègre et unie, vous avez besoin de voir votre monde comme une communauté unie, vous avez besoin de voir votre univers comme une Grande Communauté qui, au sein d'une sphère de participation plus vaste, essaie de s'unifier également. Ainsi, la Connaissance se trouve à l'œuvre dans tous les domaines et à tous les niveaux de participation – en chaque personne, dans chaque communauté, dans chaque monde, entre chaque monde et au sein de l'univers tout entier. C'est pourquoi la Connaissance est si grande et c'est pourquoi, bien que vous la receviez en vous, elle est bien plus grande que vous ne pouvez le concevoir.

C'est ainsi que vous pouvez à présent faire l'expérience de la Grande Communauté sans cependant vous en séparer en essayant de la comprendre. La compréhension vient avec la participation. À chaque heure, rappelez-vous l'idée d'aujourd'hui et lors de vos deux séances approfondies de pratique, tentez encore une fois de réfléchir activement au sens de cette leçon. Appliquez-la à votre expérience. Appliquez-la à votre perception du monde. Prenez conscience de ces pensées qui lui sont favorables et de celles qui s'y opposent. Prenez conscience de l'inspiration et de l'espoir que cette leçon vous livre et reconnaissez les inquiétudes qu'elle peut soulever. Faites l'inventaire de vos pensées et de vos expériences concernant l'idée d'aujourd'hui, mais ne la jugez pas car elle émane de la Connaissance. Elle est destinée à vous libérer du handicap de votre propre imagination. Elle est destinée à vous libérer, vous-même ainsi que le monde.

Aujourd'hui, utilisez votre mental et votre corps pour devenir un étudiant de la Connaissance. En cela, vous apprendrez à comprendre le sens de votre individualité, du monde et de la Grande Communauté des mondes.

Pratique 326 : *Deux séances de pratique de 30 minutes.*
Pratique horaire.

327ème Pas

JE SERAI EN PAIX AUJOURD'HUI.

VOUS POUVEZ ÊTRE EN PAIX AUJOURD'HUI, même lorsque vous considérez de plus grandes choses dans le monde et au-delà du monde. Vous pouvez être en paix aujourd'hui, même lorsque vous relevez le défi de devenir un étudiant de la Connaissance et celui d'observer votre monde avec objectivité. Comment pouvez-vous être si actif, faire face à de tels défis et quand même demeurer en paix ? La réponse est que la Connaissance est avec vous. À mesure que vous demeurerez avec la Connaissance, que vous ressentirez la Connaissance et que vous porterez la Connaissance dans le monde, intérieurement vous serez dans la quiétude bien que vous puissiez être activement engagé dans votre vie extérieure. Il n'existe aucune contradiction entre la paix et le mouvement, entre la quiétude intérieure et l'engagement extérieur. Bien que le monde soit un lieu d'existence difficile et frustrant, il est un bénéficiaire naturel de la Connaissance. Ses difficultés et ses frustrations n'ont pas à affecter votre état intérieur qui devient toujours plus unifié et toujours plus harmonieux.

RAPPELEZ-VOUS À CHAQUE HEURE d'être en paix lorsque vous êtes dans le monde. Ce faisant, libérez toute peur et toute anxiété et fortifiez votre adhésion à la Connaissance. Lors de vos deux séances approfondies de pratique durant lesquelles vous vous réfugiez hors du monde, ravivez le feu de la Connaissance et trouvez réconfort en sa présence chaleureuse. Prenez conscience que, dans ce feu, tout ce qui est imaginaire et malfaisant se trouve consumé. Le feu de la Connaissance ne vous brûlera pas mais il réchauffera votre âme. Vous pouvez entrer dans ce feu sans crainte de la douleur ou de vous blesser. Il vous purifiera et vous nettoiera car il est le feu de l'amour. Aujourd'hui soyez en paix car aujourd'hui est un jour de paix et, en ce jour, il vous est donné de recevoir la paix.

PRATIQUE 327 : *Deux séances de pratique de 30 minutes.
Pratique horaire.*

328ème Pas

AUJOURD'HUI, J'HONORERAI CEUX QUI M'ONT DONNÉ.

ENCORE UNE FOIS NOUS AFFIRMONS CETTE LEÇON qui affirmera la réalité de l'amour et du don dans le monde. Vos idées au sujet du don sont bien trop étroites et limitées. Il leur faudra grandir afin que vous puissiez reconnaître l'étendue du don dans le monde.

À CHAQUE HEURE, SOUVENEZ-VOUS de ceux qui vous ont donné. Ne pensez pas seulement à ceux dont vous êtes certain qu'ils vous ont donné mais souvenez-vous de ceux qui, selon vous, vous ont blessé, se sont opposés à vous ou se sont mis en travers de votre chemin. Souvenez-vous d'eux car ils vous ont également donné quelque chose. Ils vous ont rappelé que la Connaissance est nécessaire et ils vous ont fait la démonstration d'une vie sans la Connaissance. Ils vous ont démontré que la Connaissance cherche également à émerger en eux. Qu'ils acceptent ou résistent à cette émergence, elle est toujours présente et se manifeste toujours.

VOUS AVANCEZ PARCE QUE d'autres vous ont fait la démonstration de leur inspiration et de leurs erreurs – leur acceptation de la Connaissance et leur rejet de la Connaissance. S'il n'y avait aucun rejet de la Connaissance dans le monde, vous ne pourriez pas apprendre ici. Vous ne pourriez pas reconnaître l'importance de la Connaissance. En matière d'enseignement, le contraste vous apprendra ce qui a de la valeur et ce qui n'en a pas, et cela vous enseignera à être compatissant et aimant. Comprendre cela vous permettra de servir dans le monde.

À CHAQUE HEURE, PRENEZ CONSCIENCE de ceux qui sont en train de vous donner en ce moment et de ceux qui vous ont donné par le passé. Ainsi, ce jour sera un jour de gratitude et d'appréciation. Vous comprendrez à quel point votre préparation est importante et combien nombreux sont ceux qui se sont donnés à vous afin de vous servir et afin que vous puissiez entreprendre cette préparation.

Lors de vos deux pratiques approfondies de méditation, répétez l'idée d'aujourd'hui et laissez émerger dans votre esprit chaque individu qui attend que vous le reconnaissiez et que vous le bénissiez. Ce faisant, tous les individus qui en ont besoin se présenteront à vous. Regardez et voyez comment ils vous ont servi et remerciez-les pour vous avoir servi. Remerciez-les pour vous avoir aidé à reconnaître votre propre besoin de la Connaissance. Remerciez-les pour vous avoir montré qu'il n'existe aucune alternative à la Connaissance. Et remerciez-les pour avoir renforcé votre participation à la Connaissance. Bénissez chaque personne puis laissez l'individu suivant vous venir à l'esprit. De cette façon, vous bénirez tous ceux qui ont été dans votre vie et tous ceux qui sont actuellement dans votre vie. De cette façon, vous apprendrez à apprécier votre passé et à ne pas le condamner. De cette façon, l'amour émanera naturellement de vous car l'amour doit naître de la gratitude, et la gratitude doit naître de la véritable reconnaissance. C'est la véritable reconnaissance que vous pratiquerez aujourd'hui.

Pratique 328 : *Deux séances de pratique de 30 minutes.*
  Pratique horaire.

329ème Pas

JE SUIS LIBRE D'AIMER LE MONDE AUJOURD'HUI.

SEULS CEUX QUI SONT LIBRES PEUVENT AIMER LE MONDE car seuls ceux qui sont libres peuvent donner au monde. Eux seuls peuvent reconnaître complètement les besoins du monde et leur propre contribution. Seuls ceux qui sont libres peuvent aimer le monde parce qu'eux seuls peuvent reconnaître que le monde les a soutenus et les a servis afin qu'ils puissent devenir libres et contribuer au monde. Parce que le monde aspire tant à votre contribution, il s'est donné à votre préparation de sorte que vous puissiez apprendre à être un contributeur. Il a renforcé cela grâce à la vérité qui existe dans le monde et grâce au déni de la vérité qui existe dans le monde.

À TOUS LES ÉGARDS, LE MONDE SERT L'ÉMERGENCE de la Connaissance. Bien que le monde contredise la Connaissance et semble la nier, la rejeter et l'attaquer, vu sous cet angle, vous réaliserez qu'il sert en réalité la Connaissance. Comment quoi que ce soit pourrait donc rivaliser avec la Connaissance ? Comment quoi que ce soit pourrait donc rejeter la Connaissance ? Tout ce qui semble rejeter la Connaissance ne fait qu'appeler la Connaissance et plaider pour la venue de la Connaissance. Tous ceux qui sont dans la confusion, l'obscurité et le désespoir aspirent au soulagement et au réconfort. Et bien que ces derniers ne comprennent pas le message de leur propre détresse, ceux qui sont avec la Connaissance peuvent percevoir cette détresse et apprendront, grâce à la Sagesse, à servir ces individus, à servir tous les individus et à servir le monde dans son ensemble.

AUJOURD'HUI, À CHAQUE HEURE, RAPPELEZ-VOUS qu'à mesure que vous deviendrez libre, vous serez capable d'aimer le monde. À mesure que vous apprendrez à aimer le monde, vous serez capable de devenir libre car vous êtes dans ce monde sans être de ce monde. Parce que vous êtes dans ce monde, vous représentez ce que vous avez apporté avec vous de votre Ancienne Demeure. Combien cela est clair et simple avec la Connaissance et cependant, combien cela est difficile à saisir dès lors que vous vous trouvez dans votre propre imagination et que vous entretenez vos propres idées issues de la séparation. C'est la raison de votre pratique – vous permettre de confirmer ce qui vous est naturel tout en vous éloignant de ce qui vous est contre-nature.

Lors de vos pratiques de méditation approfondie, recevez à nouveau la liberté qui vient à vous dans la quiétude et la réceptivité. Un mental qui demeure dans la quiétude est un mental libre et sans entrave. Il se développera naturellement et, dans ce développement, il exprimera ce qui lui est le plus naturel. Ainsi, lors de vos méditations approfondies, vous vous exercez à recevoir et, lors de vos pratiques horaires, vous vous exercez à donner. Vous êtes libre d'aimer le monde aujourd'hui, et le monde a besoin de votre liberté car il a besoin de votre amour.

Pratique 329 : *Deux séances de pratique de 30 minutes.*
Pratique horaire.

330ème Pas

JE NE NÉGLIGERAI PAS LES PETITES CHOSES DANS MA VIE.

UNE FOIS ENCORE, NOUS AFFIRMONS CETTE IDÉE que vous ne devez pas négliger ces simples tâches pratiques qui vous permettent d'être un étudiant de la Connaissance. Souvenez-vous que vous ne cherchez pas à échapper au monde mais œuvrez à devenir puissant dans le monde. Aussi, ne négligez pas ces petites choses simples qui vous permettent de devenir un étudiant de la Connaissance et vous en donnent la liberté. Ici, toutes vos activités, même les plus ordinaires et répétitives, peuvent être perçues comme une forme de service et de contribution. Toutes les petites choses, même ordinaires et répétitives, peuvent ainsi servir le monde parce que par leur intermédiaire vous honorez votre Véritable Soi. Il s'agit du Soi qui existe en tous les individus, du Soi qui existe dans le monde et du Soi qui existe dans la Grande Communauté des mondes.

SOYEZ ATTENTIF AUX PETITES CHOSES QUE VOUS FAITES en ce jour et ne les négligez pas. Si vous ne les craignez pas, vous ne leur résisterez pas. Si vous ne leur résistez pas, vous serez capable de vous en occuper. Et à mesure que vous vous en occuperez, vous serez capable de vous donner à elles. Ainsi la Connaissance s'exprimera à travers toute activité et la Connaissance sera enseignée et renforcée à travers toute activité. Le monde a besoin de cette démonstration car le monde pense que Dieu, l'amour, le véritable pouvoir et la vraie inspiration n'existent que dans des états idéaux et en des circonstances idéales. Le monde ne comprend pas que Dieu exprime Dieu partout et que la Connaissance s'exprime partout et en toutes choses.

LORSQUE VOUS EN VIENDREZ À COMPRENDRE CETTE GRANDE VÉRITÉ, vous verrez la présence de la Connaissance en toutes choses. Vous verrez la Connaissance dans le monde. Vous verrez la Connaissance en vous. Cela vous donnera une entière confiance en votre participation et en votre service à la Connaissance. Vous réaliserez alors que vous faites gagner du temps au monde dans son évolution, dans sa progression et dans son salut. C'est tellement important pour votre propre confiance. Il est cependant plus important encore que vous réalisiez la grandeur de la Connaissance et la grandeur dont vous ferez l'expérience en vous à mesure que vous apprendrez à la recevoir.

À CHAQUE HEURE, SOUVENEZ-VOUS DE L'IDÉE d'aujourd'hui et mettez-la en application afin de pouvoir être consciencieux à chaque heure. Lors de vos deux pratiques approfondies de méditation, entrez de nouveau dans la quiétude afin de pouvoir raviver votre expérience du feu de la Connaissance, cela afin que le feu de la Connaissance puisse purifier et nettoyer votre mental et le libérer de toute contrainte. Vous pourrez ainsi être dans le monde de manière plus complète, et les petites choses ne seront pas négligées.

PRATIQUE 330 : *Deux séances de pratique de 30 minutes.*
Pratique horaire.

331ème Pas

CE QUI EST PETIT EXPRIME CE QUI EST GRAND.

REGARDEZ LA NATURE AUTOUR DE VOUS. Observez la plus minuscule des créatures et prenez conscience du mystère de l'existence de cette créature, de la merveille de son mécanisme physique et de la vérité de son inclusion complète au sei de la nature toute entière. La plus petite créature peut exprimer la plus grande des vérités. La chose la plus simple peut exprimer le pouvoir de l'univers. Une petite créature exprime-t-elle moins la vie et l'inclusion dans la vie qu'une créature qui est grande ? Utilisez cette analogie pour prendre conscience que la plus petite des activités peut incarner le plus grand des enseignements. Réalisez que le mot le plus simple, le geste le plus ordinaire peut exprimer le plus profond des sentiments et la plus profonde des émotions. Réalisez que la chose la plus simple peut accroître votre pratique et confirmer la présence de la Connaissance en vous.

À MESURE QUE VOUS DEVIENDREZ ATTENTIF À LA VIE, vous commencerez à être témoin du mystère de la vie en toutes choses. Quelle grandeur ce sera pour vous qui êtes maintenant en train de vous réveiller du sommeil de votre propre imagination séparée. Le mystère de la vie vous inspirera et vous appellera. Il confirmera le mystère de votre propre vie qui s'avérera de plus en plus réel et de plus en plus démonstratif pour vous.

VOUS POUVEZ VOUS SENTIR PETIT mais vous exprimez cependant ce qui est grand. Vous n'avez pas besoin d'être grand pour exprimer ce qui est grand parce que la grandeur est en vous et votre véhicule physique est petit en comparaison. Votre réalité est née de la grandeur qui est avec vous et qui désire s'exprimer dans la simplicité de votre petit véhicule. Vous comprenez ici que vous faites partie de ce qui est grand et que vous œuvrez au travers de ce qui est petit. Vous ne contredisez pas ici la relation qui existe entre ce qui est grand et ce qui est petit, et dans laquelle ce qui est petit doit exprimer ce qui est grand, ce qui se fait naturellement. Est-ce qu'une petite créature doit essayer d'exprimer ce qui est grand ? Non. Ce qui est grand s'exprime simplement à travers la petite créature.

Ainsi, dans votre vie – qui à tout moment pourrait vous sembler petite, qui à tout moment pourrait paraître séparée et confinée – la grandeur est avec vous. Ainsi, ce qui est petit est utilisé, confirmé, honoré et béni. Il n'existe alors aucun fondement à la condamnation de soi et à la haine. Toutes choses, petites et grandes, sont alors appréciées car toutes choses, petites et grandes, sont unies.

Ainsi, à chaque heure, dans n'importe quelle petite tâche, dans n'importe quelle forme d'expression ou geste et dans n'importe quelle petite perspective, permettez à ce qui est grand de s'exprimer. Lors de vos deux pratiques approfondies, venez de nouveau à proximité de ce qui est grand en vous. Entrez de nouveau dans le feu de la Connaissance qui vous purifie. Prenez refuge dans le sanctuaire de la Connaissance. Vous rencontrez là ce qui est grand de façon complète. C'est au-delà de toute forme. Ce qui imprègne toutes formes et leur confère un but, un sens et une direction attend ici que vous le receviez. Ce qui est petit exprime ce qui est grand et ce qui est grand bénit ce qui est petit.

Pratique 331 : *Deux séances de pratique de 30 minutes.*
Pratique horaire.

332ème Pas

JE COMMENCE SEULEMENT À COMPRENDRE LE SENS DE LA CONNAISSANCE DANS MA VIE.

VOUS COMMENCEZ SEULEMENT À COMPRENDRE CELA car votre compréhension naîtra de l'expérience et de la prise de conscience, et résultera de votre application. Parce que vous êtes un étudiant débutant de la Connaissance, vous avez une compréhension débutante. Puisez en cela votre courage car cela vous libère de la tentative de tirer des conclusions quant à votre participation et à propos de votre vie. Vous n'avez ainsi pas à tenter l'impossible et pouvez soulager votre esprit d'un grand fardeau qui autrement éclipserait votre bonheur et dispenserait en vous tout sentiment de paix et toute poursuite d'une activité qui ait un sens aujourd'hui. Lorsque vous acceptez que vous commencez à peine à comprendre le sens de votre vie et le sens de la Connaissance dans votre vie, cela vous libère pour participer et apprendre davantage. Sans le fardeau du jugement qu'autrement vous placeriez sur votre vie, vous êtes libre de participer et votre participation vous rendra libre.

RAPPELEZ-VOUS À CHAQUE HEURE que vous commencez à peine à comprendre le sens de la Connaissance dans votre vie. Lors de vos séances approfondies de pratique, entrez une fois encore dans votre sanctuaire de la Connaissance afin que votre capacité pour la Connaissance puisse croître, afin que votre désir pour la Connaissance puisse croître et afin que votre expérience de la Connaissance puisse croître. C'est seulement lorsque ces choses croîtront que votre compréhension pourra croître. Par conséquent, vous êtes libéré du jugement. Vous êtes libre de participer là où toute compréhension émergera.

PRATIQUE 332 : *Deux séances de pratique de 30 minutes. Pratique horaire.*

333ème Pas

IL Y A UNE PRÉSENCE AVEC MOI.
JE PEUX LA RESSENTIR.

Ressentez aujourd'hui la présence de vos Enseignants qui demeurent avec vous et qui supervisent votre préparation en tant qu'étudiant de la Connaissance. Ressentez leur présence aujourd'hui et vous ressentirez votre propre présence car vous êtes réunis en cette présence que vous ressentez. Souvenez-vous que vous n'êtes pas seul et vous ne vous isolerez pas dans vos propres pensées. Vous ne vous isolerez pas dans vos propres considérations empreintes de peur.

À chaque heure, faites l'expérience de cette présence car cette présence est avec vous à chaque heure. Ressentez cette présence peu importe là où vous vous trouvez aujourd'hui - que vous soyez au travail ou à la maison, seul ou avec quelqu'un d'autre - car cette présence est avec vous partout où vous allez.

Lors de vos deux pratiques approfondies de méditation, permettez-vous de faire l'expérience de la présence de l'amour qui est la présence de la Connaissance, qui est la présence de la Sagesse, qui est la présence de la certitude, qui est la source de votre but, de votre sens et de votre direction dans le monde et qui contient pour vous votre appel dans le monde. Approchez-vous de cette présence et faites l'expérience de cette présence lors de vos méditations approfondies. Ne négligez pas cela car vous faites ici l'expérience de l'amour de soi, de la confiance en soi et de la véritable inclusion dans la vie. Prenez cette présence avec vous aujourd'hui et recevez cette présence dans vos méditations approfondies, et vous saurez que la présence est avec vous tous les jours.

Pratique 333 : *Deux séances de pratique de 30 minutes.*
Pratique horaire.

334ème Pas

LA PRÉSENCE DE MES ENSEIGNANTS EST AVEC MOI TOUS LES JOURS.

Tous les jours, où que vous soyez, où que vous alliez, la présence de vos Enseignants est avec vous. Le but de cette idée est de vous rappeler que vous n'êtes pas seul. Le but de cette idée est de vous offrir une opportunité de sortir de l'isolement de votre propre imagination, de faire l'expérience de cette présence et de recevoir le don de cette présence. Au travers de ce don, vos Enseignants vous délivreront les idées et l'inspiration dont vous avez besoin. En cela, vous exprimerez ce que vous avez reçu et confirmerez ainsi ce que vous avez reçu.

Souvenez-vous de cela à chaque heure en vous concentrant une fois encore sur la présence qui est avec vous. Il vous suffit de vous détendre pour la ressentir car il est certain que cette présence est avec vous. Lors de vos pratiques approfondies, entrez de nouveau dans la quiétude dans le sanctuaire de la Connaissance afin que vous puissiez recevoir cette présence ainsi que la grande confirmation et le grand réconfort qu'elle vous procure. Permettez-vous de laissez de côté votre doute de soi et votre sentiment d'indignité car ces choses seront consumées dans le Feu de la Connaissance et nettoyées de votre esprit. Lorsque ce sera fait, vous n'aurez pas besoin de projeter des idées grandioses sur vous-même. Vous n'aurez pas besoin de donner une fausse image de vous-même pour essayer d'échapper à votre sentiment de culpabilité et d'insuffisance car la culpabilité et l'insuffisance se consument dans le Feu de la Connaissance. Par conséquent, livrez toutes choses qui entravent votre participation ainsi que toutes peurs qui vous hantent et vous oppressent au Feu de la Connaissance afin qu'elles puissent être consumées. Vous vous assiérez devant ce feu et vous les verrez se consumer, et vous sentirez votre esprit être baigné et nettoyé dans le Feu aimant de la Connaissance. La présence est avec vous tous les jours. Le Feu de la Connaissance est avec vous tous les jours.

Pratique 334 : *Deux séances de pratique de 30 minutes.*
Pratique horaire.

335ème Pas

LE FEU DE LA CONNAISSANCE EST AVEC MOI TOUS LES JOURS.

Où QUE VOUS ALLIEZ, QUOI QUE VOUS FASSIEZ, le Feu de la Connaissance brûle en vous. Ressentez le brûler. À chaque heure, ressentez le brûler. Sans vous préoccuper de ce que vous voyez ni de ce que vous pensez, ressentez le Feu de la Connaissance brûler. C'est la présence de la Connaissance que vous ressentirez en vous, de même que vous ressentirez la présence de vos Enseignants tout autour de vous. Le Feu de la Connaissance brûle et, à mesure que vous en faites l'expérience, il consumera tout ce qui vous retient en arrière – tout ce qui vous hante et vous oppresse, tout sentiment d'indignité et de culpabilité, toute souffrance et tout conflit. À mesure que ces choses se consumeront, elles cesseront de projeter leur influence sur votre vie et votre vie deviendra naturellement plus uniforme et plus harmonieuse.

AUJOURD'HUI, VOUS FAITES UN PAS MAJEUR DANS CETTE DIRECTION en vous souvenant du Feu de la Connaissance et en en faisant l'expérience à chaque heure. Lors de vos deux séances approfondies de pratique, entrez de nouveau en le Feu de la Connaissance dans le sanctuaire de la Connaissance. Souvenez-vous que ce feu vous réconfortera et vous libérera. Il ne vous brûlera pas mais ne fera que réchauffer votre âme. Il vous procurera réconfort et encouragement. Il vous donnera la confirmation du sens et du but de votre vie ainsi que de la grandeur que vous portez en vous.

NE NÉGLIGEZ PAS VOTRE PRATIQUE AUJOURD'HUI mais réalisez au contraire son réel bienfait pour vous. Rien de ce que vous pouvez voir dans le monde ne peut vous donner la certitude, le pouvoir, la paix et le sentiment d'inclusion que le Feu de la Connaissance peut offrir. Rien ne peut davantage vous rappeler votre entière inclusion dans la vie que la présence de vos Enseignants qui demeurent avec vous. Aussi, vous avez déjà l'expérience dont vous avez besoin et, de là, vous apprendrez avec le temps à étendre cette expérience à toutes vos relations – avec les autres, avec le monde et avec la Grande Communauté des mondes dans laquelle vous vivez.

PRATIQUE 335 : *Deux séances de pratique de 30 minutes.*
Pratique horaire.

336ème Pas

RÉVISION

COMMENCEZ VOTRE RÉVISION DES DEUX SEMAINES en révisant la première leçon de cette période de deux semaines, en relisant la leçon et en vous rappelant votre pratique pour ce jour. Continuez ainsi pour chacun des jours qui s'ensuivent. Revoyez votre pratique. Réalisez à quoi sert votre pratique et prenez conscience de ce que votre pratique renforce en vous. Réalisez à quel point vous voulez que ce renforcement se produise et prenez conscience du don inestimable que vous recevez et tentez de recevoir alors que vous vous préparez en tant qu'étudiant de la Connaissance. Laissez votre révision d'aujourd'hui être une confirmation de l'importance de votre préparation. Réalisez combien vous avez besoin de renforcer votre participation et combien vous avez besoin de mettre de côté les idées qui vous affaiblissent ou qui nient l'existence de la Connaissance dans votre vie. Souvenez-vous que la Connaissance est avec vous et que vos Enseignants sont avec vous, et qu'il vous est possible d'en faire l'expérience et de les recevoir à tout moment. À mesure que vous apprendrez à recevoir cela, vous l'exprimerez naturellement.

DURANT VOTRE UNIQUE LONGUE SÉANCE DE PRATIQUE AUJOURD'HUI, revoyez les deux semaines passées de pratique et prenez conscience de ce qui vous est offert. Réalisez à quel point vous avez besoin de recevoir. Réalisez à quel point vous voulez recevoir.

PRATIQUE 336 : *Une longue séance de pratique.*

337ème Pas

SEUL, JE NE PEUX RIEN FAIRE.

Seul, vous ne pouvez rien faire, mais vous n'êtes pas seul. Oui, vous êtes un individu, mais vous êtes plus grand qu'un individu. Ainsi, vous ne pouvez pas être seul et ainsi votre individualité contient une grande promesse et un grand but dans le monde. Ainsi, la partie de vous qui fait partie de la grandeur au-delà de votre individualité et la partie de vous qui fait partie de votre individualité deviennent une entité entière et unifiée. En cela, tout ce que vous avez construit pour vous-même est transformé pour le bien. Toutes vos créations reçoivent un but, un sens, une direction et une inclusion dans la vie. Votre vie est ainsi rachetée et rétablie, et vous-même devenez partie intégrante de la vie ainsi qu'un véhicule pour son expression unique. C'est là le véritable sens de la leçon d'aujourd'hui.

Il n'y a que dans les ombres et l'obscurité de l'imagination que vous pouvez vous cacher de la lumière de la vérité. Vous devez croire que vous êtes seul pour penser que vos illusions sont réelles. Apprendre que vous n'êtes pas seul peut sembler au départ effrayant car vous avez peur que vos illusions et votre culpabilité ne soient révélées. Cependant, lorsque vous considérez cela avec honnêteté et sans condamnation, vous réalisez que cela signifie que vous avez été rétabli, régénéré et que vous êtes à présent préparé à recevoir le pouvoir qui demeure en vous, le pouvoir qui est votre Source et votre véritable Soi.

À chaque heure, répétez l'idée d'aujourd'hui et prenez conscience qu'elle est une affirmation de votre force et de votre inclusion dans la vie. Lors de vos méditations approfondies, dans le sanctuaire de la Connaissance, permettez-vous d'entrer de nouveau dans la quiétude, là où il deviendra évident que vous n'êtes pas seul. Vous êtes ici dans un véritable mariage avec la vie ainsi que dans une véritable union avec ceux qui sont venus pour vous servir et pour vous guider et avec ceux qui pratiquent avec vous à présent. Dans votre inclusion réside votre bonheur. Dans votre isolement se trouve votre misère. Votre misère n'est pas fondée car vous n'êtes pas seul et votre réussite est garantie car, seul, vous ne pouvez rien faire.

Pratique 337 : *Deux séances de pratique de 30 minutes.*
　　　　　　　Pratique horaire.

338ème Pas

Aujourd'hui, je serai attentif.

Soyez attentif aujourd'hui de sorte que vous puissiez voir ce qui se passe autour de vous. Soyez attentif aujourd'hui de sorte que vous puissiez faire l'expérience de vous-même dans le monde. Soyez attentif aujourd'hui de sorte que vous puissiez faire l'expérience du Feu de la Connaissance qui brûle en vous. Soyez attentif aujourd'hui de sorte que vous puissiez faire l'expérience de la présence de vos Enseignants qui est avec vous. Soyez attentif aujourd'hui de sorte que vous puissiez voir le Feu de la Connaissance brûler dans le monde et également la réalité de la présence de vos Enseignants dans le monde. Ces choses viendront à vous naturellement lorsque vous serez attentif car sans condamnation, vous verrez ce qui se passe réellement. Cela confirmera votre nature spirituelle et votre but spirituel dans le monde. Cela confirmera votre véritable identité et donnera un sens à votre vie individuelle.

Soyez attentif à chaque heure aujourd'hui et soyez confiant que le fait d'être attentif vous apportera ses véritables résultats. Sans jugement ni évaluation, vous verrez à travers toutes les apparences effrayantes que le monde peut vous présenter. Vous verrez à travers toutes les apparences effrayantes que votre imagination peut vous présenter car toutes les apparences effrayantes sont issues de l'imagination et sont nourries par l'imagination. En étant attentif au monde, vous prenez conscience de la confusion du monde et de son besoin de la Connaissance. Cela confirmera votre propre confusion et votre propre besoin de la Connaissance, et vous rendra heureux d'être à présent en train de vous préparer à recevoir la Connaissance elle-même.

Lors de vos pratiques de méditation approfondie, soyez attentif, soyez présent et donnez-vous à la quiétude dans le sanctuaire de la Connaissance. Vous avez seulement à être attentif. Le jugement n'est pas nécessaire. Soyez attentif et vous percerez ce qui est faux et vous recevrez ce qui est vrai. Car la véritable attention vous donnera toujours ce qui est vrai, et la fausse attention vous donnera toujours ce qui est faux.

AUJOURD'HUI VOUS RENFORCEZ CETTE FACULTÉ DU MENTAL, cette capacité à être attentif. Vous la renforcez pour vous-même et pour le monde qui a besoin d'être reconnu. Car le monde a besoin d'être aimé et l'amour ne vient que par une véritable reconnaissance des choses.

PRATIQUE 338 : *Deux séances de pratique de 30 minutes.*
Pratique horaire.

339ème Pas

La présence de l'amour est avec moi à présent.

La présence de l'amour est avec vous, en le Feu de la Connaissance en vous. Telle que démontrée par la présence de vos Enseignants, cette présence pénètre toute chose dans le monde. C'est le contexte dans lequel le monde existe. Elle est tranquille ; ainsi demeure-t-elle auprès de chaque chose. Pouvez-vous, vous qui percevez le monde, percevoir cette présence constante ? Pouvez-vous, vous qui agissez dans le monde, voir l'effet de cette présence dans le monde ? Si cette présence n'était pas dans le monde, le monde se serait détruit depuis longtemps et il n'existerait aucun espoir pour votre salut. Il n'existerait aucun espoir pour une véritable communauté et pour tout ce dont les êtres humains sont capables durant leur vie temporaire ici. Aucune chose de véritable valeur n'émanerait car l'obscurité de l'imagination et l'obscurité de la peur recouvriraient le monde en permanence et tous vivraient dans une obscurité totale. Sans la présence de l'amour dans le monde, cela serait le cas. Votre vie ici serait scellée dans l'obscurité et jamais vous ne seriez capable de vous évader.

C'est la raison pour laquelle votre vie dans le monde est temporaire. Elle ne pourrait être permanente car vous êtes né de la lumière à laquelle vous retournerez. Comment pourriez-vous vivre en permanence dans l'obscurité alors que vous êtes né de la lumière, à laquelle vous retournerez ? Vous avez été envoyé dans le monde pour apporter la lumière dans le monde et non pour confirmer l'obscurité du monde. La volonté de Dieu est que vous ameniez la lumière dans le monde et non que vous soyez banni dans l'obscurité du monde. Vous êtes ici pour apporter la lumière dans le monde.

Vous qui êtes un étudiant de la Connaissance apprenez à présent à recevoir pas à pas la lumière de la Connaissance et le Feu de la Connaissance. À mesure que vous en ferez l'expérience en vous, vous verrez le Feu de la Connaissance brûler dans le monde car il est la présence de l'amour. C'est Dieu dans le monde. Ce que Dieu fait dans le monde, Dieu le fera à travers vous mais la présence de Dieu dans le monde active la Connaissance dans tous les esprits et appelle tous les esprits à se réveiller. Cela démontre, confirme et renforce l'émergence de la Connaissance partout là où elle a lieu.

La présence de Dieu est permanente. Le monde lui-même est temporaire. L'univers physique est temporaire. La présence de Dieu est permanente. Pouvez-vous alors voir ce qui est grand et ce qui est petit ? Pouvez-vous alors voir ce qui donne et ce qui doit apprendre à recevoir ? Pouvez-vous alors réaliser l'importance de votre préparation ? Pouvez-vous alors réaliser l'importance de votre service dans le monde ?

À chaque heure, soyez attentif et faites l'expérience de la présence de l'amour dans le monde. Si vous êtes attentif, vous en ferez l'expérience. Lors de vos pratiques de méditation approfondies, faites l'expérience de la présence de l'amour en vous, laquelle est le Feu de la Connaissance. Souvenez-vous en considérant cela, dans votre monde et en vous-même, que de la quiétude de cette présence émanent toutes les œuvres pour le bien, toutes les idées importantes ainsi que la motivation pour toutes les activités importantes. C'est ce qui mène l'humanité et même la Grande Communauté des mondes vers la Connaissance et, avec la Connaissance, vers l'établissement d'une communauté unique.

Pratique 339 : *Deux séances de pratique de 30 minutes.*
Pratique horaire.

340ème Pas

MA PRATIQUE EST MA CONTRIBUTION AU MONDE.

Vous êtes un étudiant débutant de la Connaissance. En tant qu'étudiant débutant, vous vous engagez complètement dans votre pratique. N'imaginez pas pour vous-même un grand rôle en tant que sauveur ou rédempteur dans le monde car cela ne ferait que vous décourager parce que vous n'êtes pas encore prêt pour porter ce qui est grand. Votre devoir consiste à suivre les pas tels qu'ils sont donnés. C'est ce qui est requis. Avec le temps, la grandeur croîtra dans votre expérience et vous ferez l'expérience de la grandeur dans le monde. Cependant, comme Nous l'avons si souvent indiqué dans Notre préparation jusqu'ici, la grandeur dont vous ferez l'expérience s'exprimera dans des choses simples et ordinaires. Par conséquent, n'entretenez pas des idées grandioses de vous-même en tant que sauveur. Ne vous voyez pas crucifié dans le monde car ces images sont issues de l'ignorance et vous ne saisissez pas leur véritable sens.

Suivez chaque pas car chacun d'entre eux demandera votre attention complète et votre engagement total. En n'essayant pas d'ajouter ce qui n'est pas nécessaire à votre préparation, vous pourrez de ce fait pleinement vous engager dans votre préparation. Cela vous engagera totalement, élèvera l'ensemble de vos capacités physiques et mentales et leur fournira un but et une direction uniformes. Votre pratique est votre don au monde. À partir de votre pratique, tous les dons que vous apporterez dans l'avenir pourront être apportés avec confiance, avec amour et avec certitude.

À chaque heure, rappelez-vous que votre pratique est votre don au monde. Si vous souhaitez vraiment servir le monde et si vous souhaitez vraiment illustrer dans le monde ce qui vous est le plus cher et ce que vous honorez en vous, donnez-vous à votre pratique et ne la négligez pas en ce jour. Lors de vos méditations approfondies, donnez-vous à la pratique car la pratique est un acte de don. Et vous qui apprenez à présent à recevoir, vous vous donnez également pour apprendre à recevoir. Vous apprenez ainsi également à donner. Si vous ne pouvez pas vous donner à la pratique, vous ne serez pas capable de donner au monde car donner au monde est également une forme de pratique. Souvenez-vous que tout ce que vous pouvez faire, c'est pratiquer. Peu importe ce que vous faites, vous pratiquez quelque chose, vous affirmez quelque chose, vous confirmez quelque chose et vous étudiez quelque chose. Cela étant compris, donnez-vous à votre véritable préparation car c'est là votre don à vous-même et au monde.

PRATIQUE 340 : *Deux séances de pratique de 30 minutes.*
Pratique horaire.

341ème Pas

JE SUIS HEUREUX CAR JE PEUX À PRÉSENT RECEVOIR.

Apprenez à recevoir et vous apprendrez à être heureux. Apprenez à donner et votre bonheur sera confirmé. Dit avec les mots les plus simples, c'est là ce que vous êtes en train d'entreprendre. Si vous ne compliquez pas cela par vos idées et vos attentes, vous serez capable d'y voir la vérité toujours présente et vous apprendrez exactement ce que cela signifie et ce que cela demandera. Souvenez-vous que la complexité est un déni de la simplicité de la vérité. La vérité poursuivra son activité chaque jour, pas à pas, de même que vous poursuivrez votre préparation chaque jour, pas à pas. À mesure que vous apprenez à devenir un étudiant de la Connaissance, vous apprenez à vivre la vérité. Cette simplicité vous est toujours présente car la vérité est simple et évidente pour tous ceux qui recherchent la vérité et pour tous ceux qui portent un regard libre du poids de la condamnation ou du jugement.

Souvenez-vous de votre pratique à chaque heure et lors de vos méditations approfondies, renforcez encore une fois votre capacité et votre désir pour la quiétude. Car si vous faites l'expérience d'un petit peu plus de quiétude chaque jour, elle croîtra encore et encore, remplira votre vie et émanera de votre vie telle une grande lumière, car vous êtes ici pour être une lumière dans le monde.

Pratique 341 : *Deux séances de pratique de 30 minutes.*
Pratique horaire.

342ème Pas

JE SUIS UN ÉTUDIANT DE LA CONNAISSANCE AUJOURD'HUI.

AUJOURD'HUI VOUS ÊTES UN ÉTUDIANT DE LA CONNAISSANCE. Vous suivez votre préparation pas à pas. Vous apprenez à être déchargé du fardeau de votre propre jugement et de votre propre anxiété. Vous apprenez à être confirmé par la présence de la Connaissance en vous et par la présence de l'amour dans votre vie. Vous apprenez à vous honorer et vous apprenez à apprécier votre monde. Vous apprenez à reconnaître votre responsabilité et vous apprenez à reconnaître à quel point le monde a besoin que cette responsabilité soit assumée. Vous apprenez à être silencieux à l'intérieur et à vous engager d'une manière qui ait un sens à l'extérieur. Vous apprenez à recevoir. Vous apprenez à donner. Vous apprenez à reconnaître que votre vie est en train d'être sauvée.

SOYEZ UN ÉTUDIANT DE LA CONNAISSANCE AUJOURD'HUI et suivez les directives de ce jour de manière aussi complète et explicite que possible. Rappelez-vous à chaque heure que vous êtes un étudiant de la Connaissance et prenez un moment à chaque heure pour réfléchir à ce que cela signifie, en particulier dans les circonstances actuelles dans lesquelles vous vous trouvez. Lors de vos séances approfondies de pratique, utilisez activement votre mental pour réfléchir à ce qu'est un étudiant de la Connaissance. Rappelez-vous ce qui vous a été enseigné jusqu'ici. Prenez conscience de ce qui est fortifié pas à pas et de ce que vous êtes encouragé à abandonner. Vos deux séances de pratique sont des périodes d'utilisation active du mental durant lesquelles vous considérez l'idée d'aujourd'hui et cherchez à percevoir son sens pour ce qui concerne votre vie. Quand vous pensez, pensez de manière constructive car toute pensée doit être constructive. Quand penser n'est pas nécessaire, la Connaissance vous portera. Dans le monde vous devez avoir la Connaissance et vous devez apprendre à penser de manière constructive car vous êtes un étudiant de la Connaissance. Aujourd'hui, soyez un étudiant de la Connaissance et vous honorerez ce qui vous guide, vous mène et vous bénit. Vous représenterez la Connaissance car vous êtes un étudiant de la Connaissance.

PRATIQUE 342 : *Deux séances de pratique de 30 minutes.*
Pratique horaire.

343ème Pas

AUJOURD'HUI, J'HONORERAI LA SOURCE DE MA PRÉPARATION.

Honorez la source de votre préparation en étant un étudiant de la Connaissance aujourd'hui. Souvenez-vous de cela à chaque heure et réfléchissez encore à ce que signifie être un étudiant de la Connaissance. Essayez de vous rappeler tout ce qui vous a été donné et tout ce qui se trouve renforcé, et essayez de prendre conscience de manière objective de ce qui vous fait obstacle et de ce qui vous retient en arrière. Renforcez votre foi. Renforcez votre participation. Exercez votre pouvoir de décision à cette fin et souvenez-vous, en faisant cela, que vous honorez et représentez ce qui vous guide et ce que vous servez.

Lors de vos deux séances approfondies de pratique, utilisez activement votre mental pour considérer le sens de l'idée d'aujourd'hui. Souvenez-vous que vous ne pouvez servir que ce à quoi vous accordez de la valeur. Si vous accordez de la valeur à la Connaissance, vous servirez la Connaissance. Si vous accordez de la valeur à l'ignorance et à l'obscurité, vous servirez cela. Ce à quoi vous accordez de la valeur est votre maître, et votre maître vous donnera ce que vous devez apprendre. Vous êtes un étudiant de la Connaissance. Vous êtes un étudiant de la Connaissance parce que vous avez choisi que votre statut d'étudiant ainsi que le maître qui vous guide reflètent la Connaissance et la vérité dans le monde. Ici, vous n'avez que deux choix car vous ne pouvez que servir la Connaissance ou bien ce qui essaie de se substituer à la Connaissance. Puisque rien ne peut réellement se substituer à la Connaissance, le désir de servir ce qui se substitue à la Connaissance est le désir de ne rien servir, de ne rien être et de ne rien avoir. C'est ce dont Nous voulons parler lorsque Nous parlons de pauvreté. C'est un état dans lequel on ne sert rien, dans lequel on n'est rien et dans lequel on n'a rien.

Aussi, honorez ce qui vous sert. Honorez ce qui reconnaît votre réalité ainsi que le sens et la valeur de votre présence dans le monde, et vous servirez quelque chose de réel, vous serez quelque chose de réel et vous aurez quelque chose de réel. C'est ainsi que vous qui apprenez à servir serez la personne qui apprend à recevoir.

Pratique 343 : *Deux séances de pratique de 30 minutes.*
　　　　　　　Pratique horaire.

344ème Pas

MA CONNAISSANCE EST LE DON QUE J'OFFRE AU MONDE.

LA CONNAISSANCE EST VOTRE DON AU MONDE mais vous devez au préalable devenir un véhicule qui lui permette de s'exprimer. Vous devez l'accepter, la recevoir, apprendre d'elle et donner ce qu'elle vous donne à donner. Vous devez vous ouvrir de sorte qu'elle puisse naturellement briller sur le monde à travers vous. Tout découlera de votre Connaissance – toutes les activités significatives, toutes les contributions importantes, toutes les pensées importantes, toutes les expressions importantes de l'émotion et toute motivation visant à rassurer, à réconforter, à aimer, à guérir, à rejoindre et à libérer les autres. Cela signifie simplement que votre véritable soi s'exprime enfin. Tel est votre don au monde.

À CHAQUE HEURE, RAPPELEZ-VOUS CELA et ressentez le Feu de la Connaissance brûler en vous. Ressentez-vous comme un véhicule qui porte la Connaissance dans le monde. Soyez heureux que vous n'ayez pas à vous tourmenter en essayant de comprendre comment vous donnerez la Connaissance, comment la Connaissance se donnera et quel sera le résultat de tout cela. Vous suivez simplement les pas. Comme vous l'avez vu jusque-là, les pas requièrent que vous développiez vos capacités mentales et que vous les appliquiez de façon appropriée. Ils demandent que vous soyez mentalement présent. Ils demandent que vous équilibriez et harmonisiez votre vie. Même parvenu à ce point de votre préparation, vous réalisez que vous savez beaucoup de choses concernant votre vie que vous n'avez pas encore acceptées ou mises en œuvre. La Connaissance a été avec vous depuis le début et même maintenant au début votre préparation, à mesure que vous avancez avec ceux qui avancent avec vous, le pouvoir et l'efficacité de la Connaissance deviennent toujours plus réels pour vous. Tel est votre don au monde.

Lors de vos deux longues séances de pratique aujourd'hui, dans la quiétude et la réceptivité, exercez-vous à recevoir le pouvoir de la Connaissance de sorte qu'il puisse croître en vous et que vous puissiez en acquérir une expérience de plus en plus grande à mesure que vous vous aventurez dans le monde. Ces longues séances de pratique sont tellement vitales à votre préparation car elles font croître votre capacité, elles font croître votre compréhension, elles font croître votre expérience et elles vous rendent l'expérience de la Connaissance toujours plus accessible lorsque vous êtes dans le monde. Car votre Connaissance est votre don au monde et votre Connaissance est votre don à vous-même.

Pratique 344 : *Deux séances de pratique de 30 minutes.*
　　　　　　　Pratique horaire.

345ème Pas

MA CONNAISSANCE EST MON DON À MA FAMILLE SPIRITUELLE.

VOTRE CONNAISSANCE EST VOTRE DON à votre Famille Spirituelle car vous êtes venu dans le monde non seulement pour votre propre avancement ainsi que pour celui du monde, mais aussi pour celui de votre Famille Spirituelle. Votre groupe d'apprentissage spécifique requiert que vous avanciez afin qu'il puisse lui-même avancer car il recherche également une plus grande union. Au cours du temps, vous avez cultivé la gamme de vos relations et votre capacité à vous engager dans ces relations. Toutes vos réussites jusqu'à ce jour sont reflétées dans l'expression et l'évidence de votre Famille Spirituelle.

LE RETOUR À DIEU EST LE RETOUR À L'INCLUSION dans la relation. Cela dépasse votre capacité de compréhension et cela dépasse certainement vos idées et votre idéalisme. On ne peut qu'en faire l'expérience. On ne peut qu'en faire l'expérience et, à travers cette expérience, vous comprendrez que vous êtes venu ici non seulement pour votre propre rédemption, non seulement pour servir le monde, mais aussi pour servir ceux qui vous ont envoyé. En cela, votre rôle devient encore plus important. En cela, votre préparation devient encore plus importante. Si vous réfléchissez à cela, vous saurez que c'est vrai.

AUJOURD'HUI, À CHAQUE HEURE, réfléchissez à cette idée et remémorez-vous votre Famille Spirituelle, dont vous apprenez à présent à vous souvenir. Lors de vos deux pratiques de méditation approfondie, entrez de nouveau dans votre sanctuaire de la Connaissance et essayez de faire l'expérience de la présence de votre Famille Spirituelle. Si votre mental est silencieux, vous réaliserez qu'ils sont avec vous en ce moment. Comment pourraient-ils être séparés de vous qui ne pouvez pas être séparé d'eux ? Et, alors que vous êtes dans le monde, ils sont avec vous en ce moment-même.

PRATIQUE 345 : *Deux séances de pratique de 30 minutes.*
   Pratique horaire.

346ème Pas

JE SUIS DANS LE MONDE POUR TRAVAILLER.

Vous êtes dans le monde pour travailler. Travailler est ce que vous voulez faire. Travailler est ce pour quoi vous êtes venu. Mais quel est ce travail dont Nous parlons ? S'agit-il de votre emploi actuel auquel vous résistez et avec lequel vous avez des difficultés ? S'agit-il des nombreuses tâches que vous considérez comme vôtres et que vous vous assignez ? Votre véritable travail peut être exprimé dans n'importe laquelle de ces activités mais il est en vérité plus grand. Ce sera pour vous un bonheur et un accomplissement que de mener à bien chaque étape de votre véritable travail. Votre véritable travail dans le monde consiste à découvrir votre Connaissance et à permettre son expression à travers vous. Votre véritable travail dans le monde consiste à répondre à votre appel spécifique qui vous engage avec certaines personnes de certaines façons de sorte que vous puissiez accomplir votre destinée individuelle dans le monde.

Tel est votre travail. Ne pensez pas que vous pouvez comprendre à cet instant ce qu'est ce travail, et n'essayez pas de lui donner une définition au-delà de ce que nous vous avons donné. Il est normal de ne pas savoir complètement ce que cela signifie. Il est normal de ressentir le mystère de votre vie sans essayer de le rendre concret.

Vous êtes dans le monde pour travailler. Aussi, appliquez-vous de sorte que votre application puisse vous révéler la source de votre but, de votre sens et de votre direction. C'est par votre travail et vos activités importantes que vous ferez l'expérience de votre valeur – la valeur de votre vie individuelle et la promesse de votre véritable destinée. Votre travail véritable vous garantit toutes les choses de valeur et vous fournit une échappatoire à tout ce qui vous dissimule et vous rend impuissant et misérable.

Rappelez-vous l'idée d'aujourd'hui à chaque heure. Lors de vos deux pratiques approfondies, une fois encore, utilisez activement votre mental pour considérer l'idée d'aujourd'hui. Réfléchissez à la manière dont vous percevez le travail en soi et toutes les choses qui s'y associent. Revoyez la manière dont vous avez réagi au travail par le passé – votre désir de travailler, votre ambivalence vis-à-vis du travail et votre résistance vis-à-vis du travail. Prenez conscience que tout désir de fuir le travail s'est révélé être un désir de découvrir la Connaissance. Réalisez que la Connaissance vous engagera dans le travail avec un nouveau but, un nouveau sens et une nouvelle direction. Examinez vos pensées. Vous devez comprendre vos pensées car elles influencent encore très efficacement votre perception et votre compréhension. Lorsque vous deviendrez objectif envers votre propre mental, vous serez capable de permettre à la Connaissance de rayonner sur lui et vous serez capable d'user du pouvoir de décision pour vous préparer et pour travailler avec le contenu de votre mental. Cela est efficace au niveau de participation qui est le vôtre car il ne vous appartient pas de déterminer le but, le sens et la direction de la Connaissance mais de devenir le réceptacle de la Connaissance, de faire l'expérience de la Connaissance et de permettre à la Connaissance de s'exprimer à travers vous.

Aussi, lors de vos deux longues séances de pratique, utilisez activement votre mental. Concentrez-vous sur cette seule idée. Prenez conscience de toutes les pensées et de tous les sentiments qui y sont associés. Dans la dernière partie de chaque longue séance de pratique, permettez à toute pensée de vous quitter. Entrez à nouveau dans la quiétude et la réceptivité afin que vous puissiez savoir. La Connaissance ne demande pas que vous pensiez lorsque vous faites l'expérience de la Connaissance elle-même car toute pensée est un substitut à la Connaissance. La Connaissance dirigera cependant toutes vos pensées au service d'un but supérieur.

Pratique 346 : *Deux séances de pratique de 30 minutes.*
Pratique horaire.

347ème Pas

JE PERMETS À MA VIE DE SE DÉPLOYER AUJOURD'HUI.

Permettez à votre vie de se déployer aujourd'hui. Sans votre propre désorientation intérieure, sans l'obscurité de votre propre imagination et sans votre propre confusion et vos propres conflits, vous pouvez être le témoin du déploiement de votre vie. Ce jour représente un pas dans le déploiement de votre vie, dans l'émergence de votre Connaissance, dans la culture de votre véritable compréhension et dans l'expression de vos véritables accomplissements. Soyez attentif en ce jour et apprenez à observer avec objectivité votre vie extérieure et votre vie intérieure. De cette manière, vous pouvez faire l'expérience de ce qui est vraiment là - et vous aimerez ce qui est vraiment là car ce qui est vraiment là est vrai et reflète l'amour même.

À CHAQUE HEURE, RAPPELEZ-VOUS d'observer votre vie se déployer. Lors de vos pratiques de méditation profonde, dans la quiétude et la réceptivité, observez votre vie intérieure se déployer. Observez votre vie extérieure et votre vie intérieure se déployer ensemble, comme elles le doivent. Ici, vous ressentirez le mouvement de votre vie. Ici, vous saurez que votre vie est guidée et dirigée. Ici, vous saurez que tout ce à quoi vous accordez vraiment de la valeur, tout ce qui vous tient le plus à cœur et tout ce que Nous avons indiqué dans notre préparation jusque-là est en train de voir le jour. Ici, vous permettez à certaines choses de se dissiper et à certaines choses d'émerger. Ici, vous gouvernez la partie de votre vie qu'il vous revient de gouverner - vos pensées et votre comportement. Ici, vous permettez à cette partie de votre vie que vous ne pouvez pas gouverner, votre but, votre sens et votre direction – d'émerger et de s'exprimer naturellement. Ici, vous êtes le témoin de votre vie qui en ce jour émerge et se déploie.

Pratique 347 : *Deux séances de pratique de 30 minutes. Pratique horaire.*

348ème Pas

AUJOURD'HUI, JE SERAI LE TÉMOIN DU DÉPLOIEMENT DU MONDE.

Sans vos spéculations pleines de peur, sans vos réactions anxieuses aux apparences effrayantes et sans vos ambitions et vos dénis, vous pourrez voir le monde se déployer aujourd'hui. Vos yeux verront cela, vos oreilles l'entendront, votre peau le sentira et vous le ressentirez avec l'intégralité de votre être physique et mental. Vous saurez cela parce que votre être sait tandis que votre mental pense et que votre corps agit. C'est ainsi que le pouvoir de la Connaissance est le pouvoir de l'être, dont vous faites partie.

C'est avec ce pouvoir que vous pouvez observer le monde se déployer car le monde possède un être, un mental et un corps. Son être sait, son mental pense et son corps agit. La nature est son corps. Votre pensée collective est son mental. La Connaissance est son être. Ainsi, à mesure que vous prendrez conscience de la Connaissance dans votre vie, vous prendrez conscience de la Connaissance dans le monde. De même que vous voyez la Connaissance nettoyer et purifier votre esprit, vous verrez la Connaissance nettoyer et purifier tous les esprits dans votre monde. De même que vous voyez la Connaissance vous guider dans un mode d'action efficace, vous verrez la Connaissance dans le monde guider les autres dans un mode d'action efficace. Ainsi, de même que vous apprenez à éprouver de la compassion envers vous-même, vous apprendrez à éprouver de la compassion envers le monde. De même que vous êtes le témoin du déploiement de votre vie, vous serez le témoin du déploiement du monde.

Aujourd'hui, à chaque heure, répétez cette idée et soyez témoin du déploiement du monde. Lors de vos deux longues séances de pratique aujourd'hui, les yeux ouverts, contemplez le monde autour de vous. Passez ces moments seul, à contempler le monde autour de vous. Regardez sans jugement. Ressentez le monde se développer. Vous n'avez pas besoin d'essayer de ressentir cela. Vous le ressentirez parce que c'est naturel. Sans obstruction ni intervention de votre part, cette expérience vous sera toujours présente et disponible. Ressentez le monde se développer car cela confirmera tout ce que vous apprenez à présent, et tout ce que vous apprenez à présent servira le monde dans son développement.

PRATIQUE 348 : *Deux séances de pratique de 30 minutes.*
Pratique horaire.

349ème Pas

JE SUIS HEUREUX DE POUVOIR ENFIN SERVIR LA VÉRITÉ.

C'EST VOTRE PLUS GRANDE JOIE, votre plus grand bonheur et votre plus grande satisfaction que de pouvoir enfin servir la vérité. Votre passé a été frustré et maussade car vous avez essayé de servir des choses qui ne possèdent ni fondement, ni sens. Vous avez essayé de vous identifier à des choses qui ne possèdent ni but, ni direction. Cela vous a donné le sentiment d'être dénué de but, de sens et de direction. Réjouissez-vous de pouvoir à présent représenter la vérité et servir la vérité car la vérité vous donne tout ce qui est vrai. Elle vous donne un but, un sens et une direction qui sont ce que vous avez recherché dans tous vos engagements, dans toutes vos relations, dans toutes vos activités et dans tous vos efforts. C'est là ce que vous avez recherché dans tous vos fantasmes, dans toutes vos préoccupations et dans tous vos espoirs.

TOUT CE QUE VOUS AVEZ VRAIMENT DÉSIRÉ VOUS est à présent donné. Apprenez maintenant à recevoir ce que vous avez vraiment désiré et vous prendrez conscience de ce qui est vrai. Vous prendrez également conscience de ce que vous avez toujours vraiment désiré. Cela permet à la vérité de devenir simple et évidente. Cela permet à votre propre nature individuelle de devenir simple et évidente car dans la simplicité, tout est su. Dans la complexité, tout se trouve dissimulé. Seul ce qui est mécanique dans le monde peut être complexe, cependant son essence est simple et peut être expérimenté de façon directe. C'est seulement en contrôlant ce qui est mécanique dans la vie, ce que vous devez faire jusqu'à un certain point, que surgissent les complexités, mais même ces complexités se résolvent simplement pas à pas. Votre approche de la vie doit donc être simple, que vous ayez affaire à la simplicité ou à la complexité. La complexité dont Nous parlons ici, qui est une forme de déni, représente la complexité de votre propre pensée et la confusion dans votre propre approche.

Soyez alors heureux que vous puissiez servir ce qui est vrai car cela simplifiera toutes choses et vous permettra de traiter la complexité de ce qui est mécanique d'une manière directe et efficace. Soyez ainsi heureux que votre vie possède un but, un sens et une direction car vous servez ce qui a un but, un sens et une direction. Souvenez-vous de cela à chaque heure et, lors de vos deux pratiques approfondies, entrez de nouveau dans la quiétude avec une grande réceptivité et une grande dévotion. Souvenez-vous que vous vous donnez ici, que la pratique est un don, que vous êtes en train d'apprendre à donner et que vous êtes en train d'apprendre à servir. Vous donnez ce qui est vrai et vous servez ce qui est vrai, et c'est ainsi que vous faites l'expérience de ce qui est vrai et que vous recevez ce qui est vrai. Par conséquent, aujourd'hui est un jour de bonheur parce que vous servez ce qui est vrai.

Pratique 349 : *Deux séances de pratique de 30 minutes.*
Pratique horaire.

350ème Pas

RÉVISION

Une fois encore, révisez les deux semaines passées de votre apprentissage en lisant chaque leçon et en revoyant chaque jour de pratique. Une fois encore, développez votre capacité à être objectif. Une fois encore, prenez conscience du mouvement global de votre vie – les changements lents mais très importants et très substantiels qui se produisent dans vos valeurs, dans vos engagements avec les autres, dans vos activités et, ce qui est le plus important, dans votre perception de vous-même toute entière.

Gardez à l'esprit que tout changement important est graduel et qu'il suit souvent son cours sans être remarqué jusqu'à ce que ses résultats deviennent évidents. Prenez conscience qu'un changement mineur ou insignifiant est souvent associé à un grand bouleversement émotionnel où les gens pensent qu'il s'est passé quelque chose d'extraordinaire. Le grand changement est plus profond et change tout. Un petit changement marginal affecte votre point de vue de façon immédiate mais son effet global ne dure pas tant que ça. La seule exception à cela est lorsque vos Enseignants interviennent dans votre sphère personnelle pour manifester leur présence ou pour délivrer un message d'une grande force et dont vous avez absolument besoin à ce moment-là. Ces interventions sont rares mais peuvent se produire en certaines occasions quand cela est nécessaire pour vous.

Ainsi, observez le mouvement global de votre vie. Observez votre vie se développer. Cela vous prépare pour l'avenir car ce programme vous prépare pour l'avenir. Vous devez utiliser et renforcer tout ce qui est enseigné ici et vous devez pratiquer à la fois dans le cadre de cette préparation et bien au-delà de celle-ci. Lors de votre longue séance de pratique aujourd'hui, soyez le sage observateur de votre propre développement. Prenez conscience de là où votre pratique a besoin d'être renforcée.

Réalisez que cela émane de votre Connaissance. Suivez cela de votre mieux alors que nous approchons maintenant des leçons finales à ce stade des Pas vers la Connaissance.

Pratique 350 : *Une longue séance de pratique.*

Les Pas vers la Connaissance

LEÇONS FINALES

Vous êtes sur le point de commencer les derniers pas de Notre préparation. Ce ne sont pas les derniers pas de votre approche globale de la Connaissance, ni de votre utilisation et de votre expérience de la Connaissance. Cependant, ce sont les derniers pas à ce grand niveau de développement dans lequel vous êtes à présent engagé. Aussi, donnez-vous à la prochaine section de pratique avec un désir et une intensité accrus. Permettez à la Connaissance de vous diriger dans votre participation. Permettez-vous d'être véritablement puissant, fort et engagé. Ne pensez pas à votre passé mais prenez conscience de la réalité de la Connaissance dans l'instant présent et de sa grande promesse pour l'avenir. Vous êtes honoré, vous qui honorez la source de votre préparation. Vous êtes honoré en ce jour alors que vous débutez les derniers Pas de ce niveau essentiel de votre développement.

351ème Pas

JE SERS UN BUT SUPÉRIEUR DONT JE COMMENCE À PRÉSENT À FAIRE L'EXPÉRIENCE.

RÉPÉTEZ CETTE IDÉE À CHAQUE HEURE et ne l'oubliez pas. À mesure que vous renforcerez cette compréhension, elle deviendra de plus en plus réelle et évidente pour vous. À mesure qu'elle deviendra plus réelle, toutes les autres idées et notions qui rivalisent avec elle s'évanouiront car cette grande et unique vérité a de la substance. Toute autre chose qui prétend être la vérité et qui s'oppose à celle-ci s'évanouira par son manque de substance. Ce qui est vrai existe que vous le vouliez ou non, que vous y croyiez ou non et que vous y adhériez ou non. C'est ce qui le rend vrai.

VOUS AVEZ PENSÉ PAR LE PASSÉ que tout existe par le simple fait de votre volonté. Cela n'est vrai que dans le royaume de l'imagination, un royaume duquel vous apprenez actuellement à vous échapper. Et même dans le royaume de l'imagination, vous apprenez à accorder de la valeur à ce qui est le plus proche de la vérité afin de pouvoir vous échapper du royaume de l'imagination. Car le royaume de l'imagination n'est pas le royaume de la Création. Ce qui crée, crée à partir de la Connaissance. C'est la Création qui est permanente, qui a un sens et qui possède un vrai pouvoir et une véritable valeur, même dans le monde. Ce n'est pas le royaume de l'imagination.

LORS DE VOS SÉANCES APPROFONDIES DE PRATIQUE, ENTREZ DANS LA QUIÉTUDE. Venez avec un profond respect pour ce que vous tentez de faire. Rappelez-vous l'importance de ces périodes de quiétude. Rappelez-vous que ce sont des moments de dévotion, des moments de véritable consécration, des moments où vous vous ouvrez et des moments où la Connaissance s'ouvre. Permettez à ce jour d'être un jour de plus grande compréhension.

Permettez à ce jour d'être un jour d'une plus grande dévotion car vous êtes aujourd'hui un véritable étudiant de la Connaissance.

PRATIQUE 351 : *Deux séances de pratique de 30 minutes.*
Pratique horaire.

352ème Pas

JE SUIS UN VÉRITABLE ÉTUDIANT DE LA CONNAISSANCE AUJOURD'HUI.

AFFIRMEZ CELA À CHAQUE HEURE ET, lors de vos deux pratiques de méditation, entrez dans vos périodes de silence avec un profond respect et une grande dévotion. Ce sont vos temps de dévotion. Vous allez véritablement à l'église à présent – non pas par obligation, non pas par peur ou par inquiétude, et non pas par sentiment de devoir envers un Dieu qui n'est pas aimant, mais bien poussé par un sentiment de grande joie et par un désir de vous donner à ce qui se donne à vous. Soyez un véritable étudiant de la Connaissance. Souvenez-vous de tout ce qui vous a été dit jusqu'ici et utilisez-le chaque heure qui passe. Engagez-vous dans la pratique de manière significative, à la fois en vous et à l'extérieur de vous. Fortifiez ce jour. Donnez ce jour à la Connaissance de même que la Connaissance vous donne ce jour afin que vous puissiez apprendre de la présence de la Connaissance dans votre vie.

LA CONNAISSANCE EST LE DON QUE VOUS FAIT DIEU car la Connaissance est l'extension de Dieu vers vous. Ainsi, la Connaissance sera Dieu pour vous mais exprimera une grandeur qui va au-delà d'elle-même car la Connaissance est ici pour vous permettre d'entrer en relation avec vous-même, avec les autres et avec la vie d'une manière qui ait un sens. Grâce à cela, vous serez capable de rétablir vos relations et ainsi de vous acheminer vers votre véritable Demeure en Dieu.

PRATIQUE 352 : *Deux séances de pratique de 30 minutes.*
Pratique horaire.

353ème Pas

MA VÉRITABLE DEMEURE EST EN DIEU.

Votre véritable Demeure est en Dieu. Votre véritable Demeure est. Votre Demeure est vraie. Vous êtes vrai. Vous êtes chez vous en ce moment même alors que vous êtes dans le monde, bien que le monde ne soit pas votre véritable Demeure. Parce que vous êtes chez vous en étant dans le monde et parce que vous êtes avec la Connaissance, vous pouvez donner au monde et lui fournir exactement ce dont il a besoin, et vous voudrez donner ce sentiment de chez-soi au monde, un monde qui se sent sans foyer et perdu.

À chaque heure, répétez cette idée et observez les gens dans le monde et voyez combien ils semblent sans foyer. Souvenez-vous à quel point ils sont vraiment chez eux sans en avoir conscience. Comme vous-même, ils sont endormis chez eux. Vous apprenez à présent à sortir de votre sommeil et à réaliser que vous êtes toujours chez vous parce que votre Famille Spirituelle est avec vous, parce que la Connaissance est avec vous et parce que vos Enseignants sont avec vous.

C'est ainsi que vous êtes chez vous en Dieu quand bien même vous semblez être loin de votre véritable Demeure actuellement. Vous avez amené avec vous votre véritable Demeure. Comment pouvez-vous être là où Dieu n'est pas, si Dieu est partout ? Comment pouvez-vous ne pas être avec vos Enseignants s'ils vous accompagnent ? Comment pouvez-vous ne pas être avec votre Famille Spirituelle si votre Famille Spirituelle est toujours présente ? Cela peut paraître contradictoire que vous puissiez vous trouver loin de votre véritable Demeure et être cependant chez vous, mais vous semblez être loin de votre Demeure uniquement lorsque vous regardez le monde en vous identifiant avec le monde que vous voyez. Cependant, en vous, vous portez la Connaissance qui est un rappel que vous êtes vraiment chez vous et que vous êtes dans le monde pour étendre votre véritable Demeure jusque dans le monde. Car votre véritable Demeure souhaite se donner au monde de sorte que le monde puisse trouver son chemin pour retourner à la Demeure.

À chaque heure souvenez-vous de cela et lors de vos deux méditations profondes rentrez chez vous en la Connaissance. Rentrez chez vous dans le sanctuaire de votre temple intérieur. Ici, vous faites l'expérience de votre véritable Demeure et celle-ci vous devient plus réelle. À mesure qu'elle vous deviendra plus réelle, elle demeurera de plus en plus avec vous dans votre expérience. Vous devez faire l'expérience de votre véritable Demeure pendant que vous êtes dans le monde.

Pratique 353 : *Deux séances de pratique de 30 minutes.*
Pratique horaire.

354ème Pas

JE DOIS FAIRE L'EXPÉRIENCE DE MA VÉRITABLE DEMEURE PENDANT QUE JE SUIS DANS LE MONDE.

Dans votre véritable Demeure vous êtes heureux, vous êtes inclus, vous êtes complet, vous êtes en relation, vous participez entièrement, vous êtes essentiel et vous avez du sens. Votre véritable Demeure vous est incompréhensible lorsque vous êtes dans le monde. En fait, votre véritable Demeure vous sera incompréhensible jusqu'à ce que vous soyez complètement arrivé à votre véritable Demeure, jusqu'à ce que votre Famille Spirituelle ait rejoint toutes les autres Familles Spirituelles et jusqu'à ce que l'union soit complète dans l'univers.

Cependant, même si votre véritable Demeure est incompréhensible, ne pensez pas qu'elle soit hors de votre portée. Il vous est donné aujourd'hui de faire l'expérience de votre véritable Demeure car vous portez la Connaissance en vous. Votre seule limitation ici est votre capacité à faire l'expérience de la Connaissance et à l'exprimer. Cependant, à mesure que vous faites chaque pas et que vous recevez chaque pas dans votre préparation, votre capacité à faire l'expérience de la relation et de la communication grandit. À mesure que vous cherchez de plus en plus à vous libérer de votre propre imagination et de votre propre pensée isolée, vous faites l'expérience de votre inclusion dans la vie à un degré toujours plus élevé. Ainsi, votre évolution peut être évaluée par votre capacité croissante à faire l'expérience de la relation et de la communication ainsi que par votre capacité croissante à faire l'expérience de la Connaissance et à l'exprimer. Ainsi, vous êtes chez vous alors que vous êtes dans le monde car votre véritable Demeure croît en vous dans votre propre expérience. Le Feu de la Connaissance s'accroît en puissance et son insatiable bienveillance devient toujours plus évidente à mesure que votre mental devient libre, entier et concentré.

À chaque heure, rappelez-vous cela et lors de vos séances approfondies de pratique, retournez à votre véritable Demeure. Vous êtes chez vous dans le monde. Aussi, vous pouvez être en paix dans le monde.

Pratique 354 : *Deux séances de pratique de 30 minutes.*
Pratique horaire.

355ème Pas

JE PEUX ÊTRE EN PAIX DANS LE MONDE.

Il est possible d'être en paix dans le monde car vous avez amené la source de la paix avec vous. Vous pouvez être en paix dans le monde même si le monde est un lieu d'engagement actif, un lieu de difficultés, un lieu de défis et un lieu d'accomplissements nécessaires, parce que vous portez la paix en vous et grâce au Feu de la Connaissance. De la Connaissance émergent toute pensée et toute activité significatives – toute véritable inspiration, toutes les idées importantes et toutes les grandes expressions. La Connaissance est cependant plus grande que ses expressions car elle est une lumière dans le monde.

Vous êtes en paix dans le monde parce que vous êtes avec la lumière du monde et cependant, vous êtes engagé dans le monde parce que vous êtes venu ici pour travailler. C'est seulement par la participation, en suivant chaque pas, que vous pourrez réaliser qu'il n'existe aucune contradiction entre la paix et le travail. Il n'existe aucune séparation entre la quiétude et l'activité. Vous devez faire pleinement l'expérience de cela car c'est une expérience complète et votre capacité à en faire l'experience doit être développée de plus en plus. Votre compréhension et votre entendement doivent être développés continuellement. Votre engagement avec la vie doit devenir de plus en plus harmonieux et uniforme. Votre discernement à l'égard des relations doit être accru et réellement appliqué. Toutes les qualités associées à la culture de la Connaissance doivent également être développées. Cela vous permettra d'être en paix dans le monde car vous étiez destiné à être en paix dans le monde. La paix dans le monde est une expression de votre véritable Demeure dans le monde, et en cela vous trouverez votre soi.

Pratique 355 : *Lisez la leçon trois fois aujourd'hui.*

356ème Pas

Je trouverai mon Soi aujourd'hui.

Votre Soi dépasse votre capacité actuelle à en faire l'expérience. Vous pouvez cependant trouver votre Soi et en faire l'expérience dans la mesure de votre capacité actuelle. Souvenez-vous qu'il s'agit de votre grand désir. Souvenez-vous de cela à chaque heure. Souvenez-vous que vous voulez trouver votre Soi car sans votre Soi, vous êtes perdu dans votre propre pensée et dans la pensée erratique du monde. Sans votre Soi, vous vous sentirez aussi temporaire et aussi changeant que le monde. Sans votre Soi, vous vous sentirez aussi menacé et aussi menaçant que le monde. Par conséquent, votre véritable désir est de rétablir votre Soi et, avec votre Soi, toutes les qualités intrinsèques à votre Soi qui sont issues de votre seule et unique véritable Source, qui sont exprimées par votre Connaissance et qui vivent dans votre Ancienne Demeure.

Aujourd'hui, lors de vos séances approfondies de pratique, venez à nouveau à la Connaissance. Venez vous donner. Venez rendre grâce. Venez avec dévotion et profond respect afin que vous puissiez accroître votre capacité à faire l'expérience de vous-même, à la fois lorsque vous pratiquez la méditation et lorsque vous êtes dans le monde. Vous êtes venu dans le monde pour rétablir votre Connaissance et pour permettre à votre Connaissance de s'exprimer. Vous exprimerez alors votre Soi car vous êtes dans le monde pour exprimer votre Soi.

Pratique 356 : *Deux séances de pratique de 30 minutes.*
Pratique horaire.

357ème Pas

JE SUIS DANS LE MONDE POUR EXPRIMER MON SOI.

Tout ce que vous avez jamais dit et tout ce que vous avez jamais fait a été une tentative d'exprimer votre Soi. Votre dilemme dans le passé vient du fait que vous avez tenté d'exprimer un soi qui n'est pas votre Soi. Ce soi temporaire, ce soi personnel, a été utilisé comme substitut à votre véritable Soi alors qu'il est seulement destiné à servir d'intermédiaire entre votre véritable Soi et le monde. Parce qu'il a été utilisé comme substitut, sa propre confusion intrinsèque et son manque de fondement ont rendu impossibles votre communication et votre expression. C'est ainsi que vous n'avez pas trouvé la source de votre expression ni le meilleur véhicule pour votre expression.

Le fait que votre véritable Soi désire s'exprimer est évident dans toutes vos activités passées, si vous prenez la peine de les comprendre avec objectivité. Tout ce que vous avez dit à qui que ce soit contient le germe d'une véritable expression. Tout ce que vous avez fait ou essayé de démontrer contient le germe d'une véritable démonstration et d'une véritable expression. Il vous suffit de purifier votre expression pour qu'elle soit complète et représente vraiment votre nature, afin qu'elle vous soit ainsi réellement satisfaisante.

Parce que vous êtes ici pour exprimer votre Soi, vous devez aussi apprendre comment exprimer votre Soi, de quelle manière votre véritable expression affectera les autres et comment cet effet peut être utilisé d'une façon appropriée à votre bien-être ainsi qu'au leur. Ici, vous apprenez ce que vous souhaitez exprimer et comment l'exprimer. Et vous apprenez aussi à prendre conscience de son impact sur le monde. Cela exige que vous cultiviez la Connaissance en vous, que vous cultiviez vos capacités personnelles et que votre soi personnel soit transformé de l'état de substitut de la Connaissance à l'état d'intermédiaire de la Connaissance. En qualité d'intermédiaire, votre soi personnel doit être développé et activé correctement. Celui-ci sert ici un Soi Supérieur en vous, tout comme votre Soi Supérieur sert le Soi Supérieur de l'univers. Tout trouve ici sa juste place et son expression uniforme.

Rappelez-vous à chaque heure que vous désirez exprimer votre Soi et, lors de vos expériences de méditation profondes où vous entrez dans la quiétude et dans la dévotion, laissez votre véritable Soi s'exprimer à vous. Au-delà des mots et au-delà des actions, votre véritable Soi s'exprimera et vous connaîtrez son expression. Vous saurez que vous désirez recevoir son expression et étendre son expression dans le monde. Le monde est l'endroit où vous êtes venu exprimer votre Soi parce que le monde est l'endroit où vous désirez être chez vous.

Pratique 357 : *Deux séances de pratique de 30 minutes.*
  Pratique horaire.

358ème Pas

Je désire être chez moi dans le monde.

Vous désirez être chez vous dans le monde. Vous n'êtes pas venu ici pour fuir le monde. Vous êtes venu ici pour être chez vous dans le monde. Comprendre cela vous permettra d'accorder de la valeur à votre contribution et de vous engager complètement dans son expression. Fuir le monde sans contribuer au monde ne fera qu'aggraver votre dilemme et vous retournerez vers votre Famille Spirituelle avec vos présents sans qu'ils n'aient été ouverts ni remis. Vous réaliserez alors que vous devez revenir parce que le travail que vous aviez l'intention d'accomplir dans le monde n'a pas été accompli.

Soyez donc heureux d'être actuellement dans le monde et de ne pas avoir à attendre pour y revenir. Vous êtes déjà là. Vous avez progressé jusque-là. Vous êtes en parfaite position pour accomplir votre destinée ici. Vous avez amené avec vous votre Ancienne Demeure – dans le germe et dans la lumière de votre Connaissance qui à présent croît, émerge et se développe.

Le monde n'est pas votre Demeure mais vous êtes destiné à être chez vous dans le monde. À chaque heure, réfléchissez-y et réalisez à quel point vous désirez être chez vous dans le monde. Réalisez à quel point vous ne désirez pas condamner le monde ou simplement vous échapper du monde. Lorsque vous serez chez vous dans le monde, vous serez capable d'évoluer au-delà du monde pour servir d'une manière supérieure et pour faire l'expérience d'une réalité supérieure à ce que le monde peut vous présenter. Mais vous ne partirez pas avec regret, colère ou déception. Vous partirez avec bonheur et satisfaction. C'est ainsi que votre expérience ici sera achevée. C'est ainsi que le monde sera béni et que vous serez béni, vous qui vous êtes béni vous-même et avez béni le monde alors que vous étiez dans le monde.

Lors de vos pratiques de méditation profonde, permettez-vous de considérer sérieusement ce qu'être chez soi signifie pour vous. À nouveau, il s'agit une pratique d'utilisation active de votre mental. Utilisez votre mental pour considérer les choses importantes qui sont en train de vous être données à présent. Il vous faudra examiner toutes les pensées que vous entretenez en rapport avec l'idée d'aujourd'hui pour comprendre la manière dont vous approchez l'idée d'aujourd'hui et vos réactions à son sujet. Le pouvoir de décision vous appartient mais vous devez comprendre le contenu actuel de votre mental. Ce faisant, vous serez capable de prendre une décision adéquate et sage en votre faveur, dans le champ de votre responsabilité. Vous êtes destiné à être chez vous dans le monde. Amenez votre Demeure avec vous de sorte que d'autres puissent se sentir chez eux dans le monde. Le monde est alors béni parce qu'il n'est plus un lieu séparé. Ne fuyez pas le monde aujourd'hui mais soyez présent pour servir le monde.

Pratique 358 : *Deux séances de pratique de 30 minutes.*
Pratique horaire.

359ème Pas

JE SUIS PRÉSENT POUR SERVIR LE MONDE.

SOYEZ PRÉSENT POUR SERVIR LE MONDE et la présence qui sert le monde parlera à travers vous. Soyez présent pour servir le monde et vous serez présent à cette présence. Vous serez engagé dans chaque activité, et chaque activité sera importante et significative. Vous ne chercherez alors pas à fuir votre expérience, vous ne chercherez pas à fuir le monde et vous ne chercherez pas un endroit sombre où vous cacher car vous réaliserez que la lumière de la Connaissance est totalement bienfaisante. Vous désirerez vous y baigner de plus en plus et l'exprimer de plus en plus dans le monde. Tel est votre devoir ici et tel est votre grand amour.

À CHAQUE HEURE, RAPPELEZ-VOUS que vous désirez être présent pour servir le monde. Rappelez-vous aussi que vous désirez être présent pour que le monde vous serve. Rappelez-vous que vous devez apprendre comment recevoir et comment donner, et c'est pourquoi vous êtes un étudiant débutant de la Connaissance. Ne vous accablez pas d'attentes vous concernant au-delà de ce qui est indiqué dans votre programme de préparation. Vos Enseignants reconnaissent votre niveau actuel et ils reconnaissent votre étape actuelle. Ils ne sous-estiment pas votre pouvoir mais ils ne surestiment pas non plus vos capacités actuelles. C'est la raison pour laquelle vous aurez besoin d'eux pour avancer avec certitude, honnêteté et fiabilité.

LORS DE VOS PRATIQUES APPROFONDIES, soyez présent pour vous donner à votre pratique dans la quiétude. Souvenez-vous encore que toute pratique est un don. Vous vous donnez de sorte que votre véritable Soi puisse vous être donné. Ici, vous amenez ce qui est petit à ce qui est grand et ce qui est grand vient à ce qui est petit. Ici, vous réalisez que vous aussi êtes grand et que le petit est destiné à exprimer la grandeur dont vous faites partie. Le monde réclame désespérément que cette grandeur soit révélée, cependant vous devez apprendre comment révéler la grandeur dans le monde.

Pratique 359 : *Deux séances de pratique de 30 minutes.*
 Pratique horaire.

360ème Pas

JE DOIS APPRENDRE COMMENT RÉVÉLER LA GRANDEUR DANS LE MONDE.

Avec simplicité, humilité et sans fausses suppositions, en vous rappelant que vous êtes un étudiant débutant de la Connaissance, vous serez capable d'apprendre comment révéler la grandeur dans le monde. Cela est tout à fait essentiel parce que le monde est ambivalent vis-à-vis de la grandeur, vis-à-vis de la Connaissance et vis-à-vis de l'amour. Si vous présentez au monde son propre désir alors qu'il est dans un état d'ambivalence, il ne saura pas comment réagir. Aussi, sa réaction démontrera ou bien l'acceptation de votre contribution ou bien son rejet. Tout individu, toute communauté ou tout monde frappé par l'ambivalence réagira de plus d'une façon, parce qu'ils sont ambivalents. Pour cette raison vous devez apprendre à approcher l'ambivalence avec sagesse car ceux qui sont ambivalents doivent apprendre comment recevoir leur certitude, tout comme vous apprenez actuellement à le faire.

Reconnaissez ainsi à quel point vous avez été ambivalent jusqu'ici à l'égard de votre vie et à l'égard de cette préparation. Réalisez que c'est la raison pour laquelle cette préparation vous a été donnée sous forme de pas très progressifs, un pas à la fois, jour après jour. Un pas à la fois, vous apprenez à développer ainsi qu'à accepter votre désir et votre capacité pour la Connaissance, et vous apprenez également à exprimer la Connaissance. Être un étudiant signifie que vous êtes là pour apprendre et à mesure que vous apprendrez, vous démontrerez, vous enseignerez et vous produirez les grands résultats que la Connaissance désire produire. Cependant, la Connaissance ne peut pas aller au-delà de vos limites parce que la Connaissance prend soin de vous et protège le véhicule que vous êtes. Parce que vous faites partie de la

Connaissance, vous souhaiterez également prendre soin de votre véhicule. C'est pourquoi vous devez prendre le plus grand soin de votre mental et de votre corps à mesure que vous avancez.

Aujourd'hui, lors de vos temps de pratique approfondie, permettez-vous d'être instruit quant à la manière de révéler la grandeur dans le monde. Prenez conscience de l'ambivalence du monde et acceptez cela car tel est l'état actuel du monde. Réalisez que vous devez donner avec sagesse et discernement. Et réalisez que vous devez laisser la Connaissance se donner d'elle-même et ne pas essayer de donner selon votre propre ambition ou selon votre besoin d'échapper à un sentiment d'insuffisance. Permettez à votre don d'être vrai et votre don sera vrai. Votre don se donnera alors de lui-même d'une manière appropriée qui vous préservera et qui honorera ceux qui recevront votre don. Cela les sortira de leur ambivalence, tout comme vous-même êtes à présent guidé vers la lumière.

Pratique 360 : *Deux séances de pratique de 30 minutes.*

361ème Pas

Je suis guidé vers la lumière de la Connaissance aujourd'hui.

Vous portez la lumière. Portez-la en vous à chaque heure et en toute circonstance. Utilisez votre journée toute entière pour vous exercer à porter la Connaissance en vous. N'essayez pas d'exprimer la Connaissance car la Connaissance le fera d'elle-même lorsque cela sera approprié. Votre tâche aujourd'hui consiste à porter la Connaissance en vous, à être attentif et à vous souvenir que la Connaissance est avec vous. Que vous soyez seul ou avec d'autres personnes, que vous soyez au travail ou chez vous, que vous soyez dans une situation plaisante ou déplaisante, portez la Connaissance en vous. Sentez la brûler dans votre cœur. Sentez-la remplir le vaste espace de votre mental.

Lors de vos deux séances approfondies de pratique, entrez à nouveau dans le sanctuaire de la Connaissance afin de pouvoir être revigoré et renouvelé, afin de pouvoir être béni et honoré et afin de pouvoir trouver le répit et la liberté. Plus vous trouverez cela dans votre vie intérieure, plus vous serez capable de le porter dans votre vie extérieure car vous êtes destiné à porter la Connaissance dans le monde aujourd'hui.

Pratique 361 : *Deux séances de pratique de 30 minutes.*
Pratique horaire.

362ème Pas

J'APPRENDS À APPRENDRE CAR AUJOURD'HUI JE PORTE EN MOI LA CONNAISSANCE.

Vous APPRENEZ À APPRENDRE. Vous apprenez à recevoir la Connaissance. Vous apprenez à accorder de la valeur à la Connaissance. Vous apprenez à porter la Connaissance. Vous apprenez à exprimer la Connaissance. Vous apprenez à cultiver toutes les facultés physiques et mentales qui sont essentielles à l'ensemble de cette préparation. Vous êtes un étudiant accompli. Aussi, soyez totalement engagé dans votre statut d'étudiant aujourd'hui, ce qui vous libérera des fausses suppositions et vous évitera de placer d'impossibles fardeaux sur vos épaules. Vous serez capable de mettre en œuvre de façon naturelle ce qui est donné dans la vérité car vous êtes naturellement créé pour le faire. Vos véhicules mental et physique, qui sont liés à ce monde, seront naturellement impliqués dans votre véritable accomplissement.

Apprenez à apprendre. Apprendre à apprendre signifie que vous apprenez à participer. Cela signifie que vous suivez et guidez tout à la fois. Vous suivez vos Enseignants et leur programme de développement et vous guidez vos véhicules mental et physique. De cette façon, guider et suivre deviennent une seule et même chose, tout comme donner et recevoir sont une seule et même chose. C'est ainsi que ceux qui reçoivent donneront et que ceux qui suivent guideront. C'est ainsi que ceux qui donnent auront besoin de continuer à recevoir et que ceux qui guident auront besoin de continuer à suivre. Ici, la dualité de telles choses disparaît. Leurs natures uniformes et complémentaires sont reconnues parce que cela est simple, parce que cela est évident et parce que cela est vrai.

Souvenez-vous de cette idée à chaque heure et utilisez vos deux séances de pratique pour vous plonger avec la Connaissance dans la quiétude et la simplicité. Permettez aux dernières séances de pratique de ce programme d'être d'une grande profondeur. Donnez-vous y aussi complètement que vous le pouvez car en faisant cela vous accroîtrez votre capacité pour la Connaissance et votre expérience de la Connaissance. À mesure que votre capacité et votre expérience de la Connaissance croîtront, votre désir pour la Connaissance croîtra également car la Connaissance est votre véritable désir.

Pratique 362 : *Deux séances de pratique de 30 minutes.*
Pratique horaire.

363ème Pas

La Connaissance est mon véritable désir car je suis un étudiant de la Connaissance.

La Connaissance est votre véritable désir. Ne pensez pas que vos désirs soient faux car tout désir, s'il est reconnu, est un désir de la Connaissance. C'est parce que vous avez mal interprété vos désirs ou que vous avez essayé de vous en servir dans le but de fortifier d'autres choses qu'ils vous ont égaré. N'essayez pas d'être sans désir car la vie est désir. Le désir est but. Le désir est sens et direction. Cependant, vous devez reconnaître votre vrai désir qui est le désir que la Connaissance s'accomplisse et s'affirme, le désir que la Connaissance vous sauve et que vous sauviez la Connaissance. Comment pouvez-vous sauver la Connaissance ? En la maintenant en vous, en étant un étudiant de la Connaissance, en portant la Connaissance en vous partout où vous allez, en renforçant votre conscience de la Connaissance, en étant simple avec la Connaissance et en n'essayant pas de vous servir de la Connaissance pour réaliser vos propres objectifs et vos propres buts.

Poursuivez les activités normales de la journée mais portez la Connaissance en vous. Si la Connaissance n'est pas dans le doute, vous n'avez pas à être dans le doute. Si la Connaissance n'a pas peur, vous n'avez pas à avoir peur. Si la Connaissance ne change pas la situation, vous n'avez pas à changer la situation. Cependant, si la Connaissance vous retient, retenez-vous. Si la Connaissance change la situation, changez la situation. Si la Connaissance vous dit de quitter une situation particulière, quittez cette situation. Si la Connaissance vous dit de rester dans une situation particulière, restez dans cette situation. Ici, vous devenez aussi simple et aussi puissant que la Connaissance. Ici, vous devenez la Connaissance elle-même.

À chaque heure, répétez l'idée d'aujourd'hui et faites-en l'expérience. Dans votre vie intérieure, faites-en également l'expérience lors de vos pratiques de méditation approfondies. Votre vie intérieure et votre vie extérieure sont là où vous vous appliquez et là où vous vous donnez. Elles sont là où vous portez la Connaissance. Avec le temps, vous verrez que la Connaissance vous portera.

Pratique 363 : *Deux séances de pratique de 30 minutes.*
Pratique horaire.

364ème Pas

LA CONNAISSANCE ME PORTE CAR JE SUIS UN ÉTUDIANT DE LA CONNAISSANCE.

EN MÊME TEMPS QUE VOUS PORTEZ LA CONNAISSANCE EN VOUS, vous sentirez que la Connaissance vous porte. Vous sentirez la Connaissance vous guider et vous diriger, vous préserver, vous protéger, vous éloigner des engagements difficiles et préjudiciables, vous engageant avec des individus avec lesquels vous devez vous engager et vous écartant des engagements discordants et dépourvus de but. C'est ainsi que vous devenez un guide et un suiveur car vous suivez la Connaissance et vous vous guidez vous-même. Vous vous abandonnez à la Connaissance et cependant vous exercez le pouvoir de décision en votre propre nom. C'est ainsi que vous devenez un grand suiveur et un grand guide. Ainsi, vous êtes en position de servir et vous vous sentirez de plus en plus comme porté par la Connaissance à travers la vie. Et vous sentirez que vous portez également la Connaissance en vous. Vue correctement, vous réaliserez votre vraie relation avec la Connaissance. Vous réaliserez que vous portez la Connaissance en vous et que la Connaissance porte votre bien-être en elle. Cela est parfaitement complémentaire. C'est parfait car c'est né de la perfection même.

SOYEZ UN VÉRITABLE ÉTUDIANT DE LA CONNAISSANCE. Plongez-vous dans la pratique. Donnez-vous à la pratique. Ne modifiez pas votre pratique. Ne négligez pas votre pratique. Tout ce que vous avez à faire est de pratiquer et d'être attentif, pratiquer et être attentif. À chaque heure et lors de vos deux pratiques de méditation approfondies où vous entrez dans la quiétude pour être avec la quiétude elle-même, exercez-vous à pratiquer, exercez-vous à apprendre et apprenez à apprendre. Aujourd'hui vous apprenez à apprendre. Aujourd'hui vous êtes un étudiant de la Connaissance.

PRATIQUE 364 : *Deux séances de pratique de 30 minutes.*
Pratique horaire.

365ème Pas

JE M'ENGAGE À APPRENDRE À APPRENDRE.
JE M'ENGAGE À DONNER CE QUE JE SUIS DESTINÉ À DONNER.
JE M'ENGAGE CAR JE FAIS PARTIE DE LA VIE.
JE FAIS PARTIE DE LA VIE CAR JE NE FAIS QU'UN AVEC LA CONNAISSANCE.

Qu'est-ce que l'engagement sinon l'expression naturelle de votre véritable désir ? Il vous libère ; il ne vous attache pas. Il vous engage ; il ne vous oblige pas. Il vous fortifie ; il ne vous limite pas. Le véritable engagement est issu de la véritable Connaissance, de laquelle vous-même êtes issu. Dans ce dernier pas à ce stade de votre préparation, donnez-vous et donnez votre journée entière à la pratique.

Honorez-vous pour avoir accompli une tâche remarquable et substantielle en terminant cette année de préparation. Honorez votre Connaissance pour vous avoir donné le désir de participer et la force de participer. Honorez votre Connaissance pour vous avoir donné la vision qui est maintenant en train d'émerger. Honorez tous ceux qui vous ont servi dans votre vie – votre famille, vos parents, vos amis et ceux qui paraissent être vos ennemis et vos adversaires. Honorez tous ceux qui vous ont permis d'accorder de la valeur à la Connaissance et qui vous ont donné la force et la résolution d'entreprendre la préparation pour la Connaissance. Rappelez-vous également vos Enseignants car ils se rappellent de vous et demeurent avec vous en ce moment même. Souvenez-vous que vous êtes un étudiant de la Connaissance et avec cela vous serez capable de poursuivre votre préparation.

Aujourd'hui, à chaque heure et lors de vos deux pratiques approfondies de méditation, donnez-vous. Considérez tout ce qui vous est donné. Que ce jour soit un jour d'accomplissement et de gratitude. Que ce jour soit un jour pour honorer la réalité de la Connaissance en vous et votre réalité en la Connaissance. Ouvrez-vous au prochain pas au-delà de ce programme. Le prochain pas vous attend – un pas qui vous engagera de façon significative avec d'autres étudiants de la Connaissance, un pas qui vous engagera de façon significative avec ceux qui ont avancé au-delà de ce que vous avez accompli jusqu'ici, un pas qui vous engagera au service de ceux qui commencent seulement à avancer dans cette étape que vous venez de terminer. Ainsi, vous recevez de ceux qui sont devant vous et vous donnez à ceux qui sont derrière vous. Ainsi, tous sont nourris et soutenus dans leur retour à la Demeure en Dieu. C'est ainsi que vous suivez et que vous guidez, que vous recevez et que vous donnez. C'est ainsi que toutes vos activités deviennent uniformes et que vous vous libérez de toute imagination négative. C'est ainsi que vous êtes un étudiant de la Connaissance. Et c'est ainsi que la Connaissance vous bénit, vous dont la destinée est de bénir le monde.

Nasi Novare Coram

Index

Ambition : Pas : 219, 243, 269
Ambivalence : Pas : 172, 252, 274, 280, 283, 310, 317, 360
Amis : Pas : 114, 211, 258, 288
Amour : Pas : 24, 48, 57, 61, 181, 205, 206, 258, 305, 328, 329, 339
Apitoiement sur soi : Pas : 123, 124, 127
Appel dans le monde : Pas : 185, 231, 232, 312, 323
Apprentissage : Pas : 47, 50, 77, 84, 91, 102, 119, 126, 133, 136, 138, 139, 150, 179, 254, 281, 282, 314, 362

Besoins matériels : Pas : 159, 253, 330
Bonheur : Pas : 85, 96, 107, 108, 124, 225, 341
But : Pas : 20, 71, 92, 93, 94, 105, 131, 134, 136, 179, 185, 188, 190, 193, 212, 231, 290, 306, 345, 346, 351, 357

Certitude : Pas : 141, 173, 230, 236
Changement : Pas : 84, 266, 294, 347, 348, 350
Communauté : Pas : 300, 309
Communauté d'étudiants : Pas : 170, 171
Communication : Pas : 153, 193, 201, 285
Complexité : Pas : 117, 267, 268, 313
Confiance : Pas : 72, 83, 87, 164, 253, 254, 316
Confusion : Pas : 20, 165, 213, 214, 221, 222, 230, 267, 274, 283, 288
Corps : Pas : 201
Croyances : Pas : 5, 213

Déception : Pas : 66, 67, 262
Demeure : Pas : 353, 354, 358
Désir : Pas : 253, 363
Destinée : Pas : 135

Dieu : Pas : 40, 43, 96, 103, 104, 127, 318, 319, 339, 353
Discernement : Pas : 176, 179, 193, 261
Discipline personnelle : Pas : 118, 177
Donner : Pas : 53, 86, 101, 105, 121, 122, 147, 148, 149, 156, 158, 159, 171, 173, 178, 217, 237, 242, 244, 245, 260, 261, 284, 321, 329, 344
Doute : Pas : 20

Écoute : Pas : 15, 62, 64, 75, 193
Émotions : Pas : 89, 241
Engagement : Pas : 365
Enseignants : Pas : 22, 23, 36, 47, 48, 78, 114, 128, 129, 146, 215, 216, 224, 237, 247, 254, 272, 273, 333, 334
Enseigner : Pas : 237, 244, 259, 306
Épanouissement : Pas : 95, 97, 320
Erreurs : Pas : 26, 27, 73, 77, 241, 245, 246, 255, 261
Esprit individuel : Pas : 87, 200, 201
Être à l'aise : Pas : 109, 111
Être attentif : Pas : 338
Être dans le monde : Pas : 118
Être seul : Pas : 53, 78, 157, 249, 250, 315, 337
Être un étudiant : Pas : 34, 42, 47, 100, 109, 150, 196, 230, 237, 262, 269, 270, 289, 290, 294, 304, 332, 342, 343, 352, 363, 364
Étudier le programme : Pas : 42, 58, 91, 98, 119, 138, 147, 161, 181, 182, 185, 196, 198, 224, 235, 244, 255, 265, 266, 308, 322, 344
Évolution : Pas : 179, 190, 199, 325
Expérience : Pas : 27, 183, 241
Expression de soi : Pas : 357

Famille Spirituelle : Pas : 186, 189, 211, 238, 300, 345

Feu de la Connaissance : Pas : 97, 334, 335, 338, 339, 344
Foi : Pas : 68, 156
Force intérieure : Pas : 44

Grande Communauté : Pas : 187, 189, 190, 199, 202, 203, 211, 256, 325, 326
Grandeur : Pas : 46, 142, 191, 171, 234, 237, 257, 331, 360
Gratitude : Pas : 86, 178, 179, 245, 250, 291, 328
Guérison : Pas : 188, 189, 198, 206, 287, 309
Guidance intérieure : Pas : 29, 128, 194, 215, 247, 248

Honnêteté : Pas : 98, 110, 177
Humanité : Pas : 190, 191, 202

Idéalisme : Pas : 54, 55, 66, 67, 106, 125, 199
Identité : Pas : 125, 356, 357
Imagination : Pas : 95, 128, 277, 321, 351
Incertitude : Pas : 79, 81, 275
Inclinations profondes : Pas : 72, 316
Individualité : Pas : 11, 12, 13, 45, 232, 243
Influences : Pas : 113, 203, 212, 269, 303

Jugement : Pas : 30, 49, 60, 76, 82, 99, 151, 193, 205, 213, 214, 262, 324

Liberté : Pas : 57, 94, 132, 167, 209, 220, 239, 246, 264, 265, 274, 275, 279, 310, 320
Limites : Pas : 44, 45, 46, 51, 233

Maîtrise : Pas : 106, 140
Monde : Pas : 63, 65, 66, 67, 145, 160, 179, 190, 205, 213, 218, 255, 256, 259, 260, 283, 292, 302, 311, 312, 320, 348
Mission : Pas : 33, 36, 165, 166

Mystère : Pas : 36, 39, 110, 137, 138, 139, 186, 295

Nécessité : Pas : 172, 173

Objectivité : Pas : 63, 126, 189, 202, 203, 204, 208, 210, 224, 228
Observation : Pas : 29, 30, 62, 202
Origines : Pas : 6, 174, 186, 211

Paix : Pas : 74, 193, 204, 268, 287, 327, 355
Paix dans le monde : Pas : 288, 309
Pardon : Pas : 86, 123, 178, 205, 207, 209, 222, 229, 241, 245, 246, 255, 262, 291
Patience : Pas : 59, 79, 101, 116
Pauvreté : Pas : 117, 159, 160, 228, 343
Pensée constructive : Pas : 97, 127, 151, 152, 166, 179, 188, 189, 199, 200, 201, 208, 220, 226, 233, 237, 240, 256
Peur : Pas : 41, 51, 87, 103, 128, 151, 152, 162, 195, 219, 226, 228, 293, 319
Plan de Dieu : Pas : 85, 92, 96, 186, 241, 276, 318
Pouvoir : Pas : 269, 270
Pouvoir de Dieu : Pas : 39, 40, 41
Pratique : Pas : 80, 91, 120, 148, 149, 170, 181, 197, 212, 226, 340
Présence spirituelle : Pas : 69, 216, 339
Présupposés : Pas : 4, 6, 90
Prière : Pas : 28, 121, 122
Prières et invocations : Pas : 28, 197, 238, 294, 296, 297, 298, 299
Prise de décision : Pas : 176, 236, 322

Quiétude : Pas : 9, 48, 57, 69, 85, 143, 177, 184, 187, 235, 284, 285, 286,

Recevoir : Pas : 24, 155, 159, 181, 223, 328, 341
Relations : Pas : 25, 129, 130, 131, 132, 157, 169, 170, 186, 211, 212, 232, 234, 244, 245, 249, 250, 251, 258, 260, 271

Responsabilité : Pas : 270, 271
Régularité : Pas : 142
Résoudre des problèmes : Pas : 267, 268, 312, 313
Retenue : Pas : 101, 220, 269
Revanche : Pas : 127
Richesse : Pas : 158, 160, 171, 185

Salut : Pas : 276
Séparation : Pas : 13
Se plaindre : Pas : 66, 180
Service : Pas : 60, 86, 89, 101, 139, 141, 190, 194, 195, 234, 255, 257, 292, 310, 311, 312, 319, 320, 331, 343, 349, 359
Se tromper soi-même : Pas : 81, 227, 228

Simplicité : Pas : 117, 140, 166, 253, 313
Soi Supérieur : Pas : 88
Souffrance : Pas : 27, 229, 293

Travail : Pas : 65, 165, 166, 173, 192, 218, 320, 330, 346

Union : Pas : 11, 140, 196, 288

Valeur de soi : Pas : 24, 144, 171, 172, 174, 276,
Vérité : Pas : 17, 18, 27, 196, 278, 317, 341, 349
Voir : Pas : 19, 23, 30, 31, 35, 48, 62, 99, 138, 179, 199, 213, 224
Volonté : Pas : 43, 96, 197

La Connaissance n'est pas inclue dans la liste ci-dessus dans la mesure où pratiquement tous les pas dans *Les Pas vers la Connaissance* y font abondamment référence.

À PROPOS DU PROCESSUS DE TRADUCTION DU NOUVEAU MESSAGE

Le Messager, Marshall Vian Summers, reçoit le Nouveau Message de Dieu depuis 1982. Le Nouveau Message de Dieu est la plus grande Révélation jamais donnée à l'humanité – une Révélation donnée à présent à un monde qui sait lire, à un monde de communications mondiales et dont la conscience planétaire grandit. Le Message n'est pas donné pour une seule tribu, une seule nation ou une seule religion, mais est au contraire destiné à atteindre le monde entier. Pour cette raison, il est appelé à être traduit dans autant de langues que possible.

Le Processus de Révélation est maintenant révélé pour la première fois dans l'histoire. Lors de ce processus remarquable, la Présence de Dieu communique au-delà des mots à l'Assemblée Angélique qui veille sur ce monde. L'Assemblée traduit alors cette communication en un langage humain et ses membres parlent tous d'une seule voix à travers leur Messager, dont la voix devient alors le véhicule de cette plus grande Voix – la Voix de la Révélation. Ces paroles sont prononcées en anglais et directement enregistrées sous forme audio, puis transcrites et publiées sous la forme des textes et des enregistrements audios du Nouveau Message. De cette manière, la pureté d'origine du Message de Dieu est préservée et peut être donnée à tous.

Cependant, il y a encore un processus de traduction qui s'ajoute à cela. Parce que la Révélation originale a été donnée en langue anglaise, c'est à partir de cette dernière que la Révélation est traduite dans les nombreuses langues de l'humanité. Parce qu'il existe de nombreuses langues parlées dans notre monde, les traductions sont un besoin vital pour apporter le Nouveau Message aux gens du monde entier. Au fil du temps, des étudiants du Nouveau Message se sont portés volontaires pour traduire le Message dans leurs langues natales.

À cette époque de l'histoire, la *Society* n'a pas les moyens de payer la traduction d'un Message si vaste en de si nombreuses langues ; un Message qui doit atteindre le monde impérativement et sans attendre. Par ailleurs, la *Society* considère également qu'il est important que ses traducteurs soient des étudiants du Nouveau Message afin qu'ils comprennent et ressentent, autant que possible, l'essence de ce qui est traduit.

Étant donné l'urgence et le besoin de partager le Nouveau Message dans le monde entier, nous invitons davantage de personnes à nous aider à le traduire, afin de pouvoir étendre sa portée dans le monde, à la fois en poursuivant sa traduction dans les langues dans lesquelles elle a déjà commencé et en l'étendant à de nouvelles langues. Il reste encore tant à faire !

L'HISTOIRE DU MESSAGER

Marshall Vian Summers est le messager du Nouveau Message de Dieu. Durant plus de trois décennies, il a reçu une Révélation Divine donnée pour préparer l'humanité aux grands changements environnementaux, sociaux et économiques qui arrivent sur le monde et pour la préparer au contact avec la vie intelligente dans l'univers.

En 1982, à l'âge de 33 ans, Marshall Vian Summers fut appelé dans les déserts du sud-ouest américain où il vécut une rencontre directe avec la Présence Angélique qui l'avait guidé et préparé pour son rôle et sa vocation futurs. Cette rencontre modifia à jamais le cours de sa vie et l'initia à une relation profonde avec l'Assemblée Angélique, requérant qu'il voue sa vie à Dieu. Ainsi commença le long et mystérieux processus de transmission d'un Nouveau Message de Dieu pour l'humanité.

À la suite de cette mystérieuse initiation, il reçut les première révélations du Nouveau Message de Dieu. C'est ainsi qu'au cours de plusieurs décennies, une vaste Révélation pour l'humanité émergea, parfois lentement et parfois tel un torrent. Marshall dut avancer, durant de nombreuses et longues années, avec pour seul soutien celui de quelques rares individus, ne sachant pas ce que cette Révélation grandissante signifiait, ni là où elle le mènerait.

Le messager a parcouru une route longue et difficile pour recevoir et présenter la plus large Révélation jamais donnée à la famille humaine. Aujourd'hui encore, la Voix de la Révélation continue de s'exprimer à travers lui, alors même que se pose le grand défi d'apporter la Nouvelle Révélation de Dieu à un monde troublé et divisé.

Découvrez le messager Marshall Vian Summers :
www.newmessage.org/fr/about/about-marshall-vian-summers

Lisez et écoutez la révélation originale *L'histoire du Messager* :
www.newmessage.org/fr/the-message/volume-1/
new-messenger/the-story-of-the-messenger

Écoutez et regardez les enseignements de Marshall Vian Summers : www.marshallsummers.com

La voix de la Révélation

Pour la première fois dans l'histoire, vous pouvez entendre l'enregistrement d'origine de la Voix de la Révélation, une Voix telle que celle qui a parlé aux prophètes et aux Messagers du passé, et qui s'exprime maintenant à nouveau à travers un nouveau Messager qui est dans le monde aujourd'hui.

Cette Voix n'est pas la Voix d'un simple individu mais celle des membres de l'Assemblée Angélique toute entière parlant ensemble d'une seule voix. Ici Dieu communique au-delà des mots à l'Assemblée Angélique qui traduit ensuite le Message de Dieu en des mots et un langage humains que nous pouvons comprendre.

Les révélations parlées de cette manière à travers le Messager Marshall Vian Summers sont à l'origine de ce livre. Ce processus de révélation divine est en cours depuis 1982, et la Révélation se poursuit à ce jour.

Pour entendre la Voix de la Révélation, qui est la source du texte contenu dans ce livre et dans le Nouveau Message tout entier, veuillez visiter : www.newmessage.org/fr/the-message

Vous y trouverez les enregistrements audio de la Voix mis à disposition de tous.

Pour en savoir plus sur la Voix de la Révélation, de quoi il s'agit et la manière dont elle parle par le messager :
www.newmessage.org/fr/the-message/volume-1/
the-time-of-revelation/the-voice-of-the-revelation

À PROPOS DE LA
SOCIETY FOR THE NEW MESSAGE

Fondée en 1992 par Marshall Vian Summers, *The Society for the New Message from God* [la Société pour le Nouveau Message de Dieu] est une organisation à but non lucratif (501(c)(3)) qui repose sur le soutien des lecteurs et des étudiants du Nouveau Message.

La mission de la *Society* est d'apporter une éducation et une préparation à l'émergence de l'humanité dans la Grande Communauté - le vaste univers de vie intelligente au sein duquel nous avons toujours vécu - et d'accroître la conscience et l'intelligence humaines afin de rendre cela possible.

À cette fin, la *Society* s'efforce de faire connaître le chemin de la Voie de la Connaissance de la Grande Communauté pour que les gens puissent accéder à l'intelligence et à l'esprit spirituels plus profonds qui existent en chaque personne et que le Nouveau Message appelle la *Connaissance*.

La *Society* encourage l'engagement sur la Voie de la Connaissance et avec la Spiritualité de la Grande Communauté afin que chacun puisse découvrir et apporter sa contribution au monde et à cette époque.

Grâce au soutien de centaines de bénévoles, de traducteurs et de contributeurs financiers dans le monde entier, la Society est en mesure de mettre les livres et les enseignements du Nouveau Message à la disposition du public dans plus de 35 langues et de proposer de nombreuses offres gratuites.

Si ce livre vous inspire et que vous souhaitez contribuer à rendre ce message accessible au monde entier, nous vous encourageons à découvrir comment vous pouvez aider la *Society* en visitant le site newmessage.org/support.

THE SOCIETY FOR THE NEW MESSAGE
Pour nous contacter :
P.O. Box 1724 Boulder, CO 80306-1724
(303) 938-8401 (800) 938-3891
011 303 938 84 01 (International)
society@newmessage.org
www.newmessage.org/fr
www.marshallsummers.com
www.alliesofhumanity.org/fr
www.newknowledgelibrary.org

Nous suivre :
www.youtube.com/thenewmessagefromgod
www.youtube.com/c/@LeNouveauMessagedeDieu
www.facebook.com/newmessagefromgod
www.facebook.com/marshallsummers
www.facebook.com/NouveauMessagedeDieu
www.twitter.com/godsnewmessage

Faites un don pour soutenir la Society et rejoindre une communauté de donateurs qui contribuent à rendre possible la transmission d'un Nouveau Message de Dieu dans le monde :
www.newmessage.org/donate

LIVRES DU NOUVEAU MESSAGE

God Has Spoken Again *(Dieu a parlé à nouveau)*

The One God *(Le Dieu Unique)*

The New Messenger *(Le nouveau Messager)*

The Greater Community *(La Grande Communauté)*

The Power of Knowledge *(Le pouvoir de la Connaissance)*

The Journey to a New Life *(Le voyage vers une nouvelle vie)*

The New World *(Le nouveau monde)*

The Pure Religion *(La religion pure)*

Preparing for the Greater Community
(Se préparer à la Grande Communauté)

The Worldwide Community of the New Message from God
(La communauté mondiale du Nouveau Message de Dieu)

Steps to Knowledge *(Les Pas vers la Connaissance)*

Living The Way of Knowledge
(Vivre selon la Voie de la Connaissance)

Greater Community Spirituality
(La Spiritualité de la Grande Communauté)

Relationships & Higher Purpose *(Les relations et le but supérieur)*

Life in the Universe *(La vie dans l'univers)*

The Great Waves of Change
(Les Grandes Vagues de Changement)

Wisdom from the Greater Community One and Two
(La sagesse de la Grande Communauté, volume I et II)

Secrets of Heaven (Secrets du Ciel)

www.ingramcontent.com/pod-product-compliance
Lightning Source LLC
Chambersburg PA
CBHW020629230426
43665CB00008B/98